U0580041

国家出版基金项目
NATIONAL PUBLICATION FOUNDATION

朱旭东　丛书主编

中国教育改革开放 40 年

教育技术卷

余胜泉　等 著

China
Education Reform
and Opening-up
40 Years

北京师范大学出版集团
BEIJING NORMAL UNIVERSITY PUBLISHING GROUP
北京师范大学出版社

丛书编委会

主　　任　顾明远

丛书主编　朱旭东

编　　委　(以姓氏笔画为序)

总　序

今年是改革开放 40 周年，40 年来我国教育取得了辉煌的成就。现在各个教育研究机构和出版机构都在总结 40 年的经验，出版各种丛书。这 40 年的成就是写多少书也说不周全的，但我想用五句话来做一个简要的概括。

第一，教育观念的转变。在解放思想的路线指导下，我们对教育的认识越来越深刻、越来越全面。特别是党的十八大以来，习近平总书记提出以人民为中心、教育公平是社会公平的重要基础、教育强则国家强的主张。今年教师节时，习近平总书记在全国教育大会上的讲话中首先强调教育对新时代坚持和发展中国特色社会主义的战略意义。他指出，教育是民族振兴、社会进步的重要基石，是功在当代、利在千秋的德政工程，对提高人民综合素质、促进人的全面发展、增强中华民族创新创造活力、实现中华民族伟大复兴具有决定性意义。教育是国之大计、党之大计。习近平总书记同时指出，教育的根本问题是培养什么人、怎样培养人、为谁培养人。中国共产党领导的社会主义教育，就是要培养德智体美劳全面发展的社会主义建设者和接班人。

第二，教育事业的发展。40 年来，我国全面普及了九年义务教育；学前教育已提前完成了《国家中长期教育改革和发展规划纲要（2010—2020 年）》提出的到 2020 年的指标，2017 年学前毛入园率达到 79.6%；高中阶段教育基本普及，2017 年毛入学率为 88.3%；高等教育，包括研究生教育实现了跨越式发展，2017 年各类高等教育在学总规模达到 3 779 万人，高等教育毛入学率达到 45.7%。2017 年，全国有 2.7 亿人在各级各类学校学习，我国成为世界上受教育人口最多的教育大国。

第三，教育制度的创新。改革开放以来，我国逐步制定教育法律法规并不断完善。1980 年通过了《中华人民共和国学位条例》，之后，我国逐步制定了《中华人民共和国义务教育法》《中华人民共和国教师法》《中华人民共和国教育法》《中华人民共和国职业教育法》《中华人民共和国高等教育法》《中华人民共和国民办教育促进法》等，并根据教育事业的发展进行了修订或修正，使教育治理有法可依。现在希望尽早制定学前教育法、学校法，使幼儿园和学校的发展得到法律保障。

第四，教育科学的繁荣。改革开放之前，教育理论界人数很少，缺乏对教育实践中的理论问题和实际问题的研究。40 年来，中国特色社会主义教育理论体系初步形成，教育理论有了较大发展。教育科学的繁荣呈现出如下一些特点：一是改变了以前一本《教育学》一统天下的局面，恢复和创建了许多新兴学科，如教育哲学、教育经济学、教育社会学、比较教育学、课程与教学论等，研究成果丰硕；二是教育理论研究重视宏观战略研究，为我国教育事业发展的科学决策做出了一定的贡献；三是教育科学研究从书斋走向基层，教育理论工作者与广大教师共同开展教育研究，把教育改革落到实处，不仅提高了教育质量，而且积累了丰富的经验。

第五，从请进来到走出去。改革开放初期，我们打开窗户，发现世界教育已经走向现代化，于是我们如饥似渴地引进西方教育的先进理念、教育改革的经验，逐渐使我国的教育恢复起来，教育事业得到迅速发展。20 世纪 90 年代，我国教育学界开始走自己的路，创造中国特色社会主义教育理论和经验。特别是上海在 PISA（国际学生评估项目）中数次名列前茅，让外国学者对中国教育刮目相看。世界也在学习中国的教育经验。讲好中国教育故事是今后教育工作者的任务。我国多部教育著作已经被译成外文出版。2006 年，高等教育出版社就与 Springer 出版社合作出版了英文版杂志 *Frontiers of Education in China*，至今已 12 年，杂志受到外国学者的重视。这些都是中国教育走出去的标志。我们既要不断吸收世界优秀文明成果，又要讲好中国教育故事，让世界了解中国。

今后中国教育界应以习近平新时代中国特色社会主义思想为指导，贯彻落实党的十九大精神，深化教育改革，发展素质教育，推进教育公平，让每个孩子享有公平而有质量的教育。

北京师范大学出版社组织教育学术界同人，编写这套"中国教育改革开放 40 年"丛书，包括学前教育、义务教育、高中教育、高等教育、教师教育、职业教育、民办教育、终身教育、教育技术、课程与教学、政策与法律、关键数据与国际比较 12 卷。它是 40 年教育改革开放的总结，丰富了教育学术宝库。出版社要我写几句，是为序。

2018 年 11 月 5 日于北京求是书屋

目　录

第一章

学科建设

我国教育技术学科源于电化教育，而电化教育萌芽于 19 世纪末 20 世纪初，形成于 20 世纪 20—40 年代，在改革开放后得到迅速发展。40 年来，教育技术学科经历学科初创、学科探索、学科调整、学科发展四个阶段，形成了理论建设和人才培养都得到充分发展的局面。

第一节　学科初创阶段

一、电化教育学科雏形

20 世纪 30 年代初期，我国已经有大学开始利用电影、播音和幻灯等进行辅助教学。1936 年，我国教育界人士在讨论为当时推行的电影、播音教育定名的问题时，提出了"电化教育"一词。同年 7 月，在教育部委托金陵大学理学院在南京举办的电化教育人员训练班中，正式启用"电化教育"的名称。当时的国民政府教育部社会教育司认为，"电化教育为运用电气之功力，以实施各种教育，能以最短之时间，支配最广之空间，以最少之物质，发挥最大之力量，其内容大致为电影与播音两种"①。至此，"电化教育"正式出现于中国教育的舞台。

1936 年至 1949 年，我国只有少数城市、地区、学校应用电影、播音和幻灯进行民众教育和学校教育，通过举办电影、播音或幻灯的培训班，已能满足社会和学校对于电教人员的需求，所以，这一时期，只有少数学校开设了电化教育专修科。1949 年至 1978 年，中华人民共和国着手进行教育改革，明确提出"必须采用新的教育工具，如唱片、录音带、幻灯、电影、广播电视"进行教育教学活动；1951 年教育部召开高等师范院校课程讨论会，决定将"电化教育"作为教育系的选修课；1952 年我国高校院系调整，金陵大学电化教育专修科并入北京电影学院的影音教育专修科，此时学科建设仍处于雏形阶段。直到 1978 年我国改革开放开始，电化教育学科才迎来了发展良机。

邓小平同志在 1978 年国务院召开的全国教育工作会议中指出，"要制定加快发展电视、广播等现代化手段的措施，这是多快好省发展教育事业的重要途径，必须引起充分的重视"；"教育部和各地教育行政部门要采取切实有效的措施，比如充分利用广播、电视，举办各种训练班、进修班，编印教学参考资料等，大力培训师资"。②同年 8 月国务院正式同意成立中央电化教育馆。1979 年 6 月，教育部电化教育局在兰州召开座谈会，对各种电教人员的培训、师范院校电化教育课的开设、电教(学科)专业的设置等问题进行了讨论，电化教育学科建设随着改革开放的步伐也大踏步地前进，从中央到省市甚至大、中、小学都设立了领导与开展电化教育的组织机构；各级学校都先后配置了电教设备和电教教材，并在各类课程中开展

---

① 阿伦娜：《电化教育的孕育与诞生》，载《电化教育研究》，2010(12)。
② 阿伦娜：《中国电化教育(教育技术)年表(二)》，载《电化教育研究》，2006(12)。

教学活动,优化教学过程,提高教育质量与效果①,单纯的电教人才培训与在学校开设电教公共课已不能满足电化教育发展对人才的需求。因此,电化教育学科的创建成为历史发展的必然。

二、电化教育学科创建

南国农教授曾总结:"我国电化教育的发展,是先有电化教育这个事,后有电化教育这个名,再有电化教育这个学。"②中国的电化教育,作为一项事业,已有多年的历史,但是,作为一门学科,则只有不到40年的历史。

电化教育学科(专业)建设,是指根据电化教育事业发展的需求,设置人才目标,在学校里开设专业课程体系,培养具有特定的电化教育知识与能力的专业人才。而且随着越来越多的电教媒体(幻灯、投影、录音、电影、电视、语言实验室、电子计算机等)被引进学校教学、教育领域,要管好、用好这些设备,发挥教学媒体和设备在提高教学、教育质量和效率方面的作用,也需抓紧对电教专业人员的培养和培训。③

从改革开放起到20世纪90年代初,多所大学尤其是师范院校开始建立电化教育本科专业,通过高等院校建立人才培养体系。例如,改革开放初期,杭州大学、浙江师范学院、福建师范学院在物理系开设电化教育专科,每期招生20~40人,主要培养电教设备使用与维修人员。学生除学习物理学科的课程外,还要学习电教知识,如幻灯机、电影机的原理与使用等。当时专科开设不用教育部批准,可由学校按地方的需求自行招生。到1983年,教育部批准华南师范大学建立电化教育本科专业,并成立电化教育系,同年招收20名本

---

①　李运林:《论中国特色的电化教育(教育技术)学科理论体系的建立与发展》,载《电化教育研究》,2009(9)。
②　李运林:《论电化教育发展与电化教育专业建设》,载《电化教育研究》,1995(1)。
③　同上。

科生。1984 年到 1986 年，共有 14 所院校开设了电教本科专业：1984 年有东北师范大学、福建师范大学、陕西师范大学，1985 年有北京师范大学、西北师范大学、山东师范大学、华中师范大学、江西师范大学、西南师范大学，1986 年有华东师范大学、上海外国语大学、南京师范大学、云南师范大学、新疆师范大学。

1986 年，经国务院学位委员会批准，北京师范大学成为首批教育技术学硕士学位点之一，同年获批的还有河北大学和华南师范大学。北京师范大学还于 1993 年获批全国第一个教育技术学博士点（设在无线电电子学系）。①

1987 年国家教委发布了"高师本科专业目录"，正式确定"电化教育"的名称。② 至此电化教育正式作为一个独立的学科，迈进了中国高等教育多学科建设的大潮。

学科的建设，不仅要有人才培养体系做保障，更要有成熟的理论体系来支持。20 世纪 80 年代，我国的电化教育理论体系框架逐步形成。1981 年 9 月，教育部电化教育局在杭州召开《电化教育》课程教学大纲讨论会，草拟了高等师范院校和中等师范学校用的《电化教育概论》课程的教学大纲草案。大纲确立了《电化教育概论》的基本结构，其内容包括电教理论、电教媒体、电教教材编制、电化教学法、电教管理等几个部分。大纲为电化教育学的建立搭建了框架。框架由"七论"构成：本质论（电化教育的本质）、功能论（电化教育的功能与作用）、发展论（电化教育发展史）、媒体论（现代教育媒体的开发与应用）、过程论（电化教育过程的规律）、方法论（电化教学法和电化教育科学研究方法）、管理论（电化教育管理与评价）。这份由南国农教授和萧树滋教授起草的大纲，成为我国电化教育学科理论体系

---

① 北京师范大学教育技术学科史编写组：《曦园华实》，13 页，内部资料。
② 南国农：《中国电化教育（教育技术）史》，345 页，北京，人民教育出版社，2013。

框架的基础。1985 年，南国农教授主编的《电化教育学》教材的出版，成为学科理论体系建立的重要标志。① 此后的电化教育学科，甚至教育技术学科的理论大厦，就是以此为基础建造和发展起来的。②

三、学科奠基者

在我国教育改革开放 40 年的发展征程中，电化教育（1993 年后更名为"教育技术"）领域里以南国农、何克抗等为代表的学术大师，带领着电化教育（教育技术）几代工作者开拓创新、勇往直前，引领着我国电化教育（教育技术）的发展，成为当之无愧的学科奠基者。

南国农，于 1950 年 7 月获美国哥伦比亚大学教育与视听硕士学位后，响应建设祖国号召而回国，成为我国电化教育学科的主要奠基者与开拓者。南国农教授长期致力于研究具有中国特色的教育技术理论与应用体系，参与策划了教育技术发展的许多重大工程和重大活动。他率先提出走中国特色的教育技术之路，并对中国特色教育技术之路进行了长期的探索和实践，创办了第一个全国性的电化教育研究组织——中国电化教育研究会；创办了我国第一个教育技术学术研究刊物——《电化教育研究》，并将之发展为核心期刊、CSSCI 来源期刊和教育技术学科的权威刊物，该期刊的影响因子始终位居国内教育学科门类学术期刊的前列；著述出版了我国改革开放后的首部教育技术学专著——《电化教育学》，该著作成为全国发行量最大的教育技术著作；组织全国第一次电化教育知识大奖赛，对在全社会普及电教知识、寻求社会对教育技术的了解和支持方面起到了积极的推动作用；于 1980 年起草了新时期第一份全国电化教育课程教学大纲和编写计划，1992 年成功地组织实施了第一次全国

---

① 南国农：《中国电化教育（教育技术）史》，318 页，北京，人民教育出版社，2013。

② 南国农：《我国电化教育学科建设的回顾与展望》，载《华东师范大学学报（教育科学版）》，1990(1)。

电化教育考察万里行活动；在任全国电化教育教材编审组组长期间，组织编写了一批教育技术学科的专著和教材。

南国农教授的理论建树是多方面的，在电化教育基本理论、教材建设与教学改革、电教理论研究与实验研究等方面均有其独到的见解和精辟的论述，已成为我国教育技术界的一面旗帜。[①]

何克抗，作为我国第一位教育技术学博士生导师、全国教师教育信息化专家委员会主任、2001—2005 年教育部高等学校教育技术学专业教学指导委员会主任，积极投身我国教育信息化建设工程，带领团队研发出一大批国内领先的教育信息化解决方案，如 1998 年在国内率先提出"城域教育网"概念，并在广东省佛山市政府支持下自主设计并独立承担了全部软硬件工程，高质量地建成我国第一个"城域教育网"。他全身心投入我国中小学的教学试验改革，率先倡导并大力推动信息技术与各学科课程的整合，实现基础教育在质量方面的跨越式发展。例如，自 1996 年起，何克抗教授所主持的"基础教育跨越式发展创新试验研究课题"，在我国和新加坡等国家开展，惠及数百所试验学校、数千名教师和数万名学生；在担任全国教师教育信息化专家委员会主任期间，何克抗教授负责主持制定的"全国中小学教师教育技术能力标准"于 2004 年年底由教育部正式颁布，成为我国第一个教师专业能力标准；并主持编著了教育技术学专业八本主干课程的系列教材。他还致力于建立更为广泛的学术交流环境，与台湾中大陈德怀教授、华南师范大学李克东教授作为"全球华人计算机教育应用大会"共同发起人，于 1997 年在广州召集了第一届全球华人计算机教育应用大会（GCCCE）。如今，GCCCE 已举办了 22 届，成为教育技术华人圈的学术盛会。

何克抗教授通过对国内外教育名家思想、理论的批判与继承，

---

① 陈琳、王运武：《中国教育技术改革发展三十年》，载《电化教育研究》，2009(2)。

紧密结合我国的实际，逐步创立了创造性思维理论、信息技术与课程深层次整合、儿童思维发展新论、语觉论以及建构主义教学设计理论等，形成独具特色、"顶天立地"的教育技术创新理论与实践研究体系。

当然，一个学科从无到有的奠基工作，绝非一两人之力可以达成。以萧树滋、南国农、何克抗、李运林、李克东、祝智庭等教授为代表的学术大家和学科奠基者们，都对电化教育学科的创立做出了巨大贡献。正是他们的不懈努力为学科发展打下了坚实的基础，其精神和人格魅力是我国电化教育学科的宝贵财富。①

第二节　学科探索阶段

20 世纪 90 年代以来，随着以计算机和网络为代表的全球信息化浪潮来袭，技术对于教育理念、方法、工具、环境等多方面均产生了深刻影响。学科发展必须在变革中与时俱进，因此电化教育学科也进入与时代并轨、与全球教育并轨的发展阶段。

一、从电化教育到教育技术

自 19 世纪 30 年代起，各国教育领域都有研究媒体技术在教育中应用的对应学科，名称各不相同。美国作为全球教育技术的发源地，将该学科命名为"教育技术"②，日本对应学科叫"教育工学"③，我国为适应国情，让学科建设能够更好地服务于中国教育事业的需求，自 1936 年起就采用"电化教育"作为学科名称。然而，90 年代以

---

① 陈琳、王运武：《中国教育技术改革发展三十年》，载《电化教育研究》，2009(2)。
② 马晓玲、刘美凤：《透视美国教育技术学专业设置与人才培养》，载《现代远程教育研究》，2012(4)。
③ 张海、李哲、前迫孝宪、刘新丽：《日本教育技术研究的沿革、现状与未来——访日本教育工学会会长铃木克明教授》，载《现代教育技术》，2017(12)。

前的电化教育学科，一直将理论研究和实践重点定位于现代媒体技术在教育中的应用。而当时，国际上对应学科发展已超出了媒体应用的范畴，研究领域从视听媒体扩展到对学习过程、学习资源等方面的探讨。为了更好地与国际接轨并促进学科的良性发展，我国学界也做出了相应改变，在保持原有电化教育学科内涵与全面理解教育技术思想的基础上，逐步将"电化教育"学科改名为"教育技术"学科。

学科更名于1991年启动，国家教委在"全国电化教育课程教材编审组"的基础上，成立了新一届的"全国高等师范院校电化教育（教育技术）专业教材编审委员会"①；1993年4月，国家教委在颁布的普通高等学校本科专业目录中，将"电化教育专业"改为"教育技术专业"。1994年，经国家教委批准，"全国高等师范院校电化教育（教育技术）教材编审委员会"正式更名为"全国高等师范院校教育技术学教学指导委员会"②。至此，我国"电化教育学科"一词由"教育技术学科"正式替代。

正是在1994年，美国教育传播与技术协会（Association for Educational Communications and Technology，AECT）作为国际教育技术学术组织的典型代表，再次发布了教育技术新版定义：教育技术是为了促进学习，对有关的过程和资源进行设计、开发、管理和评价的理论与实践。③（以下简称"94定义"）从94定义可以看出，美国教育技术领域研究不仅关注媒体技术在教育中的实际应用，更关注学习过程和学习资源的研究实践；研究层面不仅包括应用，而且涉及设计、开发、管理和评价等。该版定义的发布，恰逢中国教育技

①　汪基德：《中国教育技术学科的发展与反思》，博士学位论文，西北师范大学，2007。

②　阿伦娜：《中国电化教育（教育技术）年表（二）》，载《电化教育研究》，2006(12)。

③　[美]巴巴拉·西尔斯、丽塔·里齐：《教学技术：领域的定义和范畴》，乌美娜、刘雍潜等译，北京，中央广播电视大学出版社，1999。

术学科更名，如何结合 94 定义，开展具有中国特色的学科建设，成
为学界诸多学者讨论的焦点。①

　　高利明教授率先向国内学者介绍了 94 定义，并提出这是我国学
科发展的良好契机，教育技术学要借此找准在整个教育改革中的位
置，并要围绕信息资源、信息技术等开展工作。② 李康教授在分析
中美两国教育技术学发展的异同后提出，不同国家的教育学科体系
是不同的，在引入他国经验时若全盘照搬，则会产生与本国实际不
符的情况；我国教育技术学研究有自己的特定领域，研究媒体技术
将会使得教育技术领域的实践工作更富成效。③ 南国农教授认为，
教育技术要从本国国情出发，着重研究本国实际，总结本国经验，
解决本国问题。我国的教育技术学科首先要探讨的是自己的问题，
同时在研究他人问题的基础上总结经验方法，通过创新以更好地解
决自己的问题。④

　　任何一个学科的产生和发展，都要受到各国政治、经济、文化
等方面的影响，教育技术学科也不例外。美国的教育技术是美国文
化的产物，同样，中国的教育技术也应该是中国文化的结晶。我国
多位教育技术学者围绕 94 定义，展开系列探索，虽然观点各有不
同，但都能在此过程中保持独立思考的优秀品质，坚持从自身实际
情况与需求出发，在借鉴美国等西方国家学科建设经验的同时，强
调结合自身特色，形成中国的文化产物。因此，如何让教育技术落
地、建设具有中国特色的教育技术学科，成为我国学者不断探索的
动力。

---

　　① ［美］巴巴拉·西尔斯、丽塔·里齐：《教学技术：领域的定义和范畴》，乌美娜、刘
雍潜等译，北京，中央广播电视大学出版社，1999。

　　② 高利明：《教育技术学的 AECT 1994 定义及启示》，载《电化教育研究》，1995(1)。

　　③ 李康：《我国教育技术学科建设中应注意的四个关系》，载《电化教育研究》，2005(9)。

　　④ 南国农：《教育技术学科建设：中国道路》，载《电化教育研究》，2006(1)。

二、教育技术学科的形成

我国的教育技术学科，是在电化教育专业基础上逐步确立并形成的一门新兴的独立学科，是教育学、心理学、信息科学与传播学等多门学科相互融合的产物，属于综合性、应用性的交叉学科。自从"教育技术"取代"电化教育"成为学科新名称后，业界关于学科名称、定位与内涵等问题的学术讨论进入高潮。这一方面说明学科处于不稳定的初创阶段，另一方面说明本领域学者对于学科建设有着不断探索的热情。正是经历着这样的思考与探索，教育技术学科才能成长，人才培养体系才能逐步建立，并使教育技术学科不断进入新的发展阶段。在教育技术学科形成的初期，我国在教育技术学科的定位、研究对象、理论体系等方面产生了诸多探讨，形成了不同的学科观点。在这一阶段，出现了多种观点争鸣的现象，这也是我国教育技术学科发展道路的深度探索阶段。

（一）教育技术学科的定位和研究对象

中国的教育技术学科发展，并非直接照搬或沿用国外的方法。虽然学科名字由具有中国特色的"电化教育"更名为国际上更为通用的"教育技术"，然而教育技术学者们对于我国的学科定位仍保持着独特的学术思考与积极的学术探讨。在有关学科定位的争论中，出现了多种定位观。[1] 有学者认为教育技术应定位于"技术"性质的学科；有学者则提倡应以"教育"为本质核心；也有学者推崇"教育与技术相结合""技术服务于教育""教育中技术的应用""教育—技术双重属性"等。[2] 这些学科定位的争论有力地推动了我国教育技术的发展。而关于学科定位的讨论，常与定义的讨论相伴相生。

---

[1]　南国农：《教育技术学科究竟应该怎样定位》，载《北京大学教育评论》，2013(3)。
[2]　王竹立：《衰落，还是兴盛？——关于教育技术学科前景的争鸣与反思》，载《电化教育研究》，2017(1)。

在引入 94 定义以前，我国电化教育（教育技术）学科的研究对象通常定位于"研究教育技术的本质和规律"。从宏观角度来讲，多数学者认为教育技术是一门研究教育技术本质和规律的学科，其本质是应用技术促进教学过程，实现教育的最优化；其规律则是指如何在教育理论的指导下发挥技术优势。[①] 随着 94 定义的引入，学术界对于教育技术研究对象及学科发展的思考不断深入，对教育技术的研究对象形成四种主要观点[②]：①坚持我国电化教育学科特色，以"现代教育媒体的研究和应用"为研究对象；②不是研究学习过程与资源的全部，而是以"学习过程中的智能技术、媒体技术等"为研究对象；③赞成 94 定义，将"学习过程和学习资源"作为研究对象，其中学习过程也包括教学过程，学习资源则是指在过程中可被利用的一切要素，包括人力资源（教师、同伴等）及非人力资源（教学材料、媒体等）；④不受限于特定对象，而是要扩大研究对象，形成一种宏观和微观相结合的教育技术观，以涵盖教育技术学研究的理论与实践。

以上四种观点的侧重各有不同，有的关注教育中的技术应用，有的关注宏观理论与微观实践的探索，有的关注学习过程、资源与环境。虽然无法达成一致，但是既要关注教育也要关注技术、不能受限于单一的研究对象已成为业界共识。而如何更好地进行理论体系的建设，也成为学科发展进程中有待解决的重要议题。

（二）教育技术学科的理论体系

构建与时俱进的理论体系是实现学科稳步发展的基石。随着学科的创立与成长，以南国农、李龙、何克抗等教授为代表的诸多专

---

① 冯秀琪：《教育技术学科建设任重而道远——纪念"全国电化教育考察万里行"10周年》，载《电化教育研究》，2002(6)。

② 汪基德：《中国教育技术学科的发展与反思》，博士学位论文，西北师范大学，2007。

家学者，为教育技术理论大厦的建立贡献着宝贵的力量。

1995 年南国农教授提出了电教"七论"，即本质论、功能论、发展论、媒体论、过程论、方法论和管理论。[①] 2004 年，南国农教授在此基础上提出了教育技术学科理论框架——总论篇、基本理论篇和应用篇。[②] 总论篇探讨了信息化教育的本体、概念等；基本理论篇阐述了信息化教育的三个基本理论，包括现代教育媒体理论、现代媒传教学理论和现代教学设计理论；应用篇则包括硬软件的建设、技术与课程的整合、远程教育等。

2004 年李龙教授提出教育技术学科的理论框架应该由本体论、核心论、过程论、资源论和绩效论五个部分组成。[③] 本体论要阐明教育技术学科是什么；核心论要阐明教育技术的基本理论；过程论和资源论则是研究教学过程与教学资源的整合；绩效论要解决的是从哪几个方面去促进教育绩效的提高。

2005 年，何克抗教授提出任何一个学科的理论体系都应由三个部分组成：一是关于该学科的意义与作用的认识，所要回答的是为什么要研究这一学科（即对该学科所持的基本价值观与哲学立场）；二是关于该学科的基本原理——要对该学科研究对象的性质、内在联系及规律做出科学的解释，即要回答"是什么"的问题；三是关于如何运用该学科的理论、方法去解决实际问题的知识，它要回答的是"怎样做"的问题。[④] 在这三部分中，教育技术哲学是教育技术学的基础理论和教育技术学的应用。

理论建设须有百家争鸣之基础，方有兴盛发展之可能。学科理论体系是常谈常新的话题，也需有稳定不变的核心。前辈学者的真

---

① 南国农：《我们对电化教育知道多少》，载《电化教育研究》，1998(2)。
② 南国农：《信息化教育概论》，北京，高等教育出版社，2004。
③ 李龙：《教育技术学科知识体系的构成——三论教育技术学科的理论与实践》，载《电化教育研究》，2004(2)。
④ 何克抗：《关于教育技术学逻辑起点的论证与思考》，载《电化教育研究》，2005(11)。

知灼见为学科理论建设提供了良好基础。紧跟时代发展与学科进步，加以完善、发展、创新，成为教育技术人才培养的重任所在。

三、人才培养体系的建立

我国的教育技术学科，在创建以来的短短二十几年时间里，在人才培养的规模、质量、层次等方面都取得了飞速发展，形成了本科、硕士、博士、博士后等层次齐全的人才培养格局。

（一）教育技术学专业教材的编写

20世纪90年代以来，以多媒体和网络通信为核心的信息技术，在教育领域日益广泛应用，从而对教育技术的理论与实践产生了深刻影响。为了反映这方面的发展与变化，教育部师范教育司于1998—2001年，设立"高等师范教育面向21世纪教学内容和课程体系改革项目"，由何克抗教授作为项目负责人，联合我国多位教育技术领域专家学者，编写了包含八门主干课程的"面向21世纪的教育技术专业主干课程教材"，包括《教育技术学》《教学系统设计》《教育技术学研究方法》《教学媒体的理论与实践》《网络教育应用》《远程教育学》《信息技术与教育》《教育信息处理》，并于2002年起先后在北京师范大学出版社出版。[①] 这套教材是对整个20世纪90年代教育技术理论与实践发展的全面总结，也是适应世纪交替时期教育改革与发展需要的产物。

进入21世纪以后，教育技术理论与实践又有了很大的发展。无论是混合式学习概念被赋予全新内涵后的深入应用，还是教育技术的广泛实践反过来又促进教育信息化浪潮进一步发展，都要求教育技术研究者重新审视本专业人才所应具备的基本素质、人才培养模式、专业课程体系。为此，时任教育部高等学校教育技术学专业教学指导委员会主任的何克抗教授再次牵头，构建了新的课程体系，

---

① 王安琳：《构建教育技术学科专业教材新体系》，载《大学出版》，2003(3)。

调整了专业培养目标和培养方案，以培养学生在信息技术能力和教育技术基础理论等方面相结合的知识能力结构为目标，在原有教材结构基础上加以调整，注重理论联系实际，融知识学习和能力培养为一体。新设计的教育技术学科八门主干课程中，有三门属于教育技术学的基础理论，包括《教育技术学》《教学系统设计》《教育技术学研究方法》，有四门既包含教育技术学基础理论部分，又体现教育技术学应用科学的课程，包括《远程教育学》《数字传媒理论与实践》《网络教育应用》和首次列入本专业课程的《信息技术与课程整合》，还有一门纯属教育技术学的应用科学部分《教育技术项目实践——综合性应用项目》①。该套教材自 2004 年起由高等教育出版社陆续出版。

（二）教育技术专业本科人才的培养

自 1993 年，普通高等师范院校本科专业设置会议上，确立"教育技术学"专业名称，定为教育学中的二级学科起，教育技术学就作为高等教育的独立学科而存在。② 至 2008 年，我国已有 224 个教育技术本科教学点③；至 2018 年增至 242 个④，由此形成了数万名教育技术本科生的人才培养规模，以满足不同领域对教育技术人才的基本需求。

（三）教育技术学硕士人才的培养

1986 年，国务院学位委员会正式批准北京师范大学、华南师范大学、河北大学 3 所高校创立全国第一批电化教育（教育技术）学硕

---

① 何克抗：《教育技术专业培养的人才应具有的知识能力结构及课程体系》，载《中国电化教育》，2007(11)。

② 高丹丹：《教育技术学科定位的思考——技术应用与研究为主的学科》，载《电化教育研究》，2007(9)。

③ 陈琳、王运武：《中国教育技术改革发展三十年》，载《电化教育研究》，2009(2)。

④ 研究生招生报名查询系统，http://souky.eol.cn/school _ recommended.php? g&code=040110，2018-06-18。

士点，学制三年，拉开了本学科硕士研究生教育的序幕。[1] 进入 21 世纪后，我国的教育技术事业飞速发展，人才培养体系也逐渐扩大。到 2005 年，56 所高等院校设置了教育技术学硕士点。[2] 截至 2018 年，硕士点已增至 89 所高校。[3] 此外，全国还在教育硕士专业学位中设置了现代教育技术方向，以满足不同领域的人才需求。

（四）教育技术学博士人才的培养

1993 年，经国务院学位办批准，北京师范大学创立了国内首个教育技术学博士点。1998 年，华东师范大学、华南师范大学两所高校建立了第二批教育技术学博士点。到 2018 年时，已有北京师范大学、华南师范大学、华东师范大学、南京师范大学、西北师范大学、华中师范大学等 9 所高校设有教育技术学博士点。[4][5]

为了更好地培养高层次、专业化的人才，华东师范大学在 2004 年与瑞博公司合作，建立了首个"教育技术学博士后科研工作站"。此后，北京师范大学、华南师范大学、西北师范大学分别设立了教育技术博士后科研工作站。[6] 至此，我国建立了本科、硕士、博士、博士后等多层次、多方向的人才培养体系，形成了完整的学科专业体制，满足了社会发展对于教育技术专业人才的需求。

---

[1]　陈琳、王运武：《中国教育技术改革发展三十年》，载《电化教育研究》，2009(2)。

[2]　何克抗：《教育技术专业培养的人才应具有的知识能力结构及课程体系》，载《中国电化教育》，2007(11)。

[3]　研究生招生报名查询系统，http：//souky. eol. cn/school _ recommended. php？g&code＝040110，2018-06-18。

[4]　王运武、陈琳：《关于中国教育技术学科建设与专业建设的思考》，载《现代教育技术》，2008(8)。

[5]　钟秉林：《科学认识招生计划管理，正确看待区域教育公平》，载《师资建设》，2017(5)。

[6]　王运武、陈琳：《关于中国教育技术学科建设与专业建设的思考》，载《现代教育技术》，2008(8)。

第三节　学科调整阶段

　　无论是在电化教育学科初创阶段，还是正式更名为教育技术学科以后，关于学科定义、逻辑起点、学科定位等的讨论就一直十分活跃。领域学者们对学科基础要素的持续探索，为学科的创建和发展做出了重要贡献。

一、学科定义

　　学科的定义直接决定该学科的理论体系框架及主要研究内容。94 定义认为，教育技术是为了促进学习，研究领域包括理论与实践，研究的范畴包括对有关过程和资源的设计、开发、利用、管理和评价；AECT05 定义将教育技术定义为通过创建、使用管理适当的技术过程和资源，促进学习和改善绩效的研究与符合道德规范的实践，将教育技术的研究范畴概括为创建、使用和管理三个范畴。AECT 05 定义与 94 定义的主要区别在于："教学技术"的名称被"教育技术"名称所取代；"理论与实践"两个研究领域被更改为"研究与符合道德规范的实践"；"学习过程"与"学习资源"两个研究对象被更改为"用来促进学习和提高绩效并有合适技术（支持）的过程和资源"；学习过程和学习资源的"设计、开发、利用、管理和评价"五个研究范畴被缩减为用来促进学习和提高绩效并有合适技术（支持）的过程和资源的"创造、使用和管理"三个范畴。[①]

　　对于西方理论成果，中国的教育技术学者一直保持着独立的学术思考和审视。例如，南国农、李运林在 1995 年修订《电化教育学》教材时，将电化教育定义为"在现代教育思想、理论的指导下，主要

---

　　① 何克抗：《中国特色教育技术理论的建构与发展》，32 页，北京，北京师范大学出版社，2012。

运用现代教育技术进行教育活动，以实现教育过程的最优化"。这里所说的"现代教育技术"是指"教育、教学中应用的现代技术手段，即现代教育媒体；运用现代教育媒体进行教育、教学活动的方法，即媒传教学法；优化教育、教学过程的系统方法，即教学设计"①。这个定义吸收了美国教育技术中合理的内容，即系统方法和教学设计，但没有采用 94 定义的表述方式，保持了中国特色。②

　　李克东教授结合 94 定义，为教育技术给出的定义是"现代教育技术，就是运用现代教育理论和现代信息技术，通过对教与学的过程和资源的设计、开发、利用、管理和评价，以实现教学优化的理论和实践"③。这个定义采用了 94 定义的表述形式，定义了中国的"现代教育技术"。

　　何克抗教授认为，教育技术的本质"可以用一句话来概括，就是应用技术手段来优化教育、教学过程。这里的技术包括硬、软两方面的技术——绩效技术与教学设计技术就是教育技术中较典型的软技术。而现代教育技术，则主要是指应用信息技术手段来优化教育、教学过程"④。

　　学科的名称虽经历变化，从电化教育变成教育技术，但学科本身并未发生实质性改变，即没有从一个学科变成另一个学科，从学理上讲，电化教育和教育技术应指同一个学科。虽然先后出现过电化教育、教育技术、现代教育技术、教育信息技术、信息化教育等不同名称，但从学科的角度看，依旧是以电化教育与教育技术两类为主，它们在定义上的最大分歧是一个指"教育教学中的技术和方

---

　　①　南国农、李运林：《电化教育学（第二版）》，45 页，北京，高等教育出版社，1998。

　　②　汪基德：《中国教育技术学科的发展与反思》，博士学位论文，西北师范大学，2007。

　　③　李克东：《新编现代教育技术基础》，38 页，上海，华东师范大学出版社，2002。

　　④　曾兰芳：《关于教育技术的本质及其学科的发展——访我国教育技术著名专家何克抗教授》，载《开放教育研究》，2003(2)。

法"，一个指"用技术和方法进行教育教学"，次要分歧是所涉及的技术、方法(资源)的范围多寡、大小的问题。① 分歧形成冲击，碰撞产生融合，教育技术学科正在不断突破思想禁锢，在创新中前行，逐渐构建起中国特色的教育技术学科理论体系。

二、逻辑起点

逻辑起点是一门学科逻辑结构的起始范畴，是该学科理论体系的始自对象。② 业界学者对教育技术学科的逻辑起点认识不一致，是多年来教育技术界存在众多学术分歧与争论的焦点与核心所在。为了使中国特色教育技术有一个正确的学科定位，并使我国教育技术事业和教育技术学科能真正走上健康发展的道路，就必须彻底弄清楚教育技术学的逻辑起点是什么。③

在构建中国特色的教育技术学理论体系的探索过程中，关于教育技术学的逻辑起点问题早已引起了教育技术工作者的关注。一方面，体系的构建自然涉及逻辑起点问题；另一方面，作为与教育技术学邻近的教育学对逻辑起点问题的探讨，也影响了教育技术学领域。何克抗教授系统地梳理了已有关于教育技术学的逻辑起点，总结出至少十种观点，分别是：①以"传播"为逻辑起点；②以"教育信息的传播"为逻辑起点；③以"借助媒体的学习"为逻辑起点；④以"借助技术的学习"或"借助工业技术的学习"为逻辑起点；⑤以"如何教育"为逻辑起点；⑥以"教学问题"为逻辑起点；⑦以"解决教育、教学问题"为逻辑起点；⑧以"现代教育媒体的研究和应用"为逻辑起点；⑨以"教育中的技术"为逻辑起点；⑩以"教育和技术的双重结

① 汪基德：《中国教育技术学科的发展与反思》，博士学位论文，西北师范大学，2007。
② 瞿葆奎、喻立森：《教育学逻辑起点的历史考察》，载《教育研究》，1986(11)。
③ 何克抗：《中国特色教育技术理论的建构与发展》，32 页，北京，北京师范大学出版社，2012。

构"为逻辑起点。比如，南国农教授在 20 世纪 90 年代初提出，以现代教育媒体的研究和应用为核心是我国电化教育的最大特色，也是建立整体电化教育理论体系的逻辑起点①，并将《电化教育学》和《信息化教育概论》这两本教材体系的逻辑起点都定位于"借助现代媒体的学习与教学"②。2006 年，南国农教授进一步将教育技术学的逻辑起点凝练为"借助现代媒体的教育"。李龙教授则认为教育技术学科的逻辑起点是"教育—技术"的双重结构。他认为凡是属于教育技术学研究的内容，必然同时包含"教育"和"技术"两项要素，否则就不属于教育技术学的研究范畴。在具体研究过程中，因为关注点的不同，所以逻辑起点才会有"教育中的技术"或"借助技术的教育"等不同的表现形式。③

何克抗教授根据黑格尔提出的逻辑起点的"三个质的规定性"和瞿葆奎教授提出的"两条补充规定"，总结出教育学的逻辑起点是"教育"④，并进一步提出，教育技术学作为教育学下面的一个二级学科，其逻辑起点必须与教育学的逻辑起点具有共性，但既然是独立的二级学科，教育技术学的逻辑起点又必须具有和教育学的逻辑起点不同的个性特征，即运用技术来优化教育、教学过程，以提高教育、教学的效果、效率与效益。也就是说，教育技术学逻辑起点的范畴为了体现共性与个性的统一，必须包括教育活动和运用技术这两个核心概念。因此，得出结论，教育技术学的逻辑起点是"借助技术的教育"活动。⑤

由于逻辑起点对于一门学科的研究对象、范畴和理论体系的形

---

① 南国农、李运林：《电化教育学（第二版）》，45 页，北京，高等教育出版社，1998。

② 南国农：《高校信息化教育课程：教材教法浅析》，载《电化教育研究》，2004(11)。

③ 李龙：《教育技术学科的定位——二论教育技术学科的理论与实践》，载《电化教育研究》，2003(11)。

④ 何克抗：《关于教育技术学逻辑起点的论证与思考》，载《电化教育研究》，2005(11)。

⑤ 同上。

成有直接的影响，并起制约作用，因此为期十余年，有多位专家学者参与其中的关于教育技术学逻辑起点的讨论，为教育技术学科建设添砖加瓦，对于整个学科的发展都弥足珍贵。

三、学科定位

在探寻、分析和研究教育技术学逻辑起点的过程中，另一个争论焦点是关于教育技术学科是定位于"技术"还是定位于"教育"的问题。实际上，这是多年来电化教育领域关于电化教育到底是姓"教"还是姓"电"之争的延续。

汪基德教授曾对教育技术学科定位问题进行系统分析，他认为要把定位分为教育技术和教育学科两个定位的维度分别加以分析。若将教育技术作为教育实践活动的一个要素，其定位问题的实质是其实践的领域或范围，可分为四种不同的定位观：其一是传统的电化教育的观点，即基于现代教育媒体的技术（包括与此相关的技术和过程）；其二是基于教育媒体的技术（包括与之相关的技术与过程），也就是构成"与教育相关的过程和资源"的过程技术（主要是智能技术，也包括一定的媒体技术）和资源技术（主要是媒体技术，也包括一定的智能技术）；其三是"与学习相关的过程和资源"的技术；其四是"全部物化技术＋全部智能技术"。①

对教育技术作为一个学科的定位的探讨，主要有三种观点：一种是虽然认为教育技术的定位是技术，但教育技术学属于教育学科，即教育技术学定位在教育学；另一种观点认为教育技术定位在技术，所以教育技术学应定位在技术学；第三种观点就是双重定位的观点，认为教育技术学既可以是教育学学科的分支学科，也可以是技术学学科的分支学科。

---

① 汪基德：《中国教育技术学科的发展与反思》，博士学位论文，西北师范大学，2007。

例如，南国农先生认为，教育技术学是现代教育科学和现代信息技术相融合的产物，它由两个基本要素——现代教育科学和现代信息技术构成，两者缺一不可。① 单纯将教育技术学科定位于教育或技术很难体现出学科本质，两者结合的定位有利于形成中国教育技术学科的特色与优势，有助于培养复合型人才。

李龙教授在他所提出的教育技术学科双重逻辑起点"教育和技术"的基础上，提出教育技术学科的定位具有双重性。李龙教授认为教育技术学既可以是教育学学科的分支学科，也可以是技术学学科的分支学科。②

何克抗教授则提出，教育技术的定位首先要确定教育技术学在整个学科(包括自然学科和社会学科)体系中的位置，要根据学科的研究对象、范畴和领域来确定。就教育技术学而言，其研究对象是学习过程和学习资源，而与学生的学习有关的过程和资源，即是教育、教学过程和教育、教学资源；研究范畴则是有关教育、教学过程和教育、教学资源的设计、开发、利用、管理和评价五个方面；研究领域则是有关这五个方面的理论与实践。由于教育技术学的研究对象、研究范畴和研究领域都与教育、教学过程及教育、教学资源有关，所以教育技术学自然应定位于"教育"而非"技术"。③

学科定位问题在整个学科建设中有很重要的指导意义，合理的学科定位，是学科健康发展的前提和保障。随着"互联网＋"时代的到来，教育技术学科建设也会在调整中不断优化完善。

---

① 南国农：《教育技术学科究竟应该怎样定位》，载《北京大学教育评论》，2013(3)。
② 李龙：《教育技术学科的定位——二论教育技术学科的理论与实践》，载《电化教育研究》，2003(11)。
③ 何克抗：《中国特色教育技术理论的建构与发展》，32 页，北京，北京师范大学出版社，2012。

第四节　学科发展阶段

2015 年，政府工作报告中首次出现"互联网＋"的概念，并提出了要制订"互联网＋"行动计划。中国社会各行业在政府的大力倡导下，全面进入"互联网＋"时代，而天生带有"技术"基因的教育技术学科，更是在"互联网＋教育"的发展大潮中获得了前所未有的发展机遇。

一、学科内涵的延展

在"互联网＋教育"的全球浪潮中，人们逐渐意识到，知识创新不是产生在具有完整、独立知识体系的学科内部，而是由多个学科一起完成的，学科交叉成为学术创新的重要途径，教育技术学科也不可避免地经历着新兴学科如学习科学的影响和冲击。

在《学习科学手册》中，学习科学被描述为从认知科学、计算机科学、社会学、设计技术等多学科研究发展起来的交叉研究领域，着眼于更好地理解引发有效学习的认知和社会过程，从而重新设计教室和其他学习环境，促进人类更有效、更深入地学习。可以看出，学习科学与教育技术的研究目标都是利用技术促进人类有效学习，但是两者实现目标的路径不同，教育技术关注如何基于教学理论、利用最有效的方法创建促进学习的技术系统，而学习科学关注在特定情境之下何种教学环境最适宜促进学习，从中探寻学习理论。教育技术研究各种教学方法，探讨在何时何种情境中使用何种方法，而学习科学则关注学习过程，探究在真实情境中人们如何学习的问题，并在此基础上创建促进有效学习的环境。如果说教育技术致力于已有学校体制下的教学系统设计，采用渐进式思路进行改革的话，那么学习科学则是试图探索未来社会技术促进学习的规律，采用革命性的思路进行改革，但是从学习系统和学习环境研究的历史渊源来看，可以将学习科学看作教育技术在新时期的一个增长点，两个学科的认识论和研究方法趋同且都处于变化之中。[①]

学科内涵正不断扩展，全球的互联网教育也正值蓬勃兴起之时，教育技术学科本应大有作为。然而近几年在中国的教育信息化实践中，教育技术学科却出现了被边缘化的趋势，如综合性大学中教育技术学被取消或者逐步被边缘化；教育技术学专业所培养的博士毕业后，多数选择高校教育技术学专业教师岗位而非一线实践岗位，教育技术学人才培养进入一种自循环式封闭模式；等等。这些现象的出现，迫使教育技术人深刻反思学科定位和人才培养方向的问题。

陈丽教授认为当前教育供给侧改革是"互联网＋"时代教育信息化的核心特征和趋势，教育供给侧改革意味着教育的服务主体、教育模式和教育制度都将发生变革。因此，教育技术学应定位为用新理念、新技术和新方法破解教育问题，推动教育变革的创新实践领域，教育技术学的学术文化应该是开放和创新；教育技术学人才培养的方向应该是注重利用新技术、新理念和新方法破解教育问题的创新能力。[②]

任友群教授等人则在对美国七所大学的教育技术学科建设进行系统地分析后，提出一流学科建设何以可能的几个因素，包括：重点放在办学实习，而不是盲目开设新奇专业；在开设硕士、博士专业时，专业设置要与学科未来发展方向有一定的相关性；在高等教育领域，教育技术学科要发挥应用作用，在教学材料、考试方法和时间安排更为灵活的大学中，推动最新的信息化教学工具与前沿的教学设计理论与模型的应用实践，以培养出在知识经济、信息化时

[①]　韩锡斌、程建钢：《教育技术学科的独立性与开放性——斯坦福大学学习科学兴起引发的思考》，载《北京大学教育评论》，2013(3)。

[②]　陈丽、王志军、郑勤华：《"互联网＋时代"教育技术学的学科定位与人才培养方向反思》，载《电化教育研究》，2017(10)。

代能立有一足之地的 21 世纪人才。①

　　杨宗凯教授认为，以教育信息化全面推动教育现代化是教育技术学专业当仁不让的时代担当。它肩负着揭示信息技术与教育相互作用的机理，构建具有中国特色、国际水准的信息化教育理论，以融合创新、重组创新、数据驱动的创新、问题驱动的创新及协同创新引领实践，实现教育现代化的使命。在这种历史担当中，教育技术学专业迫切需要开展专业人才培养的创新探索，一方面加强人才培养的顶层设计，另一方面以教育技术的方式培养教育技术的人才，如创建多元集成的资源与环境，构建信息化教学模式与方法，创新教学管理与评价的体系，转变教师专业化发展的方式等。②

　　何克抗教授认为，"互联网＋"时代教育变革的着力点，是要让整个教育系统结构性变革的主体与核心落实到"学校教育"，而"学校教育系统结构性变革"的主体与核心又要落实到"课堂教学结构的变革"上，在此基础上开展研究与实践，才能建立起具有中国特色的教育技术学的学科定位、理论体系，并据此确定人才培养方向。③

　　以上述专家为代表的教育技术学者，始终保持着与时俱进的冷静思考与执着探索，不仅为学科建设提供了持续发展的动力，也为教育技术学科带来了前所未有的学术影响力和发展机遇。

　　二、学科影响力与发展

　　2009 年 2 月，国务院学位委员会、教育部发布《学位授予和人才培养学科目录设置与管理办法》。参照第七条规定，改革开放 40 年后的教育技术学科，已经满足所要求的四个条件，包括：是否具有

---

　　① 　任友群、程佳铭、吴量：《一流的学科建设何以可能？——从南国农之问看美国七所大学教育技术学科建设》，载《电化教育研究》，2012(6)。

　　② 　杨宗凯：《以信息化全面推动教育现代化：教育技术学专业的历史担当》，载《电化教育研究》，2018(1)。

　　③ 　何克抗：《关于我国教育技术学研究现状和教育变革着力点的思考》，载《电化教育研究》，2018(8)。

独立的成熟的理论体系。教育技术学具有自己独特而成熟的理论体系，并且这种理论体系是传统教育学无法概括的，例如，信息技术与课程整合理论、主导—主体教学结构理论、模式识别理论、认知科学体系、人工智能体系等。

是否具有若干可以归属的二级学科。如果把教育技术学细分，在其下位还可以有信息技术教育、远程教育、教学系统设计、教学资源开发等。由于这是一门发展极其迅速的学科，其下属的二级学科会不断丰富。

是否获得学术界普遍认同。以中国教育技术协会为例，已经拥有了 28 个专业委员会，覆盖了从高等教育到幼儿教育的全部中国教育空间，与此同时与国外的交流越来越频繁，获得了国际同行的广泛认同。

是否在社会上对学科人才有比较稳定和一定规模的需求。据统计，目前我国教育技术学的本科专业已经有 242 个、硕士点 89 个、博士点 9 个，从业人数已逾 10 万人，且需求每年都在加速递增。虽然目前教育技术还未成为一级学科，但是在学科影响力方面与 40 年前的改革开放初期相比，已不可同日而语。

关于学科的学术影响力，从计量评价来看，通常指基于文献计量的学科评价，多以专著、论文为主的科研产出为基础。科研成果发表的数量、引文数量等成为衡量学科学术影响力的重要指标。在近年统计公布的被教育论文引用最多的前 9 种学术期刊中，教育技术的刊物有《电化教育研究》《中国电化教育》《开放教育研究》《中国远程教育》《外语电化教学》等 6 种之多，占三分之二。被引用次数处于前五位的教育学科刊物分别是《教育研究》《高等教育研究》《电化教育研究》《教育发展研究》《中国电化教育》，其中教育技术学科的两种学术刊物《电化教育研究》《中国电化教育》被引用次数分别处于所有教育学科期刊的第三位和第五位。①

在同期被引用次数最多的 5 篇论文中有 3 篇发表于《电化教育研究》，分别是排在被引用次数第一位的何克抗教授于 1997 年发表的《建构主义——革新传统教学的理论基础》；排在被引用次数第三位的李克东教授于 2001 年发表的《数字化学习——信息技术与课程整合的核心》；排在被引用次数第五位的何克抗教授于 1999 年发表的《论现代教育技术与教育深化改革——关于 ME 命题的论证》。何克抗教授发表于 1997 年第 3～4 期《电化教育研究》的《建构主义——革新传统教学的理论基础》，以被引用次数排名第二位的成绩，成为唯一入选 2000—2004 年 CSSCI 被引前五十名论文的教育学论文。②

在国际上，教育技术学科的影响力也因一代又一代杰出学者的工作而在不断地增强。何克抗教授于 2007 年出版的专著《儿童思维发展新论》，已于 2015 年 10 月由著名出版商斯普林格（Springer）用英文出版并在全球发行。该专著是何克抗教授在批判皮亚杰"儿童认知发展阶段论"基础上写成的，第二章近 3 万字的内容都是对"儿童认知发展阶段论"的质疑、分析与批判，而皮亚杰是该领域的国际权威，直截了当、开门见山，而且较全面、深入地批判他的观点，这还是第一次。现在该书英文版得到国际上相关心理学科一些著名心理学家的认可，2016 年 11 月被国际最有影响力的"各学科文献索引数据库"（Web of Science 的 Book Citation Index）所收录。

与此同时，新一代学者也在逐渐成长，并产生了较大的国际影响力。例如，北京师范大学黄荣怀教授于 2016 年被评为长江学者，并在斯普林格出版系列丛书三套；华东师范大学顾小清教授在全球

---

① 龚放、邓三鸿：《2000 年—2004 年中国教育期刊影响力报告——基于 CSSCI 的统计分析》，载《教育研究》，2006(9)。

② 龚放、白云：《2000—2004 年中国教育研究领域学者影响力报告——基于 CSSCI 的统计分析》，载《江苏高教》，2006(6)。

200 多位优秀学者中脱颖而出，受聘成为国际教育技术领域的顶级期刊《英国教育技术杂志》(*British Journal of Educational Technology*)新增的两位国际顾问之一；而我国刘美凤等多位教育技术学者已成为国际教育技术领域知名期刊的评审或编委成员。北京师范大学余胜泉教授主持的学习元平台，参加由 IMS 全球学习联盟(IMS Global Learning Consortium，IMS GLC)举办的世界范围 2014 学习影响奖(Learning Impact Awards 2014)竞赛并获得铜奖，并在 2014 学习影响领导组织(Learning Impact Leadership Institute 2014)上展示。北京师范大学陈桄为第一作者，与台湾学者陈年兴等合作完成的文章"Exploring Block Chain Technology and Its Potential Applications for Education"(《区块链技术及其在教育中的潜在应用探究》)，于 2018 年 1 月发表在《智慧学习环境》(*Smart Learning Environment*)上，截至 2018 年 6 月已被全球学者下载超过 8 000 次，获得 Spring Nature 评选的"2018 改变世界"殊荣。同时获得这一荣誉的，还有北京师范大学周颖和南洋理工大学等四所高校学者联合完成的文章"The Relationship Between Teachers' Online Homework Guidance and Technological Pedagogical Content Knowledge about Educational Use of Web"(《教师网上作业指导与网络教育技术教学内容知识的关系》)。诸如以上有国际影响力的研究成果已经说明，虽然我国在学科研究和发展方面与国际教育技术领域的领军国家和学术研究团队还有一定的差距，但是进入"互联网＋教育"时代后，我国教育技术学科开始有意识地建立国际学术平台，并已初步形成一定的影响力。

三、系列创新平台建设

教育技术学科要实现持续而健康的成长，就要走多元发展之路。不仅在理论研究上要走开放的道路，在坚持中国特色的教育技术学科理论研究的基础上，更积极地展开与国际同行的对话，以产生全球范围的国际影响力，还要在研究平台上走出一条开放的道路，积极与政府部门建立联系，与企业广泛合作，搭建起一系列满足国家和地方战略需要的创新平台。

学科发展依托于高质量有影响力的研究成果，而要取得优秀的研究成果，就要借助高水平跨领域的创新研究平台。各级政府部门对国家和地方的教育形式与动向的把握最为准确和宏观，通过与政府合作，将教育技术学科发展的成果运用于教育第一线，理论研究真正落实于教育实践，依靠地方政府的政策、资金、资源和研究基地的支持，形成更高更广阔的研究平台是学科研究的新思路、新模式、新途径和新出路。而国内外很多信息技术产业掌握了先进的技术，并拥有雄厚的资本基础，是 IT 行业先进生产力的代表，同时教育领域是极有应用潜力和价值的市场。因此，教育技术学科通过与政府部门、企业合作等方式，多方协同共建有国际影响力的创新研究平台，符合学科开放发展的趋势，也能满足各方共同的意愿。

（一）国家数字化学习工程技术研究中心①

国家数字化学习工程技术研究中心（National Engineering Research Center for E-Learning，NERCEL）依托华中师范大学组建，是国内从事教育信息化技术研究和科研成果转化的专门研发机构，于 2004 年经湖北省发展和改革委员会批准成为湖北省工程研究中心，2006 年经教育部批准成为教育部工程研究中心，2009 年经科技部批准进入国家工程技术研究中心建设序列，成为当时我国唯一的教育信息化领域的国家级工程技术研究中心，是我国教育信息化技术研发、产品推广、产业示范的重要基地，代表了国内教育信息化领域技术研发和工程实践的一流水平。

该工程研究中心的建设目标是以技术原始创新和集成创新为导

① http://nercel.ccnu.edu.cn/.

向，以服务中国教育信息化和现代化为宗旨，致力于提高我国教育信息化领域的理论研究水平和技术创新能力，推动研发成果的产业化发展，为实现《国家中长期教育改革和发展规划纲要（2010—2020年）》的战略目标做出实际贡献。发展宗旨是跟踪国际前沿科技，整合教育信息资源，研发先进教育装备，提供优质内容服务。主要研究方向包括：数字化学习标准与技术、数字教育公共服务体系与软件系统、教育资源集成与开发、数字媒体内容集成与开发等。现有教育信息科学与技术博士点和计算机应用技术、管理科学与工程、教育技术学三个硕士点。工程研究中心自成立以来，在双板数字教室系统、资源服务系统、课堂交互系统、学习管理系统、空间视频系统等多个研究方向取得了多项自主知识产权的科技成果，已服务于数十家用户单位，形成了良好的社会效益和经济效益。

（二）教育部数字化学习支撑技术工程研究中心①

教育部数字化学习支撑技术工程研究中心于 2006 年由教育部批准设立，依托东北师范大学，专门从事数字化学习的基本理论与方法，数字化支撑环境关键技术，教育云平台、智慧校园及智慧教室等系统设计、成果集成及转化，教育信息化规划与顶层设计咨询，教育信息化系统建设指导与技术支持，教育信息化应用推动，教育信息化领导力培训等研究与应用工作。覆盖基础教育、职业教育、高等师范教育和学前教育等领域。

该研究中心一直致力于通过信息化推动教育现代化的研究与实践工作。聚焦大规模教育背景下的个性化学习、区域高位均衡、精准管理等实现教育现代化的瓶颈问题，探索并研究出了基于大数据、"互联网＋"、虚拟仿真和人工智能等技术，构建立德树人，让学生主动、个性化、轻松愉快学习，提升智慧水平的智慧教育新体系，

---

① http：//www.chinalixiang.net/index.shtml.

以及有效支撑智慧教育新体系实施的智慧教育系统。通过多年的研究和实践，研究中心与全国多个省、市、县（区）建立了教育信息化合作关系，提供了教育信息化规划和顶层设计咨询、教育信息化方向引领和指导、示范区和示范校培育、深度融合种子教师培养、智慧教育云平台和智慧校园建设技术支持等服务，有效引领了我国基础教育、职业教育、高等师范教育和学前教育的信息化发展方向。

（三）数字学习与教育公共服务教育部工程研究中心①

数字学习与教育公共服务教育部工程研究中心于 2007 年由教育部批准设立，依托北京师范大学建设，以北京奥鹏远程教育中心有限公司、北京希普无忧教育科技有限公司作为成果转化与示范应用基地，是面向终身教育领域、专门从事数字学习关键技术及终身学习研究开发和成果转化的机构。

工程中心的使命是以服务于国家终身教育体系建设为出发点，面向知识工程化处理、新一代数字教育内容处理与传播、计算机辅助测试、数字教育公共服务等领域，跟踪科技发展前沿，发展数字化学习技术，促进产学研结合，推动学校教育体系与社会教育体系之间的融合，培育基于数字教育的终身教育产业链，促进终身学习体系建设，提升服务于终身教育的技术创新能力及工程化与产业化水平。

工程中心面向基于数字技术的终身教育领域，其核心目标是"研究数字化学习技术、推动终身教育服务产业发展、促进终身学习体系建设"；其主要研究发展方向是：①教学设计与知识服务技术研究；②数字教育公共服务平台研究与开发；③典型示范与产业化运营。

---

① http://fe.bnu.edu.cn/index32.shtml.

(四)上海数字化教育装备工程技术研究中心①

上海数字化教育装备工程技术研究中心于 2010 年 11 月 23 日举行揭牌仪式。该工程中心的定位是要建设成为数字化教育装备的产业平台和综合创新中心，通过产学研一体化运作，为教育信息化建设提供技术支撑与智力服务。作为当时国内唯一的数字化教育装备工程研究中心，工程中心围绕数字化教育装备的基础工程、系统设计与集成、标准及评测三个方向展开研究。工程中心主要服务于国家及上海的现代装备制造业和现代信息服务业的发展战略需要，解决数字化教育装备及教育信息化领域中的技术、应用及产业推广问题，引导数字化教育装备的技术创新与相关产业发展。

经过几年的发展，该中心已成为由上海市科学技术委员会支持建设、依托华东师范大学的重点研究基地，围绕数字学习环境软硬融合装备技术研究领域，开展数字化学习环境的关键技术研发、标准研制、应用示范以及相应的研发成果产业化。主要研究方向包括教育大数据管理规范与标准、学习测评技术、学习分析技术、学习干预技术以及教学决策技术及应用研究。

(五)"移动学习"教育部—中国移动联合实验室②

为贯彻国家科技创新大会及《教育信息化十年发展规划(2011—2020 年)》的精神，教育部与中国移动通信集团公司签署了《中华人民共和国教育部与中国移动通信集团公司战略合作框架协议》。按照合作协议的内容要求，教育部将与中国移动联合设立重点实验室和工程中心。2012 年教育部同意依托北京师范大学立项建设"移动学习"教育部—中国移动联合实验室（The Joint Laboratory for Mobile Learning，Ministry of Education—China Mobile Communications

① http：//www. deit. ecnu. edu. cn/.
② http：//mllab. bnu. edu. cn/.

Corporation)，实验室被纳入教育部重点实验室管理序列。

实验室将充分释放高校和企业在人才、资本、信息、技术等创新要素的活力，聚焦移动学习平台与智能终端与教育的融合应用，持续深入地开展理论研究、技术创新、原型实现、系统孵化与测试评估、应用示范及人才培养等工作。实验室的各项研究以教育部组织中国移动等机构承建的"移动学习平台"及中国移动覆盖全国的通信网络为基础，在"移动学习试验平台研发""未来学习示范与体验基地建设""智能学习终端应用示范""开放性课题研究"和"人才培养"等方面开展全面深入的合作。其具体研究方向如下。

①泛在教育研究方向：聚焦探索"移动学习平台"云服务及无处不在的智能终端可能给学习带来的变革性影响，探索未来教育的新形态，为移动学习研究与实践提出需求，提供理论支撑。

②移动学习模式研究方向：聚焦"移动学习平台"云服务支持下的创新的学习方式，云端结合的技术融入教育主流业务流程的模式与方法，探索云环境下的教育服务新形态。

③移动学习平台研究方向：聚焦云技术支持下的移动学习平台关键技术与服务设计技术研究。

三个研究方向之间的关系是：泛在教育研究为移动学习模式和移动学习平台的研究提供理论基础和指导；移动学习模式研究为移动学习平台设计、开发与应用研究提供方向指引，不同的模式需要构建满足不同学习业务需求的平台功能；移动学习平台研究为移动学习模式的实施和移动教育基础理论研究成果的验证提供了很好的技术平台支撑。

实验室希望将现有教育教学改革成果深入融入中国移动的"和教育平台"与无处不在的移动终端，实现相互增值，促进产业发展。除了上述三个方向的研究外，实验室还将开展教育云服务支持下的移动学习实验应用与推广孵化，对于创新的移动学习服务形态，开展实验验证，改进服务设计；对于有显著应用成效的服务，则通过"移动学习平台"进行推广应用，由中国移动负责牵头进行商业化运营。

"移动学习"联合实验室依托北京师范大学学习科学与技术紧密结合的优势学科，依托中国移动作为全球领先电信企业的技术、平台、工程、运营、规模和研发优势，联合开展有组织的移动学习关键技术与应用模式创新，建立多学科融合、多团队协同、多技术集成的重大研发与应用平台，形成政、产、学、研、用融合发展的技术开放与应用模式。

（六）广东省智慧学习工程技术研究中心①

广东省智慧学习工程技术研究中心经广东省科技厅 2015 年 1 月 27 日批准成立。中心主体依托华南师范大学教育技术学国家重点学科，并联合广州创显光电科技有限公司、广州奥威亚电子科技有限公司和广东省出版集团数字出版有限公司等组建。

智慧学习的关键技术研究包括跟踪国际智慧学习新技术研究前沿，重点研究云计算、大数据存管、物联网、语义网络、虚拟仿真等教育赋能技术，解决智慧学习重大应用需求，以技术创新推动教与学应用、提升教育信息化的层次与效率。

（七）北京师范大学智慧学习研究院②

智慧学习研究院（Smart Learning Institute）是北京师范大学下设的综合性科学研究、技术开发和教育教学实验平台，于 2015 年 3 月 18 日成立。研究院旨在发挥北京师范大学教育学、心理学、教育技术学等学科科研队伍优势，以及华渔教育科技有限公司及其母公司网龙网络有限公司的资金、移动互联网和云技术、产品研发优势，专注于研究信息化环境下的学习规律，打造支持终身学习的智慧学

---

① http：//rcsl. scnu. edu. cn/.

② http：//sli. bnu. edu. cn/.

习环境和平台，以切实支持数字一代学习者多样性、个性化和差异化的学习。

研究院的目标是推动教育技术学及相关学科建设，增强教育信息化人才培养、社会服务能力，提高教育服务质量与产品研发能力，以此促进信息技术与教育的双向融合，服务我国教育信息化建设。主要任务包括：在重点产品开发及项目研究的关键环节上取得实质性突破，形成可大规模推广的智慧学习解决方案；建构智慧学习理论，探索信息技术与教育双向融合的方法与途径，形成一批具有国际影响的学术成果；建立智慧学习实验区和实验校，发展基于大数据的教育教学研究模式；通过双聘机制和企业导师制，探索产学研结合的教育信息化高端人才培养机制。

(八)北京师范大学未来教育高精尖创新中心①

2015 年，北京市教委启动"北京高等学校高精尖创新中心建设计划"。高精尖计划是将中央在京高校、市属高校和国际创新资源等多方力量进行有效整合，建立国内与国外创新资源深度融合、科研与应用相互促进、科技创新与人才培养有机结合、央属院校与市属院校共同发展的长效机制。市财政持续稳定地对高精尖中心进行滚动支持，五年为一周期，每年每个中心给予 5 000 万至 1 亿元的经费投入，其中原则上不低于 70％的经费用于人员经费，主要包括国际顶尖创新人才的聘用和国内人才及创新资源的整合。

包括北京师范大学未来教育高精尖创新中心在内的 13 个北京高校高精尖创新中心获得首批认定。中心的核心任务是面向北京市基础教育领域师生未来教育发展的需要，研发基于大数据的智能教育公共服务平台，创新移动互联时代的教育公共服务模式。中心的研究工作将推进北京教育公共服务从数字化转型到智能化，助力构建

———————————

① http://aic-fe.bnu.edu.cn/.

北京（世界城市）教育公共服务新模式，助力于实现"有教无类、因材施教、终身学习、人人成才"的教育梦。中心要解决的关键问题是面向每一位学习者，实现"全学习过程数据的采集，知识与能力结构的建模，学科优势的发现与增强，学习问题的诊断与改进"。为此要研究学习者学科能力与认知模型及其可视化，以表达学习者的个性化特征和需求；要研究基于大数据分析的教育智能技术，构建以学习科学为基础的数据分析模型，以实现根据学习者个性需求进行适应性的推荐；要研究学习资源生成与服务汇聚技术，以实现优质资源大规模地语义化组织、主题化汇聚以及进化式生成，构建可推理与计算的社会性知识空间，实现线上线下结合的双师服务；同时还要开展智能教育服务平台融合于教育主流业务的模式与方法研究，探索新的教育业务形态、治理方式和应用解决方案。

（九）互联网教育数据学习分析技术国家地方联合工程实验室[①]

根据《国家发展改革委关于 2016 年度国家地方联合工程研究所中心（工程实验室）的复函》（2016），西北师范大学获批建设"互联网教育数据学习分析技术国家地方联合工程实验室"，负责人是该校教育技术学院郭绍青教授。

国家地方联合工程实验室是国家发展和改革委员会依托企业、科研院所或高校等设立的研究开发实体，作为国家工程实验室与省级工程实验室进行衔接的重要创新平台，是国家创新体系建设的重要组成部分。作为国家级科研平台，互联网教育数据学习分析技术国家地方联合工程实验室是在"甘肃省数字化教育工程实验室"的基础上申报建设的，主要围绕互联网教育云服务关键技术研发、自适应数字化教育资源开发、互联网教育大数据决策与评估三个方向，开展基于大数据的学习行为分析技术、云端个性化资源推送技术、

---

① http：//nercel. ccnu. edu. cn/gywm/zxjj. htm.

数字化教育资源交互设计技术、虚拟现实和增强现实数字化学习资源环境构建关键技术、教育决策与评估数据采集与分析技术等互联网教育中关键技术的研究。该工程实验室贯彻"互联网＋"教育理念，旨在通过集聚互联网教育人才，提升科技创新能力，促进产学研紧密结合，形成互联网教育的科研开发基地、人才培养基地、成果转化基地、咨询服务基地，推进甘肃省互联网教育发展，促进区域教育均衡发展，实现教育公平。

（十）互联网教育智能技术及应用国家工程实验室①

根据《国家发展改革委办公厅关于开展互联网教育智能技术及应用国家工程实验室组建工作的通知》(2017)，北京师范大学作为承担单位，联合清华大学、中国移动、华渔教育科技有限公司、科大讯飞股份有限公司，筹建互联网教育智能技术及应用国家工程实验室。

该国家工程实验室的主要任务是针对我国优质教育资源分布不均衡、个性化学习服务能力不足等问题，围绕优质教育资源共享和智能教育服务的迫切需求，建设互联网教育智能技术应用研究平台，支撑开展远程教学交互系统、知识建模与分析、学习者建模与学习分析、学习环境设计与评测、系统化教育治理等技术的研发和工程化。通过建立支撑互联网教育的试验平台，形成国内一流的科研环境，主动承担国家和行业重大科研项目，在学习资源生成进化和智慧学习环境等方面取得一批关键技术成果并成功转化，构建互联网教育智能技术领域的自主知识产权和标准体系，形成可持续的产学研协同创新机制，促进教育公平、教育质量提升和学生个性化发展，为推动互联网教育智能技术的进步和产业发展提供技术支撑。

（十一）教育大数据应用技术国家工程实验室②

教育大数据应用技术国家工程实验室是我国首个面向教育行业，

---

① http：//e.bnu.edu.cn/.

② http：//nelebd.ccnu.edu.cn/.

专门从事教育大数据研究和应用创新的国家工程实验室，于 2017 年 1 月经国家发展和改革委员会正式批复组建，由华中师范大学作为牵头单位，联合相关单位共同建设。

　　教育大数据应用技术国家工程实验室的建设目标是成为国内领先、国际一流的教育大数据理论研究、工程实验、成果转化和高端人才培养平台，在提升我国教育质量、促进教育公平和教育治理能力的革命性发展中起到关键性作用，坚持国家教育现代化发展目标，重塑以智能化为核心的未来教育。实验室将重点建设由"一个数据中心＋五大研发平台＋七大研究中心"（"1＋5＋7"）所构成的教育大数据应用技术研发平台与创新应用研究中心，形成教育大数据创新应用示范网络。

第二章
学术思想

教育技术学作为教育学科群中从技术角度关注和解决教育问题的一个分支，随着不同时代主流技术形态的不同，主流教育思想和理论的不同，也产生了一些与时俱进的学术思想。教育技术在现代媒体技术和教育思想理论的推动下，不断地在教育领域发挥自己独有的魅力，为教育变革贡献着自己的思想力量。

第一节　电化教育理论的发展

改革开放之初，收音机、电视、幻灯、电影等模拟技术的出现，使得视听媒体成为惠及更多学习者的教学手段。电化教育的研究工作大多集中在如何制作或者使用、改进视听媒体，以提高课堂教学的丰富性和多样化。这是电化教育发展的早期阶段。随着时代的变迁，多媒体计算机和网络技术等数字技术不断发展，我国电化教育步入信息化教育阶段。我国早期的电化教育研究者在促进学科发展中进行了艰辛的探索。

一、电化教育的发展阶段

中华人民共和国电化教育事业的奠基人之一南国农教授认为，

电化教育萌芽于 20 世纪 20 年代，正式起步于 30 年代，电化教育大致经历了两个发展阶段：视听教育阶段和信息化教育阶段。①

(一)视听教育阶段

20 世纪 30 年代到 70 年代，是视听教育发展的前期阶段。在这个阶段，进入教育教学领域的新技术媒体有幻灯、投影、广播、录音、电影等。随着新技术媒体进入教育教学领域新理论，主要有夸美纽斯的直观教学理论和戴尔的经验之塔理论。在这个阶段，人们关注的热点是电教设备设施的建设和在高等学校开设电化教育基础课。

20 世纪 80 年代到 90 年代前期，是视听教育发展的后期阶段。在这个阶段，进入教育教学领域的新技术媒体又有了电视录像、计算机辅助教学系统、卫星电视系统等。其中，电视、录像成为这个阶段的主流媒体。随着新技术媒体不断进入教育教学领域，新理论开始产生，主要有行为主义的学习理论和香农等的传播理论。在这个阶段，人们关注的热点是建设电教系统工程、建设现代教材体系、开设计算机课、举办电教专业和开始电教实验。

这一时期电化教育取得的主要成就②有：在硬件方面，由"两机一幕"(投影机、录音机和教学银幕)到电教系统工程建设；在软件方面，由学科幻灯、录音教材的开发到各科现代教材体系(包括书本教材系统和非书教材系统)的初步建立；在潜件建设方面，由电教概念、特点、作用等的简单阐释，到南国农教授提出的"七论"理论体系框架。

(二)信息化教育阶段

20 世纪 90 年代后期到 21 世纪头 10 年，是信息化教育正式起步

---

① 南国农：《中国教育技术发展概述》，载《现代远距离教育》，2010(5)。
② 南国农：《从视听教育到信息化教育——我国电化教育 25 年》，载《中国电化教育》，2003（9）。

和迅速发展的阶段。信息化教育也就是信息时代的电化教育。在这个阶段，新媒体主要有多媒体计算机、因特网和校园网。随着新媒体的介入，进入教育教学领域的新理论主要有建构主义学习理论和加涅的学习理论。这个阶段的基本特征是网络教育的兴起。关注的热点有网络教育基础的"三建"（建网、建库、建队伍）、网络教学模式的探索，以及信息技术与课程教学的整合。

我国早期的电化教育工作者在建设中国特色电化教育的道路上贡献了非凡的智慧，积累了宝贵的经验。我国电教的发展历程是一条这样的路：大力开发电教媒体——推广应用——试验研究——多媒体组合教学设计，优化教学过程。实践证明，这样的发展道路是正确的，是成功的，使有中国特色的电化教育事业得到了快速发展。

二、中国特色的电化教育理论

（一）理论体系架构指导思想

南国农教授特别强调电化教育要走中国路线，要摆脱依附，走自己的路，以科学发展观为指导，实现教育思想理论与现代信息技术的融合。①

以科学发展观为指导，就是说我们从事本学科理论研究和专业建设，要以学生发展为本，以实现全体学生个性的全面发展、协调发展、持续发展为总目标。

实现现代教育思想理论与现代信息技术的融合，即从事信息化教育学科建设，无论做什么事，都要想到并依赖这两个方面，要牢记并实践这个公式：

现代教育思想理论×现代信息技术＝成功的信息化教育

上述公式代表信息化教育的发展，电教的腾飞，需要依靠两只翅膀，一只是现代信息技术，另一只是现代教育思想理论。只有同

① 南国农：《教育技术学科建设：中国道路》，载《电化教育研究》，2006（1）。

时做好这两个方面的工作，才能实现成功的信息化教育。

（二）理论体系架构路线

对于如何重构电化教育理论体系，2008 年南国农教授及相关专家团队设想了一张路线图，由五个部分组成：理念、策略、途径、融合、目标。①

理念："人为本，和为贵"。

策略："和而不同，求同存异"。

途径：三重、三化、三防。①三重。要多一点关注三个重点的研究：基础、前沿、特色。②三化。要多一点关注三化的研究，即中华传统文化经典的现代化，有关西方理论的中国化、本土化，学科本身基本理论的细化、深化。③三防。要多一点关注三防的研究，即防止以西方为中心，防止浅尝辄止，防止学术腐败。

融合：新理论体系的重构，要注意两种理论体系的融合。一是主要以美国 AECT 教育技术 94 定义为依据建立的理论体系框架；二是在不断总结本国理论研究和实践经验的基础上建立的理论体系框架。

目标：建构一个适合中国文化土壤、符合中国实际需要、具有中国特色的新理论体系。

总的来说，办好有中国特色的电化教育需要做到以下几点。②

成功的电教必须遵循两个理论：①双翼理论。即现代教育思想理论与现代信息技术的融合。②双轮理论。人的大脑只有左右脑协同运作时，才能发挥它的聪明才智。电教工作既要重视提供形象，促进感知，更要重视发展思维，特别是创造思维的发展。

成功的电教必须处理好两种关系：①人—机关系。电教姓教，

---

① 南国农：《追踪电教：难忘的回忆与未来的思考》，载《中国电化教育》，2011(9)。

② 南国农：《80 年代以来中国电化教育的发展》，载《电化教育研究》，2000(12)。

以人为本，机是为人所用，为人服务的。电教追求的，不是教育的机械化，而是教育的最优化。②借鉴与创新的关系。办电教，要借鉴，对中外古今好的东西，可以拿来，但不能止于拿来，要把拿来变成拿去，在借鉴的基础上有所创新

成功的电教，要从两个方面出发：①要从中国的国情出发。办电教，不从国情出发，很难成功。②要从学生出发。教是为了学，学生是学习的主体。

(三)中国特色电化教育——信息化教育

南国农教授认为"信息化教育"这个名称属于"中国造"，并且能准确反映学科的本质——现代信息技术与现代教育思想理论的融合；既可保持中国特色，又可凸显新时代的特征——信息化。我国的电化教育研究要始终以现代教育媒体的研究和应用为核心，这是一条走出普通教学论和教育学的发展路线。

不仅如此，南国农教授还为信息化教育构建了一个完整的理论框架——"七论"①：本质论(电化教育的本质)、功能论(电化教育的功能与作用)、发展论(电化教育发展史)、媒体论(现代教育媒体的开发与应用)、过程论(电化教育过程的规律)、方法论(电化教育方法和电化教育科学研究方法)、管理论(电化教育管理与评价)。

他指出中国道路由五大支柱、三大实践领域构成。五大支柱是基本理论研究、硬件环境建设、软件资源开发、新型模式建立、有效管理探索。三大实践领域是学校信息化教育领域、现代远程教育领域、教育管理和信息化教育队伍培训领域。上述五大支柱和三大实践领域，是构成中国道路的两个基本要素，是信息化教育的基本内涵。

---

① 南国农：《我国电化教育学科建设的回顾与展望》，载《华东师范大学学报(教育科学版)》，1990(1)。

南国农教授注重电教实验的开展，并总结了我国电教实验的成功经验。① 现代教育技术（电化教育）实验，就是在现代教育思想理论的指导下，用三种技术，做两件事情，实现一个目标。

（1）现代教育思想理论

现代教育思想理论包括六种现代教育观和三个三种学与教理论。

六种现代教育观：素质教育观、终身教育观、双主体教育观、创新教育观、情商为主教育观、四大支柱教育观。

三个三种学与教理论：三种学习理论是行为主义学习理论、认知主义（含建构主义）学习理论、人本主义学习理论。三种教学理论是赞可夫的发展教学理论、布鲁纳的结构—发现教学理论、巴班斯基的教学最优化理论。三种传播理论是拉斯威尔的"5W"理论、施拉姆的双向传播理论、罗贝的 SMCR 理论。

（2）三种技术

技术就是把理论应用于实践的手段和方法的体系，可分为物化形态的和智能形态的两类，前者又叫硬技术，后者又叫软技术。

现代媒体技术，即教育教学中应用的现代技术手段，也就是现代教育媒体，是一种物化形态的技术。

现代媒传技术，即运用现代教育媒体进行教育教学活动的工作方法，也就是媒传教学法，是一种智能形态的技术。

教学系统设计技术，即优化教学过程的系统方法，也就是教学设计，是一种应用广泛的智能形态的技术。

（3）两件事情

开发媒体资源即教学资源，最主要的是现代教材资源和现代教学技术环境资源，也就是现代教材体系和电化教育系统工程的建设和利用。

---

① 南国农：《90 年代以来我国的五大现代教育技术实验》，载《电化教育研究》，1999(6)。

优化教育教学过程：使教学过程各组成要素（教学任务、内容、手段、方法、效果等）及其相互关系，都处于良好的状态，做到整体优化。

（4）一个目标

即建立适应素质教育要求的，以教学模式为核心的现代教学体系。

李运林教授通过七论中国特色的电化教育——信息化教育，全面展示了信息化教育的发展。他提出了信息化教育过程模式[①]，并提出教学过程是一个非常复杂的过程，可以把这一复杂现象分解为若干个组成要素，如教师、媒体、学生三大要素，然后分别研究这些要素的性质、功能和它们之间的相互作用关系，用理想的、简化的形式表示出来，就成为一种教学过程模式（见图 2-1）。

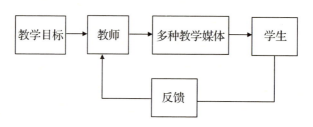

图 2-1　课堂多种媒体教学型模式

在信息化教学中，组成教学过程的三个要素——教师、媒体和学生，相比于传统教学都有了演变。教学媒体从口头语言媒体、文字媒体、印刷媒体、电子媒体转变为以多媒化、网络化、数字化为特征的信息化教学媒体；教师从知识的传授者与灌输者转变为信息化教学过程的设计者、指导者、咨询者与协作者；学生从被动的知识接受者转变为知识的主动接受者与探索者。

按照课堂多种媒体教学型模式，将信息化教学过程组成要素的

---

①　李运林：《论"信息化教育"》，载《电化教育研究》，2008(1)。

特性进行排列，就是一种信息化教学模式。例如，指导者—网络化—主动的探究者，则表示一种"在教师指导下，学生采用网络化资源，进行自主的探究性学习模式"，由此可以得到数十种信息化教学模式。

　　此外，李运林教授从信息论的视角重新理解教育的本质和教育活动，即教育是人类的一种获取信息并进行信息加工、转化为知识与能力的活动。[①] 他主张用"获取信息"的观点指导教学活动，用信息的加工原理去诠释传统的教育活动。李运林教授用信息去揭示教育的本质，是教育从经验型进入科学化的一种变革。在此基础上，他将信息科学理论与教育科学融合以及现代信息技术与教育科学融合，初步建立了信息化教育科学理论框架体系。[②]

　　信息化教育理论体系由理论基础、基本理论和应用理论构成，其中信息化教育的理论基础有学习理论、教学理论、传播理论和信息科学理论；信息化教育的基本理论有信息教育理论、协同教育理论、教学媒体理论、教育传播和教学设计理论。而信息化教育的应用理论是在信息化教育基本理论指导下运用现代信息技术产生的。[③]

三、电化教育的作用

　　电化教育，就是运用现代教育、教学媒体，并与传统教育、教学媒体恰当结合，传递教育、教学信息，以实现教育、教学过程最优化。电化教育的主要作用，在于增强教育、教学效益。如果电化教育的效果同传统教育的一样，那就失去了存在的意义。[④]

　　南国农教授认为电化教育实现了教学上的四个突破。

_____

　　① 李运林：《论"信息化教育"学科——三论"信息化教育"》，载《电化教育研究》，2011(5)。

　　② 李运林：《教育技术学科发展：走进信息化教育——五论信息化教育》，载《电化教育研究》，2015(2)。

　　③ 李运林：《信息化教育新理论——六论信息化教育》，载《电化教育研究》，2016(9)。

　　④ 南国农：《电化教育在高等学校教学中的地位和作用》，载《电化教育研究》，1985(3)。

（一）课堂教学的突破

从信息论的角度看课堂教学：电化教学在信源上，可以保证信息的质量；在编码上，可以通过图像视频等技术还原真实事物，增加信息的真实性，便于理解抽象的理论；在通道上，增加信息的传递速度和范围，提高信息的增值率。在解码和信宿上，可以提高人们对信息的接受能力。正确开展电化教学，可以促进传统教学由低效率向高效率发展。

从教学论的角度看课堂教学：电化教学，可使学生的感官和大脑的功能得到延伸，光学媒体是眼的延伸，音响媒体是耳的延伸，声像媒体是眼和耳的共同延伸，电脑是人脑的延伸。电教媒体的运用，可以大大延伸人体的学习功能，使得学生综合利用视觉、听觉等多种分析器进行学习，大大提高学习效率。

（二）教材建设的突破

传统的教材观认为教材就只有教科书一种形式；现代的教材观则认为，教材不仅包括文字教材，还包括电教教材，又名音像教材或非书本教材、视听软件。电教教材的出现，为知识的组织、储存、传播提供了新的方法与途径，促使教材建设从单一化向系列化发展。

（三）教学形式、方法和手段的突破

传统的教学大多是停留在记忆水平的教学，这是一种"无思考"的教学、低级形态的教学。[①] 实施电化教学，对于打破这种几百年不变的教学模式，可以起到积极的作用。电化教学以现代化的教学手段传递、加工、储存教学信息，既适用于集体教学，又适用于个别教学，每个学生可以根据自己的需要利用这些媒体工具进行自学、复习、补课。在教学形式上，电化教学使个别化教学成为一种重要

---

① 南国农：《电化教育在高等学校教学中的地位和作用》，载《电化教育研究》，1985(3)。

的教学形式，从而打破了班级授课的垄断局面；在教学方法上，激发了学生的积极性；在教学手段上，运用多种电教媒体，提供了实现教学过程的最优化的条件。

(四)教学研究的突破

电教手段运用在观察研究，使观察者可以不必出现在现场，避免对被观察者的心理影响；可以把观察过程的全部资料记录下来；可以看到观察对象的分解细节；可以反复播放观察。

电教手段运用在实验研究，可以排除一些干扰因素，通过媒体技术记录实验全过程，便于进行前后对比分析，利用计算机快速进行实验数据的统计检验等。

教学研究如果拥有了更先进的研究手段，无疑可以加快人们探索未知世界的进程。

南国农教授认为电化教育的出现是教育上的一次大变革，通过对教育方式、教育思想、教育内容、教育结构等的变革，进而促进教育的全面变革。[①] 对于改革传统教育、建设现代教育来说，电化教育是一条充满希望之路，它充分利用了现代科技的成果，构建了新型的教学模式，在极大地提高了人的学习能力的同时也扩大了教育规模。

第二节 教育信息化理论的发展

随着计算机网络等数字技术的发展，信息技术对各行各业都产生了巨大的冲击，信息时代的教育同样面临着重大变革，教育信息化应运而生。"教育信息化"这一概念最早出现在 20 世纪 90 年代后期。1999 年 6 月 13 日，《中共中央 国务院关于深化教育改革，全面

---

① 南国农：《电化教育与教育改革》，载《电化教育研究》，1984(1)。

推进素质教育的决定》提出，"大力提高教育技术手段的现代化水平和教育信息化程度"。2010 年 7 月 29 日，国家发布了《国家中长期教育改革和发展规划纲要（2010—2020 年）》，提出"加快教育信息化进程"；2012 年 3 月 13 日，教育部颁布了《教育信息化十年发展规划（2011—2020 年）》，提出"以教育信息化带动教育现代化"；2016 年 6 月 7 日，《教育信息化"十三五"规划》正式颁布，要求深度推进信息技术与教育的融合创新；2018 年 4 月 13 日，教育部发布《教育信息化 2.0 行动计划》，提出要加快教育现代化和教育强国建设，推进新时代教育信息化发展。教育信息化在提高国民素质和增强国家创新能力方面有着重要作用，世界各国（包括发达国家与发展中国家）无一不把教育信息化作为促进教育改革与发展的重大战略举措。

教育信息化的资金投入，其成效或最终目标应该体现在学科教学质量和学生综合素质的提升上，否则教育信息化将没有任何意义。要实现这一目标，就必须要有教育信息化基本理论做指导。

一、信息技术与课程整合思想[①]

如何运用信息化教学环境（尤其是网络教学环境）来促进教育深化改革、大幅提升中小学各学科的教学质量与学生的综合素质，是中国教育信息化乃至世界各国教育信息化健康、深入、持续发展的关键。各学科教学质量与学生综合素质的提升主要通过课堂教学来实现，所以教育信息化必须面向课堂教学这个主阵地才会有显著成效。这就必须把信息技术与各学科教学的整合真正落到实处。信息技术能否与各学科教学有效整合（也就是"信息技术与课程有效整合"）是教育信息化能否健康、深入并持续发展的关键所在；而信息技术要能够与课程实现有效整合，又有赖于科学的"信息技术与课程整合理论"的正确指导。正是由于这个缘故，人们都把"信息技术与

---

① 何克抗：《我国教育信息化理论研究新进展》，载《中国电化教育》，2011(1)。

课程整合理论"看成是教育信息化基本理论的核心内容。

信息技术与课程整合理论必须能够回答广大教师最为关心的三个问题，也是信息技术与课程整合中最核心、最本质的问题：①信息技术与课程整合的目标与意义（为什么整合）；②信息技术与课程整合的定义与内涵（什么是整合）；③信息技术与课程整合的途径与方法（如何进行有效整合）。真正科学的信息技术与课程整合理论必须能对这些问题做出令人满意的回答。但令人遗憾的是，从目前的实际情况来看，包括西方发达国家在内，绝大多数的教师对于整合的内涵、实质的认识还不太清楚，更未能找到有效整合的途径与方法。

中国的教育信息化进程正在迅猛发展，对科学"整合"理论的需求迫在眉睫。能够指导实践的理论终归还是来自实践，以何克抗教授为代表的专家团队自20世纪90年代初以来，在几百所实验学校进行了长达近20年的关于信息技术与课程整合的研究探索。通过对多年实践经验的认真总结，并上升到理性层面进行深刻思考，形成了一套具有中国特色的"信息技术与课程深层次整合理论"。

（一）信息技术与课程整合的定义与内涵

"信息技术与课程深层次整合理论"把信息技术与课程整合的定义表述为："信息技术与课程整合，就是通过将信息技术有效地融合于各学科的教学过程来营造一种信息化教学环境，实现一种既能发挥教师主导作用又能充分体现学生主体地位的以'自主、探究、合作'为特征的教与学方式，从而把学生的主动性、积极性、创造性较充分地发挥出来，使传统的以教师为中心的课堂教学结构发生根本性变革——由以教师为中心的教学结构转变为'主导—主体相结合'的教学结构。"由此可见，其内涵包括三种基本属性：营造信息化教学环境、实现新型教与学方式、变革传统教学结构。

（二）指导信息技术与课程整合的教育理论

指导信息技术与课程整合的教育理论应该包括支持教师讲授为主的教与学理论（简称"以教为主"教与学理论），也包括支持学生自主探究为主的教与学理论（简称"以学为主"教与学理论），除此之外，还有一种同样重要的指导理论就是"教学结构理论"。如上所述，整合内涵的第三种属性是要变革传统教学结构，即要改变"以教师为中心"的教学结构，创建新型的、既能发挥教师主导作用又能充分体现学生认知主体地位的"主导—主体相结合"教学结构。这正是"整合"的实质与落脚点，因为只有这样才能最终达到创新人才培养的目标，也是信息技术与课程整合的本质特征所在。而为了阐明这一本质特征，使整合的实质与落脚点能够真正贯彻落实，就离不开教学结构理论的支持。

所谓教学结构是指在一定的教育思想、教学理论和学习理论指导下的、在某种环境中展开的教学活动进程的稳定结构形式。众所周知，现代教学系统是由教师、学生、教学媒体和教学内容四个要素组成的，教学系统的运动变化即表现为教学活动进程（简称"教学过程"）。教学系统的四个要素在教学过程中不是彼此孤立、互不相关地组合在一起的，而是通过相互联系、相互作用形成的有机整体，既然是有机整体就必定具有稳定的结构形式。由于这种结构形式是在教学活动过程中表现出来的，所以它必然要受一定的教育思想、教学理论和学习理论的指导。

"整合"的实质与落脚点既然是变革传统的教学结构，信息技术与课程的整合就一定要紧紧围绕新型教学结构的创建来实施，才有可能达到有效培养创新人才的目标，取得"整合"的实质性成效。如果整合完全没有触动到课堂教学结构问题，传统的师生关系、师生的地位作用难以改变，学生的主动性、积极性（更不用说创造性）也就无从发挥。

(三)信息技术与课程整合的途径与方法

何克抗教授及其团队经过多年的整合实践和深入的理论思考形成了可以实现深层次整合的有效途径与方法(或称实施深层次整合的"处方")。

① 要运用先进的教育理论(特别是新型建构主义理论与奥苏贝尔理论)来指导"整合"。

② 要紧紧围绕"主导—主体相结合"教学结构的创建来进行整合。

③ 要运用"学教并重"教学设计理论进行"整合"课的教学设计。

④ 要重视各学科教学资源的建设和信息化学习工具的搜集与开发——这是实现信息技术与课程整合的必要前提。

⑤ 要结合不同学科特点创建能支持新型教学结构的教学模式。

上述"处方"已经通过几百所中小学众多学科教学实践的检验,都能达到深层次整合的目标,取得良好的教学效果。这里要特别强调其中的第二条和第三条。只有坚持第二条,才能达到深层次整合的目标,不至于迷失整合的方向。第三条则为信息化环境下的教学指明了最科学、有效的教学设计理论与方法——"学教并重"的教学设计,从而使广大教师对于如何设计并上好一堂"整合"课做到胸有成竹,有很强的可操作性。

(四)评价信息技术与课程整合的实施效果

由于教学结构是教学系统四个要素(教师、学生、教学媒体、教学内容)相互联系、相互作用的具体体现,所以,如果想要围绕新型教学结构的创建这一实质与落脚点来进行整合,就要求教师在实施信息技术与课程整合的过程中,密切关注教学系统四个要素的地位与作用——看看通过自己实施的整合,能否使这四个要素的地位、作用和传统教学结构中的地位、作用相比发生某种改变(其中最重要的是教师与学生地位、作用的改变,以及师生关系的改变),改变的程度有多大，哪些要素改变了，哪些还没有，原因在哪里。只有紧紧围绕这些问题进行认真分析，并采取相应的措施，才有可能实现有效的、深层次的整合。事实上，这也正是衡量整合效果与整合层次深浅的主要依据或准则。

（五）信息技术与课程整合的教学模式

新型教学结构的形成要通过全新的教学模式来实现。教学模式是指两种或两种以上教学方法或策略的稳定组合。教学模式的类型因学科和教学单元而异，基于信息技术与课程整合的教学模式也不例外。"信息技术与课程整合"也就是"信息技术与学科教学整合"，而学科教学过程涉及三个阶段：一是与课堂教学环节直接相关的"课内阶段"，另两个是"课前"与"课后"阶段——这二者也可合称为"课外阶段"，所以按照所涉及教学阶段来划分，基于信息技术与课程整合的教学模式只有两种，即"课内整合模式"与"课外整合模式"。

相比西方发达国家多关注信息技术与"课前""课后"教学过程的整合（即"课外整合模式"），中国学者则比较关注"课内整合模式"，并在这方面取得了一批颇受广大教师欢迎的成果。由于课堂教学涉及不同学科、不同教学策略和不同的技术支撑环境等多种因素，所以实现课内整合的教学模式分类要复杂一些。例如，若按学科划分，有数学、物理、化学、语文、历史、地理等不同学科的课内整合教学模式；若按教学策略划分，有自主探究、协作学习、演示、讲授、讨论、辩论、角色扮演等不同策略的课内整合教学模式；若按技术支撑环境划分，则有基于网络、基于多媒体、基于软件工具、基于仿真实验等不同技术支撑环境的课内整合教学模式。

上述种种实现课内整合的教学模式，都有各自不同的实施步骤与方法，如能掌握这些模式的实施步骤与方法并加以灵活运用，都能取得有效整合乃至深层次整合的理想效果。多年来许多实验学校的大量实践证明：只要真正理解、掌握了上面所述整合"处方"的前四条，再结合自身的教学实践与学科特点，教师们都能创造出有效支持"主导—主体相结合"教学结构的各种新型教学模式来。

二、信息化环境下的教与学理论和方式①

要通过营造或创设信息化的教学环境来实施新型的教与学方式，当然需要先了解什么样的教与学方式对于创新人才的培养（既拥有较扎实、宽厚的学科基础知识，又具有创新意识、创新思维与创新能力的人才的培养）最为有效；而课堂采用的教与学方式则是教与学理论的具体体现（近年来，各级各类学校中教与学方式的变化，实际上是当代教学理论与学习理论新发展、新变化的反映）。可见，对于信息化环境下教与学理论以及教与学方式的研究，应该是教育信息化基本理论必须关注的重要内容之一。

（一）"学教并重"的教与学理论

由于"学教并重"的教与学理论是在"以教为主"和"以学为主"两种教与学理论的基础上，经取长补短整合而成的，所以，它应包含"学教并重"的学习理论和"学教并重"的教学理论两个组成部分。

1."学教并重"的学习理论

经过几百所中小学实验校多年教学实践的检验，何克抗教授及其团队认为在目前多种学习理论流派中，比较有效且具代表性的"以教为主"的学习理论是加涅的"联结—认知"学习理论；比较有效且具代表性的"以学为主"的学习理论则是以维特罗克的"学习生成模型"为代表的建构主义学习理论。因此，比较有效且具代表性的"学教并重"的学习理论应当是主要由加涅的理论和维特罗克的理论这两个部分组成的（但对维果茨基的最邻近发展区理论、皮亚杰的儿童认知发展阶段论、布鲁纳的发现式学习理论和范德比尔特大学的情境认知理论，也应结合当前的学习内容及学习对象给予必要的关注，并努

---

① 何克抗：《我国教育信息化理论研究新进展》，载《中国电化教育》，2011(1)。

力加以运用）。

2."学教并重"的教学理论

何克抗教授及其团队认为，真正能对"以教为主"教学理论给以全面理论支持的有奥苏贝尔的教学理论和加涅的教学理论。因为教学过程既涉及认知因素，也涉及情感因素。因此，为了实现对教学过程的优化，真正提高教学的质量与效率，除了研究认知因素和情感因素对教学过程的影响之外，最好还能在上述认知、情感两个方面研究的基础上提出一套可以付诸实施的有效教学策略。按照这三个方面(认知因素、情感因素、教学策略)的要求，奥苏贝尔对这三个方面都进行了较为深入的研究并取得重要的成果。涉及认知因素的是他的"有意义接受学习"理论，涉及情感因素的是他的"动机理论"，涉及教学策略的是他的"先行组织者"策略。加涅的"学习条件"理论以及在此基础上形成的加涅"九段教学法"和一整套相关的教学设计过程模式等，从不同角度、不同层面(包括可操作层面)对"以教为主"教学理论的应用与发展提供了有力的支撑。至于"以学为主"的教学理论，主要就是建构主义的教学理论。因此，比较有效且具代表性的"学教并重"教学理论主要由奥苏贝尔和加涅的教学理论与建构主义的教学理论这两个部分组成。

除了以上述"学教并重"的教与学理论作为信息化环境下教与学理论的基本内容以外，为了能更有效地实施信息技术与课程的深层次整合，近年来，中国学者对信息化环境下的教与学理论进行了研究与拓展。

(二)中国学者对信息化环境下的教与学理论和方式的拓展

1. 李克东的"数字化学习"理论①

李克东教授长期从事信息技术与课程整合的试验与探索，他认

---

① 李克东：《数字化学习——信息技术与课程整合的核心》，载《电化教育研究》，2001(8~9)。

为数字化学习是信息技术与课程整合的核心，并形成一套比较完整、有效的数字化学习理论。该理论涵盖数字化学习领域的多方面内容。

（1）数字化学习的定义与内涵

数字化学习是指学习者在数字化的学习环境中，利用数字化学习资源，以数字化方式进行学习的过程。

（2）数字化学习环境的基本组成

数字化学习环境也就是信息化学习环境（即以多媒体计算机和网络为核心的信息技术所支持的学习环境），这种学习环境具有信息显示多媒体化、信息传输网络化、信息处理智能化和教学环境虚拟化等特征。它包括设施（如多媒体计算机、网络教室、校园网），平台（网上的信息发布平台、互动教学平台、资源管理平台），通信（保障远程教学的实施），工具（支持学习者进行自主建构和解决问题的学习工具）等几个基本组成部分。

（3）数字化学习资源的主要类型与特性

数字化学习资源包括数字视频、数字音频、多媒体课件、CD-ROM、学科专题网站、电子邮件、计算机仿真系统、在线讨论区、数据库等多种类型。它具有多媒体、超文本、友好交互、虚拟仿真、远程共享等特性。

（4）数字化学习内容的显著特征与数字化学习方式的鲜明特点

就数字化学习内容（含学习资源）的获取与利用而言，它具有"随意性""实效性""多层次性""可操作性""可再生性"等显著特征。

就数字化学习方式的过程与结果而言，则具有以下鲜明特点：学习是个性化的，且能满足个体需要；学习是以问题或主题为中心的；学习过程要进行通信交流，学习者之间要进行协商与合作；学习具有创造性与再生性；学习是随时随地的、终身的。

（5）实施数字化学习的关键因素

有效实施数字化学习的关键因素，是要让学生学会把信息技术作为获取信息、探究问题、协作交流、解决问题和建构知识的认知工具。

(6)对数字化学习模式的探索

李克东教授除了进行有关数字化学习理论的研究以外，通过在中小学进行多年信息技术与课程整合的教学实践，还总结出了一批比较有效的数字化学习模式，如"基于课堂讲授的情境—探究模式""基于校园网的主题探索—合作学习模式""基于因特网的小组合作—远程协商模式""基于因特网的专题探索—网站开发模式"等。这些模式有些能支持教师更好地教，有些能促进学生更主动地学，因而受到一线教师的欢迎。

2. 何克抗的"教学结构理论"①

何克抗教授分析了 20 世纪 80 年代以来，我国各级各类学校进行了大量的教学改革探索却并未给教育、教学领域带来实质性变化的原因所在。他认为根源在于这些改革试验往往都只停留在教学内容、教学手段和教学方法的层面上，而没有或者很少涉及教学结构。

教学结构决定教师的教育思想，是教育思想、教学观念、教与学理论的集中体现。只有在教学结构变革的前提下进行教学内容、手段与方法的整体改革，才有可能真正触动教育思想、观念、理论这类深层次问题，才有可能取得教学深化改革的重大效果。所以，教学结构的改革要比教学手段、教学方法的改革深刻得多，意义重大得多，当然也困难得多。在给出教学结构的定义与内涵的基础上，何克抗教授依据信息技术与课程深层次整合目标提出了一种全新教学结构——"主导—主体相结合"教学结构。主导—主体教学结构有四个特点。

①教师既是主动的施教者和教学过程的组织者、指导者，又是

① 何克抗：《教学结构理论与教学深化改革》，载《电化教育研究》，2007(7～8)。

学生自主建构意义的帮助者、促进者，学生良好情操的培育者，并且要注意监控整个教学活动的进程。

②学生是信息加工的主体、知识意义的主动建构者，又是情感体验与培育的主体。

③教学媒体既是辅助教师突破重点、难点的形象化教学工具，又是促进学生自主学习、自主探究、自主发现的认知工具与协作交流工具。

④教材不是学生唯一的学习内容和知识来源，通过教师指导、自主学习与协作交流，学生可以从多种学习对象（包括本门课程的教师、同学以及有关专家）和多种教学资源（如学科专题网站、资源库、光盘以及图书馆、资料室等）学习与教材相关的但比教材丰富得多的内容，并获取远远超出教师讲授范围的大量知识。

3. 桑新民的创新"学习方式"观[①]

桑新民教授剖析了目前学习理论的成就与局限性。他首次提出，应把"学习方式"看作和"生产方式"处于同一层次、同等重要范畴的创新思想。他认为人类的学习活动同人类的物质生产活动一样，都属于人类最基本的社会实践活动。迄今为止，由于人们仅从狭义的文化知识学习来理解和运用学习概念，结果把学习仅仅归属于人类的认识活动，而忽视了学习的本质特征是人类自身再生产的社会实践活动，是人类个体和人类整体的自我意识与自我超越。事实上，正是在这种广义的学习活动中，人类的认识能力和实践能力才得以逐渐形成和发展。

基于对"学习方式"的上述独特理解，桑新民把学习形式划分为三类：个体学习、协作学习和团队学习。三种学习形式紧密联系、

---

① 桑新民：《学习究竟是什么——多学科视野中的学习研究论纲》，载《开放教育研究》，2005(1)。

不可分割。个体学习是协作学习和团队学习的基础，任何形式的学习最终都要由个体来完成；协作学习是个体学习的扩展和延伸，又成为团队学习的另一个基础(个体学习与协作学习是团队学习的两大基石)；而团队学习则是个体学习与协作学习之整合与升华——在个体学习和协作学习中，学习的主体都是个体(协作学习是个体之间的协作，立足点仍然是个体)，而在团队学习中，学习的主体不是个体，而是团队或群体，并由此创造出一种全新的高效学习形式。

桑新民教授从人类社会发展与哲学的广阔视野去透视、解读和预测人类的复杂学习活动，并由此形成全新的学习方式观，这不仅有利于我们从总体上去认识、把握人类学习活动的特点和演变规律，也为当前学术界正在努力探索的"信息化环境下的教与学理论"——奠定了更坚实的理论基础。

4. 祝智庭等人的"协同学习理论"①

祝智庭教授领导的学术团队近年来在"协同学习理论"方面的研究引起了学术界的关注。祝智庭教授及其团队首先对现有学习技术系统的局限性进行了认真的剖析，明确指出其局限性表现在"缺乏学习者与内容的深度互动""缺乏信息聚合机制""缺乏群体思维操作""缺乏分工合作与整合工具""在信息、知识、情感、行动、价值等要素之间缺乏有机联系"五个方面。为了弥补这些缺陷，经过深入研究，他们开发出了一种面向知识时代、能很好地适应知识与技术发展的新型学习技术系统。这种新型学习技术系统的设计，完全建立在他们所提出的一种全新学习理论——"协同学习理论"——的基础之上。该协同学习理论包括以下内容。

---

① 祝智庭、王佑镁、顾小清：《协同学习：面向知识时代的学习技术系统框架》，载《中国电化教育》，2006(4)。

（1）协同学习的内涵

祝智庭教授及其团队认为，协同学习（Synergistic Learning）的内涵与一般的协作学习（Collaborative Learning）或合作学习（Cooperative Learning）有本质上的差异：协作学习或合作学习是指小组学习的各种不同形式，其内涵主要涉及学习过程的策略与方法；而协同学习是指通过对学习技术系统中各个组成要素（包括认知主体和认知客体以及二者交互所形成的学习场）之间的协同关系与整合，以使教学获得协同增效，可见其内涵主要涉及学习系统的结构与功能。

（2）协同学习的多场作用空间

构成学习场的作用域有五个，即信息场、知识场、情感场、行动场和价值场。前四种场是传统教学目标分类（即认知、情感和动作技能三类教学目标）的衍生，而价值场则作为一种系统导向和终极追求。五个场既是学习的目标，又是实现目标的途径。各场域内的要素之间以及各场域之间相互联系、相互作用，表现出自组织与协同等特性。

（3）协同学习的发生机制

协同学习的发生机制用一句话概括就是：多场协同、个体与群体的信息加工以及知识建构。信息场与知识场提供了知识创新的空间；情感场为学习行为的发生和维持提供了驱动力来源，并作为知识协同加工过程的动力，去协调整个学习过程；而行动场则提供了行为表现、活动展开和智慧生成的空间，是学习过程的延展和迁移；价值场与集体和个人的价值观、人生观以及道德规范密切相关，是主体对客观事物做出行为反应的基础——表征个体和群体在学习过程中的基本取向与追求。可见，这样的多场协同，可实现信息、知识、情感、行动和价值的有机整合与重组，促进个体与群体以内容为中介的深度互动及信息加工，从而达到较深层次的知识建构。

在上述协同学习理论的基础上，该研究团队还建立了协同学习系统元模型，分析了协同学习系统的技术要素。这种协同学习理论以及在此基础上形成的新型学习技术系统，由于能为数字互动课堂提供全新的协同学习模式，从而为学习领域的创新提供了新的思路与方法，所以正逐渐引起学术界的关注。

5. 杨宗凯的"信息化促进教育创新"理论①

杨宗凯教授根据《美国地平线报告》，认识到未来信息技术将对我们的教育产生重大影响。面对时代和技术的挑战，教育信息化不能仅仅停留在应用阶段，而是要走向融合创新，尤其是在创新阶段，信息技术对教育的"革命性影响"才能够真正发挥出来，从而实现教育创新。随着第二次工业革命的爆发，产品生产标准化，我们的教育也呈现"标准化"特征，统一上课、统一做作业，答案统一、标准统一、教材统一、考试统一，这样培养出来的人才，同质化问题非常严重。但 21 世纪最需要的是个性化的创新人才，流水线式的人才培养模式显然已不能适应新形势的需要，所以，杨宗凯教授认为"教育信息化"关键在于"化"。"化"就是重组和流程再造，要进行个性化和差异化的教学，培养 21 世纪所需的创新型人才，这也是教育信息化的根本目标。

据此，杨宗凯教授认为信息化促进教育创新主要体现在以下五个方面。

(1)教育环境创新

环境创新就是搭建信息化环境，即包含电子书包、电子课本、互动显示设备、交互学习终端、网络服务、云资源等要素的新型课堂教学环境。今后的教室是一种基于"云"的学习环境。它支持个性化学习、差异化教学，支持以学为主的、互动式、研讨式等能促进学生

---

① 杨宗凯：《变革时代的教育创新——先进教室、数字教师、未来教育》，载《人民教育》，2014(12)。

创新能力的教学。当然，未来的教室不仅仅是空间环境，更重要的是要跟资源、学习空间、教学空间甚至户外的学习环境连在一起。

（2）教育模式创新

杨宗凯教授将未来教育模式称为 SOF 模式，S 表示学校，O 表示户外（可以是博物馆、图书馆、植物园等各种教育基地和资源），F 就是家庭或宿舍。三者通过"云"连接起来，形成泛在学习环境。通过物联网，我们可将户外大量的实景资源连到学校来。在"云"上，我们将课前、课中、课后全过程的活动整合在一起，所有的教学和学习活动都在这个空间里完成，并且教师和学生的个人空间可以共享和实现个性化，更重要的是师生之间以及生生之间可以互动，可以成立学习小组进行协作学习。

（3）教育内容创新

要实现教育信息化的融合创新，就必须做到信息技术与教学法、学科内容融合，能够用信息技术手段改变教育教学方法，提高学生的学习效果和效率。

然而现有的教育资源结构庞大（大部分是授课、说课视频，粒度大，不易重构），个性化不足（针对所有学生提供的资源是一样的），互动性不够（静态资源，生成性资源短缺）。所以，教育资源应该具备两个特点：第一，它是一个一个模块化的"知识点"，而不是整堂课的教学视频录像。第二，这个资源一定是按学科规律生成的资源，是活的资源，而不是静态资源。它后面有学科的工具和强大的云计算做支撑。

（4）教育方法创新

以教师为中心的教学要逐步转到以教师为主导、以学生为主体的个性化、数字化学习。有了信息技术，让以前很难实现的个性化差异化教学，可以成为现实。人类所有的知识都可以通过互联网获得，如何组织起来进行个性化和差异化的教学，这是未来教师面临的挑战。因为有了互联网，学生可能知道的比教师多，所以，未来教师不再只是知识的传授者，更应该是一个组织者、协调者、参与者、导学者。现在发达国家以及国内一些学校已开始实施的"翻转课堂"——把传统意义上教师要传授的知识放到课堂之外，把课外的疑问和思考拿到课堂之内讨论交流，就是教育方法的创新。

(5)教育评价创新

学生存在个体差异，现行评价的弊端在于唯分数论。评价 21 世纪的人才最重要的合作能力、协同能力、团队精神等，关键在于建立完整有效的评价体系。美国最新的评价方法是，为学生建立电子学习档案，记录学生求学期间的整个学习过程和培养过程。显然，这些离开信息化是不可能做到的。

6. 黄荣怀等人的"TEL 五定律"[①]

黄荣怀教授及其团队在教育信息化领域进行了大量的理论与实践探索，取得了丰硕的成果，对"如何运用技术来支持学习"的问题进行了别具一格的研究。

首先，将"学习情景"定义为"对一个或一系列学习事件或学习活动的综合描述"，并指出学习情景包含学习时间、学习地点、学习伙伴、学习活动四个要素；其中学习活动是学习情景的核心，包含学习任务、学习方法与评价要求三个基本组成部分。

其次，按照学习情景组成要素的或缺程度，他们将典型的学习情景分为课堂听讲、个人自学、研讨性学习、边做边学与基于工作的学习五大类型。

然后，又把"有效学习活动"定义为"学习者在预期的时间内完成学习任务、达到学习目标的过程"；并强调，实施有效的学习活动应

---

① 黄荣怀、陈庚、张进宝等：《关于技术促进学习的五定律》，载《开放教育研究》，2010(1)。

具备"以真实问题为起点、以学习兴趣(意愿)为动力、以学习活动的体验为外显行为、以分析性思考为内隐行为、以指导和反馈为外部支持"五个条件。

最后,在上面给出的"有效学习活动"定义及实施条件的基础上,他们通过进一步论证得出以下结论:要想运用技术促进学习(Technology Enhanced Learning,TEL),并取得实效,必须满足"数字化学习资源、虚拟学习社区、学习管理系统、设计者心理、学习者心理"五个方面的相关条件。这就是他们提出的利用技术促进学习需要满足的五定律,也称 TEL 五定律。其具体内容如下。

定律1(资源)—— 若要学习者主动浏览数字化学习资源,并使其获得优于 F2F(面对面)教学的效果,需要满足内容必需、难度适中、结构合理、媒体适当和导航清晰五个基本条件。

定律2(环境)—— 若要学习者在一个虚拟学习环境(Virtual Learning Environment,VLE)中能像在"教室"环境中一样地交流,甚至能优于现实环境,需要满足群体归属感、个体成就感和情感认同感三个基本条件。

定律3(系统)—— 若要教师能通过学习管理系统(Learning Management System,LMS)对学习过程进行有效管理,需要满足过程耦合、绩效提升、数据可信和习惯养成四个基本条件。

定律4(设计)—— 设计一定要考虑用户的心理(用户不一定能清晰理解课程资源、学习支撑平台、管理信息系统等的设计意图);不了解用户心理的设计是失败的。

定律5(用户)—— 无论是远程的还是现场的,学习者在遇到学习困难时不一定会去向教师求教;"守株待兔"式的辅导通常是失效的。

7. 陈丽关于教学交互模型和教学交互层次塔的研究①

为了解决远程教育中的主要矛盾(即解决由于师生时空分离的学

① 陈丽:《远程学习的教学交互模型和教学交互层次塔》,载《中国远程教育》,2004(5)。

与教所带来的诸多问题），必须要有适合远程教育自身特点的教与学的结构和交互模式。陈丽教授对教学交互的本质、内涵、教学交互的特点以及产生教学交互的重要策略进行了深入探讨，并做出了明确的界定。她指出：教学交互的本质是，学习者为了能对学习内容产生正确的意义建构而与学习环境之间展开的相互交流与相互作用；教学交互的内涵则是指，发生在学生和学习环境之间的事件，它包括学生和教师之间、学生和学生之间、学生和各种物化资源之间的相互交流与相互作用。

在此基础上，陈丽教授以 D. 劳里劳德(D. Laurillard)于 2001 年提出的学习过程的会话框架为原型，建立起远程学习的教学交互模型。该交互模型由三个层面组成：学生与媒体之间的操作交互、学生与教学要素之间的信息交互，以及发生在学生头脑中新旧概念之间的概念交互。陈丽教授把学习过程中的上述三种不同层面的教学交互方式，按照其抽象的程度不同描述了教学交互的层次塔（见图 2-2）。

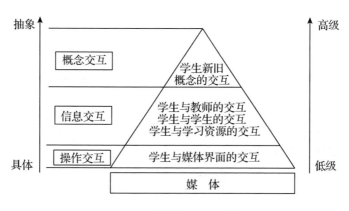

图 2-2 教学交互层次塔

远程学习的教学交互模型清晰地揭示了远程学习是如何发生的这一本质问题。操作交互是媒体界面交互性和学生操作媒体熟练程度的综合体现；三种形式的信息交互是教学设计的重点，信息交互的水平与学习者以及学习支持人员的具体表现有关；概念交互则是教学交互活动的出发点和最终目标，概念交互的结果将直接体现上述三种信息交互结果对学生学习的帮助程度。

教学交互层次塔还可以为我们指明促进远程学习的有效途径：通过媒体功能的完善和加强对学生的技术培训，可以提高操作交互的成效；通过精心的教学设计和认知工具的支持，可以促进信息交互的成效；通过考查学生是否已在新知识、新概念与原有认知结构之间建立起非任意的实质性联系，可以检验并深化概念交互的成效（依据这种成效，还可以评价当前的教学交互活动是否真正促进了学生的有意义学习）。

8. 任友群的"教育资源共享系统的运行结构模型" [1]

任友群教授针对我国教育资源分布不均衡，严重制约当前教育发展的问题，提出信息化促进优质教育资源共享效率的解决方案。任友群教授从系统科学的视角，为信息化环境下优质教育资源共享效率问题研究提供了一个从共享结构、功能和效率的互动关系进行系统思考的新视角。

任友群教授首先界定了优质教育资源共享效率的定义：使用信息化优质教学资源满足教育教学需要的有效程度，在给定投入和技术的条件下，做到能带来最大可能性的满足程度的资源利用。

在此基础上，他以系统观为指导，构建出信息化优质教育资源共享系统的运行结构模型（见图 2-3）。

---

[1]　任友群、徐光涛、王美：《信息化促进优质教育资源共享——系统科学的视角》，载《开放教育研究》，2013(5)。

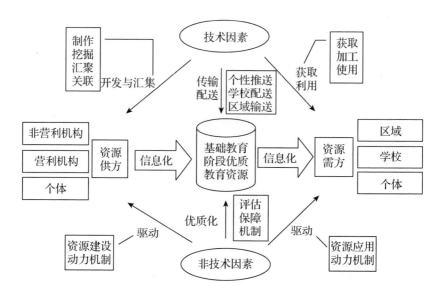

图 2-3　信息化优质教育资源共享系统的运行结构模型

任友群教授从技术因素和非技术因素两个层面对运行结构模型进行了分解和具体阐述。从技术因素来看，包括建设系统、传送系统和使用系统。从非技术因素看，包含驱动系统、评估系统。对每一个子系统的工作机制和具体功能详细阐述如下。

（1）建设系统

建设系统是信息化优质教育资源共享的源头。对于非数字化教育资源，要依照资源建设的相关标准和规范转变为可通过信息化网络传输的形态。

（2）传送系统

通过传送系统实现数字化优质教育资源的传输配送，是实现共享的条件和保障。传输配送方式包括基于公共服务平台数据挖掘算法的个性推送，以对口帮扶等形式开展的学校配送，以及面向特定目标区域（如少数民族区域）的资源输送。

（3）使用系统

使用系统是信息化环境下优质教育资源共享的终端系统，直接面向资源需方，不仅要具备获取资源的硬件设备条件，还要通过培训与指导等功能模块保证资源使用者具备良好的信息技术技能，能够高效地检索和获取共享资源，并按需对获取的数字化教育资源进行二次加工，以有效地应用于教学活动。

（4）驱动系统

驱动系统包括资源建设驱动机制和资源应用驱动机制。就资源建设而言，优质教育资源的所有者，可能不愿意将优质教育资源数字化并将其共享，这就需要相应的机制来激发。

对资源应用而言，即使有了优质数字化教育资源，也并不能保证这些资源能被资源需方所接纳，从而使共享资源发挥不出应有的效果。驱动系统需要针对教育实践中的真实问题，提供资源应用的动力机制，以保证优质教育资源共享落到实处。

（5）评估系统

评估系统的主要功能是反馈，即通过一套评价指标体系，对资源共享的质量和效率进行评估。

评估系统需要对以下三个方面进行评估：①资源本身；②资源的传输配送情况；③用户的获取使用情况。

基于此框架，任友群教授分析了当前实践中影响共享效率的三个典型问题：不同地区学校信息化基础设施和终端设备条件差异巨大；数字化资源建设与使用缺乏有效机制；对于资源共享效率缺乏科学评价和评估方法。

那么问题解决的可行路径何在？任友群教授在系统科学基本理论与复杂性科学理论的指导下，提出以下观点。

①资源共享的适应性效率是关键。任友群教授借鉴复杂适应性系统（Complex Adaptive Systems，CAS）理论，吸收制度经济学家诺思的观点，"经济长期增长的关键是适应效率而非配置效率"，认为提高基础教育资源共享的效率，应当研究资源共享相关制度和规定

如何适应资源共享方式的变化，并引入一定的市场机制，鼓励、引导和支持资源共享行为主体改进资源的建设和使用状况，提高资源共享的适应性效率。

②资源共享系统的结构与环境共同决定资源共享的功能与效率。环境、运行结构、功能与效率四个要素之间的逻辑关系可以表述为：资源共享的运行结构与环境共同决定资源共享功能与效率，资源共享结构顺应环境对资源共享功能需求的变化，资源共享效率是检验资源共享结构合理性与资源共享功能实现程度的标准。

③整体观和协同论是信息化促进优质资源共享的理论基础。系统科学认为"整体大于部分之和"，这种特征也成为"整体涌现性"。将建设系统和应用系统关联起来，可以形成良好的沟通和协调机制，解决好各行为主体的关系，维持系统的动力来源，确保各子系统协同并进，持续优化。

④系统综合是实现从微观到宏观资源共享的有效途径。信息化环境下优质教育资源的共享这一复杂巨系统，从微观上，涉及每所学校的教师和同学；从宏观上，又涉及高等教育、基础教育、成人教育等各层次，以及东西部、城乡等不同区域教育资源配置问题。综合已有研究成果，不难发现，定性研究过于宏观，定量研究不足是当前教育资源共享研究存在的典型问题。当科学研究的研究对象是复杂巨系统时，综合集成的方法，即定性与定量相结合，是一种更为合理有效的方法。

9. 李艺等人关于"绩效结构"的独到见解[1]

李艺教授等学者在对绩效结构进行全面和多维度审视的基础上，做出了关于绩效结构的全新思考，并提出了富有启发性的独到见解。这种见解不仅对企业的绩效评估具有直接的指导意义，而且对各级

---

[1]   李艺、钟柏昌：《绩效结构理论述评》，载《技术与创新管理》，2009(3)。

各类学校教学过程和教学结果(即对教学质量、效率、效益)的评估也有重要的借鉴意义。这种富有启发性的独到见解体现在四个方面。

(1)对结果绩效和行为绩效二者应加以整合

如果说结果绩效有助于人们了解工作的实际成效,那么行为绩效有助于人们了解这一成效是如何产生的,进而指导人们做出相应的调整以改善绩效,从而达到绩效评估与过程改进的双重目的。因此,将结果绩效和行为绩效整合在一个连续系统中是可取的,也是必要的。

(2)应将个体和组织机构整体二者同时纳入绩效结构

结果论强调对组织机构整体进行绩效评估,而行为论则强调对组织机构中的个体进行绩效评估。但是,如果不认识个体就无法评估整体;反之,只评估个体也是不够的,因为整体的绩效并不等于个体绩效之和——由于个体间存在相互作用,整体绩效可以大于或小于个体绩效之和。可见,研究个体绩效与组织机构整体绩效之间的关系,必然成为绩效结构研究的一个重要方向。

(3)对于个体和整体任务绩效的认识有待深化

任务绩效(Task Performance)作为行为绩效的一个方面,可以分为个体的任务绩效和组织机构整体的任务绩效。个体的任务绩效不仅包括行为的正确、熟练程度,还包括行为的规范性和创新性;整体的任务绩效是指,作为整体的组织机构为完成本机构的目标、任务而实施的各种规范化行为,如执行各种规章制度、管理流程,相关创新机制的建立和贯彻等。李艺等学者认为组织机构中,个体和整体的任务绩效往往不加区分,认识仍较肤浅、有待深化。

(4)在绩效改进过程中对积极行为和消极行为必须明确区分

在关系绩效(Contextual Performance)的研究中往往没有把积极行为和消极行为区分开来。究其原因,是人们认为一个组织机构或个人的绩效只需依据其行为表现的积极程度就可以加以评估。这样做也许有助于绩效评估活动的开展,却并不利于对绩效的改进。任何一个组织机构或个人都会有积极的行为，但并不能掩盖其自身可能存在的消极行为；反之亦然。所以，在绩效改进过程中必须仔细区分哪些是积极的行为，哪些是消极的行为，并仔细找出其原因以图改进。

10. 余胜泉等人的变革资源组织形式与传统学习方式的"学习元"理论

20 世纪末，为了解决教育资源的混乱无序、简单重复、缺乏共享、低效检索等问题，我国学者黎加厚于 1997 年率先提出基于小课件、小素材组合重用的"积件"概念，由此开创了教育资源共享研究的先河。21 世纪以来，随着 Web 2.0、网格计算、云计算、普适计算等各种新技术的产生以及社会建构主义、联通主义、分布式认知、情境认知等新型学习理念的出现，网络教学正在经历从接受认知范式到建构认知范式再到分布式情境认知范式的转变；支持传递、接受认知范式的学习对象正在面临新技术与新学习理念的双重挑战，已无法满足泛在学习的实际需求。为解决这一国际性问题，余胜泉等学者在综合分析教育资源共享技术标准发展脉络的基础上，结合泛在学习的特点与需求，提出了一种能对教育资源的组织、共享形式以及泛在学习方式起重要变革作用的"学习元"理论。该理论包含下列内容。

(1)学习元的核心理念(内涵与定义)

学习元是一种支持非正式学习形态、满足泛在学习需求、适应学习资源的群建共享的新型学习资源描述和封装的机制，具有开放性、生成性、进化性、联通性、内聚性、情境性、适应性和社会性的特点。①②

学习元充分吸收普适计算、云计算和语义网络等作为技术落脚点，以联通主义、协同知识建构、情境认知为理论支撑，采用动态的要素、结构和云存储模式，使其适应非正式学习的特征和组织、实施形式，满足泛在学习随时随地随需学习的需求。"学习元"中的"元"字是一种隐喻表达，包含以下三层含义。

①"元"即"细胞"。组建有机生命体的基本单元，有着基本相似的结构，喻义体现学习元标准化、微型化、可重用、可组合的特征。在这一点上，学习元与学习对象的设计理念是相似的。

②"元"即"元始"。学习元会经历从无到有、从有到小、从小到大、从大到强、从强到久的过程。学习元不是固化的，而是随着使用过程发展变化的，反映的是学习元的可进化和萌发性的特点。这一点是学习对象所不具备的。

③"元"即"神经元"。这指的是学习元具有类似神经元的感知环境、自适应终端、主动适应用户的智能化特性以及产生丰富联结、构成网络的联通特性。学习元与学习元链接、学习元与人链接，构成了人和知识组合成社会认知网络，当这种网络达到一定规模，将会具备社会智能。这一点同样是学习元和学习对象的本质区别。

学习元是对学习对象的进一步发展，是在汲取学习对象、学习活动技术促进教育资源共享理念的基础上，针对现有学习技术在非正式学习支持不足、资源智能性缺乏、学习过程中的生成性信息无法共享、学习内容无法进化等缺陷，提出的一种新型学习资源组织方式。这种新的资源组织形式应当满足可进化发展、可支持随需学

---

① 余胜泉、杨现民、程罡：《泛在学习环境中的学习资源设计与共享——"学习元"的理念与结构》，载《开放教育研究》，2009(1)。

② Yu, S., Yang, X., Cheng, G., Wang, M., "From Learning Object to Learning Cell: A Resource Organization Model for Ubiquitous Learning," *Journal of Educational Technology & Society*, 2015, 18(2), pp. 206-224.

习、可支持学习过程信息采集和学习认知网络共享、具备对环境和
用户的适应性等要求。其核心思路是将时间维度以及人际认知网络
引入学习资源的概念中，学习资源不再是一成不变的，而是随着时
间的推移而不断进化的，具有生成性和成长性。资源进化过程中的
版本更迭、历史记录、生成性信息都被保留，同时通过知识作为中
介管道构建出人和人之间的关系网络，形成由知识和人组成的知识
关系网络。这有助于学生的知识建构以及理解知识的情境性，并共
享知识演化过程中的集体智慧社会认知网络。

　　泛在学习深植于无缝学习空间(Seamless Learning Space)的情境
网络之中，它可以在合适的时间、合适的地点，为合适的学习者，
以合适的方式提供合适的知识，为学习者提供一种智能的、无缝的
学习支持，其最大特点就是泛在性和情境感知(Context Sensitivity)。
泛在是指表面上学习无形，它们交织在日常生活中，无处不在，人
们很难察觉出它们的存在；情境感知意味着能够通过泛在智能技术
从周围收集环境信息以及工具设备信息，并为学习者提供与情境相
关的学习活动和内容。要实现上述基本范式逻辑，无缝学习空间必
须有泛在网络、具有情境感知能力普适计算终端以及蕴含可进化的
学习资源库、认知网络模型、学习设计、共同体网络、教育云计算
中心等基本组成要素。"教育云计算中心"，聚合权威的知识与领域
专家，通过集体智慧的运算算法，聚合人与人、人与知识、知识与
知识之间的社会认知网络(Knowledge Networking Social Services,
KNS)，无数情境化的学习问题及其解答的领域专家相互联结形成领
域知识资源库，形成的资源库在云计算技术与新媒体技术的协同下，
可以构建出一种支持泛在学习的无缝学习空间，其结构如图 2-4
所示。

　　我们在实际工作和生活中，在任何时候、任何地点遇到了问题，
或者对某些事物产生兴趣时，都可以利用与环境相关的情境感知智

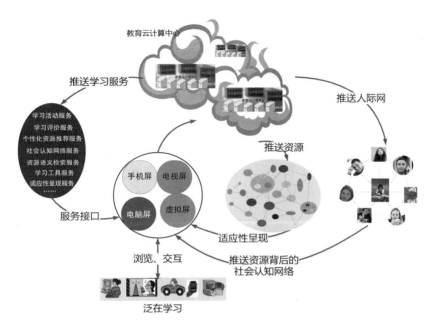

图 2-4 基于学习元的泛在学习模型

能终端设备，将这些情境化需求的信息通过无处不在的通信网络发送到"教育云计算中心"。教育云计算中心根据用户需求以及个性化信息在知识库中进行检索、聚合、计算、变换，找到最适合用户需求的学习内容，同时将内容上附加的学习服务和知识关系网络与学习者联通。

学习元为用户不仅提供了和学习内容相关的资源，更提供了以内容为中心的一系列活动、工具以及社会关系网络。学习元对于学习者来说，已经不是静态的学习资源，而是一个能持续获得信息和知识的管道。通过知识关系网络的联通，学习者与正在学习的学习者、编辑、专家等产生联系、联结，形成学习共同体，在此过程中不仅可以找到这个知识领域内最权威的知识，更重要的是找到了领域内最权威的专家。这种学习不是传统课堂一个教师对多个学生的模式翻版，而是一对一甚至多对一的学习。

在学习过程中，学习者可以了解到学习内容使用的历史记录、关联内容、评估记录、编辑更新记录、附加的学习活动、学习工具等，通过学习者自身与内容的交互记录，学习者可以获得最适合自己的内容，实现按需学习。与此同时，学习者通过完成资源中预设的学习活动实现对内容的理解与内化，完善内部认知网络，实现高层次的学习；从资源角度，学习者在获得信息的同时，可以通过协同编辑对学习内容进行补充和完善，将个体对知识的理解外化到学习的知识对象中，实现个体智慧向群体智慧的转化。

(2)学习元的结构模型

学习元采用的是分布式的云存储模型，学习内容的结构与学习内容本身在部署上是分离的(见图 2-5)。学习元是结构化的泛在学习资源，是一个动态的逻辑结构，包括元数据、聚合模型、内容、活动、评价、生成性信息、多元格式等部分，通过各种服务接口(包括协同编辑、学习活动、通信服务、学习测评等)与"教育云"联结。

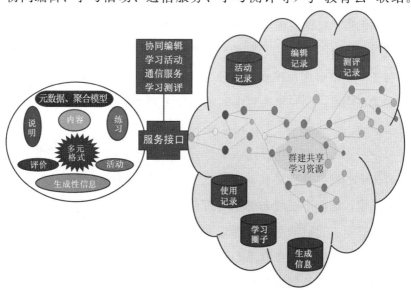

图 2-5　泛在学习资源的云存储模型

"教育云"中存在海量的学习资源以及与资源有关的各种记录（包括活动记录、编辑记录、评测记录、使用记录、学习圈子、生成信息等）。学习内容的结构面向学习过程，描述学习的目标、条件、过程与学习内容需求，而学习内容本身可以存储在世界各地的资源服务器中，这些学习资源采用共建共享的方式建立，分布存储在不同的存储节点内，不同的存储节点之间依靠通信网络建立连接，而资源与资源则通过语义关系动态联系起来。当学习者进入泛在学习环境后，系统会根据用户的不同需求，自动从各异地站点选择最适合的内容，动态聚合到学习元的逻辑结构中，从而形成一个实体资源提供给用户。访问学习元的情境不同，聚合的内容也不同，从而满足学习者个性化的需求。

学习元存储模型中，以情境为核心进行内容组织，支持泛在学习中的情境认知，满足学习与生活融合的需要；用户通过智能终端访问学习内容时，教育云服务系统根据访问内容的情境参数从云存储中获取适合该情境的内容对学习元结构模型进行填充，动态聚合成情境化内容聚合包，不同学习者访问同一资源时，生成的内容是不同的。

从计算机技术角度看，学习元是一种可远程访问的、通过 URL 寻址的学习服务，它根据用户所处情境，提供为情境而设计的学习内容与应用程序的访问。学习元面向具体的学习目标，既能自给自足、独立存在，又可以实现彼此联通，构建以学习者为中心的个性化知识网络，其内部包含元数据和聚合模型、领域本体、学习内容、学习评价、学习活动、生成性信息、学习服务接口等多个部分。

三、信息化环境下的教学设计理论

能够支持情境创设、启发思考、信息获取、资源共享、多重交互、自主探究、协作学习等多方面要求的信息化教学环境，应如何在课堂教学中具体创设？由信息化环境下的教与学理论所确定的最有效的教与学方式，应如何在课堂教学中贯彻实施？这些涉及操作层面的问题，归根结底都要依靠信息化环境下的教学设计才能得以解决。可见，对于信息化环境下教学设计理论的研究，也是教育信息化基本理论应该关注的另一项重要内容。

（一）"学教并重"的教学设计①

传统的"以教为主"的教学设计有利于教师主导作用的发挥，有利于教师监控整个教学活动进程，有利于系统科学知识的传授和教学目标的达成；但学生的主动性、积极性难以发挥，更不利于创造型人才的成长。

"以学为主"的教学设计有利于学生的自主学习、合作探究，有利于创造型人才的培养，但它忽视教师主导作用的发挥，不利于对基础知识的系统学习与掌握，不利于对前人知识经验的传承与利用。

由以上分析可见，"以教为主"和"以学为主"这两种教学设计各有其优势与不足，将二者有机结合起来，努力做到既发挥教师的主导作用，又能充分体现学生的主体地位；既关注教师的教，又关注学生的学，按照这种思想实现的教学设计称为"学教并重"的教学设计。

"学教并重"的教学设计通常包含下列实施步骤。

①教学目标分析——确定教学内容及知识点顺序。

②学习者特征分析——确定教学起点，以便因材施教。

③根据教学内容和学习者特征分析进行教学策略的选择与设计。

④学习情境创设。

⑤根据教学目标、教学内容和教学对象的要求，进行教学媒体选择与教学资源的设计。

⑥通过提问、测验或察言观色等方式对课堂教学做形成性评价

① 何克抗：《我国教育信息化理论研究新进展》，载《中国电化教育》，2011(1)。

（以确定学生达到教学目标的程度）。

⑦根据形成性评价所得到的反馈，对教学内容、方法、策略做适当的修改与调整。

这种全新的"学教并重"的教学设计思想尽管是由中国的教育技术学者提出的，尚未被国际教育技术界认同与接受，但是大量的教学实践（包括大、中、小学的教学实践）已经证明：在有信息技术支持（特别是有网络技术支持）的教学环境中，也就是在信息化教学环境中，若能自觉运用"学教并重"的新型教学设计理论、方法去规划、设计整个教学系统并组织实施相关的教学活动过程，定能达到预期的教学目标，取得较为理想的教学效果（不论是人文学科或是数理学科皆是如此）。因而可以预期：这种拓展后的"学教并重"的教学设计将成为信息化教学中越来越多教师的必然选择，或者也可以说，"学教并重"的教学设计理论是能够最有效地实现信息技术与学科教学整合目标的、更为完善的教学设计理论。

（二）建构主义环境下的教学设计

建构主义采用了非客观主义的哲学立场，对学习与教学做了全新的解释，认为学习是学习者通过与周围社会环境交互，自主建构内在心理表征的过程。建构主义教学设计强调学生是认知过程的主体，是意义的主动建构者，因而有利于学生的主动探索、主动发现，有利于创造型人才的培养，这是其突出的优点。但是，由于强调学生的"学"，往往容易忽视教师主导作用的发挥，忽视师生之间的情感交流和情感因素在学习过程中的重要作用；而且，由于忽视教师的主导作用，当学生自主学习的自由度过大时，还容易偏离教学目标的要求，所以受到一些学者的批评（何克抗，1998）。

余胜泉教授等人在深入分析建构主义学习观以及建构主义与教学设计的关系的基础上，提出了一个建构主义教学设计的模型（见图

2-6）。①

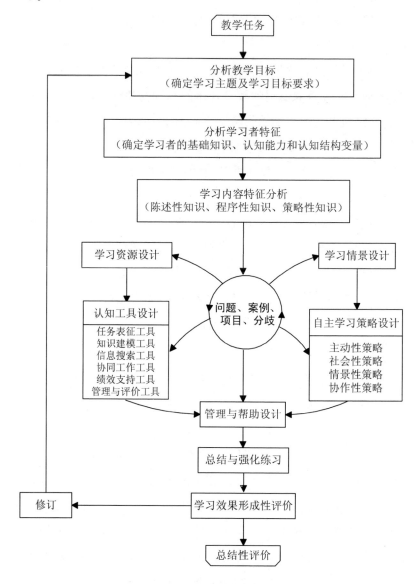

图 2-6　建构主义教学设计模型

　　① 余胜泉、杨晓娟、何克抗：《基于建构主义的教学设计模式》，载《电化教育研究》，2000(12)。

它以问题(或任务、项目、案例、分歧)为核心,建立学习"定向点",然后围绕这个"定向点",通过设计"学习情景""学习资源""学习策略""认知工具""管理和帮助"而展开。这个问题(或任务、项目、案例、分歧)由教学目标、学习者、学习内容共同决定。最后环节的教学评价也是教学设计过程的重要环节,它是教学设计成果趋向完善的调控环节。

第三节　智慧教育理论的发展

2017 年 1 月 10 日,《国家教育事业发展"十三五"规划》指出,"鼓励学校利用大数据技术开展对教育教学活动和学生行为数据的收集、分析和反馈,为推动个性化学习和针对性教学提供支持""综合利用互联网、大数据、人工智能和虚拟现实技术探索未来教育教学新模式"。随着人工智能在数据挖掘与分析方面获得巨大发展,教育受其影响也显露出由"教育＋互联网"阶段向"教育＋AI"进阶的趋势。同样,教育信息化也开始迈向"智能化"新阶段:由教育数字化迈向教育智慧化。[①] 大数据驱动下的智慧教育时代已经来临。

祝智庭教授认为智慧教育研究框架主要由智慧教育、智慧环境、智慧教学法、智慧人才四部分构成(见图 2-7)。它们分别与教育理念、技术创新、方法创新和人才观变革相对应。它们之间的关系可简述为:信息化环境下的智慧教育指信息技术支持下为发展学生智慧能力的教育,旨在利用适当的信息技术构建智慧学习环境(技术创新)、运用智慧教学法(方法创新)、促进学习者开展智慧学习(实践创新),从而培养具有良好的价值取向、较高的思维品质和较强思维能力的智慧型人才(善于学习、善于协作、善于沟通、善于研判、善于创造、善于解决复杂问题的人才,这是人才观的变革),落实智慧教育理念(理念创

---

① 祝智庭:《教育呼唤数据智慧》,载《人民教育》,2018(1)。

新），深化和提升信息时代、知识时代和数字时代的素质教育。

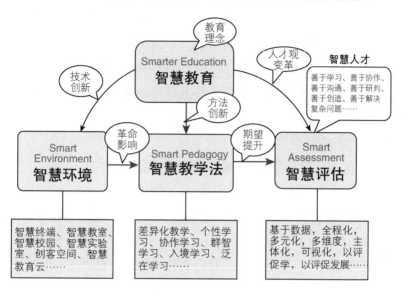

图 2-7   智慧教育研究框架

一、智慧教育的基本内涵

祝智庭教授认为智慧教育的真谛就是通过构建技术融合的学习环境，让教师能够施展高效的教学方法，让学习者能够获得适宜的个性化学习服务和美好的发展体验，使其由不能变为可能，由小能变为大能，从而培养具有良好的价值取向、较强的行动能力、较好的思维品质、较深的创造潜能的人才。[①]

黄荣怀教授分析了智慧教育的两种主流的研究取向——以智能技术支持的教育和促进学生智慧增长的教育，认为两者分别体现了智慧教育的"时代性"和"永恒性"，并在此基础上界定智慧教育的内涵：智慧教育旨在通过各种网络和智能化技术所打造的智慧化学习环境的支撑，为学习者提供开放的、按需供给的教育，实现信息技

---

① 祝智庭：《智慧教育新发展：从翻转课堂到智慧课堂及智慧学习空间》，载《开放教育研究》，2016(1)。

术与教育教学的深度融合,最终达到促进学习者发展和学习者智慧提升的教育目标。[①]

杨现民博士从生态观的视角出发,认为智慧教育是依托物联网、云计算、无线通信等新一代信息技术所打造的物联化、智能化、感知化、泛在化的教育信息生态系统,是数字教育的高级发展阶段,旨在提升现有数字教育系统的智慧化水平,实现信息技术与教育主流业务的深度融合(智慧教学、智慧管理、智慧评价、智慧科研和智慧服务),促进教育利益相关者(学生、教师、家长、管理者、社会公众等)的智慧养成与可持续发展。杨现民博士进一步分析了数字教育和智慧教育的区别,如表2-1所示。[②]

表 2-1 数字教育与智慧教育的比较

	数字教育	智慧教育
发展目标	提高教育质量和效率	培养智慧型、创新型人才
技术作用	技术是工具、媒体,高效率传递知识	技术变革教育,改革教育战略实施的生态环境
核心技术	计算机、多媒体、互联网、Web 2.0	云计算、大数据、物联网、增强现实、移动通信、定位技术
建设模式	建设导向,建网、建库、建队伍	应用驱动,根据教育教学应用建设配套环境、资源和队伍
学习资源	静态固化、结构封闭、CAI课件、网络课程、数字图书、专题网站	动态生成、持续进化、开放建设,慕课(MOOC)、微课、移动课件、电子教材、可进化的内容库
学习方式	多媒体学习、网络学习	泛在学习、云学习、无缝学习
教学方式	以教师为中心、多媒体辅助教学、网络教学、远程教学	以学习者为中心,大规模在线开放教学、深度互动教学、智能教学(智能备课、智能批阅等)

---

① 刘晓琳、黄荣怀:《从知识走向智慧:真实学习视域中的智慧教育》,载《中国电化教育》,2016(3)。

② 杨现民:《信息时代智慧教育的内涵与特征》,载《中国电化教育》,2014(1)。

续表

	数字教育	智慧教育
科研方式	基于有限资源的、小范围协同科研	跨地域大规模协同科研，科研数据及时分享与深度挖掘
管理方式	管理信息分散，标准各异，人管、电控	高度标准化，归一化管理，智能管控
评价思想	经验导向的评价	数据导向的评价，基于大数据库的科学评价

陈琳教授强调智慧教育是高度信息化支持发展的适应数字新一代的教育新形态，是适当而有效地利用现代信息技术实现智慧化教学、智慧化学习、智慧化评价、智慧化管理、智慧化服务以及增进学生高级思维能力和创新创造能力培养的教育。[①]

二、智慧环境

学习环境的构建是实现教与学方式变革的基础，新一代信息技术的发展为学习环境理念与实践的变革创造了可能。

（一）智慧学习环境的概念

智慧学习环境是数字化学习环境的高端形态，黄荣怀教授认为，智慧学习环境是一种能感知学习情境、识别学习者特征、提供合适的学习资源与便利的互动工具、自动记录学习过程和评测学习成果，以促进学习者有效学习的学习场所或活动空间。在此基础上，黄荣怀教授辨析了智慧学习环境和普通数字学习环境在学习资源、学习工具、学习社群、教学社群、学习方式和教学方式等方面的差异，如表 2-2 所示。[②]

[①] 陈琳：《智慧教育创新实践的价值研究》，载《中国电化教育》，2015(4)。

[②] 黄荣怀、杨俊锋、胡永斌：《从数字学习环境到智慧学习环境——学习环境的变革与趋势》，载《开放教育研究》，2012(1)。

表 2-2　数字学习环境与智慧学习环境的差异

	数字学习环境	智慧学习环境
学习资源	1)倡导资源富媒体化；2)在线访问成为主流；3)用户选择资源	1)鼓励资源独立于设备；2)无缝链接或自动同步成为时尚；3)按需推送资源
学习工具	1)通用型工具，工具系统化；2)学习者判断技术环境；3)学习者判断学习情境	1)专业化工具，工具微型化；2)自动感知技术环境；3)学习情境被自动识别
学习社群	1)虚拟社区，侧重在线交流；2)自我选取圈子；3)受制于信息技能	1)结合移动互联的现实社区，可随时随地交流；2)自动匹配圈子；3)依赖于媒介素养
教学社群	1)难以形成社群，高度依赖经验；2)地域性社群成为可能	1)自动形成社群，高度关注用户体验；2)跨域性社群成为时尚
学习方式	1)侧重个体知识建构；2)侧重低阶认知目标；3)统一评价要求；4)兴趣成为学习方式差异的关键	1)突出群体协同知识建构；2)关注高阶认知目标；3)多样化的评价要求；4)思维成为学习方式差异的关键
教学方式	1)重视资源设计，重视讲解；2)基于学习者行为的终结性评价学习结果；3)学习行为观察	1)重视活动设计，重视引导；2)基于学习者认知特点的适应性评价学习结果；3)学习活动干预

　　祝智庭教授认为智慧学习环境是以先进的学习(如学习心理、学习科学)、教学(如建构主义教学观、学习环境设计理论)、管理(如知识管理)、利用(如可用性工程、人因工程)的思想和理论为指导，以适当的(现代)信息技术、学习工具、学习资源和学习活动为支撑，可以全面感知学习情境信息(如环境信息、设备信息、用户信息等)，并将获得数据进行科学分析和数据挖掘，能够识别学习者特性(如学习能力、认知风格、学习偏好等)和学习情境，灵活生成最佳适配的学习任务和活动，引导和帮助学习者进行正确决策，有效促进智慧能力发展和智慧行动出现的新型学习环境。[①] 他指出智慧学习环境的一个重要任务是能够将低水平操作、简单记忆等简单的、结构化的、非挑战性任务交由计算机代理，让学习者将更多时间和精力集

---

① 　祝智庭、贺斌：《智慧教育：教育信息化的新境界》，载《电化教育研究》，2012(12)。

中在复杂的、非结构性、挑战性任务上。

祝智庭教授认为智慧学习环境要凸显以下几个特征。

① 具有全面感知学习情境、学习者所处方位及其社会关系的性能。

② 学习者随时、随地、随需地拥有学习机会。

③ 设计多种智慧型学习活动，降低知识记忆成分，提高智慧生成与应用的含量。

④ 提供丰富的、优质的数字化学习资源供学习者选择。

⑤ 提供个性化的学习诊断、学习建议和学习服务。

⑥ 记录学习历史数据，便于数据挖掘和深入分析，提供具有说服力的过程性评价和总结性评价。

⑦ 提供支持协作会话、远程会议、知识建构、内容操作等多种学习工具，促进学习的社会协作、深度参与和知识建构。

⑧ 提供自然简便的交互界面/接口，减轻认知负荷。

(二)智慧学习环境的要素①

黄荣怀教授根据国内外学者对环境构成要素的代表观点，归纳出智慧学习环境的构成要素包括学习资源、智能工具、学习社群、教学社群、学习方式、教学方式六个组成部分，如图 2-8 所示。学习者与教师(设计者)通过学与教的方式和智慧学习环境相互作用，促进有效学习的发生。黄荣怀教授强调有效学习的发生是个体建构和群体建构共同作用的结果。

黄荣怀教授认为智慧学习环境的技术特征主要体现在以下几个方面。②

---

① 黄荣怀、杨俊锋、胡永斌：《从数字学习环境到智慧学习环境——学习环境的变革与趋势》，载《开放教育研究》，2012(1)。

② 同上。

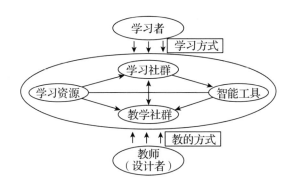

图 2-8　智慧学习环境的系统模型

（1）记录学习过程（Tracking Learning Process）

智慧学习环境能通过动作捕获、情感计算、眼动跟踪等感知并记录学习者在知识获取、课堂互动、小组协作等方面的情况，追踪学习过程，分析学习结果，建立学习者模型。这为更加全面、准确地评价学习者的学习效果提供了重要依据。

（2）识别学习情境（Recognizing Learning Scenario）

智慧学习环境可根据学习者模型和学习情境为学习者提供个性化资源和工具，以促进有效学习的发生。

（3）感知学习物理环境（Awareness of Physical Environment）

智慧学习环境能利用传感器技术监控空气、温度、光线、声音、气味等物理环境因素，为学习者提供舒适的物理环境。

（4）联结学习社群（Connecting Learning Community）

智慧学习环境能够为特定学习情境建立学习社群，为学习者有效联结和利用学习社群进行沟通和交流提供支持。

（5）促进轻松的、投入的和有效的学习（Easy，Engaged & Effective Learning）

这是智慧学习环境在技术支持下最终要实现的目标。

据此，黄荣怀教授将其技术特征提炼为 TRACE 功能模型，如图 2-9 所示。

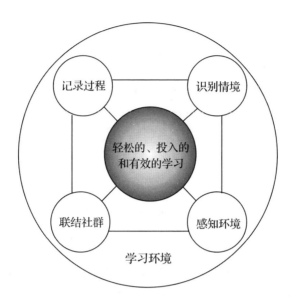

图 2-9　智慧学习环境技术特征

　　黄荣怀教授在其另一篇论文中，进一步将智慧学习环境的技术支撑与组成要素的关系表示为如图 2-10 所示。[①]

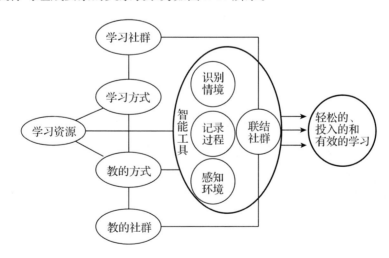

图 2-10　智慧学习环境的技术支撑与组成要素的关系

---

　　① 黄荣怀：《智慧教育的三重境界：从环境、模式到体制》，载《现代远程教育研究》，2014（6）。

（三）技术对智慧学习环境的支持

1. 支撑智慧学习环境的主要技术

黄荣怀教授认为对智慧学习环境起到重要支撑作用的主要技术有：人工智能技术能够实现对学生学习过程的记录和学习情境的识别，传感器技术能够实现对学习情境和学习环境的感知，通信技术能够实现学习者的有效联结。

（1）人工智能

人工智能技术的作用在于可以从各种数据中自动分析出学习者的特征信息，以及从大量的信息中检索出合适的学习资源，从而满足学习者的个性化学习需求。常见的有学习者建模技术和学习分析技术。

学习者建模技术：学习者建模主要涉及学习者个体信息和学习者情境信息两类信息。学习者个体信息进一步划分为持续性信息和动态信息。学习者个体的持续性信息是指相对稳定的、影响学习效果的个体特征（认知特点、学习风格、学习兴趣等）。相反，学习者个体的动态信息是指能随情境、时间的变化而变化的与学习活动有关的个体状态（领域知识水平、学习主题、情感状态）。

学习分析技术：学习过程信息的自动获取和分析方法称为学习分析技术。学习分析技术主要利用交互文本、视音频和系统日志三种形式的学习过程记录数据分析学习者的学习特征。

（2）传感器技术

传感器技术可从部署的传感元件中周期性获取海量信息，分析、加工和处理出有意义的数据，以适应不同用户的不同需求。当今传感器技术逐渐向网络化、高速化、智能化方向发展，可用于支持新型学习环境的构建。

（3）通信技术

无处不在的宽带无线网络、移动互联网技术等促进了教学资源的共享，支持学习社群之间的联结。

杨现民和余胜泉认为，物联网、大数据、云计算、泛在网络是支撑智慧教育"大厦"构建的关键技术。①

①物联网。物联网的基础是信息采集，并利用各种智能技术对采集数据进行分析处理以实现智能控制。

②大数据。大数据的来源广泛，包括海量的、多样化的交易数据、交互数据与传感数据。大数据的核心技术包括大规模并行处理数据库、分布式文件系统、分布式数据库、云计算平台、互联网和可扩展的存储系统。

③云计算。云计算能够将分布在各地的服务器群进行网联，能够实现大规模计算能力、海量数据处理和信息服务的需求。

④泛在网络。泛在网络使信息空间与物理空间实现无缝对接，帮助人类实现任何时间、任何地点、任何人、任何物都能顺畅地通信。

2. 技术支持下的新型教育形态的特征

杨现民博士认为智慧教育是技术支持下的新型教育形态，与传统信息化教育相比，呈现出不同的教育特征和技术特征。②

(1)教育特征

智慧教育是技术推动的教育信息生态，其核心的教育特征可以概括为五个方面。

① 信息技术与学科教学深度融合：信息技术与学科教学的深度融合应该是智慧教育的首要价值追求，教师和学生从关注技术逐步转变到关注教学活动本身，实现技术在学科教学中的"消融"。

② 全球教育资源无缝整合共享：全球优质教育资源的无缝整合

① 杨现民、余胜泉：《智慧教育体系架构与关键支撑技术》，载《中国电化教育》，2015(1)。

② 杨现民：《信息时代智慧教育的内涵与特征》，载《中国电化教育》，2014(1)。

共享，将有可能缩小世界教育鸿沟，提升欠发达国家和地区的教育质量。

③ 无处不在的开放按需学习：智慧教育环境下的学习将走向泛在学习。云计算、物联网、移动通信等信息技术的发展为人类的学习提供了无限的可能，学习将发生在任何有学习需求的地方。

④ 绿色高效的教育管理：信息技术的普及应用为实现教育管理的智慧化、推动绿色教育发展提供了条件。

⑤ 基于大数据的科学分析与评价：智慧教育需要更具"智慧"的教育评价方式，"靠数据说话"是智慧教育评价的重要指导思想。

（2）技术特征

① 情境感知：依据情境感知数据自适应地为用户提供推送式服务。

② 无缝连接：跨级、跨域教育服务平台之间实现数据共享；物理环境与虚拟环境的无缝融合；终端设备无缝连接到各种教育信息系统；学习者的终端之间实现数据同步；支持学习社群沟通交流。

③ 全向交互：智慧教育系统支持全方位的交互，包括人与人之间的交互以及人与物之间的交互。

④ 智能管控：实现教育环境、资源、管理与服务的智能管理。

⑤ 按需推送：根据学习者的学习偏好和学习需求，个性化地推送学习资源、学习活动、学习服务、学习工具、人机资源等，使得教与学可以按需开展。

⑥ 可视化：可视化是信息时代数据处理与显示的必然趋势，包括监看系统运行状态，全面直观地呈现教育数据，可视化界面操作教育设备和系统等，是智慧教育观摩、巡视、监控的必备功能。

三、智慧学习者

祝智庭教授等人认为今天的智慧教育环境为学习者提供了大量的资源和工具，智慧学习者在这种环境下，能够随时、随地、随需地进行个性化和协作性学习，与过去相比，智慧学习者有机会充分利用这种环境的优势，促进自身的发展。①

　　智慧教育的目标是发展学习者的智慧，培养智慧学习者。那么智慧学习者具备哪些特征呢？

　　祝智庭教授从智慧学习者共同的性格特征和学习特征两个维度总结出智慧学习者的特征，如图 2-11 所示。

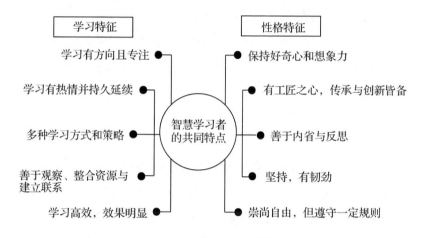

图 2-11　智慧学习者的特征

　　这是我们对智慧学习者的期待。在智慧学习环境下，技术对于他们是有力的资源和工具。他们能够有效并高效地利用技术学习、生活、工作和服务社会。他们是自主的学习者，是有思想的创造者、合作者，信息的使用者和生产者，技术专家。当然也要求教师要有更高的能力教育智慧学习者。

　　祝智庭教授将智慧学习者分为四类：偏好明显的智慧学习者、部分能力整合的智慧学习者、全面能力整合的智慧学习者和有可能完全独立却又有可能和任何一类有交集的艺术家，如图 2-12 所示。

_____

　　①　祝智庭、肖玉敏、雷云鹤：《面向智慧教育的思维教学》，载《现代远程教育研究》，2018(1)。

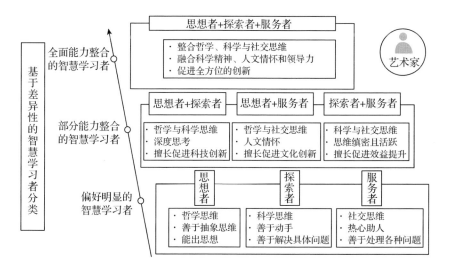

图 2-12　基于差异性的智慧学习者分类

　　这样分类的意义在于尊重每个学习者思维的独特性和能力的差异性，因此，学校教育需要为每个人的个性发展创造条件。

　　智慧环境既带来了学习资源和机会，也带来了更为复杂的问题或情境。它们要求学习者不断地反思，调整方向和改进问题解决策略。智慧教育的目标是培养能够把握自身学习特点、学习机会，具备信息素养并能够为人类社会发展做出贡献的人。那么如何培养呢？这就需要我们的智慧教学方法。祝智庭教授认为思维教学应该是实现智慧教育目标（培养智慧学习者）非常重要的途径，原因有三个。

　　①对自身学习特点的理解与分析离不开反省思维。

　　②智慧环境中拥有丰富的学习机会，需要学习者善于思考，能够使用分析、论证、元认知等高级思维技能，有效、高质量和有产出地使用信息。

　　③智慧教育目标与思维教学的目标是高度统一的。智慧教育的目标是引导学习者通过深度思考、智慧创造为社会的健康有益发展做出贡献。

四、智慧教学

(一)思维教学

祝智庭教授等人分析了国内外学者对思维教学关注的领域、思维教学的目标、思维教学的方法与策略、思维教学的原则以及思维教学的困难与解决策略、思维教学的理论基础等，并在此基础之上，通过梳理智慧教育所关注学生思维的范畴和特征，归纳出智慧教育中思维教育的内涵。[①]

①智慧教育中学生的思维是有效连接行动和创造的中间桥梁。

②智慧教育中学生的思维包含基本的思维技能(记忆、理解、概括、归纳、推理)，也包含更高水平的思维技能(综合分析、评价、问题解决、创造等)。

③智慧教育中对学生思维的关注是既超越学科教学界限(如不限于单学科、跨学科、交叉学科和社会实践等)，又蕴含于学科教学活动之中的教学理念。

④智慧教育中学生的思维是将聚合思维与发散思维进行有效整合的综合思维。较之传统教学关注以分析能力为基础的聚合思维，智慧教育更重视促进学生创造能力发展的发散思维。

⑤智慧教育中的学生需要具备充分发展的审辩性思维能力(质疑、分析、评鉴、推论、阐释、自我调整等)。

⑥智慧教育中所强调的学生的思维是成长型思维。

⑦智慧教育中学生的思维包含元认知能力，即培养学生对个人认知能力进行计划、监控和评价的能力。

⑧智慧教育的思维教学并不等同于思维训练。

根据思维教育的内涵，祝智庭教授提出智慧教育中的学生思维

---

① 祝智庭、肖玉敏、雷云鹤：《面向智慧教育的思维教学》，载《现代远程教育研究》，2018(1)。

模型，如图 2-13 所示。该模型体现出思维教育超越了分类课程的维度，并且超越了传统教育仅关注分析思维范畴的特征，进一步拓展到综合关注以分析思维为特征的聚合思维和包含创造思维的发散思维的全面维度，体现审辩思维的特征。

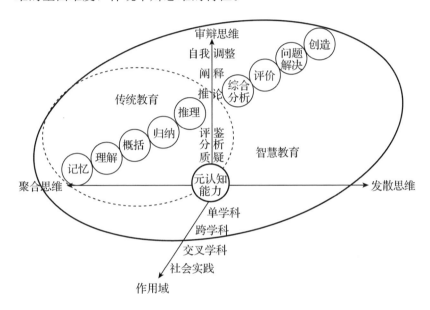

图 2-13　智慧教育中的学生思维模型

祝智庭教授认为，过去思维教学策略的弊端在于局限在学科领域，比较关注一般思维技能的获得，思维方法不外乎讲授和训练。在智慧教育环境下，学习者的个性化需求提升，思维教学应该从以下四个方面着力。

①思维教学的起点：以学生为中心的教学理念。教师要摒弃过去教学生思维的做法。在智慧教育环境中，由于智慧学习环境本身具有的优势，学习者的学习完全可以得到比较理想的支撑。学生自己对学习负责和掌控，教师的工作重心转移到设计学习环境和技术、提供学习资源和帮助学生解决个性化问题上。

②思维教学的关键：突破分科教学的设计局限。在课堂外的世

界，要应用到的知识和技能极为丰富，需要整合多学科的知识和技能。但绝大多数的课堂教学都是基于分学科教材来进行的，思维的培养窄化在解决具体的学科问题上，一定程度上限制了思维的广度，造成知识与技能学习的片段化。跨学科教学能够让学生感受到学科之间的有机联系，产生学习和研究的兴趣。

③思维教学的核心：培养学生的高级思维能力。思维教学的目标需要调整到培养学生的高级思维技能上。智慧教育环境中，由于资源和工具的丰富，可以尝试将记忆、理解水平的知识和技能交给计算机来帮助完成，而学习者有更多机会和更大空间在情境中学习和体验高级思维技能。

④思维教学的策略：提升学生的认知参与程度。通过以学生为中心的教学设计与实施，促进学生积极的认知参与，提升思维能力。

(二)信息技术支持的精准教学模式

精准教学起源于 20 世纪 60 年代，最初旨在通过设计测量过程来追踪小学生的学习表现和支持数据决策，后来发展为评估教学方法有效性的框架。由于过去信息技术的缺失，精准教学一度受到冷落而渐渐失去活力。而随着教育信息化的发展，智慧教育越来越重视学生个性化学习，精准教学再次受到教育学者的重视。

祝智庭教授及其团队打破精准教学作为评估方法的陈规，设计了信息技术支持的精准教学模式(见图 2-14)。[1]

(1)精准确定目标

精准教学的目标是一棵目标树，目标树的根节点是所要掌握的知识或技能的总目标，目标树中的子节点是学生个体需要完成的具有个性化特征的子目标。子目标的确定采用递归的思想：递进过程

---

① 祝智庭、彭红超：《信息技术支持的高效知识教学：激发精准教学的活力》，载《中国电化教育》，2016(1)。

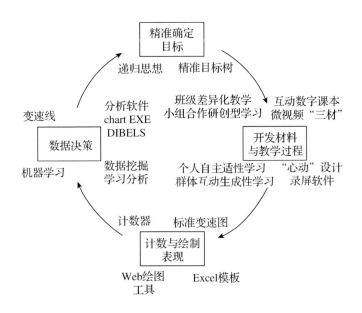

图 2-14 信息技术支持的精准教学模式

中，针对学生个体生成精准目标树；回归过程中，确定每一次教学循环需要解决的具体短板知识或技能是什么。

（2）开发材料与教学过程

将传统教材开发为集"学材""习材""创材"（"三材"）为一体的智慧学习材料，并提倡从"心动"设计角度进行微视频与互动数字课本设计。对于教学过程的开发，从班级差异化教学、小组合作研创型学习、个人自主适性学习和群体互动生成性学习四种学习方法着手设计与开发。

由班级差异化教学到群体互动生成性学习，教育目标呈现出由明确固定到模糊灵活的趋势。因此，精准教学对这四种学习方法的作用域的大小依次减少，形成一个三角区域，如图 2-15 所示。

（3）计数与绘制学习表现

可以借助常用的计数器（Dual Tally Counter with Count Alert、CHROME Metal Hand Tally Counter、YELLOW Hand Tally

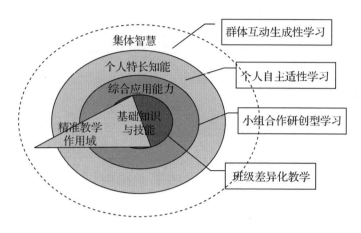

图 2-15　精准教学的作用域

Counter in ABS Plastic 等）、图表绘制工具（Easy Charter、BLUE!
Easy Charter、AimChart 等）、基于 Microsoft Excel 模板的标准变
速图表等精准地统计某一个评估时间内的学习行为发生的次数并绘
制可视化的学生的学习表现。

（4）数据决策

依据绘制好的标准变速图表，借助精准教学分析软件准确地绘
制与分析变速线（正确频率和错误频率随时间的变化），并以此判定
当前的教学是否能够如期完成目标。另外，大数据时代的数据决策
（数据挖掘、学习分析技术等）可以对学生进行更为复杂和更为精准
的分析，为精准教学提供强有力的支持。

信息技术的赋能作用使得精准教学能够全面、精准、迅速地记
录学习者的学习行为数据，分析学习者的学习状态与学习风格，判
定与预测教学活动乃至教学策略的合理性。

信息技术支持的精准教学通过采用适当的技术，生成个性化的
精准教学目标，开发适当的教学材料，设计适宜的教学活动进行教
学，并且频繁地测量与记录学习者的学习表现，以精确判定学习者
存在的当前问题及潜在问题，针对判定的问题，采用适当的数据决

策技术以对教学策略进行精准的优化和干预。所以说，精准教学的
"精准"指的是目标精准、问题精准和干预精准。目标精准是精准教
学的基石，旨在精准判断符合学习者个性化特征的目标；问题精准
是精准教学的核心，旨在精准判定最近发展区内学习者存在的当前
问题及潜在问题；干预精准是精准教学的灵魂，旨在精准提供个性
化措施。基于这"三准"，精准教学走向学习服务精准。

　　智慧教育呼吁智慧教学，以教学者的视角来看智慧教育，那么
智慧教学为智慧教育催化促导。生活方式和经历影响我们的大脑结
构，从而改变我们的思维和行为模式。当今的学生从一出生就浸没
在数字世界中，他们的思维方式、认知特点、行为模式和情感模式
跟过去几代人相比，有了翻天覆地的变化。这就迫使教育者要用土
著语言去教育数字土著，从根本上改变传统课堂的教学结构。

　　祝智庭教授提倡教师多采用 TPACK（Technological Pedagogical
Content Knowledge，整合技术的学科教学知识）教学思路，保持技
术、学科知识和教学法三者的动态平衡，促进学习者智慧学习和行
为的发生。TPACK 思维框架强调利用信息技术构建文化共享的学
习共同体，提供丰富的学习内容、学习工具和实践机会，促进教学
方式和教学过程变革。

第三章
教育装备

第一节　教育装备的演进与发展

一、教育装备的本质

教育装备的本质在于：它是教育资源中的人工资源。[①] 装备的本质就是"人类通过有意识的劳动而制造出使人类得以生存的事物"，也就是人类的人工生存条件。生存条件在这里也可以称为生存资源，所以装备就是人工资源。[②] 而教育装备的本质，则是人工打造的教育资源，它是教育资源中的人工资源部分，是人类为了教育教学的目的而生产、加工或改造的物力资源（教室设备设施、教具、学具、实验器材、计算机、网络、软件、图书及图书馆设备、艺术体育场馆及器材等），教育性与人工性是它的本质属性。

二、教育装备的内涵与外延

根据概念的内涵是对象本质属性的定义，教育装备概念的内涵就是"人工打造的教育资源"；根据概念外延是反映本质同性的对象

---

① 艾伦：《关于教育装备概念的再讨论》，载《中国现代教育装备》，2013(14)。
② 艾伦、兴乔：《教育装备的起源与本质》，载《中国教育技术装备》，2012(6)。

总和的定义，教育装备概念的外延就是黑板、多媒体教学设备(电子白板、触控一体机、投影仪等)、实验室仪器设备材料、图书及图书馆设备、艺术体育场馆及器材、课桌椅、办公设备、校园网络、计算机、移动终端等。按照概念外延的严格定义，这里应该开列反映教育装备本质同性的对象的总和。但是由于这个对象的总和是一个无限集合，所以除了已经开列的之外，其余部分在此只能用"……""等等"代替。新技术、新工具的出现，推动着教育思维的革新，同时也推动着学校基础设施改造、教学流程再造、课程内容重构、教学方式变革、学习环境重建，无限地拓展着教育的学习资源、信息渠道，智慧校园、生态校园等也在无限地拓展着教育装备的外延。比如，不少学校通过设计绿色屋顶、生物池、雨水花园、户外教室、蝴蝶草甸、菜园和太阳能电池板，借以提供与生态相关的教育机会，也充实了环境科学及保护课程。教育装备已经不仅是教育的手段与工具，还成为教育内容的一部分。

我们认为教育装备是指实施和保障学校教育教学活动所需的仪器、设备、设施、教具、学具、实验材料、图书资料、信息渠道(计算机及网络)、相关软件资源及其所构成的学习环境与技术的总称。D. 乔纳森(D. Jonassen)指出："技术不仅仅是物化因素，也包括任何可以促进学习者参与的、主动的、建构的、有意义的、真实的和合作的学习环境或可设计的一套活动。"[①]引进技术就是引进文化。因此，教育装备还包括使用器物形态技术的知识、经验、方法、活动以及逐渐稳定形成的思考问题、解决问题的思维方法、行为习惯、价值体系、标准体系、制度体系与评价体系等智能形态的技术。广义的教育装备是指实施和保障教育教学活动所需的器物形态和智能形态技术的总和。教师、教材、教育装备并称为学校教育的三大基

---

① 　高丹丹、张际平：《技术给学习带来什么——从 e-Learning 到 u-Learning》，载《电化教育研究》，2008(7)。

本条件。教育装备既是实现教育目标、传授知识、培养才能、塑造人格的工具、技术与环境，更是传递先进教育思想和理念，培养学生创新精神、实践能力、应对信息技术时代的新技能和促进学生全面而有个性发展的重要载体。在技术高速发展的今天，教育装备成为衡量学校现代化水平的重要标志。

三、基于不同目的的教育装备分类

自教育诞生的那天起，为完成相应的教育任务，必然伴有达到目标的方法与手段，"从以口耳相传到文字教材""从直观教具、实验器材到音像媒体""从程序教学到计算机教育系统"，可以大致地看到"演进中的教育装备"。教育装备具有行业分工分类、装备功能分类、研究领域分类和装备属性分类四个分类方法（见表 3-1）。

表 3-1　教育装备分类

分类法	类型	举例
行业分工分类	教学设施设备	教室、黑板
	实验仪器设备	示波器、铁架台
	学科设施设备	体育场、乐器
	信息化设施设备	校园网、计算机
	图书设施资料	图书馆、图书
	后勤设施设备	食堂、饮水机
装备功能分类	构建教学环境的装备	粉笔、黑板、多媒体教学设备、课桌椅
	构建教育管理的装备	校长室、校园网、校园安防、广播系统
	构建生活环境的装备	学生宿舍、食堂、饮水系统、床位
研究领域分类	教学装备	实验器材（电源、显微镜、烧瓶）
	教育技术装备	计算机、投影仪
	教具与学具	模型、挂图、算盘
装备属性分类	作为教学内容的装备	教材、标本
	辅助教学的装备	多媒体教学设备（计算机、投影仪等）
	构成教育环境的装备	教室、实验室、图书馆、艺术体育场馆

艾伦教授根据应用目的对教育装备的功能和分类进行了清晰的梳理。①

（一）辅助认知功能类

辅助认知功能可以被认为是教育装备的第一功能，具有辅助认知功能的教育装备也是其中品种最多的一个类型，是构建教育教学基本条件的装备。在对教育装备的概念进行深入讨论时，我们将它与一些相关概念做了比较，其中有教学装备、教育技术装备、教具和学具（见图 3-1）。其实在这些讨论中我们都仅是强调了它们的辅助认知功能，或者说其中的教学装备（如黑板、粉笔以及酒精灯、烧杯等实验室仪器设备）、教育技术装备（如计算机、投影仪、电子白板、助学软件等）、人工制造的教具（如挂图、机械模型、钢琴等）与学具（如圆规、直尺、铅笔等）都是具有辅助认知功能的教育装备，即属于其中辅助认知功能类。每当提起教育装备，我们首先想到的就是这一类型的事物，这是因为在我们的认识中总是将学校教学活动当作在校教育的最主要内容。

对教育装备辅助认知功能的要求突出地表现在它的教学适用性方面。教育装备在教学系统中对教学主体应该具有生理、心理、认知、教师、学生、时间、空间、文化八个方面的适用性，这一规定实质上是在辅助认知功能上的具体要求。

从教学系统三分论的角度去分析，辅助认知功能类的教育装备起着知识载体的作用，是将教学系统中的客体——知识（含隐性知识）传递到系统的主体——学生端的工具，反映到图 3-1 中就是 C、D、E 三个区域。图中 B 区所限定的事物为非人工制造，所以不属于装备，当然也就不属于教育装备；A 区所规定的事物则属于环境优

---

① 艾伦：《教育装备功能分类》，载《中国现代教育装备》，2017(4)。

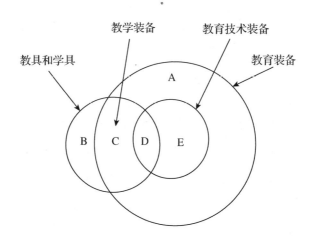

图 3-1　与教育装备相关的概念

化功能类和教育管理功能类教育装备。

(二)环境优化功能类

环境优化功能类的教育装备是为保障学生健康成长，构建学校安全学习生活环境的装备。随着中国社会经济的快速发展，人们对学校这方面的条件与设施的要求也越来越高，绿色文化校园、无污染环境、恒温恒湿教室、智能学习空间等新兴概念不断涌现。

环境优化功能类教育装备与辅助认知功能类教育装备有着本质上的不同，对于教师教学与学生学习来说它们不是必需的，虽然它们也会影响学生的学习心理，但不会直接对学生认知产生作用。例如，舒适协调的课桌椅会影响学生的学习行为，可席地而坐的教育也曾产生众多大家；但对于现代化的学校来说它们是必要的，教室的布局及其中的课桌椅和技术产品，已经被证实对学生的参与和成绩都有影响。2003 年美国北卡罗来纳州立大学的 SCALE-UP 项目结合空间设计理论，依据合作学习理论，设计圆桌结构的教室，并通过实验研究得出，圆桌教室在同学间交流、协作和知识社区的建立方面比有规则的桌椅教室有效；人体工程学设计的课桌椅，无须调整即可提供恰当的舒适度，提高学生的注意力与创造力。[①]

（三）教育管理功能类

教育管理功能类教育装备是保障学校工作正常运行，构建学校教育科学管理环境的装备。从数量上看，它们在教育装备中所占比例最小，这是因为学校中的管理者比起学生主体来说毕竟是少数的。学校里的办公设备、网络管理平台、校园安防系统、广播系统等都属于此类装备。

对于环境优化功能类和教育管理功能类的教育装备其实不存在教学适用性方面的要求，但是不得不承认环境优化功能类装备对生理、心理、空间以及文化适用性确实存在一定的影响力。需要说明的是：这一影响力与辅助认知功能类装备对教学适用性的影响力在作用目标和作用强度上有着本质的不同。

四、改革开放 40 年来我国教育装备的演进与发展

（一）教育装备相关政策变化

1979 年 2 月 2 日教育部、外交部、财政部发布《关于加强外国教材引进工作的规定和暂行办法》。该办法对快速编审出版反映国内外科学技术先进水平的社会主义新教材，提高我国高等学校的教学质量起了推动作用。同年 6 月 6 日教育部召开"1980 年全国教学仪器生产计划座谈会"，研究贯彻"调整、改革、整顿、提高"的方针，提出教学仪器生产"要在调整中前进，在调整中提高"。7 月 23 日教育部印发了这次座谈会纪要，提出抓紧抓好生产计划的落实、搞好产销之间的综合平衡、改善企业管理、提高产品质量等要求。12 月 15 日教育部印发了《关于提高教学仪器产品质量的要求》，指出目前产品品种已达 300 多种，但是教学仪器的产品质量问题仍然是教学仪器

---

① 张亚珍、张宝辉、韩云霞：《国内外智慧教室研究评论及展望》，载《开放教育研究》，2014(1)。

工业中的突出问题。①

　　1980 年 5 月经国务院批准恢复了 1966 年撤销的教育部教学仪器研究室，改名为教育部教学仪器研究所，并规定了教学仪器研究所的主要职责和任务。6 月 3 日教育部、财政部联合发布《教育部部属高等学校校办工厂暂行管理办法（试行）》并附发《教育部部属高等学校校办工厂整顿管理八项要求》。《教育部部属高等学校校办工厂暂行管理办法（试行）》明确规定：高等学校校办工厂是进行教学、科学研究和培养学生理论联系实际的重要基地，是为教学科研服务开展勤工俭学的生产场所。8 月 10 日教育部召开全国教学仪器生产供应工作会议，9 月 12 日教育部印发了《全国普教仪器生产供应工作会议纪要》，提到教学仪器建设是发展教育事业的三大基本建设之一。11 月 3 日教育部印发《电子计算机、科教仪器座谈会纪要》，对当前高等学校校办工厂存在的一些问题提出了宝贵意见。

　　1982 年 3 月 18 日教育部下发《关于部属教学仪器厂 1982 年整顿工作的几项要求的通知》，要求各厂应结合本厂情况，制订本企业全面整顿计划。6 月 10 日又发出《关于制定全面整顿计划的几个问题的通知》。8 月教育部编制了《教学仪器工业规划纲要（1982 年到 1985年）》。

　　1983 年 5 月教育部印发《部署企业整顿五项工作验收标准实施细则》，内有验收细则说明。同年 7 月 6 日教育部又发出《关于调整部署教学仪器厂产品方向的通知》，明确沈阳厂、西安厂、武汉厂三地的产品方向。7 月 11 日教育部发出《关于〈教学仪器产品价格管理暂行办法〉的通知》，实行这一暂行办法，对稳定教学仪器产品价格、加强价格管理、促进生产发展都有重要意义。8 月 23 日，教育部发出《关于编制高等院校工厂"七五"发展规划的通知》，要求部属院校

---

　　① 董绍武：《建国至 1989 年教学仪器设备的生产与发展回顾（上）》，载《中国教育技术装备》，2010(35)。

在编制事业发展规划的基础上，按附件（人员、效益规划、基本建设规划、设备更新、技术改造规划、新产品开发规划）要求，编制高等院校工厂"七五"发展规划。10 月 28 日召开"七五"规划座谈会，就编制普教"七五"教学仪器生产规划问题做了探讨。

1984 年 2 月邓小平在上海视察中国福利会儿童计算机活动中心时说："计算机的普及要从娃娃抓起。"5 月 28 日教育部发出通知：中小学进行计算机教育试点工作。6 月教育部拨款 20 万元购置 300 台计算机及配套设备，装备 30 所小学作为试点。

1986 年开始执行国民经济和社会发展的第七个五年计划，5 月 29 日国家教委发出《关于发布〈教学仪器设备产品生产许可证实施办法〉的通知》，同时附发《教学仪器产品生产许可证实施办法》。

1988 年 2 月 3 日国家教委发出《关于 1988 年教学仪器设备产品颁发生产许可证工作的通知》。同年 2 月，国家教委组团赴瑞士巴塞尔参加世界教具博览会，与会期间同有关国家的公司厂商探讨了合作生产、贸易交流等问题。2 月 23 日国家教委发出《关于颁发生产许可证的通知》。5 月 18 日国家教委发布《关于普通高等学校工厂整顿验收考核评分细则》。6 月 24 日国家教委发布《1988 年生产许可证产品必备条件考核标准的通知》。10 月 27 日国家教委发出《关于编制 1989 年生产计划、新产品试制计划和技术改造更新措施投资计划的通知》，要求各地按要求、按期完成计划编报工作。11 月 1 日中国教育电视台开通第二个卫星电视频道，开播第二套电视教育课程。这套节目以培养初中级人才的职业技术教育、基础教育为主。

1989 年 1 月 28 日国家教委、财政部联合印发《普通高等学校校办工厂管理的规定》的通知。1991 年 2 月 8 日国家教委发布教学仪器《钟面模型》等 12 个行业标准。2 月 19 日国家教委发布《教学仪器和教学设备产品型号命名办法》《教学仪器设备产品型号申请登记办法》和《教学仪器行业标准编号办法》。4 月 28 日国家教委发布《高等学校开放研究实验室管理办法》。5 月 13 日海关总署、国家税务局、国家教委发布《关于卫星电视教育所需进口录像机审批管理办法》。

1993 年 2 月 10 日国家教委发出通知，印发《全国高等教育基础实验教学仪器研究十年规划纲要》和《教学仪器设备研究补助费使用管理办法》。4 月 8 日国家教委发布《斜槽轨道》等 9 个行业标准。4 月 13 日国家教委发出《关于进口出版教育音像制品审批办法的通知》。

1994 年 3 月 3 日至 5 日国家教委在北京召开部分委属院校进口业务工作研讨会，研究贯彻新颁布的《机电产品进口管理暂行办法》。同年 9 月 29 日国家教委办公厅发出《关于颁发语言学习系统产品合格证的通知》。11 月 19 日中国教学仪器设备总公司和香港工商业展览有限公司联合主办的"第三届国际教育器材展览会"在北京开幕。11 月 30 日国家教委宣布，"中国教育和科研计算机网示范工程"已由国家计委正式批复立项实施。

教育部分别在 1999 年与 2016 年颁布加强教育装备工作的意见。意见主要内容如下。

(1)《关于进一步加强中小学教育技术装备工作的意见》

1999 年 8 月 12 日教育部颁布了《关于进一步加强中小学教育技术装备工作的意见》，指出进一步加强和做好中小学教育技术装备工作，深化教育改革，全面推进素质教育的一项重要任务，是培养 21 世纪具有创新精神和实践能力的一代新人的重要条件保障。

① 提高对教育技术装备工作的地位、作用和任务的认识，进一步理顺教育技术装备的管理体制，加强教育技术装备管理机构的建设。

② 教育技术装备机构要认真抓好教育装备的研制、生产、供应和学校各类功能教室的配备、管理、使用等方面的管理与指导工作，要加强实验普及县工作，加快推进实验县的普及。

③ 进一步加大投入，确保教育技术装备经费的逐年增长和使用效益。

④ 改革教育图书配备管理工作。

⑤ 教育技术装备部门要加强管理，做好指导和规范学具的鉴定、生产、配备工作，并逐步探索建立学生用品的有效管理机制。

⑥ 抓好现代化教育技术装备的规划、配备和管理工作，大力提高教育技术手段的现代化水平和教育信息化程度。

⑦ 进一步加强教育技术装备队伍的建设。

⑧ 进一步促进教育技术装备行业的产业化，使教育技术装备工作成为教育产业的重要支柱之一。

⑨ 继续加强对所属教学仪器设备行业协会的联系与指导，充分发挥好协会的桥梁和纽带作用。

其后，为加强中小学图书馆(室)规范化、科学化、现代化建设，为学校教育教学服务，2003 年教育部颁布《中小学图书馆(室)规程(修订)》，要求图书馆应逐步实行计算机管理。图书馆要重视和加强图书馆与校园网(城域网)的结合，实现网上电子图书资源共享；2009 年教育部印发《中小学实验室规程》，通知要求把中小学校实验室建设工作作为全面推进素质教育、深化课程改革、提高教育质量的一项重要内容，促进中小学实验室建设工作走向标准化、科学化和现代化的轨道。

(2)《关于新形势下进一步做好普通中小学装备工作的意见》

① 目标：建立与基础教育改革发展相适应，与学生发展核心素养培育相协调，与国家课程标准相匹配的国家装备配备和质量标准体系，推动实现装备配备标准化、管理信息化和使用常态化。

② 任务：做好配备工作——健全装备标准、加强设施建设、科学配置装备；提升管理水平——规范配备机制、构建质量体系、打造管理平台；推动全面应用——服务教育教学、提高教师应用水平、健全考评机制；增强创新能力——加强科研工作、探索社会联动、推动开放合作。

（二）教育装备相关机构改革

1977 年 10 月教育部恢复了生产供应管理局（该局于 1964 年由高教部和教育部分别设立，负责管理高教与普教的教学仪器设备生产和供应工作）。

1978 年 6 月教育部在南京召开国务院各部委所属高等院校改变领导体制的交接工作会议，会上除院校交接外还将沈阳、西安、武汉 3 个教学仪器厂收回为教育部直属企业。8 月 30 日国务院批准教育部筹建中央电化教育馆和中央教育电影制片厂。教育部于 1978 年 9 月 23 日发出《关于编制教学仪器生产长远规则的通知》。

1980 年 5 月经国务院批准恢复了 1966 年撤销的教育部教学仪器研究室，改名为教育部教学仪器研究所。教学仪器研究所的主要职责和任务是：开展教学仪器设备理论、发展方向、品种结构、配备方案和管理体制等方面的研究；开展教学实验所用的教学仪器设备研究，开发新的教育技术、教学实验技术和教学仪器制作技术，促进教育手段现代化；在教育部主管司局指导下，制定教学仪器设备研究发展规划和各类学校的教学仪器配备目录并协助实施；承担全国教学仪器设备标准化工作，制定和组织制定教学仪器设备的国家标准和行业标准，指导和协助地方及企业制定地方标准和企业标准，负责国家标准和行业标准的宣传贯彻和指导实施；受教育部委托，负责全国教学仪器设备产品质量检验工作；受教育部委托，组织全国教学仪器科研成果和产品鉴定工作；受教育部委托，组织全国优秀教学仪器科研成果和自制教具评选工作。

1985 年国家教委成立，原教育部生产供应局改为国家教委教育技术装备局。

1986 年 8 月 15 日中国教学仪器设备行业协会成立，作为社会团体，挂靠国家教委，并在天津市召开的第一次会员代表大会上通过《教学仪器设备行业协会章程》，选举产生第一届理事会。9 月 10 日，全国工业产品许可证办公室同意公布实施教学仪器产品许可证实施细则、考核办法、收费办法。

1998 年教育部撤销条件装备司，原生产供应处、实验室管理处、图书情报处与基础教育有关的工作并入基础教育司，新设立技术装备处；与高教有关的职能划归高等教育司相关处室。校办产业处划归财务司；后勤处并入规划建设司；出版处（教材出版与审批）职能并入社会科学研究与思想政治工作司。2008 年基础教育司一分为二，分为基础教育一司、基础教育二司，基础教育装备工作归到基础教育二司技术装备处；2017 年基础教育一司、二司合并为基础教育司，设立装备与信息化处。

2013 年教育部教学仪器研究所更名为教育部教育装备研究与发展中心。职能定位从事教育装备的理论、政策研究和技术开发，承担教育装备标准化、质量检测、咨询、培训等工作；根据教育部委托，制定教育装备发展规划，指导学校装备建设，提高我国教学实验技术水平和装备水平，促进教育装备行业发展，为教育事业发展提供技术支持。

（三）教育装备相关事业发展

1. 着力发展完善教学仪器设备的品种，提高产品质量阶段

1981 年根据高等教育发展的需要，高教基础课仪器被有计划地安排到部属院校校办工厂生产。从此，高、普教仪器设备的生产统一纳入国家计划。同年 8 月 8 日教育部印发了《教学仪器新产品试制暂行管理办法》，对新产品试制的"条件""考核"等做了明确规定。[①] 国家机械委员会在同年 9 月 14 日的《关于印发〈四季度日用机电产品工作安排〉的通知》中明确规定：教学专用仪器由教育部负责。

---

① 董绍武：《建国至 1989 年教学仪器设备的生产与发展回顾（下）》，载《中国教育技术装备，2011(2)。

1984 年 4 月 16 日教育部发出《关于编制"七五"教学仪器设备生产规划的通知》，编制 1986—1990 年教学仪器设备生产规划，满足学校实验室建设和开展实验教学的需要。同年 3 月 20 日至 24 日，为了解世界教具发展情况，教育部组团赴瑞士巴塞尔参加世界教具博览会。5 月 10 日根据《国务院关于进一步扩大国营工业企业自主权的暂行规定》，逐步扩大部属企业在生产计划、产品销售、产品价格、物资选购、资金使用、机构设置、人事劳动管理方面的自主权，为搞活企业创造条件。5 月 23 日教育部发出《关于整顿教学仪器工业的通知》，印发《关于整顿教学仪器工业的意见》，指出教学仪器生产厂存在的主要问题并提出了整顿的目的和要求。

1985 年 8 月 9 日经专家论证和国家计委批准，在高等学校有优势的学科内建设 7 个装备比较先进的重点实验室。9 月 25 日国家教委向委属企业和高等院校校办工厂转发了国务院工业普查领导小组《关于认真做好第二次全国工业普查工作的通知》，并对搞好这次工业普查提出了具体要求。12 月 21 日国家教委发出《关于修订教学仪器设备工业"七五"生产规划的通知》，并附发《全国教学仪器设备"七五"生产规划纲要（草案）》，指出了"六五"期间取得的成就、当前的主要问题以及今后的发展方针、重点和目标。

1986 年 9 月 13 日委属教学仪器厂遵照中共中央、国务院颁发全民所有制工业企业 3 个条例（即《全民所有制工业企业厂长工作条例》《中国共产党全民所有制工业企业基层组织工作条例》《全民所有制工业企业职工代表大会工作条例》）的通知，逐步建立厂长负责制和职工代表大会制。国家教委于 10 月下发《教学仪器产品生产许可证实施细则》，同时印发的还有《教学仪器设备生产许可证产品质量检验办法》《教学仪器设备生产许可证产品质量检验抽样办法》《教学仪器设备产品生产厂必备条件》《1986 年教学仪器设备分类产品考核内容》《教学仪器设备产品生产许可证收费办法》。

2. 抓管理与评估阶段

1987 年 2 月 14 日至 28 日教育技术装备局派人赴德国汉诺威参加世界教具博览会，经与世界教具联合会协商，中国参加了世界教具联合会，成为通讯会员。同年 2 月 17 日国家教委发出《关于颁发教学仪器设备产品生产许可证的通知》。5 月 10 日至 14 日国家教委在河北省石家庄市举办了全国卫星地面接收站展览订货会。9 月 3 日国家教委和城乡建设环境保护部联合颁发了《托儿所、幼儿园建筑设计规范》。9 月 11 日至 15 日国家教委召开全国高等学校校办工厂工作会议，总结了高校工厂的主要成绩和基本经验，明确了今后的任务。11 月 20 日国家教委发出《关于开展普通高等学校工厂评估、试点和整顿验收的通知》，附发了《普通高等学校工厂评估、试点和整顿验收工作的实施意见（试行）》。11 月 23 日北京中关村地区联合分析测试中心正式成立。12 月 2 日全国广播电视大学视听教材观摩研讨会在石家庄市举办。12 月 9 日国家教委召开全国中小学实验室和仪器工作会议，讨论了教学仪器生产，会后印发了《教学仪器设备工业 1988 年至 1995 年生产发展规划纲要》和《教学仪器设备行业管理暂行规定》。12 月 26 日全国电化教育工作会议在京闭幕，18 个单位介绍了各自开展电化教育的经验，修改了《关于加强省级电化教育馆建设的意见》等 8 个文件。12 月 30 日国家教委发出《关于改变委属教学仪器厂领导体制的通知》，根据教学仪器行业的特点，决定从 1988 年起，将沈阳、西安、武汉 3 个教学仪器厂归中国教学仪器设备公司领导和管理。

1990 年 3 月 30 日国家教委发出《关于武汉教学仪器厂由华中师范大学代管的通知》。4 月 9 日至 16 日国家教委教学仪器研究所主持举办第二届高教物理教学仪器优秀研究成果评选活动。4 月 10 日国家教委发出《关于加强对集中免税进口录像机、录像带和微型计算机后续管理的通知》。4 月 21 日国家教委发布《初中化学实验箱》等 12

个行业标准。4 月 24 日至 25 日国家教委第二届优质产品评审委员会在北京成立。7 月 26 日国家教委办公厅发出《关于举办第三届自制教具评选活动的通知》。8 月 22 日我国第一部大型教育专业工具书《教育大辞典》首发式在北京举行。9 月 5 日首届全国优秀电教教材评选颁奖大会在北京举行，共有 106 部电教教材获奖。9 月 7 日由国家教委和中国国际贸易促进委员会共同举办的国际教学仪器设备展览会在北京开幕。10 月国家教委条件装备司主办的《国际教育仪器设备》（季刊）出版。10 月 9 日至 13 日全国教学仪器标准化技术委员会工作会议在杭州举行。10 月 10 日国家教委发出通知，印发《普通高等学校体育教育专业场馆设施、器材配备目录（试行草案）》和《普通高等学校体育教育专业实验室仪器、设备配备目录（试行草案）》。10 月 11 日国家教委发出《关于首届全国优秀电教教材评奖结果的通知》。11 月 14 日国家教委发出《关于公布高校工厂首批整顿验收合格单位的通知》和《关于表彰高校工厂首批整顿验收先进单位的决定》。11 月 18 日国家教委发出《关于加强教学仪器设备行业归口管理的通知》。11 月 19 日国家教委转发国家体改委《关于同意将沈阳教学仪器厂恢复由国家教委管理的复函》。12 月 10 日国家教委发布《教学仪器优质产品评选办法》。12 月 20 日国家教委发出通知，印发《中、小学卫生室器械与设备配备目录》。12 月 26 日国务院清理整顿公司领导小组正式批准保留国家教委直接管理的中国教学仪器设备公司及其所属的 4 个全资子公司。12 月 31 日国家教委办公厅发出《关于教学仪器设备产品无证生产情况的通报》。

　　3. 标准化发展阶段（教育装备标准化运行机制）

　　（1）标准体系①

　　①教育装备标准类型。教育装备标准按照涉及对象分类主要分

---

　　① 艾伦：《中英基础教育相关标准梳理》，载《中国现代教育装备》，2017(6)。

为两类：一类是装备配置标准，另一类是产品质量标准。其中，装备配置标准是教育领域所特有的，特别是基础教育，如文理科教学仪器配备标准、学校信息化建设标准、房屋建设标准、图书配置标准、运动场所建设标准、教室条件建设标准、班级环境建设标准、辅助教学用房建设标准、中小学理科实验室装备规范等。这些标准和指南由国家政府标准化管理行政部门或教育部门制定与发布，由各级教育部门推行，教育装备管理部门监督，学校执行。产品质量标准又分性能质量标准、安全质量标准和功能质量标准。这些标准是工业标准，多由企业制定，由国家标准化管理机构发布，教育装备管理部门监督，企业与学校用户执行。

②教育装备标准体制。教育装备标准按照适用范围分类可以分为国际标准、国家标准、行业标准、地方标准和企业标准，也称为标准体制或标准制式。其中，配备标准多为国家标准、行业标准和地方标准，而产品质量标准多为国际标准、国家标准、行业标准和企业标准。从这些类型的名称上就能够看出该制式标准制定、发布、执行与监控机构的性质。

③教育装备标准执行强度。教育装备标准按照要求程度分类可以分为强制标准、推荐标准、规范、规程、指南等，对这些类型标准的要求强度或执行强度是按上述顺序逐次递减的。教育装备配置标准很少出现强制类型的标准，而质量标准中的安全卫生质量要求常在强制性标准范围内。

（2）标准化需求[①]

教育装备标准化是国家基础教育发展战略需求的重要组成部分，是在《中华人民共和国标准化法》指导下的政府行为。2016年3月《中华人民共和国国民经济和社会发展第十三个五年规划纲要》正式发

---

① 艾伦：《中英基础教育相关标准梳理》，载《中国现代教育装备》，2017(6)。

布，在第五十九章(推进教育现代化)中提出了九项教育现代化重大工程，其中第一项"(一)义务教育学校标准化"中规定："实施加快中西部教育发展行动计划，逐步实现未达标城乡义务教育公办学校的师资标准化配置和校舍、场地标准化。"其中师资标准化配置应属于人力教育资源配备标准问题，而校舍、场地标准化则属于教育装备(人工教育资源)配备标准问题。2016 年 7 月教育部印发了《关于新形势下进一步做好普通中小学装备工作的意见》，在"二、总体要求"的"(一)主要目标"部分提出要建立"与国家课程标准相匹配的国家装备配备和质量标准体系"的目标，在"(二)工作原则"部分提出了"标准引领、专业支撑"和"实现标准化与特色化的有机统一"的建设原则，并在文件中明确指出需要建立和完善的标准体系主要包括教育装备配备标准和质量标准。2017 年 9 月中共中央办公厅、国务院办公厅印发《关于深化教育体制机制改革的意见》，提出要着力解决义务教育城乡发展不协调问题。统一城乡学校建设标准、城乡教师编制标准、城乡义务教育在校生的人均公用经费基准定额，加快建立义务教育学校国家基本装备标准。完善学校办学条件标准。

(3)标准体制

教育装备标准按制定的主体分为国家标准、行业标准、地方标准、企业标准、团体标准。

1985 年 10 月国家教委发布《中学理科教学仪器和电教器材配备目录》。

1990 年 2 月 6 日国家教委发布《透明天球仪》等 4 项行业标准。

1993 年 2 月国家教委发布《中学理科教学仪器配备目录》。

1995 年 3 月 23 日国家教委发布《九年义务教育全日制小学(初级中学)音乐(美术)教学器材配备目录》。3 月 28 日国家教委发布《教学用磁钢》等 9 个教学仪器设备行业标准。7 月发布《小学思想品德、语文、社会、英语、健康教学仪器配备目录》。

1996 年 1 月 18 日国家教委发布《教学仪器设备新产品新技术鉴定办法》。4 月 12 日国家教委发布《教学用光学仪器通用技术条件》等 6 个教学仪器设备行业标准。

2000 年 1 月 13 日教育部发布《验证遗传规律玉米标本》等 11 个教学仪器设备行业标准。2000 年 3 月 21 日教育部印发《高等学校仪器设备管理办法》。6 月教育部印发《小学数学自然教学仪器配备目录》《中学理科教学仪器配备目录（根据调整意见修订本）》。11 月 21 日教育部办公厅印发《小学学具配备目录（试行）》。

2002 年 12 月 17 日教育部印发《九年义务教育阶段学校音乐、美术教学器材配备目录》。2 月 21 日教育部印发《普通高等学校图书馆规程（修订）》。

2006 年、2010 年教育部先后颁发《中学理科教学仪器配备标准》《中学科学教学仪器配备标准》《中小学理科实验室装备规范》《高中理科教学仪器配备标准》等以及与职业教育相关的教学领域的教育行业标准，进一步规范 2001 年课改以来的教育装备的配置要求，支撑教育教学改革与发展。

（4）标准化管理机构

国家标准化工作由国家标准化管理机构指导，教育标准化与教育装备标准化工作也有相应的机构负责。

①中国国家标准化管理委员会。中国国家标准化管理委员会（Standardization Administration of the People's Republic of China，SAC）于 2001 年成立，为中国国家质量监督检验检疫总局管理的事业单位，是国务院授权的履行行政管理职能、统一管理全国标准化工作的主管机构。SAC 代表国家参加国际标准化组织（ISO）、国际电工委员会（IEC）和其他国际或区域性标准化组织，负责组织 ISO、IEC 中国国家委员会的工作。

②中国教育部基础教育司。由教育部组织成立基础教育课程教

材工作领导小组，教育部基础教育司具体负责，于 2000 年和 2014 年分别成立两届基础教育课程教材专家工作委员会，并组织国家课程标准编写组负责对中小学各个学科课程标准进行编写。但是，上海市不采用全国标准，而是由上海市教委基教处组织编写上海市中小学课程标准。

③中国全国教学仪器标准化技术委员会。1988 年，国家教委在国家技术监督局的支持下成立了全国教学仪器标准化技术委员会，代号 CSBTS/TC125。该委员会旗下有力学和热学（CSBTS/TC125/SC1）、电学和磁学（CSBTS/TC125/SC2）、光学和原子物理（CSBTS/TC125/SC3）、生物学（CSBTS/TC125/SC4）、化学（CSBTS/TC125/SC5）、小幼教（CSBTS/TC125/SC6）六个分委员会，负责组织教学仪器设备国家标准与行业标准的制定、修订和复审工作。2016 年该委员会更名为全国教育装备标准化技术委员会。

④中国教育部教育信息化技术标准委员会。2000 年，教育部科技司组织力量研制现代远程教育技术标准，并于 2001 年成立了现代远程教育技术标准化委员会，2002 年更名为教育部教育信息化技术标准委员会。同年，经国家标准化管理委员会（SAC）批准成为全国信息技术标准化技术委员会（SAC/TC28）教育技术分技术委员会（CELTSC），承担全国教育技术、教育信息化相关标准的研制、认证和应用推广工作。

4. 整合建设与推动应用阶段

这一阶段已从单一、具体的教育装备产品的研究、设计、开发、生产、检验、检测、配备与应用，转为以教育装备的整合建设与推动应用为主。

（1）加强中小学学习环境建设

基于课程实施，丰富教学的实践性和体验性；注重智能化学习环境建设，适应深度学习需求；强化育人理念，凸显办学特色。注重教学用房功能提升，突出以学生学习为中心，学习内容、学习方式和设施设备（技术）相融合的学习环境建设；提升学校教育装备水平，重点推进创新实验室建设、图书馆、艺术体育场馆功能提升和公共教育体验教室建设；特别是强化基于课程的创新实验室、学科功能教室、综合实验室、微实验室、创客空间等环境建设。

以上海市为例，为加强研究性学习和实验实践环节，培育和发展学生的创新意识和实践能力，提升学生的科学素养，"十二五"伊始，上海市启动中小学创新实验室建设工作。上海市将创新实验室定义为立足于开展研究性学习，满足学生个性发展需求的实践平台；是学校实施拓展型、研（探）究型课程的场所，是融学习内容、学习方式和设施设备为一体的学习环境。经过多年的推进，上海市中小学创新实验室建设发展迅速。据统计，2010 年之前上海市共建有中小学创新实验室 51 个。截至 2016 年年底，在 656 所中小学校建设了不同类型、不同层次的创新实验室 1 141 个。创新实验室学校覆盖率小学阶段为 40.97%，初中阶段为 55.45%，高中阶段为 82.93%。已建成的中小学创新实验室内容丰富、门类众多，涉及生命科学、物理、化学、工程技术、地理、信息技术、艺术、金融等众多学科（跨学科）和领域，为学生提供多类型的课程和开放性的实践活动，已成为上海市中小学重要的教育资源，成为学生进行自主探究实验活动、实现个性发展的重要场所。创新实验室拓展了学校课程资源，丰富了教学的实践性，已成为学生创新素养培育、促进个性发展的载体；成为学校形成办学特色的有效途径；丰富了"创新人才培养链"，成为学校创新人才培养的重要载体；拓展了教师队伍发展渠道，为教师专业发展提供了崭新平台。

中小学阶段是培养学生创新能力的最佳时机，而创新实验室是提高学生创新能力、开展创新实践活动的重要载体和场所。当前，对创新实验室还没有明确的定义和标准，但有几点是明确的：一是创新实验室与传统实验室有本质区别，涉及众多学科和领域，通过创新的实验等实践内容和方法，实现培养创新人才的目标。二是创新实验室要适应时代发展，配备新型实验装备，构建形成创新的教学环境。三是创新实验室建设要与创客、STEAM 教育的推进相结合。近年来，随着创客教育、STEAM 教育的兴起，不少地区出台了"推进学校创客教育发展的指导意见"，提出要以"创客空间"为载体，面向全体学生开设普及性创客教育课程，"创客空间"作为融"做""创""学"为一体的环境，既是具有加工车间、工作室功能的开放实验室，又是活动的乐园、创作的场所，也是知识的殿堂。在这里学生借助移动计算机、开源软件、智能硬件、3D 打印机和激光切割机等数字开发和制造工具等先进技术手段和材料来充分发挥自己的创意，把自己心中具有创新性、技术挑战性的设计意图和想法变为现实，从"做中学"走向"创中学"。为此，不少地区相继提出创新实验室的基本建设要求，包含两个层次：一是有实践场所，建成创新实验室，这个场所要配备必要的软硬件设备设施，能够满足学生创新实践活动需要。二是有实践活动，线上线下相结合开展科学实验和创新实践教育项目，让每位学生都有机会参加科学实验和创新实践活动，共享学习资源，分享创意和成果；并通过举办校园创客节、科技节等，以展演、论坛、体验、竞赛等多种活动形式，展示创新教育的新进展、新成效。

(2)深化实验等实践教学研究，大力推动教育装备深度应用

①自上而下开展实验教学优质课评选。优质课是当前学校和教师最看重的教学荣誉，也是推动教育装备应用最直接、最有效的手段。目前，"教育教学信息化评选活动""一师一优课"展示活动，都是全国性评选活动，这对推动信息技术在教育教学中的广泛应用起到了决定性作用。教育部装备部门也建立起自上而下的评选体系，制定教育装备在教育教学中深度应用的评价标准，开展全国性的实

验教学优质课评选活动，在中学理化生、小学科学中全面铺开，为教师搭建了交流学习提高的平台，有效调动广大教师的教学积极性，促进了实验等实践教学整体水平的提升。

②以课题研究为引领，深化实验等实践教学研究。课题研究是提高教育装备应用水平，推动实验管理、实践教学与课程教学融为一体的有效手段。"十五""十一五""十二五"期间，教育部教育装备研究与发展中心相继以全国教育教学规划重点课题的形式组织开展全国性的课题研究工作，在探索教育装备的创新应用模式与实践教学方法，改革实践教学内容，创新实践教学模式等方面取得了丰硕成果。"十三五"期间继续深化教育装备方面的课题研究工作，围绕教育装备建设、管理与应用的热点、难点、重点问题，广泛开展实践研究，提高教育装备应用水平。

③开展教育装备综合改革试验区的探索。2013年教育部教育装备研究与发展中心先后在全国设立了9个试验区。各地政府高度重视，每年都安排专项经费，作为重点工程项目加以实施，这对推进教育装备信息化、标准化、特色化建设起到了很好的作用。装备试验区建设要进一步加强管理和统筹，探索形成可复制、可推广的制度成果和有效模式。

④生态校园、文化校园、智慧校园建设。学校的建筑与环境是最大的"教育装备"。我们应把未来的校园建成充满现代符号和高起点反映现代社会的价值符号系统。①

生态校园——在建筑设计上，我们应建立一个全新的校园，比如，以可持续发展的理念建设生态校园（绿色校园）。未来学校应该是绿色、低碳、节能（再生能源利用）、减排、降耗、环保、智能的，具有教育示范意义的建筑。我们应把学校打造成绿色空间——引入

---

① 刘强：《学校教育与教育装备的展望》，载《教育与装备研究》，2016(3)。

地源热泵、处理厨余垃圾、利用太阳能发电、收集与再利用雨水、安装节水装置和智能照明系统等。

文化校园——学校不仅是学生求知的地方，也是培养学生人生价值观的重要场所；将学生培养成视野开阔、具有创造力的人是每一所学校的使命。教育美学、教育空间、雕塑色彩、空间功能、装饰装修、建筑空间设置，这些都是未来校园诠释价值的模式语言。儿童的色彩偏好会影响他们的智力发展、性格形成和交往能力，所以儿童所处的色彩环境是否符合其色彩偏好会对他们的成长和学习起到至关重要的作用。现代学校的可持续发展，已不能局限于教育教学设备设施的不断完善，而是更多地依靠软实力——学校文化的精心打造与装备。优美而有品位的设计，优雅而和谐的环境，艺术而人性化的空间，有助于学生形成良好的价值观和各项能力。作为学校文化的重要组成部分，校服的材质、样式、颜色要突破，注重学生的年龄特征、个性的张扬。

智慧校园——目前各省、市、区相继思考如何利用既有的和新的教育装备，来打造未来的教育环境。智慧校园是对数字校园的进一步扩展与提升，是综合应用云计算、物联网、移动互联、大数据、社交网络、人工智能、传感器技术等新兴信息技术，构建智能感知环境和新型的教育教学空间。智慧校园强调以服务于创新人才培养为导向，以智能泛在环境为支撑，以融合创新为核心，形成开放协同的现代校园生态。智慧校园基于技术支持不同的学生在不同的时间、地点，以不同的方式，从不同的人那里学习，如教师导向学习、学生导向学习、混合式学习、默会学习、实景学习、移动性学习、自适应学习、自组织学习、远程学习、同侪互学、基于设计的学习、基于艺术的学习、协作学习、研究式学习、基于能力的学习、项目式学习、游戏化寓教于乐的学习等。最终，学校可以通过创新的方式向学生提供丰富的学习内容，将学生导向学以致用、系统思考、问题解决的深度学习。

第二节 国家重大教育装备建设成就

一、国务院农村中小学现代远程教育工程

2003 年，国务院召开了全国农村教育工作会议，决定实施农村中小学现代远程教育工程，促进城乡优质教育资源共享，提高农村教育质量和效益，要求在试点工作的基础上，争取用五年左右时间，使农村初中基本具备计算机教室，农村小学基本具备卫星教学收视点，农村小学教学点具备教学光盘播放设备和成套教学光盘。

按照规划，这项工程投入 100 亿元左右，中央专项资金 50 亿元，地方投入 50 亿元，中央补助经费每年 10 亿元。从 2003 年 12 月开始实施的农村中小学现代远程教育工程，给农村中小学配备光盘播放设备 401 028 套，卫星教学接收系统 278 737 套，计算机教室和多媒体设备 44 566 套。这些设备覆盖了中西部地区中小学教学点 78 080 个，农村小学 250 552 所，农村初中 29 729 所。到 2006 年年底，农村小学计算机的数量，已从每 98 个人拥有一台提高到每 39 个人拥有一台。农村初中由过去每 49 个人有一台，提高到每 19 个人有一台。① 教育部和全国各地教育行政部门不断免费发放各种教育软件、教育光盘，特别是针对最贫困的地区，2007 年已经为 30 多万所项目学校发放 3 000 多万张教学光盘。

按照"总体规划、先行试点、重点突破、分步实施"的推进原则，以中西部地区为主进行试点，农村中小学现代远程教育工程开展了三种模式的探索和经验总结。

模式一是教学光盘播放点：配备 34 寸彩色电视机、DVD 播放

---

① 《111 亿元完善农村中小学远程教育设施》，http://www.moe.gov.cn/jyb_xwfb/xw_fbh/moe_2069/moe_2095/moe_2102/moe_1648/tnull_26948.html，2007-09-26。

机和成套教学光盘。通过播放教学光盘对学生授课和辅导。配备对象主要是农村学校布局调整确需保留的教学点。

DVD播放机　　　　　　　　　　　　电视机

模式二是卫星教学收视点：配备卫星接收系统、计算机、电视机、DVD播放机和 1～6 年级所需的教学光盘。通过中国教育卫星宽带传输网，快速大量接收优质教育资源，同时具有教学光盘播放点的功能。配备对象为乡中心小学和村完小。

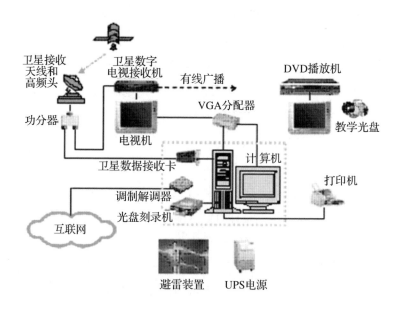

模式三是计算机教室：配备卫星接收系统、网络计算机教室、多媒体教室、教学光盘播放设备。其特点是除具备模式二全部功能外，还能够为学生提供网络条件下的学习环境。配备对象为农村初中。

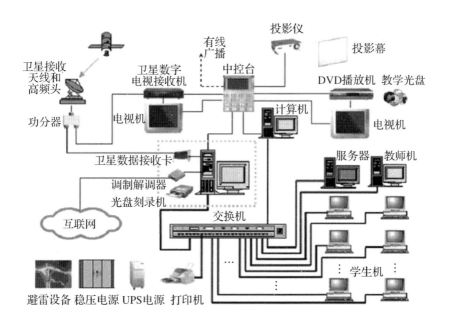

通过实施农村中小学现代远程教育工程，使农村中小学和教学点拥有教学光盘播放设备和成套教学光盘，农村小学具备卫星教学收视点，农村初中基本具备计算机教室，初步形成农村教育信息化的环境，实现优质教育资源共享。自工程实施以来，社会各界对工程给予了高度的关注和评价，普遍认为工程的实施有利于平衡地区差异、缩小城乡教育差别、促进教育公平。

二、国务院中小学校舍安全工程

《全国中小学校舍安全工程实施方案》(2009)提出了"排查鉴定、科学规划、分类分步改造"的要求。通过排查鉴定，确定了共有37.5万所、217万栋、14.5亿平方米校舍。工程规划突出重点、分步实施，把存在安全隐患、影响安全使用的3.5亿平方米的校舍纳入了三年规划。截至2012年3月底，全国已开工近3.5亿平方米，占规划改造的98％；已竣工3亿平方米，占规划改造的86％。其中，中西部七度及以上地震高烈度且人口稠密地区已开工1.4亿平方米，占这类地区规划改造的 98%；竣工 1.2 亿平方米，占 86%。[1] 到 2012 年 6 月，32 个省级校舍信息数据中心(含兵团)已经建成，41 万所学校(含教学点)、211 万栋校舍基本信息已及时录入，校舍信息管理系统实现了全面覆盖、全国联网，这是校安工程的又一重要成果，是一项具有战略意义的基础性工作。

三、财政部、教育部农村义务教育薄弱学校改造计划

为贯彻落实《国家中长期教育改革和发展规划纲要(2010—2020年)》，促进义务教育均衡发展，2010 年财政部、教育部决定实施农村义务教育薄弱学校改造计划，重点支持中西部 23 个省份(含兵团)贫困地区县、镇学校扩容改造，农村寄宿制学校建设和农村学校仪器设备、图书、多媒体(信息技术)远程教学设备配备。2011 年 10 月 28 日，财政部、教育部在湖北省武汉市召开农村义务教育薄弱学校改造计划工作会议。薄弱学校改造计划的总体目标是：按照推进义务教育学校标准化建设的战略要求，为农村义务教育阶段学校按照国家基本标准配齐图书、教学实验仪器设备、音体美器材；按照农村义务教育学生营养改善计划要求，逐步改善农村学校就餐条件；根据教育规划和现有财力可能，改扩建劳务输出大省和特殊困难地区农村学校寄宿设施，改善寄宿条件，逐步使县镇学校达到国家规定的班额标准。重点支持以下两个项目。

①教学装备类项目。具体包括：一是为农村薄弱学校配置图书、教学实验仪器设备、音体美器材等，提高农村义务教育质量；二是为农村薄弱学校每个班级配置多媒体远程教学设备，提高教育信息化水平。

②校舍改造类项目。具体包括：一是配合实施农村义务教育学

---

[1] 《全国中小学校舍安全工程推进有序成效显著》，http://old.moe.gov.cn//publicfiles/business/htmlfiles/moe/s271/201206/138417.html，2017-09-26。

生营养改善计划，支持国家试点地区农村学校改善就餐条件或配备必要的餐饮设施；二是支持农村寄宿学校学生附属生活设施建设，集中力量满足农村学生特别是留守儿童的住宿需求；三是支持县镇学校扩容改造，集中力量解决县镇"大班额"等突出问题。

四、教育部、财政部农村义务教育学生营养改善计划学校食堂建设工作

学生营养改善计划是我国自 2011 年起实施的为解决农村义务教育学生就餐问题的一项健康计划。为贯彻落实《国家中长期教育改革和发展规划纲要(2010—2020 年)》，进一步改善农村学生营养状况，提高农村学生健康水平，加快农村教育发展，促进教育公平，经国务院同意，中央财政先后拨款 160 亿元用于解决 2 600 万贫困地区学生吃饭经费不足的问题，先后利用公益组织的希望厨房、桂馨厨房、春苗厨房、幸福厨房、免费午餐等项目为我国少年儿童健康成长奠定基础。

2017 年，教育部会同有关部门与试点地区将营养改善计划作为打赢教育脱贫攻坚战的重要举措，科学谋划，真抓实干，有力有序有效推进各项工作，营养改善计划取得重要进展。

①受益学生覆盖面稳步扩大。截至 2017 年年底，全国共有 29 个省(京、津、鲁单独开展了学生供餐项目)1 631个县实施了营养改善计划，超过全国县级行政区总数的 1/2。覆盖学校约 14 万所，超过全国义务教育学校总数的 1/2。受益学生总数 3 700 多万人，约占全国义务教育阶段学生总数的 1/4。

②食堂供餐比重大幅提高。截至 2017 年年底，营养改善计划试点地区学校食堂供餐比重为 75.86％。其中，国家试点县学校食堂供餐比重为 82.95％，地方试点县学校食堂供餐比重为 66.28％，大大提高了供应安全、卫生、营养饮食的能力。

③学生营养状况明显改善。中国疾病预防控制中心跟踪监测表

明，2017 年，营养改善计划试点地区男、女生各年龄段的平均身高比 2012 年高 1.9 厘米和 2.0 厘米，平均体重多 1.3 千克和 1.4 千克，高于全国农村学生平均增长速度。贫血率从 2012 年的 17.0%，降低到 2016 年的 7.6%，学生营养不良问题得到缓解，学习能力有所提高，缺课率明显下降。

④有效带动试点地区发展。2012 年以来，中央财政累计安排营养膳食补助资金 1 248 亿元。其中，2018 年安排补助资金 201 亿元，有效减轻了贫困家庭的经济负担，有力地支持了试点地区教育事业发展。同时，各地采取集中采购、与农户签订食品原料供应协议等方式，实现食品原料采购本地化，带动了试点地区农业发展和农民增收，支持了县域经济的发展。

五、教育部、财政部、国家发展改革委全面改善贫困地区义务教育薄弱学校基本办学条件

2013 年年底，经国务院同意，教育部、财政部、国家发展改革委启动实施全面改善贫困地区义务教育薄弱学校基本办学条件工作，力争用五年时间，使所有义务教育学校办学条件满足基本教学和生活需要。四年多来，三部委密切配合，各地积极行动，扎实有序推进全面改薄的各项工作。

(一)开展的主要工作

①坚持标准先行。三部委指导各地按照国家校舍建设、设施设备配置标准和"20 条底线"要求，整理汇总、补充完善了符合本地实际的义务教育学校基本办学标准，作为实施改薄工作的基础。各地标准从类别上涵盖了小学、初中、寄宿制学校和教学点，从内容上包括了校舍、体育场地建设和教育技术装备标准，基本做到条目清晰、简单明了、可操作性强。江苏省结合本省实际，首次完整、全面、成体系地制定了义务教育学校办学标准。山西、福建、安徽、青海等省补充制定了教学点基本办学标准。

②编制五年规划。三部委指导各地对照基本办学标准和实际需要，按照"缺什么补什么"的原则和"一校一图一策"的要求，分析确定每个学校的办学条件缺口，列出现状和需求清单，编制本省五年项目规划，并经省级人民政府审定后报三部委备案。用五年规划引领全面改薄工作的方式，指导地方合理规划中小学校布局，有效整合优化了城乡教育资源，强化项目管理，确保建设质量，有效避免了因布局不合理和质量原因造成拆完建、建完拆的浪费问题。

③建立推进机制。三部委在以往经验基础上，突出重点，建立了双月通报、定向调度、公开公示、监督举报、定期检查、突发应急、责任追究和绩效评价八项工作推进机制。2015年12月7日，国务院教育督导委员会办公室印发经中央深改组审议通过的《全面改善贫困地区义务教育薄弱学校基本办学条件工作专项督导办法》，这是中央深改组审议通过的第四份有关教育的重要文件，也是第一个有关教育督导的专门文件。2016—2017年，在各地全面自查的基础上，按照双随机原则，组织国家督学和有关专家，对各地工程实施进展情况、质量管理情况和学校"底线要求"达标情况进行重点督导，有力地推动了工程的组织实施。

④加大资金投入。中央财政在收入增速减缓、支出压力增大的情况下，每年都投入一定的增量资金用于薄弱学校建设，实现了连续五年专项补助资金有增长。截至2017年年底，中央财政已累计投入专项补助资金1 620亿元，带动地方投入3 000多亿元，有力地保障了工程的建设进展。中央专项补助资金，重点支持集中连片特困县、国家扶贫开发重点县等深度贫困地区，优先帮助这些地区完成规划改造任务，使困难地区学校早达标、群众早受益。

（二）取得的主要进展

①贫困县基本完成全面改薄任务。全国832个贫困县有10.3万所义务教育学校办学条件达到"底线要求"，占行政区域内义务教育

学校总数的 94.7％，基本实现《中央政治局常委会 2017 年工作要点》《教育脱贫攻坚"十三五"规划》中"引导和支持地方力争在年底完成贫困县全面改薄任务"的工作目标，所剩 5％左右主要是集中在深度、边远贫困地区的改薄任务，预计可在 2018 年年底前完成。目前，许多贫困县乡村学校建得"小而美""小而优"，农村义务教育学生在家门口就能够接受有质量、更公平的教育。

②义务教育学校"底线要求"基本达标。全国新建、改扩建校舍面积 1.99 亿平方米，采购价值 966 亿元的设施设备，分别占五年规划任务的 95％和 93％，提前一年实现 2018 年"过九成"工作目标。全国 29.1 万所义务教育学校（含教学点）基本办学条件达到"20 条底线要求"，占义务教育学校总数的 94％，农村学校教学条件整体提升，很多乡村学校成为当地最亮丽的风景线。

③教育信息化步伐加速推进。全国 90％的中小学实现网络接入，85％的学校拥有多媒体教室，国家教育资源公共服务平台实现了 23 个省级平台的互联互通，教育资源公共服务体系框架基本形成，农村学生也和城市学生一样，通过互联网了解外面精彩的世界，享受着互联网教育带来的红利，教育信息化对教育现代化的支撑和引领作用持续显现。

④农村教师队伍素质明显提高。2017 年中央财政安排奖补资金 38.5 亿元，比上年增长 29％，实现了集中连片特困地区乡村教师生活补助全覆盖，乡村教师待遇明显改善，职业吸引力明显增强，部分补助 1 000 元以上地区出现城镇教师争相到乡村学校任教的局面，有力促进了城乡教师资源均衡。全国招聘特岗教师 7.7 万名，覆盖中西部 22 个省份 3.3 万所乡村学校，贫困地区学校师资结构不合理问题逐步得到解决。选派 2.4 万名优秀教师赴"三区"受援县支教，有效缓解了受援地师资紧缺、优秀教师不足的问题。

⑤社会综合满意度较高。网络测评显示，2017 年全国师生对全

面改薄综合满意度为 88％，比去年提高了 9 个百分点。江苏、广东等 8 省份参与投票师生均超过 20 万人，吉林、山东等 11 省份师生满意度均超过 90％，全面改薄这一民生工程得到了广大师生的积极拥护。全国一大批农村学校旧貌换新颜，校舍窗明几净、运动场宽敞美丽、食堂宿舍干净卫生，校园充满生机，学生有朝气，教师有激情，人民群众的教育获得感明显增强，教育满意度明显提升。

2017 年国家发展改革委、教育部、人力资源社会保障部印发了《教育现代化推进工程实施方案》，启动实施了教育现代化推进工程，支持义务教育学校标准化建设和乡村教师周转宿舍建设。2017 年、2018 年两年中央下达义务教育学校建设投资 149.6 亿元，主要面向农村推动未达标学校标准化建设。

2018 年 4 月，国务院办公厅印发了《关于全面加强乡村小规模学校和乡镇寄宿制学校建设的指导意见》，对办好两类学校做出全面部署，在统筹布局规划、改善办学条件、加强师资队伍建设、强化经费保障、提高育人水平等方面提出了具体举措；特别强调通过多种途径加强乡村学校教师队伍建设，利用"互联网＋教育"方式，帮助两类学校开齐开足开好国家课程，提高乡村教育水平。

六、教育信息化稳步发展与"三通两平台"建设

2012 年，刘延东在全国教育信息化工作电视电话会议上提出："十二五"期间，要以建设好"三通两平台"为抓手，也就是"宽带网络校校通、优质资源班班通、网络学习空间人人通"，建设教育资源公共服务平台和教育管理公共服务平台。其中，"宽带网络校校通"的实质内容有两个：一是基本解决各级各类学校的宽带接入条件，二是基本完成各级各类学校网络条件下的基本教学环境建设。"优质资源班班通"的目的旨在推进信息技术在教学和教研活动中的普遍应用。"网络学习空间人人通"需要将网络学习空间建成网络条件下从事教学活动和教学管理的基本平台，建成一个实名制的、组织化的、可控可管的体系，为所有想在网上进行教学活动或教研活动的教师提供一个网络阵地，逐步形成网络条件下教学活动管理、组织和服务的基本体系。而"教育资源公共服务平台"作为最重要的载体，将直接影响教育资源的汇聚共享、建设与应用的衔接。教育管理公共服务平台建设的首期目标是为教育管理公共服务提供准确的数据。

2015 年 12 月，教育部印发了刘延东在第二次全国教育信息化工作电视电话会议上讲话的通知，并对"三通两平台"建设战略实施以来所取得的成果进行了总结。

(一)"三通"建设进展

一是"宽带网络校校通"取得重大进展。全国中小学互联网接入率由 2011 年的不足 25％上升到 85％，多媒体教室拥有率达 77％。北京、上海、江苏、浙江和新疆生产建设兵团的学校，已全部接入互联网并拥有多媒体教室。学校网络教学环境大幅改善，信息化应用基础条件进一步夯实。

二是"优质资源班班通"取得显著成效。"教学点数字教育资源全覆盖"项目有力推进，提高了教学点音乐、美术、英语等国家规定课程的开课率，惠及 400 多万偏远地区的孩子。"一师一优课、一课一名师"活动的开展，调动全国 500 多万名教师参与、晒课 300 多万堂。这种"课堂用、经常用、普遍用"的信息化教学，使优质教育资源覆盖面不断扩大，促进了教育质量的进一步提高。

三是"网络学习空间人人通"实现跨越式发展。全国超过 30％的学校开通网络学习空间，数量从 2012 年的 60 万个增长到 4 200 万个，应用范围从职业教育扩展到各级各类教育。网络学习空间的应用推动了教学资源共享和教学方式转变，学生学习更加积极主动，教学管理更加开放透明，家校互动更加迅捷畅通。

(二)国家教育资源公共服务平台建设进展

2012 年年底，国家教育资源公共服务平台（http：//www.

eduyun. cn/)上线运行，与 26 个地方平台互联互通。国家教育资源公共服务平台充分依托现有公共基础设施，利用云计算等技术，逐步推动与区域教育资源平台和企业资源服务平台的互联互通，共同服务于各级各类教育，为资源提供者和资源使用者搭建起网络交流、共享和应用环境。平台将国内教育优势地区的名校、名师资源集中起来，为全国师生提供个性化的空间和服务，促进"优质资源班班通"和"网络学习空间人人通"，让优质资源和创新应用惠及人人。

国家教育资源公共服务平台由中央电化教育馆网络部进行运行和维护，设立新闻、资源、幼教、职教、微课、活动、社区、中高考、网校、慕课（MOOC）、安全、德育、体卫艺、资助、导航、发现等网站频道，着力于教育信息化的工作进展、教育资源的推送推广、各类教育活动的举办实施、教育资源信息的智能导航。平台还开通了客服服务呼叫中心，设立实时监控，加固及加速网络服务设施，努力更好地为广大网络用户提供优质的服务。

(三)国家教育管理信息系统建设进展

2013 年 7 月，为了加快推进国家教育管理信息系统建设工作，教育部教育信息化推进办公室组织编制了《国家教育管理信息系统建设总体方案》。该方案进一步明确了"十二五"期间，国家教育信息管理系统的建设目标，包括建立全国学生、教师、学校资产及办学条件三大类教育基础数据库，为教育监管与决策、教育重大项目规划与实施、教育公共服务提供支撑；建立学生管理类、教师管理类、学校资产及办学条件管理类等教育管理信息系统，提升教育管理现代化水平；建立教育管理门户、教育公共信息服务门户、教育技术服务平台等教育管理服务平台；建立健全国家教育管理信息系统支撑体系，形成"两级建设、五级应用"体系，建成部省两级数据中心，在国家、省(区、市)、地级市、县和学校五级开展管理信息系统应用；建立健全相应的保障体系，建立教育管理信息化标准规范体系、信息安全保障体系、教育管理信息系统应用与运行维护服务体系、教育管理信息化制度保障体系。

2014 年 10 月，为进一步高效地指导全国教育管理信息化工作，教育部教育信息化推进办公室还印发了《教育管理信息化建设与应用指南》，为全国教育信息化工作者实施教育管理信息化建设工作提供参考。该指南指出，经过一个阶段的建设与应用，国家教育管理信息系统已初见成效。教育管理信息化标准体系基本形成，国家和省级数据中心建设工作稳步推进，各级教育行政部门和各级各类教育机构（学校）已基本实现互联网接入，按照学生和教师"一人一号"、学校"一校一码"的原则基本建成了全国学生、教职工、教育机构（学校）、中小学校舍、高校学生学历学位和就业等基础数据库，部分教育管理信息系统已开始发挥作用，特别是通过全国中小学生学籍信息管理系统全国联网开展学生转学业务网上办理，极大地方便了学生和家长，实现了学生数据动态更新。

第三节　教育装备产业的发展

教育装备要实现产业化发展就必须形成一定的规模，并具有产业化的设计开发、生产销售与服务结构。到 2013 年，部分地区教育装备行业已产业化，比较著名的有江苏施河蓝天教具城、湖北襄阳教育装备产业城和鄂东长江教育装备城、山东临沂的山东省教育用品采购基地、广东江门教育装备产业城、江苏海门教育装备产业城等。

一、教育装备产业与产业化①

产业是指由利益相互联系的、具有不同分工的、由各个相关行

---

① 艾伦：《教育装备发展的产业化之路》，载《中国现代教育装备》，2014(8)。

业所组成的业态总称，尽管它们的经营方式、经营形态、企业模式和流通环节有所不同，但是，它们的经营对象和经营范围是围绕着共同产品而展开的，并且可以在构成业态的各个行业内部完成各自的循环。教育装备产业的主体是教育装备企业，一般由三种形式的企业构成，分别是教育装备专业产品生产企业、教育装备通用产品生产企业、教育装备经销与服务企业。教育装备专业产品生产企业的产品(如教学仪器设备、数字化实验器材等)是专门为教育教学而设计生产的，一般不涉及非教育装备产品。教育装备通用产品生产企业的产品(如计算机多媒体设备、网络设备等)是那些可以用于教育教学的装备，它们的用户并不限于学校。教育装备经销与服务企业则是那些自己不生产产品，而处于生产企业与教育用户之间的经销商和服务商。

　　教育装备产业化就是要将上述三种形式企业的功能整合到一起，使其专门化、系统化、规模化，形成稳步的发展态势，做到可持续发展。产业化发展要形成产业集群，其发展规划是整个产业链的有效整合。而产业链整合发展具有降低成本、创新技术、开拓市场、扩张规模、提高效益、可持续发展的强大竞争优势，同时还可以促进发展区域经济，带动地区经济发展。江苏、湖北和山东三省的教育装备产业城就是在这样一个理念下建立、发展起来的。在这样的产业城中，有教育装备行业发展研究部门，有教育装备产品设计开发部门，有原材料采购与生产企业，有教育装备产品生产企业，有专业营销企业，有售后服务企业，有经营管理协调部门，有专门负责政府采购工作的部门，有展示产品的大型展馆，有各种教学实验室与功能室，甚至有经济与法律顾问部门等，非常全面而完善。

二、教育装备产业化发展的必要性

　　中国是一个教育大国，所以中国教育装备的科学发展必须考虑产业化问题。教育装备产业化发展的必要性基本上是由以下三点决定的，即教育装备的特点、投入和质量问题。

1. 教育装备的特点

教育装备与其他领域的产品有着巨大的差异，所以在设计、开发、生产、销售、采购等过程中必须考虑其特点，必须从教育教学的需求出发，分析其对教育教学的适用性，而这些是一般的企业所不能够做到的，甚至是根本顾及不到的。相对于教育装备，其他领域装备(工业装备、农业装备、军事装备、体育装备、医疗装备等)的作用对象是物或人的机体，而教育装备的作用对象是宇宙间最为复杂的人的头脑、心智。对于生活用品或非教育装备产品，在生产之前可以完全不用分析用户的需求问题，也不必考虑该产品的适用性问题，直接生产出来后让市场对其进行检验；适用的自然保留，不适用的自然淘汰，用户就是被试，试验不成功除了影响销量外一般不会有什么不良后果。教育装备的设计生产绝不能够采取这种态度和方法，也绝不能将学生当作试验这种产品的"小白鼠"，试验不成功而造成的结果是无法估量的，有可能对人的一生造成影响。所以，对此必须采取十分科学慎重的态度，说得严重一些，对它的态度反映了价值观问题、道德问题。教育装备的产业化发展提供了专门的研究机构，为科学慎重地开发与生产产品创造了条件，这一需求是由教育装备的特点所决定的。

2. 教育装备的投入

国家对教育的投入在逐年加大，其中分配到教育装备方面的投入同样是十分巨大的，看到了这种形势后许多原来非教育装备企业也开始纷纷转型生产和销售教育装备产品，从每年两次的全国教育装备展示会的规模趋势上就可以看出这一变化。图 3-2 显示了全国中小学 2005 年至 2012 年教育装备采购的情况，可以看出这是一个快速增加的趋势。其中，教育装备的采购内容还仅仅包括实验室仪器设备、图书以及教育信息化设备三项(教育部网站数据)，到 2012

年时的年采购额度已经超过了 355 亿元。

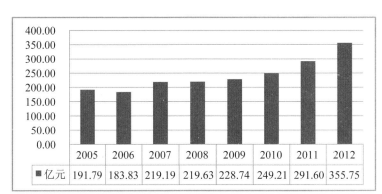

图 3-2　2005—2012 年全国中小学教育装备采购情况

　　教育装备的需求量巨大，但是大到贵重仪器设备小到试管烧杯品种繁多、内容复杂，采购时往往以多种产品共同打包的形式进行招标，这就对投标商提出了一个苛刻的要求，即必须对所有产品都要了解，都能够提供，而只有当教育装备产业化时才能够真正有效地达成这一目标。另外，一些高端的教学和实验仪器设备在采购初期设计与论证时对设计人员的要求很高，学校（尤其是中小学）一般无法提供这样的技术人员，此时教育装备产业便可以利用自己的研究机构对其进行科学慎重的设计，为学校提供有效服务。

　　3. 教育装备的质量

　　教育装备的质量包括产品质量与售后服务质量两个方面。目前，教育装备的质量问题令人担忧。2009 年，北京市丰台区教委装备处发布的《"教学仪器设备存在的问题及质量管理的思路"课题研究调查报告》用大量的数据描述了教育装备质量问题。报告将教育装备存在的问题分为四类：①设备质量较差；②设备品种和数量与实际需求不符；③设备陈旧；④易损件未及时补充、更新。其中的③和④属于使用单位自己的管理问题；而①和②则分别为教育装备产品质量问题和供应商的服务质量问题。报告所列的存在产品质量和服务质量问题的仪器设备，都是"教育装备专业产品生产企业"生产的。这些产品都是教学专用仪器设备，如电机模型、学生电源、摩擦力演示器、光化学演示器、生物显微演示装置、简单机械等。而计算机、投影仪等"教育装备通用产品生产企业"的产品只出现在"设备陈旧"和"易损件未及时补充更新"项目中。报告指出，这些教学专用仪器设备厂家，大多是零散的，未形成规模的，甚至是手工作坊式的小型企业。所以，仅从保证教育装备产品和服务质量的角度看，教育装备产业化的作用和意义也是十分巨大的。

三、教育装备产业化发展案例

教育装备产业化发展的可行性已经通过国内相关项目的实施而被证实，以下是六个典型案例。

1. 施河蓝天教具城

中国施河蓝天教具城于 2012 年 11 月初落成，占地 580 亩，拥有教学具生产企业 180 多家，形成了智能实验室设备、大型幼儿玩具、校园软件开发等 6 大类 2 000 多个品种的产品体系，成为国内最大的教具产销地。教具城计划通过 6～8 年的建设，成为中国教育装备产业产品的集中展示、采购交易、新品研发、上下游行业分工协作、技术服务交流的首要平台，成为全国最大的科技型、开放型国家级教学具生产和研发基地。

2. 襄阳教育装备产业城

中国教育装备产业新城(襄阳)项目是湖北省政府 2012 年、2013 年重点建设项目，由产业集群、产业园区、产业配套三大部分构成。该项目通过第二、第三产业联动，以商贸促进工业发展，形成了教育装备的设计、研发、标准、质检、营销、商贸、材料、制造、体验、采购、物流、金融、信息等系列"高效、系统、低碳、环保"的完整产业链。该项目积极引领、推动了我国教育改革和教育装备事业的发展，形成了教育与教育装备的现代服务业产业新城，以打造世界级的教育产业综合体为目标。

3. 长江教育装备城

长江教育装备城于 2013 年 3 月 22 日开工奠基，已有多家国际、国内知名企业入驻。装备城作为教育装备产业集群发展的有效载体，坚持"布局集中、用地集约、项目集群、产业集聚"的发展方向，打造出一个以综合服务平台为建设主要着力点，形成以产业为纽带，以配套促聚集，以区中园、园中园为特色，区域化、集约化水平较高的新型教育装备产业园区。园区与高校协同创新，加快了教育装备的研发步伐，提高了研发应用水平。园区拥有完善的监督管理机制，以对学校教育装备产品质量进行有效监管。

4. 山东省教育用品采购基地

2007 年 12 月 28 日山东省教育用品采购基地正式挂牌成立，这是山东省唯一一家，也是全国首家省级教育用品采购基地，坐落在江北最大的文化教育用品集散地——临沂小商品城。采购基地占地 600 亩，建筑面积 40 万平方米，总投资 9.8 亿元，是中国北方交易条件和配套设施最完善的现代化的教育商品集散地，中国教学实验仪器生产、经销基地，全国教学实验仪器进出口基地，主要为山东乃至全国大、中、小学和幼儿园、职业学校的教育用品、教学仪器、幼教玩具实现"一站式"集中招标采购，年拉动教育用品采购额达到 60 亿元。

5. 广东江门和江苏海门教育装备产业城

2014 年、2015 年教育部教育装备研究与发展中心先后在广东江门和江苏海门建立南方、东方教育装备产业城，搭建政府、科研机构、学校、企业之间的桥梁，积聚教育装备的研究、创新设计与开发、孵化、展示与交流、体验、检测、评估、培训、金融服务等，探索形成科研、产业化和资本运作三大体系的有机融合，有力地推动了我国教育装备与教育现代化进程。

这些成功案例有力地证明了，教育装备的发展走产业化之路是完全可行的，也将会成为一种大趋势。

教育装备是教育的重要组成部分。中国在高速发展，各个行业的发展都需要并依赖现代化的装备，教育行业也不例外。没有教育装备的现代化，就没有教育的现代化。教育装备的现代化既是对教育现代化的促进，也是对教育现代化水平的衡量。

第四节　教育装备发展展望

21 世纪是一个变革迅猛的时代，教育面临着诸多挑战——知识经济的发展以及经济全球化的推进、文化的多样性、环境的挑战、新兴科技的使用、人口的增长、经济的挑战、变化性与不确定性的增长等，而其中最重要的应该是不确定性、新兴科技，以及环境和经济的挑战。新兴科技如云计算、物联网、大数据、人工智能、"互联网＋"、移动互联、机器人技术、智能制造、虚拟现实等，"触发"了教育装备的变革，直接影响学校教育样貌重塑：数字校园、智慧校园、生态校园、文化校园改变着学校环境、教学场景和管理模式。与此同时，面对全球快速变化与信息化时代的到来，世界各国也纷纷提出学生发展新的能力框架或基本素养。教育目标的不同意味着我们必须探索新的教育方法体系；面对新的挑战、新的问题、新的学习科学视野、新科技的发展、新的教育目标，我们需要进行具有启发意义的思考和探索——如何运用新的教育理论、教育思想、教育方法、教育装备，重构学校和课堂，引领未来教育。

一、教育装备建设现代化

首先，教育装备是教育教学的有机组成部分。从教学的角度讲，现代教育装备运用于教学资源的开发利用、教学成果的评估共享、教学管理的程序与过程等。从学习的角度来讲，通过现代化的教学设备，学生能在形象直观中学习、动手动脑中学习、活动中学习，能在有限的时间里获取更多的知识信息并形成技能。[①] 教育装备改变了传统的教学方法与学习方式，促进了教学行为的变化，人们对教育装备的认识从"服务于教育教学的附属物"上升为"它是教学内容、教学手段和教学方法的组成部分"。[②]

其次，教育装备驱动教育教学变革。由现代教育装备支撑的教育教学环境能够支持以创新精神和实践能力为主的新型教学模式，如研究性学习、合作学习等。学校建立的学习管理系统、课程管理系统、创新实验室、数据平台等，无一不是依托以多媒体计算机、网络通信技术和传感器技术为核心的现代教育技术装备。通过教育装备实现了线下创新实验与实践、线上教学服务和课程服务，不仅彻底改变教与学的方式，更是实现资源共享，使得各学校之间教育教学分享成果、信息、互动成为现实，这必将推动传统教育的变革，成为解决教育均衡化和个别化学习的主要手段。

最后，教育装备是教育现代化的重要保障。教育现代化是指建立一种适应现代社会、经济、科技发展需要的，以培养创造型人才为目标的新型教育体系，包括教育观念、制度、内容、设施和手段、方法、管理的现代化。"兵马未动，粮草先行""工欲善其事，必先利其器"，教育装备是实现教育现代化重要的推动力量。教育装备是帮助学生认识世界、掌握知识、开启智慧的工具。先进的教育装备是知识创新、方法创新的重要条件，对创新人才的培养起决定作用。

---

① 刘磊：《教育装备在教育改革发展中的作用不可替代》，载《中国教育报》，2011-11-05。

② 周伟涛：《教育装备是促进教育发展的大平台——访中国教育装备行业协会秘书长夏国明》，载《中国教育报》，2012-03-28。

教育改革与发展推动教育装备建设现代化，教育装备建设现代化反过来驱动着教育改革，两者互相借力，共同发展。可以说，未来教育装备现代化是教育现代化的重要标志。

二、教育装备管理专业化

教育装备管理专业化是教育和人才培养的需求。教育的存在价值：一是教人做人，即影响人的思想品德；二是教人做事，即增进人的知识技能。教育装备管理专业化就是要发挥教育装备在人才培养中的作用，也就是不仅仅教人做事，更要教人做人。长期以来，人们对教育装备的误解就是技术、工具、手段，只能用来教书不能用来育人。《国家中长期教育改革和发展规划纲要（2010—2020 年）》明确指出，信息技术对教育发展具有革命性影响，必须予以高度重视，规定了教育信息化是教育改革和发展的保障措施。所以，教育装备如何发挥育人作用成为以后需要认真研究的课题。国家在义务教育学校国家基本装备标准的制定与修订过程中，已明确提出，坚持"立德树人"，把育人作为装备配置的出发点和落脚点，着力培养学生的认知能力、合作能力、创新能力、实践能力，帮助学生养成良好的思想道德、心理品质和行为习惯。

教育装备的作用对象是宇宙间最为复杂的人的头脑、人的心智。教育装备引入教学一定要十分科学、万分谨慎。因为产品使用一旦不成功造成的后果是不可估量的，甚至影响学生的一生。所以，需要一个专业化的管理队伍对教育装备的准入进行科学评价。教育装备管理专业化内容应包括但不限于教育装备的需求分析、建设的项目管理、教学适用性论证、政府采购组织、质量监测（监督与测量）、日常管理、技术评测、教学评价、标准制定等工作的科学化、规范化和标准化。[1]

---

[1]　艾伦：《教育装备管理的专业化发展》，载《中国现代教育装备》，2014(10)。

科学化的含义是指教育装备管理人员应该具有科学先进的素养、知识和手段。科学素养要求管理人员必须从经验管理走向科学管理，当一个问题摆在我们面前时，不是从经验中摸索解决问题的方法，而是要下意识地从科学管理的理论与方法中寻找出路。科学知识要求管理人员掌握全面的知识，包括现代管理学知识、现代教育学知识和现代装备科技知识。科学手段则要求管理人员能够运用现代的科学管理方法，特别是运筹学、统计学的方法来解决管理上的问题。

规范化包括两层含义：第一，是对管理人员在能力提高方面提出的要求。此处的规范化则是强调了规范操作式策略的重要性。规范操作式策略，即事先将一系列操作过程从简单到复杂详细地规定出来，形成范本，让受训者遵照规范循序渐进地反复操作，从而提高他们的技术能力水平。第二，是对管理人员提出的职业规范和行为范本。这是一个道德层面的要求，是管理人员的行业自律。

标准化也包括两层含义：第一，专业化的管理人员应该能够自觉遵循、正确运用该领域内的各项标准，同时还应该具有参与制定各种标准的能力。第二，管理人员与管理工作是否达到了专业化发展的预期水平，应该具有量化指标，用其来测量和评价管理人员的管理工作。与规范化相比较，如果规范化是强调管理人员的自律，那么标准化则是强调管理人员的他律。

三、教育装备服务智慧化

教育的大力发展和信息化步伐的加快推进了智慧教育的发展，而智慧环境的构建取决于教育装备的智能化程度，如今教育装备的发展趋势表现在以下几个方面。[①]

从形式上，教育装备已融入教育理念和计算机技术，各类设施

---

① 孔德彭、孔德辉、闫艳敏：《以"学习用户"为中心的智慧教育装备服务设计研究》，载《中国教育信息化》，2013(11)。

及工具日趋多样化，并向智慧教室与智慧校园挺进。

从结构上，由原来单一的演示构造，发展成如今智能化、集成化和微型化的专业制造产品。

从功能上，由简单的示意功能，发展成集文字、动画、视频、音频和图像为一体的复合信息体，继而朝智慧化方向发展。

从应用对象上，由原始的教育技术应用延伸到诸多行业推广应用，使用对象涉及幼儿、小学生、初中生、高中生、大学生乃至老年人。

随着物联网与计算技术的发展，传感技术、网络技术和富媒体技术以及人工智能技术为我们设计了舒适智慧的学习场景，借助云共享平台有了丰富的资源，学习自主性增加，个性化学习成为可能。在智慧学习环境下，智慧教育装备应该呈现"教育内容＋智慧学习终端＋服务设计"三者的有机结合，未来的教育装备市场挑战不是简单的产品竞争，更包括无形的服务设计。智慧教育装备需要基于不同的学习用户需求的差异性确定合适的服务内容，基于情境感知调用电子课件或启用电子学伴进行交流，必要时启用备用加强模式，如直接询问教师或到云端搜索。整个过程可以进行实时管理、学习记录、泛在资源加推、学具配置与推送，也可能人人互动、班班交流、校内与社会互动，完成在线与离线无差异切换或真实与虚拟场景的无缝转接。

总之，智慧教育装备是当前智慧教育的诉求，利用智慧教育装备构建智慧环境，支持学生快速、自主、高效的学习，体验性、情景性、实践性、创造性的学习。随着教育改革和市场需求的驱动，教育装备除了需要进行创新设计与开发外，更需要将以"学习用户"为中心的服务设计理念贯彻其中。

四、未来教育装备的特点

教育装备的变革涉及教育形态、教育环境、教育内容、教育手段与方法、教育管理与服务的变革。① 从大装备的角度认识现代教育装备，对加速实现我国教育现代化具有积极意义。② 支撑教育改革与发展、服务教育改革与发展是现代教育装备工作非常重要的两个主题。而从教育改革的实践中，也可反观出新时期教育装备多元化、主动化、科学化、精细化、课程化和应用常态化的特点。

第一，由传统设施走向多元装备。当前的教育装备正在由传统的教学仪器常规设备、音体美劳等器材向有利于教师有效教学、学生有效学习的信息载体、信息加工处理转换设施、模拟学习情境设备等具有现代科技含量的信息化与多元化教育装备转变。3D/4D打印、虚拟技术、触摸互动技术、机器人技术、传感器技术、生物技术、地理信息技术、开源硬件、人工智能、云计算技术、物联网技术等信息化装备不断涌现，数字化、智能化实验室设备已经发展得十分成熟。但是，学校在接受这些现代教育装备的同时，并没有降低对常规实验室、纸质图书、普通黑板等传统教育装备的重视。教育装备的使用和配备呈现出多元化的发展趋势。

第二，由被动引入改为主动推送。当前的教育装备的生产、计划与采购正在从"引入"的概念转变为"推送"的概念。一直以来，每当一个新技术出现（如计算机、多媒体、互联网、电子白板、Moodle、Wiki、WebLog、移动通信、云计算等），从事教学和教学研究的人员一般都是以首先接受这种教育装备的态度为前提，而对教学过程、教学方式进行优化设计，以便能够最好地适应和运用这一教育装备。而目前人们正在转变观念，根据教育教学的需求和特点，运用教育理论、学习理论、心理学研究成果和学生生理特征，从无到有地研制开发出越来越多的更具教学适应性的教育装备。

第三，装备课程化、课程装备化。隐性课程（或潜在课程）是指

① 刘强：《教育装备的价值审视及其推进策略》，载《教育与装备研究》，2017(4)
② 夏国明：《新时期教育装备行业的发展机遇》，载《中国教育报》，2011-11-05。

学校的物质、社会及认知等环境所形成的非预期的学生的学习结果，是学生经由学校环境当中人与事物的互动过程而学习的内容或经验。[①] 教育装备作为重要的隐性课程，承载教育目标，支持教育内容，引导过程与方法，丰富学生学习的层次、活动，完善学习结构（体验、探究、应用、领悟），丰富课程实施及评价。原来课程全是书，文本教学是平面的、单一的符号学习；现在通过教育装备，课程从平面走向立体的过程体验，从书本向影像，从文本向视窗、参与、互动、体验、实践的文化转移，带动着想象和认识活动的转移，装备课程化，课程装备化，逐渐走向融合。

第四，科学化配备与精细化管理。教育部《关于新形势下进一步做好普通中小学装备工作的意见》(2016)提出，要建立与基础教育改革发展相适应，与学生发展核心素养培育相协调，与国家课程标准相匹配的国家装备配备和质量标准体系。推动实现装备配备标准化、管理信息化和使用常态化。教育装备的科学化配备与精细化管理是教育装备有效使用的保障。科学化配备是新时期对教育装备管理者提出的一个新课题，它不仅要反映教育装备的先进性，反映教育现代化水平，同时要通过科学配备使得教育装备物有所值，对提高学生的学业水平和教育的均衡化发展都具有重要意义。而精细化管理则是新时期对教育装备管理者提出的另一个新课题。依靠粗放型管理、经验型管理和一般性科学管理已经不适应现代教育装备规模和技术水平。加强教育装备的精细化管理，对充分发挥教育装备的效能、提高教学效率、优化教学效果和增加教育效益都将起着关键性的作用。

第五，从"器物形态"向"技术形态"转变。除了关注自身装备"实

---

① 黄光雄、蔡清田：《核心素养——课程发展与设计新论》，14～15 页，上海，华东师范大学出版社，2017。

体"的升级，我们还要加强智能形态技术的装备建设①，即从"重物"
向"重人"转变。"装备"表面上是"物"，"物"后边是"人"，关键是为
教育者和受教育者服务。我们要更多关注使用装备的知识、经验、
方法、模式和教学活动的策划；更多地去关注教育教学质量，关注
教育教学的过程，关注教师的专业发展，关注对学校个性化、特色
化发展的指导，推动教育装备与课程建设、师资培养、教育教学实
践、学校管理和学校文化的深度融合；要帮助教师通过多样的教育
装备来研究、设计、总结创新开发课程、技术工具与优秀的实践方
法，积极探索新型学习环境下的新型教学、学习与教研模式，变革
传统的教学方式；强调教师和学生利用教育装备构建的环境，展开
互相激发的活动，特别是在发展那些帮助学生对复杂知识的理解，
应对复杂的、非常规性挑战的批判性思维、问题解决、高级认知技
能和社会技能的形成等方面，在帮助学生发展适应不断变化的环境
所需要的好奇心、主动性等个性特征方面，真正实现学生知识、技
能、智力、情感、态度、价值观的全面发展，落实立德树人的根本
任务。教育装备正在帮助培植和维护一种新型的学习生态圈或学习
者文化。

---

① 刘强：《教育装备的价值审视及其推进策略》，载《教育与装备研究》，2017(4)。

第四章
资源建设

第一节　教育资源建设的历史发展

　　教育资源是信息化教学中最为关键的要素之一，资源建设是教育技术理论研究和实践探索的热点问题。教育资源是指支持学习的资源①，既包括以图像、幻灯片、录音、录像、动画、文档为主的素材类教育资源，也包括以工具、软件、课程为主的应用类教育资源。随着幻灯投影、音像技术、多媒体技术、计算机网络技术、虚拟现实技术等信息技术的不断进步和视听教育、信息化教育、智慧教育等信息化教育理念的不断发展，教育资源建设侧重点也不断变化，主要表现为从光学投影教育资源建设到电声电视教育资源建设，从计算机辅助教育资源建设到数字化网络学习资源建设。

一、教育资源的发展变迁

　　随着信息技术的不断发展，教育资源的载体、表现形式和内容也不断变化。纵观中国改革开放 40 年来教育资源的发展变迁，可以

---

① 李克东：《新编现代教育技术基础》，267 页，上海，华东师范大学出版社，2002。

将资源建设分为三个阶段：光声像教育资源建设、计算机辅助教育资源建设、数字化网络学习资源建设。

(一)光声像教育资源建设

改革开放初期，在计算机教育领域普及应用之前，音像技术是教育技术领域重点关注的媒体应用技术，光声像教育资源是视听教育阶段重点建设的内容。光声像教育资源通过借助光学投影媒体(幻灯机、投影仪)、磁带录音机、摄像机、电视机、视频展台等媒体实现教育应用。光声像教育资源建设主要关注光学投影教学资源、电声教学资源、电视教学资源等设计、开发与应用。光声像教育资源打破了传统的"粉笔＋黑板＋教科书"的教学方式，带来了直观、形象、动态化的教学内容展现形式。

(二)计算机辅助教育资源建设

20世纪八九十年代，随着计算机的普及应用，计算机辅助教育资源设计与开发日益受到教育领域的广泛关注。计算机辅助教育资源建设主要关注计算机辅助教学软件设计与开发。计算机辅助教学软件对文本、图形、声音、视频、动画等多种信息展现方式进行有效组织和整合，为教学过程中的应用提供了集成化的解决方案。计算机辅助教育资源提供了丰富多样化的教学内容展现形式和人机交互学习环境。

(三)数字化网络学习资源建设

随着计算机网络技术、移动通信技术、云计算等的不断进步以及开放资源运动的蓬勃发展，数字化网络学习资源日益成为教育资源建设的重点内容。数字化网络学习资源建设关注数字化学习资源的设计、开发、管理与应用，包括媒体素材(又包括文本、图形/图像、音频、视频和动画)、试题、试卷、课件与网络课件、案例、文献资料、常见问题解答、资源目录索引和网络课程等。数字化网络学习资源依托互联网为教育的发展和变革带来了新的推动力量，为学习者的学习提供了更加开放的学习环境支持。

二、教育资源与教育变革

教育资源作为支持学习者学习的重要因素，贯穿于整个学习过程。教育资源对教育变革具有推动作用，具体表现如下。

(一)教育资源是促进教育均衡发展的有效路径

教育公平是教育领域重点关注的问题，我国的国情使得地区教育发展不均衡，带来了教育的不公平。教育资源能够促进教育均衡发展，为教育公平提供有效的实现路径。[①] 教育资源的建设，有助于实现优质教育资源的共享和利用，为地区教育发展的不均衡问题提供了有效解决方案。例如，在国家层面相继开展的国家重大教育资源建设项目，包括教育部农村中小学现代远程教育项目、教育部教学点数字教育资源全覆盖项目、国家教育资源公共服务平台项目、国家精品开放课程等，从资源建设的角度为促进中国教育均衡发展提供了有利和有效的条件与支撑。

(二)教育资源能够促进教育系统的结构性变革

《国家中长期教育改革和发展规划纲要(2010—2020 年)》(以下简称《纲要》)明确提出：充分发挥现代信息技术作用，促进优质教学资源共享。

在发展任务上，不管是何种形式的教育，《纲要》均强调了教育资源的建设。在学前教育方面，鼓励采取多种形式扩大教育资源建设规模；在职业教育方面，强化职业教育资源的统筹协调和综合利用；在高等教育方面，鼓励高校、科研院所、企业科技教育资源共享，推动高校创新组织模式，提高高校科研水平；在继续教育方面，

---

① 余胜泉：《信息化是促进教育均衡发展的重要路径》，载《中国教育报》，2014-01-06。

构建灵活开放的终身教育体系，统筹扩大继续教育资源；在民族教育方面，提出充分利用内地优质教育资源，探索多种形式，吸引更多民族地区少数民族学生到内地接受教育，支持少数民族地区发展现代远程教育，扩大优质教育资源覆盖面。

在体制改革上，《纲要》强调通过教育资源的建设深化教育教学改革。在人才培养体制改革上，《纲要》强调创新教育教学方法，探索多种培养方式，注重知行统一，充分利用社会教育资源开展各种课外及校外活动；在办学体制改革上，积极鼓励行业、企业等社会力量参与公办学校办学，扶持薄弱学校发展，扩大优质教育资源，增强办学活力，提高办学效益；在扩大教育开放方面，鼓励引进优质教育资源，探索多种方式利用国外优质教育资源。

在保障措施上，《纲要》提出要加快教育信息化进程，必须加强优质教育资源的开发与应用，包括：加强网络教学资源体系建设；引进国际优质数字化教学资源；开发网络学习课程；建立数字图书馆和虚拟实验室；建立开放灵活的教育资源公共服务平台，促进优质教育资源普及共享；创新网络教学模式，开展高质量、高水平远程学历教育；继续推进农村中小学远程教育，使农村和边远地区师生能够享受优质教育资源。

可见，教育资源作为信息技术在教育领域中的表现形式之一，是教育系统变革的重要基础，是推动教学变革的重要力量。

第二节　国家重大教育资源建设项目

改革开放 40 年来，国家对于教育资源建设高度重视，相继出台了相关的行动计划、指导意见和规划纲要，并在此基础上开展了国家级的重大教育资源建设项目。

1998 年发布的《面向 21 世纪教育振兴行动计划》指出："充分利

用现代信息技术，在原有远程教育的基础上，实施'现代远程教育工程'，可以有效地发挥现有各种教育资源的优势，符合世界科技教育发展的潮流，是在我国教育资源短缺的条件下办好大教育的战略措施，要作为重要的基础设施加大建设力度。"

2010 年发布的《国家中长期教育改革和发展规划纲要（2010—2020 年）》指出："加强优质教育资源开发与应用。加强网络教学资源体系建设。引进国际优质数字化教学资源。开发网络学习课程。建立数字图书馆和虚拟实验室。建立开放灵活的教育资源公共服务平台，促进优质教育资源普及共享……继续推进农村中小学远程教育，使农村和边远地区师生能够享受优质教育资源。"

2012 年发布的《教育信息化十年发展规划（2011—2020 年）》指出："实施优质数字教育资源建设与共享是推进教育信息化的基础工程和关键环节。""建设国家数字教育资源公共服务平台。""建设各级各类优质数字教育资源。""建立数字教育资源共建共享机制。"

2017 年发布的《关于数字教育资源公共服务体系建设与应用的指导意见》，为深入贯彻落实党的十九大精神，积极推进"互联网＋"行动，切实加快教育信息化进程，以教育信息化支撑和引领教育现代化，服务教育强国建设，对新时代加强数字教育资源公共服务体系建设与应用提出了目标和要求，以推动建立健全现代教育公共服务体系，重点破解一些深层次体制机制障碍，切实加快教育现代化进程。

2018 年发布的《教育信息化 2.0 行动计划》指出："完善数字教育资源公共服务体系。""优化'平台＋教育'服务模式与能力。""实施教育大资源共享计划。""以国家精品在线开放课程、示范性虚拟仿真实验教学项目等建设为载体，加强大容量智能教学资源建设，加快建设在线智能教室、智能实验室、虚拟工厂（医院）等智能学习空间，积极探索基于区块链、大数据等新技术的智能学习效果记录、转移、交换、认证等有效方式，形成泛在化、智能化学习体系，推进信息技术和智能技术深度融入教育教学全过程，打造教育发展国际竞争新增长极。"

以上文件体现了国家对于现代教育技术推动教育领域的变革高度关注，把教育信息化确定为战略要点，将教育资源建设作为重要的抓手，从国家到地方相继投入了巨大的人力、物力和财力开展了重大的教育资源建设项目，并且取得了标志性的成果和令世人瞩目的成绩，为教育的发展和革新提供了资源保障和环境支撑。

从项目的建设背景、建设目标与建设内容方面梳理国家开展的重大教育资源建设的成就，既是对已有成果经验的总结，又可为未来资源建设提供宝贵的经验参考和借鉴。

一、国家重大教育资源建设项目

(一)光声像教学资源建设项目

改革开放初期，由于计算机还没有在教育领域中得到大规模的普及应用，视听教育阶段教育资源建设主要集中在光声像教学资源，主要包括国家实施的光学投影资源、电声教学资源、电视教学资源建设项目。硬件是光声像教学资源建设的基础。在整个 20 世纪 80 年代，国家和地方投资建设了普通电教室、语言实验室、计算机室、闭路电视系统、卫星接收站等硬件设施资源。在硬件建设基础上，各级学校制作了包括幻灯、投影、录音、电视等在内的数以万计的电教教材，特别是制作了一批与九年义务教育文字教材配套的音像教材，在一定程度上缓解了电教教材的匮乏状况，促进了教学质量的提高。[①] 1986 年，国家创建了中国教育电视台(CETV)，开始实施卫星电视教育，建成了卫星地面站 1 万多个，教育电视台 1 200 多座，放像点 6.6 万多个，形成了世界上最大的教育电视传输网络。

---

① 南国农:《80 年代以来中国电化教育的发展》，载《电化教育研究》，2000(12)。

（二）计算机辅助教学软件资源建设项目

20 世纪八九十年代，计算机在教育领域的应用越来越广泛，计算机辅助教学在研究和实践方面取得了丰硕成果，以计算机教学软件、CAI 课件为主要内容的教育资源建设蓬勃发展。1986 年下半年国家科学技术委员会、国家计划委员会、国家教育委员会、电子工业部、中国科学技术协会五个部委联合成立了协调小组，组织计算机专家研制和开发适合于中国青少年计算机教育的汉字化的国产微型计算机——中华学习机。国家对这一工作十分重视，在"七五"计划中列项拨专款投资。中华学习机 I 型（CEC-I）从设计、试用到投产仅用了一年时间。其性能价格比明显优于苹果机（是苹果机的兼容机）。1987 年，作为国家"七五"重点攻关项目，我国有计划、有组织地开发了一批中华学习机教育软件。

为使计算机不只局限于程序设计语言的教学，让中小学教师利用计算机作为辅助学生学习的工具，需要有足够数量的、合格的教学软件。在五部委的协调小组领导下，1986 年冬召开了教学软件研制规划会，提出由懂得教与学规律的教师、教学研究人员和懂得计算机程序设计的专家相结合来设计和研制教学软件。在"七五"计划中对教学软件及工具软件的开发，设立专项拨款，列为重点攻关项目；建立了全国教学软件登录和管理机构及中华学习机教学软件评价委员会。每年召开一至两次评委会会议，在各地进行初评的基础上评出合格和优秀的教学软件，进行版权收购，并以低价向学校销售。除了从学校和教师通过正常的登录途径收集教学软件以外，还通过全国青少年的程序设计和软件竞赛，收集了一批由师生研制的合格而优秀的教学软件。

1992 年 7 月国家教委发布《关于加强中小学计算机教育的几点意见》，在第八点中明确了中小学教学软件的开发与管理，明确成立"全国中小学计算机教育软件评审委员会"。

1996 年 9 月国家教委基础教育司颁布了《中小学计算机教育软件规划(1996—2000 年)》，明确地提出了我国"九五"期间计算机教育软件研制开发的目标和实施目标的主要措施。同年国家计委又将"计算机辅助教学软件研制开发与应用(96-750 项目)"列入国家"九五"重点科技攻关项目，首期投资 1 500 万元，该项目已于 1999 年 7 月结题。

"计算机辅助教学软件研制开发与应用(96-750)项目"是从国家层面专门支持计算机辅助教学软件资源建设项目。该项目是由国家投资建设的高水平教育资源建设项目，产出了一大批涵盖多个学科领域的高质量、高水平的计算机辅助教学软件，以计算机辅助教学软件为载体集成了我国基础教育和高等教育学科领域的试题库开发工作，探索了现代教育技术教育教学应用的途径，提高了教学质量和教学效率，同时也体现了先进的教学理念、教学理论和现代信息技术的整合。

(三)全国多媒体课件大赛资源建设

为了推动全国各级各类学校教学理念和方法的更新，推动现代信息技术、网络技术与教育教学整合应用，充分挖掘各级单位的优秀教育教学课件成果，提高学科教师的课件制作水平和信息技术教育应用能力，探讨和交流现代教育技术在实际教学中的应用与推广，改进教学方法，提高教学质量，提升与促进学校教育教学，教育部从 2001 开始在全国范围内举办开展多媒体课件大赛(现已更名为"全国教育教学信息化大奖赛")。通过全国多媒体课件大赛这一全国性的平台，在职业教育、高等教育领域催生了大量的优秀的各学科教育教学课件资源。优课网①汇集了近八届全国多媒体课件大赛各类优秀课件资源(见图 4-1)以及精品素材资源、微课程资源等 50 多万条教学资源。其中，精品素材资源包括动画素材、仿真实验、视频

---

① http://www.uken.cn.

素材、图片素材、文本素材、音频素材、习题素材、试卷素材、PPT 课件九种资源类型，细分为面向高等教育、高等职业教育、中等职业教育领域的高教版、高职版、中职版三个版本的素材资源库。

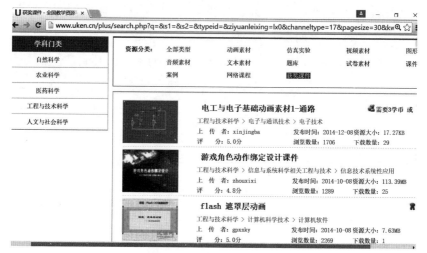

图 4-1　全国多媒体课件大赛获奖课件资源

全国多媒体课件大赛是重要的国家教育教学资源建设形式，发挥了各级各类学校的优势，通过广大教师积极参与资源的建设，已经在全国各类院校中产生了很大的影响，为我国高校教学的深化改革与教学质量的提升做出了重大贡献。①

(四)农村中小学现代远程教育项目资源建设

1. 项目背景

2003 年 12 月，教育部、国家发展改革委和财政部联合启动了为期五年的农村中小学现代远程教育项目——全国农村中小学现代远程教育工程。实施农村中小学现代远程教育工程是借助教育技术，实施科教兴国战略，进一步加强农村教育工作的一项重要战略举措。

---

① 何克抗：《全国多媒体课件大赛发展历程回顾与评述》，载《中国教育信息化》，2013(23)。

2. 建设目标

农村中小学现代远程教育工程总体目标是使农村中小学和教学点拥有教学光盘播放设备和成套教学光盘，农村小学具备卫星教学收视点，农村初中基本具备计算机教室，初步形成农村教育信息化的环境，实现优质教育资源共享。

3. 建设内容

农村中小学教育资源体系是项目建设的主要内容，包括面向小学所有年级和学科的教学光盘资源（名师名课、示范课、教学实验、教学素材），面向初中的视频资源（安全教育、少先队活动、远离毒品等专题教育、科学人生、世纪讲坛和学科实验）和教学素材资源。

为了更好地应用教育资源，在建设资源的同时构建了农村远程教育支持服务体系，包括技术支持队伍和技术骨干队伍的培训，建立和完善以县为主，国家、省（区、市）、地级市、县四级技术服务支持体系，保证了设备正常运转和教学工作的正常开展，为农村中小学提供及时的服务。开展了一线教师的培训，采取了集中培训和送培下乡相结合，培训骨干教师和全员培训相结合，面对面和远程培训相结合的方式，把培训送到县、送到乡、送到项目学校，使广大农村教师队伍初步掌握了远程教育应用能力。

4. 建设成效

农村中小学现代远程教育工程为 1 亿多名农村中小学生提供了共享优质教育资源，初步实现了工程确定的优质教育资源共享的目标（见表 4-1）。

表 4-1　农村中小学现代远程教育工程资源建设统计

资源类型	覆盖范围	建设数量
教学光盘资源	初中 9 个学科和小学 8 个学科	4 129 个学时，6 500 多万张

资源类型	覆盖范围	建设数量
视频资源	初中 11 个学科和小学 7 个学科	2 099 个小时
教学素材资源	初中 11 个学科和小学 7 个学科	7 692 条
一线教师	中小学	国家级培训 15 000 多人次，省级、地级、县市级培训 80 多万人次
技术人员	中小学	每所学校 1～2 名

　　农村中小学现代远程教育工程利用教育技术手段为教师的教学方式和学生的学习方式转变提供了基础和条件，教师可以直接利用已有教学资源或者对已有教学资源加以改造后使用，有效支撑了信息技术环境下的多种新型教学模式的开展和实施，同时也在学校专题教育、教师培训和学校管理培训方面发挥了重要作用，促进了农村中小学教育教学质量的提高，缩小了城乡教育差距，促进了教育的均衡发展。具体表现在：运用教学光盘优质教育资源，缓解农村学校师资力量不足、薄弱和教师结构性短缺问题，开阔学生视野，提高教育质量和效果；利用中国教育卫星宽带网传输平台，按照教学进度，每周向农村中小学免费发送教学资源，丰富教学内容，使教学方式多样化；普及信息技术教育，促进信息技术与学科教学的整合，为农村中小学生在信息化环境下进行创新活动创造了条件。

（五）教学点数字教育资源全覆盖项目

1. 项目背景

　　教学点是我国基础教育最为薄弱的环节，多数分布在地理环境较为恶劣、交通不便的地区，师资力量薄弱。2012 年教育部启动了"教学点数字教育资源全覆盖"项目建设，这是全面落实党的十八大精神、《国务院办公厅关于规范农村义务教育学校布局调整的意见》和全国教育信息化工作电视电话会议精神的具体措施。中央财政分两次拨付项目经费共 3.6 亿元，20 个项目省份落实配套资金 2 亿元。

2. 建设目标

教学点数字教育资源全覆盖项目利用两年时间为农村义务教育学校布局调整中确需保留和恢复的教学点配备数字教育资源接收和播放设备，配送优质数字教育资源，并以县域为单位、发挥中心校作用，组织教学点应用资源开展教学，利用信息技术帮助教学点开好国家规定课程，提高教育质量，促进义务教育均衡发展，更好地服务农村边远地区适龄儿童就近接受良好教育的需要。

3. 建设内容

以开足、开好国家规定课程为目标，支持各教学点建设可接收与教材配套的数字教育资源（见图 4-2），并利用资源开展教学的基本硬件设施，通过 IP 卫星、互联网等多种方式将优质数字教育资源传输到全国 6.36 万个教学点，帮助农村边远地区开齐、开好国家规定课程，满足适龄儿童就近接受良好教育的基本要求。

图 4-2　教学点数字教育资源

4. 建设成效

自 2012 年 11 月至 2014 年 1 月底，全国实施"教学点数字教育资源全覆盖"项目的 5.8 万个教学点中，有 5.78 万个完成了设备招标(占 99%)、5.17 万个完成了设备安装调试(占 89%)，实现通过卫星或网络接收并应用数字教育资源。教育部组织的国家级培训已为项目省份培训了 1 000 名骨干培训者，各地已组织培训教学点教师 17.6 万人(见表 4-2)。

表 4-2　教学点数字教育资源全覆盖项目资源建设统计

资源类型	覆盖范围	建设数量
"教师上课" "学生自学" "拓展资源"	小学 1～3 年级语文、数学、英语、品德与生活(品德与社会)、科学、音乐、美术和体育 8 个学科	4 129 个学时，6 500 多万张教学光盘
骨干教师	项目省份	1 000 名骨干培训者
一线教师	项目各地	教师 17.6 万人

(六)国家精品课程建设项目

国家精品课程建设项目分为两个阶段：第一阶段(2003—2010 年)国家精品课程建设阶段；第二阶段(2011—2018 年)国家精品开放课程建设阶段。

1. 国家精品课程建设阶段

2003—2010 年，为切实推进教育创新，深化教学改革，促进现代信息技术在教学中的应用，共享优质教学资源，进一步促进教授上讲台，全面提高教育教学质量，造就数以千万计的专门人才和一大批拔尖创新人才，提升我国高等教育的综合实力和国际竞争力，教育部在"高等学校本科教学质量与教学改革工程"项目中开展了国家精品课程建设工作，共组织建设了 3 909 门国家精品课程，来自 750 余所高校的教师参与了课程建设。在国家精品课程建设的带动下，省级、校级精品课程数量也达到 2 万多门（见表 4-3）。国家精品课程资源中心①是在教育部实施"高等学校本科教学质量与教学改革工程"的背景下，在国家精品课程集成项目建设的要求下，依据教育部文件（教高厅函〔2007〕32 号）批准设立的，面向全国高校广大教师和学生提供国家级优质教学资源应用的服务机构。中心常务机构设立在高等教育出版社。全国高校课程资源联盟（以下简称"联盟"）由国家精品课程资源中心主持建立，由愿意加入联盟的全国各高等学校组成。

表 4-3　国家精品课程资源建设统计表

资源类型	覆盖范围	建设数量
国家精品课程	750 余所高校教师	3 909 门
省级、校级精品课程	地方高校	2 万多门

2. 国家精品开放课程建设阶段

为贯彻落实胡锦涛同志在庆祝清华大学建校 100 周年大会上的重要讲话精神和《国家中长期教育改革和发展规划纲要（2010—2020年）》，利用现代信息技术手段，加强优质教育资源开发和普及共享，进一步提高高等教育质量，服务学习型社会建设，教育部决定开展国家精品开放课程建设工作。国家精品开放课程包括精品视频公开课与精品资源共享课，是以普及共享优质课程资源为目的、体现现代教育思想和教育教学规律、展示教师先进教学理念和方法、服务学习者自主学习、通过网络传播的开放课程。

"十二五"期间是国家精品开放课程建设阶段，计划建设 1 000 门国家精品视频公开课，5 000 门国家级精品资源共享课。截至 2017年，上线的慕课已超过 1 400 门，为高校定制课程 5 600 多门次，选

---

① 　http：//jingpinke. com/xpe/portal/6432d360-11d9-1000-942e-bd80abbd4660.

课超过 3 000 万人次，在校生获得在线课程学分超过 200 万人次。截至 2017 年，已有 170 余门中国优质在线开放课程登录国际著名平台，992 门精品视频公开课和 2 886 门精品资源共享课在网上免费开放。国家精品开放课程及资源如图 4-3、图 4-4 所示。

图 4-3　国家精品开放课程资源

图 4-4　国家精品开放课程

国家精品课程资源共 1 298 807 条(截至 2018 年 6 月 13 日),其中本科 879 570 条、高职高专 419 237 条。精品课程资源包括了音频、视频、图片、动画、混合媒体、文本等媒体类型资源,涵盖了人物、试卷、教学录像、文献资料、教学课件、例题习题、媒体素材、网络课程、常见问题、实验实践、教学案例、电子教案、教学设计、名词术语等资源类型,覆盖了文学、历史学、哲学、经济学、管理学、教育学、理学、工学、农学、医学、文化素质教育课程等学科资源(见表 4-4 至表 4-7)。

表 4-4　媒体类型资源数量统计

媒体类型	资源数量
音频	13 849
视频	44 042
图片	58 216
动画	132 885
混合媒体	58 644
文本	68 837
其他	349
. doc	470 376
. ppt	335 571
. xls	3 376
. pdf	110 191

表 4-5　资源类型资源数量统计

资源类型	资源数量
人物	491
试卷	67 916
教学录像	33 422

续表

资源类型	资源数量
其他	7 451
文献资料	140 185
教学课件	360 183
例题习题	146 968
媒体素材	52 005
网络课程	2 530
常见问题	2 611
实验实践	84 769
教学案例	44 557
电子教案	304 074
教学设计	50 350
名词术语	553

表 4-6　本科分学科资源数量统计

本科学科	资源数量
文学	94 964
历史学	9 244
哲学	1 358
经济学	49 132
管理学	67 495
教育学	32 183
理学	224 129
工学	267 934
农学	35 779
医学	98 855

续表

本科学科	资源数量
文化素质教育课程	4 677
总计	879 570

表 4-7　高职高专分学科资源数量统计

高职高专学科	资源数量
农林牧渔	19 873
交通运输	10 254
生化与药品	17 031
资源开发与测绘	5 846
材料与能源	8 512
土建	22 293
水利	3 280
制造	67 106
电子信息	64 412
环保、气象与安全	2 913
轻纺食品	8 272
财经	53 482
医药卫生	22 026
旅游	9 833
公共事业	5 109
文化教育	35 947
艺术设计传媒	9 986
公安	107
公共基础	31 824

(七)国家教育资源公共服务建设项目

在"宽带网络校校通"的基础上，为促进"优质资源班班通"和"网络学习空间人人通"，依托现有公共基础设施，利用云计算等技术，国家建设了"国家教育资源公共服务平台"[①]，目的是推动与区域教育资源平台和企业资源服务平台的互联互通，共同服务于各级各类教育，为资源提供者和资源使用者搭建起网络交流、共享和应用的环境，这是政府提供教育基本公共服务的一次创新。国家教育资源公共服务平台在提供资源上传下载服务的基础上，强调以学习空间为核心的资源推送，把不同用户所需要的资源送入不同的个人空间，以教师的教学空间应用带动学生、家长和学校的应用。一方面，国家教育资源公共服务平台将国内教育优势地区的名校、名师资源集中起来，为全国师生提供个性化的空间和服务。另一方面，促进"优质资源班班通"和"网络学习空间人人通"，让优质资源和创新应用惠及每个人。平台于 2012 年 12 月 28 日开通试运行，中央电化教育馆网络部承担平台的运行维护工作，并建立了平台的门户网站，设立新闻、资源、活动、培训、导航、发现等网站频道，着力于教育信息化的工作进展、教育资源的推送推广、各类教育活动的举办实施、教育资源信息的智能导航。同时，开通了客服 400 服务呼叫中心，设立实时监控，加固及加速网络服务设施，努力更好地为广大网络用户提供优质的服务。国家教育资源公共服务平台教育资源分类别数量统计和分布如表 4-8 和图 4-5 所示。

表 4-8　国家教育资源公共服务平台教育资源分类别数量统计(2018 年 7 月 8 日)

资源类别	主题领域	数量
学前资源	生活照料、科学喂养、疾病防治、计划免疫、发展教育、安全防护	259

---

① http://www.eduyun.cn/.

续表

资源类别	主题领域	数量
同步资源	基础教育各学段各学科内容	67 562
网校课程	基础教育各学段各学科内容	80
专题资源	核心价值观、法制、行为养成、安全、心理健康、民族团结教育、国防教育、体育与健康、艺术、科普、家庭教育、学校管理	2 442
民族资源	蒙语、藏语、维吾尔语、彝语、朝鲜语、哈萨克语学科知识点和专题教育内容	6
慕课资源	理、工、农、医等 13 个一级学科高教资源	537
中高考资源	备考辅导、真题解析、专项提升、技巧指导、自主招生等中高考资源	121
微课资源	小学、初中学段，9 个学科内容	3 107

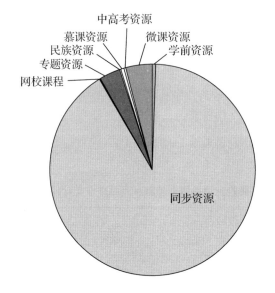

图 4-5　国家教育资源公共服务平台教育资源类别分布

　　国家教育资源公共服务平台中的面向基础教育的资源覆盖基础教育多个学段（小学、初中、高中学段）、多个学科（语文、数学、英

语、科学、音乐、美术、信息技术等 21 个学科)、多种版本(人教课标版、北师大版、冀教版、苏教版等 32 个版本)、多种媒体类型(文档、图片、音频、视频、动画、其他)，如图 4-6 所示。

图 4-6　国家教育资源公共服务平台中的课程资源

　　面向基础教育的资源以素材、课堂实录、教学设计和资源包为主，还包括微课、工具、习题、实验、数字教材等资源。另外，还包括了面向中高考专题资源、收费的网校资源、微课资源，以及面向幼教和职教的课堂实录、课件、教学设计、视频、素材、绘本阅读资源和教研资源等(见表 4-9 和图 4-7)。

表 4-9　按主要的资源类型基础教育资源数量统计(2018 年 6 月 16 日)

资源类型	数量
资源包	45 214
教学设计	3 332
课堂实录	8 245
素材	10 773

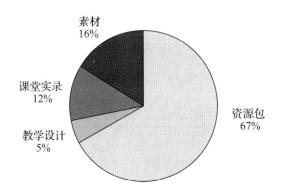

图 4-7　基础教育资源的资源类型分布

（八）"一师一优课、一课一名师"项目

为贯彻落实党的十八届三中全会提出的"构建利用信息化手段扩大优质教育资源覆盖面的有效机制"，按照《教育部关于全面深化课程改革，落实立德树人根本任务的意见》精神，根据教育部 2014 年教育信息化工作部署，教育部开展了"一师一优课、一课一名师"活动。

该项目发动广大一线教师进行资源生成，通过资源评价机制实现优质教育资源的生成与汇聚，目标是使每位中小学教师能够利用信息技术至少上好一堂课，使每堂课至少有一位优秀教师能够利用信息技术讲授，以优课资源建设作为重要抓手，大力推进地区教育信息化工作，推进信息技术与课程深度融合。

教育部已开展两轮"一师一优课，一课一名师"活动，共有 1 000多万名教师参加，晒课共计 737 万堂，活动产生的资源全部免费向广大师生开放。广大一线教师生成性资源涵盖了小学、初中、高中学段的语文、数学、英语等学科教育课程以及综合实践活动、心理健康教育、家庭教育、安全教育专题教育课程（见图 4-8 和表 4-10）。

图 4-8　"一师一优课、一课一名师"课程资源

表 4-10　按年度部级优课资源数量统计(2018 年 6 月 18 日)

年度	数量
2014—2015	1 810
2015—2016	4 025
2016—2017	3 140

（九）国家职业教育专业教学资源库

21 世纪以来，我国加快推进教育信息化进程。2001 年颁布的《全国教育事业第十个五年计划》把教育信息化确定为战略要点；2002 年，教育部启动包括高等职业院校在内的高等学校精品课程建设工作，促进现代信息技术在教学中的应用，有力引导了高等职业院校信息化教学资源的开发建设；2006 年，教育部、财政部启动实施"国家示范性高等职业院校建设计划"，把资源库建设作为其中的一项建设内容进行安排部署，提出"研制并推广共享型教学资源库"，国家示范性高等职业院校建设工作协作委员会组织教育专家、行业

专家和部分示范性高等职业院校代表成立课程开发与教学资源建设协作组，分专业开展了先期的研究论证和探索实践，并同步启动了平台的建设研究。在充分论证准备的基础上，2010 年正式启动了项目建设。

2010 年，教育部高等教育司印发《关于开展高等职业教育专业教学资源库 2010 年度项目申报工作的通知》，围绕数控技术、汽车检测与维修、道路与桥梁工程技术、应用电子技术、模具设计与制造、建筑工程技术、应用化工技术、物流管理、会计、护理、眼视光技术 11 个专业，面向国家示范性高等职业院校，组织开展教学资源库申报。这标志着资源库项目正式启动实施。在自愿申报、专家评审的基础上，2010 年确定了 11 个资源库建设项目。2011 年再次组织项目遴选工作，确定园林技术等 17 个资源库（包括资源库运行平台——数字校园学习平台）建设项目，项目一次确定、分两批建设，第一批 9 个项目，第二批 8 个项目。2012 年年底，2010 年立项建设的 11 个资源库全部通过了项目验收。[①]

三年的实践探索，立项建设了 28 个资源库，并完成了 11 个资源库的验收。经过立项、建设、验收的完整流程，形成了比较完备的项目建设机制。在项目组织方面，教育部发布年度拟建专业名单，国家示范性高等职业院校牵头组建校企联合的项目团队，采取自主申报、专家评审、择优遴选的方式确定年度建设项目。在资源建设方面，在集成该专业全国优质课程建设成果的基础上，采用整体顶层设计、先进技术支撑、开放式管理、网络运行的方式，建设涵盖教学设计、教学实施、教学评价的数字化专业教学资源，包括专业介绍、人才培养方案，教学环境、网络课程、培训项目，以及测评系统等内容。在验收评价方面，制定了包括资源建设、应用成效和

---

① 郭庆志、王博、张磊等：《国家级职业教育专业教学资源库建设与应用分析报告 (2016)》，北京，中央广播电视大学，2017。

资金使用等方面的验收标准，并要求验收后资源库每年更新比例不低于 10%，确保资源库不断完善、持续发展和推广应用。

2013 年至 2017 年，教育部每年组织项目申报工作，不断更新建设理念、明确建设目标、规范建设内容、创新建设方式，形成了科学、系统的资源库建设标准体系。

截至 2017 年年底，职业教育专业教学资源库坚持边建边用、以用促建、重在应用，目前已立项建设了 88 个专业教学资源库、10 个民族文化传承与创新资源库子库；建成各类多媒体资源 195 万余条，资源总量达到 32.3TB；注册学员 158 万余人，资源库累计访问量超过 2.5 亿人次。资源库建设在支撑区域产业发展和促进职业教育均衡发展方面取得明显成效。

一方面，专业覆盖面不断扩大，有效支撑了区域产业发展。资源库覆盖了高职专业目录 19 个大类和 51 个二级类。其中，28 个资源库与"中国制造 2025"确定的新一代信息技术、高端装备、新材料、生物医药、农机装备等 10 个战略重点直接相关。

另一方面，院校参与度高，促进了职业教育进一步均衡发展。160 种中职国家规划新教材、233 种改革创新示范教材，均同步开发了多媒体光盘和网上学习资源；开通全国中等职业教育数字化学习资源平台，19 类专业 1 825 个优秀课件实现网上共享；推动职业教育资源库建设，注册用户达 134 万人。

国家职业教育专业教学资源库共有 1 000 多所院校[含高职示范（骨干）院校 185 所]、3 094 家行业企业参与了资源库建设。中西部职业院校的学生注册用户数占总注册用户数的 42%，彰显了优质职业教育资源的辐射带动作用(见图 4-9 和表 4-11)。[1]

---

[1] 林宇：《职业教育专业教学资源库的建设方向》，http：//www.chinazy.org/models/newxwzx/detail.aspx? artid＝65920，2018-04-02。

图 4-9　国家职业教育专业教学资源库

表 4-11　国家职业教育专业教学资源库建设数据

建设维度	内容
建设时间	2006—2018 年
专业覆盖	高职专业目录 19 个大类和 51 个二级类
资源库数量	88 个专业教学资源库、10 个特色库
资源数量	各类多媒体资源 195 万余条，资源总量达到 32.3TB
参与建设主体	1 000 多所院校、3 094 家行业企业
建设成效	有效支撑区域产业发展，促进职业教育进一步均衡发展

二、重大教育资源建设项目比较

国家重大资源建设项目引领和推动了我国教育资源建设的不断发展、不断进步。通过对国家层面实施的重大教育资源建设项目在建设时间、建设主体、建设内容、面向领域、建设目标多个维度的比较可以发现以下几点。

①资源建设的主体从以国家、地方建设为主，逐渐转向到国家、地方、高校、企业、个人多方协同构建。

②资源建设的内容从音像教材资源建设，转向 CAI 多媒体课件资源建设，再到数字化、网络化、开放性、个性化的优质多媒体素材文档资源、视频资源、课程资源建设。

③面向领域涵盖了基础教育、职业教育、高等教育、继续教育等不同阶段的教育；基础教育领域的资源项目一方面面向条件艰苦、师资力量薄弱的农村教学点，另一方面实现利用信息技术推动地区教育信息化均衡发展。

④建设目标从最开始的建设教学配套资源，到利用信息技术开展教育教学整合、融合应用，再到个性化内容资源创造、汇聚、分享与利用，不断推动实现优质教育资源共享、教育均衡发展，提高教育教学质量，服务学习型社会建设。

重大教育资源建设项目比较详见表 4-12。

表 4-12　重大教育资源建设项目比较

项目名称	建设时间	建设主体	建设内容	面向领域	建设目标
电教教材项目	改革开放初期	国家、地方	音像教材	各级学校	建设教学配套资源
96-750 项目	1996—1999	国家	CAI 课件	各级学校	设计开发计算机辅助教学软件，探索现代信息技术与教育整合
全国多媒体课件大赛	2001—2016	国家、地方、高校	多媒体课件	各级学校（高教、职业院校）	提高学科教师的课件制作水平和信息技术教育应用能力，推动现代信息技术、网络技术与教育教学整合应用

续表

项目名称	建设时间	建设主体	建设内容	面向领域	建设目标
农远工程	2003—2008	国家、地方	教学光盘、视频、素材资源	农村中小学	构建农村教育信息化的环境，实现优质教育资源共享
教学点资源全覆盖项目	2012—	国家、地方	数字化课程资源	教学点小学 1～3 年级	借助信息技术实现教学点开好国家规定课程，提高农村偏远地区教育质量，促进义务教育均衡发展
国家精品课程	2003—2010	国家、地方、高校	数字化课程资源	高等教育	促进现代信息技术教学应用，共享优质教学资源，全面提高高等教育的教学质量，提升我国高等教育的综合实力和国际竞争力
国家精品开放课程	2011—	国家、地方、高校	精品视频公开课、精品资源共享课	高等教育、终身教育	借助现代信息技术手段，加强优质教育资源开发和共享，进一步提高高等教育质量，服务学生自主学习，服务学习型社会建设
国家教育资源公共服务建设项目	2012—	国家、地方	教材配套数字化课程资源	各级各类教育	以个性化学习空间为核心的资源推送公共服务
"一师一优课、一课一名师"项目	2014—	国家	教材配套优课资源	基础教育	利用信息化手段扩大优质教育资源覆盖，推进地区教育信息化工作
国家职业教育专业教学资源库	2006—	国家、高校、企业	各类多媒体资源	职业教育	建设资源库促进优质教育资源共享和利用，促进职业教育均衡发展

第三节　企业重大教育资源建设项目

在国家积极推动教育资源建设的同时，企业也积极参与网络教育资源建设，纷纷设立了许多重大教育资源建设项目，来满足人们对个性化、多样化教育资源的迫切需要，推动资源建设不断发展。

一、典型企业教育资源建设项目

（一）百度文库

为了满足互联网环境下用户的个性化资源创造、分享与利用需求，2009 年百度文库项目上线。百度文库[①]以"让每个人平等地提升自我"为理念，为用户的网络环境下的个性化内容资源创造、分享与利用需求提供了平台和环境，得到了互联网广大用户的青睐。通过用户的生成和分享的资源内容，不到 10 年，百度文库就汇聚了225 063 124份多种格式（.doc、.ppt、.txt、.pdf、.xls）的文档资源。百度文库集成了教育文库、文库视频、百度题库、学术专区、会议中心等精品内容，提供了教育频道、专业资料、实用文档、资格考试、生活商务等分类目录。另外，百度文库也和其他的教育机构开展资源建设合作，建设优质内容资源，同时进行资源的推广和利用。

教育文库[②]是百度文库中的重要组成部分，提供了面向家庭幼儿、小学、初中、高中教育四个学段、多个学科多种版本的教育资源内容，同时构建了教学研究、教师工作、作文库和试题库等专题分类内容。截至 2018 年 6 月，教育文库已经集成了来自 101 557 个学校的 1 501 174 名教师创建的 55 328 033 份教育文档资源（见图4-10）。

---

① 　https：//wenku.baidu.com/.

② 　https：//wenku.baidu.com/edu.

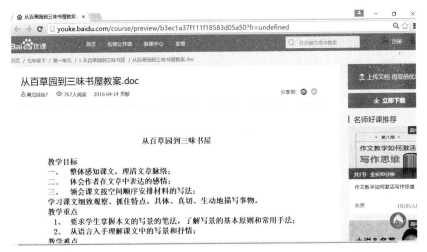

图 4-10 百度文库教育资源

百度文库借助 Web 2.0 理念，改变了以往资源库建设中由行政部门主导或包办的集中化模式，淡化了"信息权威"，创造了一种自下而上、群建共享的资源共建共享氛围。百度文库倡导"去中心化"的运营理念，用户既是资源的生产者、发布者、传播者、组织者，又是分享者、使用者、评判者，所有资源均是由用户自主上传，用户的个人影响力只有通过持续上传、分享、使用优质资源才能树立，有效地推动了百度文库资源内容的持续共建和共享。①

（二）网易公开课

在国际开放教育资源运动的影响下，2010 年网易在中国率先推出了哈佛大学、耶鲁大学、牛津大学、剑桥大学等"全球名校视频公开课"公益项目，免费为网民翻译并发布国外大学优秀课程，后又加入国际开放课件联盟（Open Course Ware Consortium，OCWC），成为该联盟在中国唯一的企业联盟成员。②

---

① 王玉龙：《基于百度文库的微课资源社区构建策略研究》，载《中国远程教育》，2015(2)。

② 邓康桥、阙澄宇：《MIT OCW 项目与网易公开课运营模式比较研究》，载《现代教育技术》，2013(9)。

网易公开课①秉承开放、平等、协作、分享的"互联网精神"，通过跨界合作集聚了 44 614 条优质内容资源（截至 2018 年 6 月 26 日），其中课程 8 207 条（见图 4-11），视频 35 975 个，公开课策划 432 个，包括国际名校公开课、中国大学视频公开课、TED 课程、可汗学院等内容资源（见表 4-13）。网易公开课的建设也带动了其他企业资源建设项目的推出，如新浪公开课、中国公开课、好课程网等。

图 4-11　网易公开课教育资源

表 4-13　网易公开课资源数量统计

资源类型或来源	数量
TED 课程	1 980
可汗学院	79
国际名校公开课	475
赏课	1 758
演讲	447
中国大学视频公开课	1 055
付费精品	237

---

① https://open.163.com/.

（三）奥鹏教育

奥鹏教育①是一家远程教育内容服务运营机构，是远程教育公共服务体系的重要组成部分，面向学历教育、职业教育、政府与企业培训和教师培训提供课程资源服务。

图 4-12　奥鹏教育教师培训网络课程资源

奥鹏教育建设了慕课（MOOC）学习资源、教师培训资源和学历教育资源。其中 MOOC 学习资源是在与国内 37 所重点大学发起成立的"MOOC 中国"联盟基础上构建的，包括 116 家加盟成员单位，构建了生命科学、物理科学与工程、计算机科学、环境科学与持续发展、经济学、商务、艺术与人文学科门类的 115 门；教师培训资源（见图 4-12），覆盖了幼儿、小学、初中、高中、中职、高职学段，包含备课资源（1 642 条）、学科案例（960 条）、微课资源（1 408 条）、微案例微研究类型（143 条）的 4 153 条资源（截至 2018 年 7 月 18 日）。奥鹏教育推动信息技术与教育的有机融合，面向行业化、区域

---

① http://www.open.com.cn/.

化、国际化的社会发展需求，为学习者提供有价值的 MOOC 学习资源和专业化学习服务。

（四）学堂在线

2013 年，随着大规模在线开放课程在全球的兴起，清华大学也发起建立了精品中文慕课平台——学堂在线①，2014 年由新成立的北京慕华信息科技有限公司负责学堂在线的开发和运营。截至 2018 年 7 月 19 日，学堂在线注册用户过千万，与清华大学、北京大学、复旦大学、中国科技大学，以及麻省理工学院、斯坦福大学、加州大学伯克利分校等国内外一流大学合作构建了覆盖 13 个大学科门类的在线开放课程共 1 485 门。

学堂在线汇集了国内外优质教育资源，为学习者提供优质的名校名师课程资源服务（见图 4-13）、微学位认证服务、大学先修课程服务、学堂畅销精品课服务（收费课程）等，满足多样化的学习需求。学堂在线对于引领中国在线教育行业发展、 提高中国高等教育教学

图 4-13　学堂在线精品开放课程

---

①　http：//www.xuetangx.com/.

质量、促进优质教学资源共享、塑造中国在线开放课程的国际影响力等方面发挥了积极作用。

（五）国家开放大学五分钟课程网

为适应时代要求，推进现代信息技术与教育的深度融合，探索"六网融通"新的资源建设模式，更好地适应学历及非学历教育多样化、个性化学习需求，促进全民学习和终身学习的学习型社会建设，国家开放大学于 2012 年启动了"五分钟课程建设工程"项目。利用多媒体手段开发时长 5～15 分钟的五分钟课程；搭建五分钟课程网，汇聚优质五分钟课程，为社会提供共享、学习与交流的平台。

五分钟课程是有明确教学目标，围绕教学目标进行教学设计，集中说明一个知识点或解决一个问题，学习时间在 5～15 分钟的小课程。课程形式不限，但目标要明确，教学内容要短小、紧凑、聚焦。教学内容与教学目标的紧密关联是五分钟课程的核心。

至 2017 年 9 月底，国家开放大学五分钟课程网发布五分钟课程数量达到 30 000 门，成为国内规模最大的五分钟课程资源网站（见图 4-14）。五分钟课程内容涉及文学艺术、历史文化、生活休闲、科学技术、农林牧渔、哲学社科等 10 个一级分类（见图 4-15）。

图 4-14　国家开放大学五分钟课程网

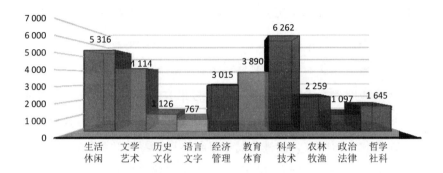

图 4-15　五分钟课程数量分布

二、企业教育资源建设项目比较

企业作为市场的主体，企业建设的重大教育资源项目大大丰富了我国教育资源建设的内容，拓展了教育资源建设的途径，满足了学习者对资源多样化的学习需求。对企业层面实施的重大教育资源建设项目在建设时间、建设内容、面向领域、建设目标多个维度进行比较可以发现以下三点。

第一，建设内容方面，企业的教育资源建设项目侧重点各不相同、各具特色，百度文库侧重于各类数字化文档资源，网易公开课和学堂在线侧重于在线开放视频公开课程资源，而奥鹏教育侧重于各类课程资源和教师培训资源。

第二，面向领域方面，百度文库、网易公开课和奥鹏教育主要面向各级各类教育，而学堂在线主要面向的是高等教育领域。

第三，建设目标方面，虽然企业都有追求利润的共同目标，但是以百度文库、网易公开课、奥鹏教育和学堂在线为代表的中国企业在教育资源建设目标方面表现出多样化的特点。它们在个性化内容资源创造、分享与利用，跨界合作优质内容资源的集成汇聚、优质教学资源的共享利用，中国远程教育公共服务体系的运行模式机制的探索等方面助力中国教育资源的共享利用、个性化资源的提供以及终身教育的学习型社会建设。

企业重大教育资源建设项目比较，详见表 4-14。

表 4-14　企业重大教育资源建设项目比较

项目名称	建设时间	建设内容	面向领域	建设目标
百度文库	2009—	各类数字化文档资源	各级各类教育	个性化内容资源创造、分享与利用
网易公开课	2010—	视频公开课程资源	各级各类教育	跨界合作集成汇聚优质内容资源
奥鹏教育	2002—	课程资源、教师培训资源	各级各类教育	采用市场机制，探索中国远程教育公共服务服务体系的运行模式、运行机制和管理办法
学堂在线	2013—	在线开放课程	高等教育	提高中国高等教育教学质量，促进优质教学资源共享，探索构建终身教育体系，助力建设全民学习、终身学习的学习型社会

第四节　教育资源建设的经验及展望

从改革开放初期的视听教育资源建设，到 20 世纪八九十年代的计算机辅助教学资源建设，再到 21 世纪初的数字化网络学习资源建设，我国教育资源建设通过国家设立的重大资源建设项目引领带动和企业自发资源建设项目的丰富和完善，面向学前教育、基础教育、职业教育、高等教育、继续教育等领域，建立起了具有中国特色的教育资源服务体系，为中国的教育教学改革与发展提供了基础和条件支持。

一、我国教育资源建设经验

(一)教育资源组织管理标准规范体系

教育资源组织管理标准是资源建设需要提前考虑的问题，尤其是在网络学习环境中，为了对网络教育资源进行有效组织、管理、共享和重用，国内外开展了教育资源组织模型和管理标准的研究与实践。

学习对象模型(Learning Object Metadata，LOM)是国际电气和电子工程师协会(Institute of Electrical and Electronics Engineers，IEEE)提出的教育资源组织管理标准。LOM 是从学习资源元数据的角度对学习对象实体进行描述，包括核心集、可选扩展集、特定扩展集和任意扩展集。LOM 从 General、Lifecycle、Meta-Metadata、Technical、Educational、Rights、Relation、Annotation、Classification 九个维度描述学习对象，从属性上揭示学习对象所蕴含的语义特征，为学习资源的知识组织、管理、交换、共享和利用提供了条件。可共享内容对象参考模型简称 SCORM(Shareable Content Object Reference Model)，是高级分布式学习机构为解决不同学习内容管理系统(Learning Management System，LMS)中学习对象组织问题而在 LOM 的基础上开发的，内容聚合模型是 SCORM 中的重要组成部分。

为了简化网络学习资源组织、交换与利用，DC 元数据模型从 Title、Creator、Subject、Description、Publisher、Contributor、Date、Type、Format、Identifier、Source、Language、Relation、Coverage、Rights 属性方面描述了网络学习资源。DC 元数据模型较为简单，在一定程度上对学习资源的属性特征进行了表征和揭示，然而却没有涉及高层次的关联关系特征描述，在学习资源组织方面属于较浅层次的关联组织。

基于小课件、小素材组合重用的理念构建的"积件"模型①是国内对教育资源组织方面的早期探索。教育资源建设需求推动教育资源标准不断发展②，教育部在 2000 年专门制定了《教育资源建设技术规范》（CELTS），致力于解决教育资源建设属性标注混乱问题。CELTS 是为中国教育领域资源库的组织而制定的教学资源数据模型系列标准，包括 CELTS-3 学习对象元数据信息模型、CELTS-41 教育资源建设技术规范、CELTS-42 基础教育教学资源元数据规范等。③ CELTS 组织模型参考了 LOM、DC 元数据模型和中国图书馆图书分类法，侧重于对学习内容资源的属性和特征进行组织与描述，为网络环境下的学习内容资源组织与管理提供模型参考（见图 4-16）。

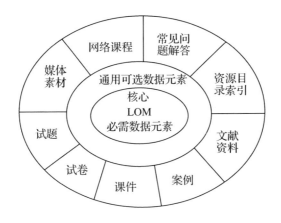

图 4-16　教育资源建设技术规范基本结构

LOM、DC、SCORM 等教育资源组织管理标准为教育学习资源组织提供了建设的技术解决方案，在工程层面上实现了异构学习管理系统中资源的组织，而且聚合的内容从纯素材到结构化、可与外

---

① 黎加厚：《从课件到积件：我国学校课堂计算机辅助教学的新发展（下）》，载《电化教育研究》，1998(1)。

② 余胜泉、朱凌云：《〈教育资源建设技术规范〉体系结构与应用模式》，载《中国电化教育》，2003(3)。

③ 何克抗：《我国数字化学习资源建设的现状及其对策》，载《电化教育研究》，2009(10)。

界环境交互的学习对象，提升了教育资源组织建设管理。IMS-LD
的研究体现了从关注学习对象到关注学习活动的转变，教育学习资
源组织的范围也从学习对象延伸到学习活动，从学习资源扩展到学
习过程。

随着移动学习、智慧学习、按需学习等非正式学习方式对学习
资源组织提出了新的需求，泛在学习环境下新的学习资源组织模
式——学习元（Learning Cell）——出现了。学习元是一种新型泛在
学习资源描述和封装的机制，具有可重用特性支持学习过程信息采
集和学习认知网络共享，可实现自我进化发展的微型化、智能性的
数字化学习资源。[①] 学习元不仅具有学习对象的特征，而且具有生
成性、开放性、联通性、社会性、进化性、内聚性、智能性和微型
化等特性。[②]

教育学习资源组织标准从 LOM、SCORM、IMS-LD、IMS-CC、
CELTS 等到学习元的不断发展，总体呈现出从学习内容到学习活
动、从物化资源到人际资源、从预设信息到生成性信息、从静态元
数据到语义知识本体、从面向教的资源组织到面向学的资源组织、
从单一学习内容维度到整体学习过程等发展趋势。

在建设数字化学习资源的过程中，技术标准的制定是个非常重
要的问题，缺乏统一的技术标准，数字化学习资源将难以共享，各
网络教学系统之间也无法实现互操作。[③] 建立统一的技术标准，实
现资源的深度共建共享[④]是数字化教育资源建设实践层面的关键

① 余胜泉、杨现民、程罡：《泛在学习环境中的学习资源设计与共享——"学习元"
的理念与结构》，载《开放教育研究》，2009(1)。
② 杨现民、余胜泉、王志军：《学习元与学习对象的多维比较研究——学习资源聚
合模型发展新趋势》，载《开放教育研究》，2010(6)。
③ 胡小勇：《教育信息化进程中区域性优质资源共建共享：理论框架与个案研究》，
载《电化教育研究》，2010(3)。
④ 祝智庭、许哲、刘名卓：《数字化教育资源建设新动向与动力机制分析》，载《中
国电化教育》，2012(2)。

问题。

(二)教育资源共创共享建设模式

1. 国家主导的教育资源共创共享建设模式

在教育信息化 1.0 时代，由于历史原因，我国普遍存在有效资源内容匮乏的问题。[①] 为此，我国从国家层面先后组织了农村中小学现代远程教育项目、教学点数字教育资源全覆盖项目。借助现代信息技术手段，加强优质教育资源开发和共享，进一步提高高等教育和职业教育质量，服务学生自主学习，服务学习型社会建设，国家先后启动了高等教育领域中的国家精品课程和职业教育领域中的国家职业资源库建设项目。通过国家引领、基层教育行政机构组织，采取以教师建设为主、购买为辅，分布建设、共享使用的模式，促进了基础教育、职业教育和高等教育的均衡发展。

国家主导的教育资源共创共享建设模式是自上而下的资源建设模式，能够集中力量办大事，在资源的建设组织和推动方面具有广泛的号召力，通过国家主导、地区参与的资源共创共享模式，推动优质教育资源的共享和利用，对于推动教育教学改革发挥了较好的条件支撑作用，提供了完善的资源建设保障机制。

2. 企业主导的教育资源共创共享建设模式

企业主导的教育资源共创共享建设模式是应用驱动、自下而上的建设模式，着力从"集中式"向"去中心化"方向转变，着力从"库"的构建转向"社区"营造，通过社会化建构，面向用户个人知识管理需要，采取多维激励与进化机制进行持续更新和进化[②]，核心特点是由自上而下的行政推动转向自下而上的需求导向。另外，企业主

---

① 何克抗：《把脉中国教育资源建设》，载《中国远程教育》，2003(8)。

② 罗晓兰、李明：《网络免费学术资源分享及使用行为初探——以百度文库为例》，载《现代情报》，2017(1)。

导的教育资源共创共享建设模式在平台构建、渠道推广、内容呈现等方面均应符合网络时代"合作、分享"的用户个性化特征，通过资源互换、资源付费等途径实现资源共享与共赢①，并能够实现在用户内容资源提供方面获得收益，构建了完整的教育生态系统。在国家层面，教育资源建设需要在教育教学应用中才能产生价值；在企业机构层面，教育资源建设唯有以用户为中心不断创新、不断引领、不断保持特色才能保持竞争优势。

3. 多元主体参与的教育资源共创共享建设模式

国家主导的教育资源建设模式和企业主导的教育资源共创共享建设模式作为我国教育资源建设的两翼，构建了多样化的教育资源。国家主导的教育资源建设模式和企业主导的教育资源建设模式在教育资源建设的内容、途径和成效上各有优势。教育资源建设是一个生态系统，需要借鉴教育生态学的理念，发挥多元主体参与的优势。

在后续资源建设过程中我们还需要进一步进行机制创新，要逐步改变以往政府投入项目建设为主的资源建设模式，探索"政府引导、需求驱动、多方参与、市场调控"的资源共建共享机制，逐步形成"企业竞争提供、政府评估准入、学校自主选择"的资源建设与共享的新格局。② 建立新型的资源与服务治理机制，健全和完善教育供给投入体系，多样化教育需求的满足，必须要有多样化教育供给的投入。从教育供给的责任主体（政府）角度看，政府作为教育资金投入唯一提供者的格局将被打破。在互联网时代，民间资本可以在教育服务领域发挥重要作用，政府需要制度创新，结合本地教育需求，向社会教育服务机构购买资源和服务，科学引导社会机构提供的教育服务满足公共服务的短板，实现教育公共服务全覆盖与互联

---

① 李晓方：《激励设计与知识共享——百度内容开放平台知识共享制度研究》，载《科学学研究》，2015(2)。

② 张纲、王珠珠：《国家基础教育云建设与应用》，载《中国教育信息化》，2013(4)。

网教育服务产业发展的双赢。① 同时，发挥互联网用户个性化资源建设优势，有效满足教育教学中对个性化优质数字教育资源的需求，保持教育资源生态系统持续、稳定、健康、有序的发展和进化。

二、开放资源运动对我国资源建设的启示

互联网技术改变了人们的生活，同时也带来了教育资源建设领域的巨大改变。随着古登堡计划和开放源代码软件等开放资源运动的不断推动，全球教育领域中的开放教育资源运动也蓬勃发展。麻省理工学院在 20 世纪 90 年代中后期将校内各个院系的大量课程资料发布到互联网上，并于 2001 年启动开放课件项目。随后，哈佛、耶鲁、斯坦福、牛津、剑桥等世界名校加入网络公开课的建设，共同推动了国际高等教育优质资源的开放与共享运动。从麻省理工学院发起开放课件运动、视频公开课到 MOOCs（标志性事件如图 4-17 所示），开放教育资源为全球范围的知识和资源共享提供了条件。

图 4-17　开放教育资源发展历程②

开放资源运动在全球的蓬勃发展，带来了知识分享的革命性变化，同时也带动了我国教育资源建设的蓬勃发展，教学资源建设呈

---

① 余胜泉、汪晓凤：《"互联网＋"时代的教育供给转型与变革》，载《开放教育研究》，2017(1)。

② 杨现民、赵鑫硕：《"互联网＋"时代学习资源再认识及其发展趋势》，载《电化教育研究》，2016(10)。

现出开放性的特点与趋势。① 随着国家精品课程项目、国家精品开放课程项目、"一师一优课、一课一名师"项目的建设，我国开放教育资源也在快速发展。开放资源运动的全球化发展，对我国开放教育资源建设具有如下启示。

1. 资源建设体现优质课程观

优质的教育资源是人们追求的目标，国外开放教育资源非常注重课程资源的质量。例如，麻省理工学院的教学质量全世界公认，MITOCW 开放的 1 900 门课程无一不代表了领域最前沿的知识和思想；OpenLearn 采用了基于活动理论的课程设计；卡耐基梅隆大学采用了庞大的设计队伍，所有在线课程均由学科队伍共同开发完成。②

2. 形成多主体参与的数字教育资源建设机制

美国发挥了政府、企业、社会团体、高校和个人的优势，开发了面向不同用户的、不同层次的开放教育资源。我国现阶段的资源建设机构较多，责权不明，重复建设较多，资源平台较多，但是运营机制不成熟。因此，需要依据"政府引导、多方参与、共建共享"的原则，明确数字教育资源建设的利益相关者的职责，充分发挥政府、企业、科研机构等配置主体的作用，强化责权分明、协同工作、积极配合，将市场配置资源的优势充分发挥出来，把企业等机构专业化服务的优势发挥出来，使多元主体能够在推进资源配置过程中共同发展。政府的职责就是制定数字教育资源政策，做好资源建设规划，协调各利益主体的关系，保护各建设主体的利益。③

---

① 赵国栋、姜中皎：《高校"开放教育资源"建设模式与发展趋势》，载《北京大学教育评论》，2009(3)。

② 叶冬连、焦建利：《国外开放教育资源的比较及启示》，载《中国电化教育》，2010(10)。

③ 郭绍青、张进良、贺相春：《美国 K-12 开放教育资源：政策、项目与启示》，载《电化教育研究》，2016(7)。

3. 构建开放教育资源建设标准

教育资源组织建设主要遵循的教育资源组织管理标准规范有DC、LOM、SCORM、CELTS等，我国教育资源的建设也需要进一步建立教育资源组织管理标准规范，要既能体现教育资源的特点，又有利于资源的组织建设，为资源的共建共享打好基础。[1] 学习元作为泛在学习环境下的学习资源组织模型，已经提交了国际标准化组织，正在建设国际教育资源标准(SC36/WG4 23216)，为未来开放教育资源建设提供建设标准和参考。

4. 可持续发展保障机制

根据教育生态学理论，数字教育资源有其生命周期。基于互联网、多方参与、系统科学的资源评价机制体系[2]，可以推动我国教育优质数字资源的可持续发展与应用，促进开放教育资源的更新与淘汰，实现资源的进化。

三、对教育资源建设的未来展望

从视听教育到信息化教育[3]，从信息化教育再到智慧教育[4]，我国教育发展进入了一个新的历史阶段。与此同时，我国教育信息化也需要从1.0时代步入2.0时代，个性化学习、终身学习是教育信息化2.0时代的学习诉求。如何通过构建个性化、适应性、微型化、聚合性、社会化、关联性的数字化网络教育资源来满足个性化学习、终身学习的现实需要，是未来教育资源建设需要考虑的问题，需要

---

[1] 张春玲、朱江：《国外开放教育资源(OER)建设情况分析及启示》，载《图书馆论坛》，2013(4)。

[2] 柯清超、郑大伟、张文等：《国家教育资源公共服务平台评价机制研究》，载《中国电化教育》，2016(9)。

[3] 南国农：《从视听教育到信息化教育——我国电化教育25年》，载《中国电化教育》，2003(9)。

[4] 黄荣怀：《智慧教育的三重境界：从环境、模式到体制》，载《现代远程教育研究》，2014(6)。

在机制、标准、模式方面进行不断优化和创新。

（一）"互联网＋"时代教育资源发展趋势

快速发展的信息技术、持续更新的教育理念和人们对于优质教育资源的需求等因素不断推动着数字化网络教育资源发展和进化。随着 STEM 教育、开放教育、创客教育、移动学习、碎片化学习、生成性教学等教育新理念与新方法的逐步盛行，以及开源软硬件、虚拟现实、增强现实、移动通信、社交媒体、人工智能等前沿科技的快速发展与普及应用，"互联网＋"时代资源呈现出开放性、整合性、碎片化、生成性、移动化和虚拟化的发展趋势。[①]

（二）"互联网＋"时代教育资源建设机制

教育部发布的《教育信息化 2.0 行动计划》，明确了数字资源服务普及行动是教育信息化 2.0 的具体实施行动之一，要在国家教育资源和省级教育资源连通基础上，实现数字教育资源开放共享，使教育大资源开发利用机制全面形成。要优化"平台＋教育"服务模式与能力，基于目前建成的国家数字教育资源公共服务体系，初步形成覆盖全国的数字教育资源版权保护和共享交易机制，利用平台模式实现资源众筹众创，改变数字教育资源自产自销的传统模式，解决资源供求瓶颈问题。

《国家教育事业发展"十三五"规划》提出积极发展"互联网＋教育"，制定在线教育和数字教育资源质量标准，推动建立数字教育资源的准入和监管机制，完善数字教育资源知识产权保护机制，鼓励企业和其他社会力量开发数字教育资源，形成公平有序的市场环境，培育社会化的数字教育资源服务市场，探索建立"互联网＋教育"管理规范，发展互联网教育服务新业态。鼓励学校或地方通过与具备资质的企业合作、采用线上线下结合等方式，推动在线开放资源平

---

① 杨现民、赵鑫硕：《"互联网＋"时代学习资源再认识及其发展趋势》，载《电化教育研究》，2016(10)。

台建设和移动教育应用软件研发。"互联网＋"时代教育资源建设需要进一步发挥国家规划和顶层设计，地方配套资金投入，企业和教育机构、用户共同构建的建设机制，形成多元主体建设模式，发挥各种主体要素的优势，利用市场化的运作机制，共同推进优质教育资源的生成与可持续进化。

(三)"互联网＋"时代教育资源建设方向

国家和企业在未来共同推进优质数字化网络教育资源共建共享，也是《国家教育事业发展"十三五"规划》的要求之一。要着力加强名师带动、优质资源生成，通过国家、省市和学校开展的"名师课堂""名校网络课堂""专递课堂""在线开放课程"等信息化教育教学和教师教研新模式的探索与推广，加快优质教育资源向农村、边远、贫困、少数民族地区覆盖；高等学校和职业学校要依托自身优势学科、专业和人力资源开发具有竞争力的在线开放课程，制定在线开放课程教学质量评价标准和学分认定管理办法，将在线课程纳入培养方案和教学计划。要继续进行各类优质教育资源整合与个性化汇聚，推进优质资源普遍开放共享共用，鼓励师生根据个性化需求共建共享优质资源，实现资源构建与知识生成，加快推动基于网络教育资源的教育教学模式、服务模式和学习方式的变革，推进高质量人才培养。同时，利用互联网汇聚除学校以外的各类相关教育服务机构、服务资源，促进教育服务开放。

"互联网＋教育"将对环境、课程、教学、学习、评价、管理、教师发展、学校组织等教育主流业务产生系统性变革影响[1]。国家对积极发展"互联网＋教育"做出了明确部署，资源建设是"互联网＋教育"行动的重要组成部分，是切实加快教育信息化进程的有力抓手，教育资源是教育信息化的有力支撑，对于建设现代化的教育强国意义重大。

---

[1] 余胜泉、王阿习：《"互联网＋教育"的变革路径》，载《中国电化教育》，2016(10)。

第五章
平台开发

第一节　学习平台的发展与变迁

学习平台是用于管理学习内容和学习活动，支持教师和学生开展教学和学习，并对师生教与学过程全程跟踪、记录、分析的软件系统。随着信息技术的不断发展更新，学习平台的内涵和功能发生了一系列变化，大致经历了从注重内容管理向关注学习管理、关注学习内容管理、关注学习活动管理的转变，并表现出往适应性、智能化学习系统方向发展的态势。回顾学习平台的发展历史，我们可以大致将其划分为内容管理系统、学习管理系统、学习内容管理系统、学习活动管理系统、适应性学习系统五个阶段。

一、内容管理系统

内容管理系统（Content Management System，CMS）起源于 20 世纪 90 年代。当时的 CMS 并不是被用来开展数字化的学习，而是主要用于为组织创建信息入口，作为知识管理的基础。[①] 应该说，

---

① 万力勇：《e-Learning 综合应用平台的演变规律探析》，载《中国电化教育》，2007(9)。

在 CMS 刚刚被提出的那个年代，网络技术还处于发展的初级阶段，受当时理念和技术的局限，CMS 在对学习过程的管理、学习记录的追踪、教学资源的使用情况等方面均缺乏设计和考虑。早期的 CMS 一般是由某些大学、公司或培训机构开发的专门网络资源库，目的是存储和管理教学资源。因此，CMS 中的学习内容通常是以网站内容的形式进行创建和呈现的，并不支持对课程和用户进行系统化管理，且主要是通过内置的搜索功能来实现从资源数据库中对所需信息的查找和检索。

CMS 中最小的信息块是内容组件，即 CMS 的可重用性所涉及的资源粒度。这些内容组件也是学习对象（Learning Object，LO）的雏形，其在一定程度上解决了学习内容的重用和共享难题。目前，大家所熟知的大众化 CMS，如 Blog、Wiki、RSS、Tag、Dig、SNS、BBS、E-mail、百科、微博、资源网站等，在伴随不断演进的 Web 2.0 应用融入的情形下，参与者越来越多，接入和访问越来越开放，涵盖的学习资源种类越来越丰富、数量越来越多，在某种程度上已经成为一种社会性的学习平台。

二、学习管理系统

随着多媒体网络技术的发展以及人们对在线学习需求的增长，出现了专门针对在线学习过程实施管理的学习管理系统（Learning Management System，LMS）。LMS 既有对内容的管理，又有对学习者学习过程的管理，且更加注重对学习者学习过程的管理，通常具备课程内容的管理、学员注册、学员信息的管理、学习记录的追踪与汇总等功能。

由于 LMS 能够对学习记录进行追踪和分析，因此 LMS 有助于学习者安排自己的学习进度、与其他学习者进行交流和协作学习，同时有助于教师（管理员）了解、追踪、分析和报道学习者的学习情况。绝大部分 LMS 都不具备教学内容制作的功能，主要侧重的是对教务教学、行政事务的管理。目前，学习管理系统应用范围很广，在美国高级分布式学习组织（Advanced Distribution Learning，ADL）发布的共享对象参考模型（Sharing Content Object Reference Model，SCORM）规范中有比较完善的 LMS 实现方案，并且详细定义了其内容聚合模型（Content Aggregation Model，CAM）和运行环境（Run-time Environment，RTE）。LMS 中最小的教学块是课件本身，即以 LMS 的可重用性所涉及的资源粒度为课件层。以 Blackboard、WebCT 等商业平台和 Moodle、Sakai 等开源平台为代表的学习管理系统，是目前大家最为熟悉的。Blackboard 平台以课程为核心，主要具备内容资源管理、在线交流、考核管理、系统管理等功能，拥有学生、老师、管理员三种用户角色。WebCT 平台①则支持联机课程开发、课程发布、会议系统、在线聊天、学习过程跟踪、成绩管理与发布、访问控制导航、测试、电子邮件、课程内容搜索等功能。Moodle② 是由澳大利亚教师马丁·多基马（Martin Dougiamas）基于建构主义理论而开发的一个免费开源课程管理系统，目前已被广泛应用于世界各地，支持多种语言，系统中教育者（教师）和学习者（学生）拥有平等的角色，其主要功能包括课程管理、作业、聊天、投票、论坛、测验、资源发布、问卷调查、互动评价。Sakai③ 是由美国印第安纳大学、密西根大学、斯坦福大学、麻省理工学院和加州大学伯克利分校于 2004 年发布的一个开源课程管理系统，允许本地安装和二次开发，主要包括教学设计、师生交互、教学评价和站点管理四个方面的功能。

三、学习内容管理系统

学习内容管理系统（Learning Content Management System，

---

① https：//en. wikipedia. org/wiki/WebCT.

② https：//moodle. org/.

③ https：//sakaiproject. org/.

LCMS)最初是为高等教育开发的传统课件管理系统的发展版，旨在帮助没有技术经验的教师或资源专家设计、创建、发布和管理网络课件。同时，LCMS 能够对用户进行管理，可以跟踪学生的学习进度并及时调整以适合学习者的学习需要。所以说，LCMS 是 CMS 内容管理功能与 LMS 学习管理功能的集合。LCMS 使得学习内容的共享和教学系统的交互变得可能和便捷。

国际数据公司(International Digital Company，IDC)将 LCMS 定义为能够创建、存储、发布和管理以学习对象形式存在的个性化学习内容的系统。[1] LCMS 中引入了学习对象的概念，将学习内容和描述信息分离，系统间的交换数据格式为 XML。LCMS 中带有学习对象库，用于存储各种粒度的可重用学习对象。LCMS 改变了由特定公司发布在线学习内容的状况，并且减少了学习者个体发布具有所有权知识的费用负担。同时，LCMS 能提供给学习者个性化学习和认证，培训部门和教育单位能追踪学习者的学习进度，并能随时调整步调以适合学习者的学习需要。LCMS 的典型代表有 ATutor、Claroline 等开源平台。ATutor[2] 是一款开源 LCMS，具有文件存储、词汇表、论坛、聊天室、资源存储搜索、常见问答、链接、测试、站点地图、投票、博客、网络协作等功能。Claroline[3] 是由鲁汶大学发布的开源 LCMS，具有发布文档、创建学习小组、管理链接、编制习题、论坛、邮件、公告、作业提交、学习情况反馈与提醒等功能。

四、学习活动管理系统

CMS、LMS 和 LCMS 都过于强调"内容""教务"或"管理"的属

---

[1]　赵呈领、万力勇：《学习内容管理系统：e-Learning 的第二次革命》，载《电化教育研究》，2005(7)。
[2]　https://en.wikipedia.org/wiki/ATutor.
[3]　https://en.wikipedia.org/wiki/Claroline.

性，忽视了对教与学环节中最重要的——对学习过程和教学过程的跟踪和支持，故而在一线课堂的在线学习与教学应用中存在明显的缺陷或不足。为此，以"为学习而进行设计"的学习设计（Learning Design，LD）理念得到重视和关注。学习设计是一种以活动为中介的课程和学习规划。学习设计理念认为学习者通过积极参与活动进行学习时能够取得更好的学习效果，学习活动是学习设计的重要载体；为了促进有效学习的发生，需要对学习活动进行结构化和排序，形成学习活动序列。① 2003 年，IMS 全球学习联盟（Global Learning Consortium）发布了学习设计规范②，提出了学习设计概念模型，如图 5-1 所示，实现了学习者和教师活动的整合以及对各种教学法、多个学习者的学习、多种学习方式的支持。

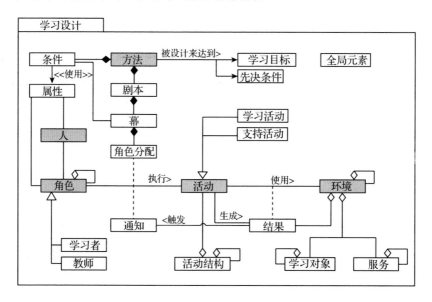

图 5-1　学习设计概念模型

---

① Britain, S., "A Review of Learning Design: Concept, Specifications and Tools," A report for the JISC E-learning Pedagogy Programme, 2006.

② http://edutechwiki.unige.ch/en/IMS_Learning_Design.

　　受学习设计理念的影响和启发，2003 年由澳大利亚悉尼麦考瑞大学开发的学习活动管理系统（Learning Activity Management System，LAMS）[1]是目前应用得比较广泛的学习设计支持工具之一。LAMS 作为一套课程规划工具，既构成了一个生成的环境，也构成了一个运行管理和实施的环境，允许教师在技术支持下组织教学中各种类型的活动，并能够对使用者进行管理、学生进度进行同步传递和监督、学习活动序列进行编辑和改编。LAMS 目前能提供的学习活动类工具主要有 Q&A（允许匿名和公开两种形式）、选择投票、异步论坛、同步聊天室、公告牌、资源呈现和分享、记事本和日志、同伴互评、作业提交、表格、维基、任务列表、思维导图、谷歌地图、图片廊等，编辑界面如图 5-2 所示。

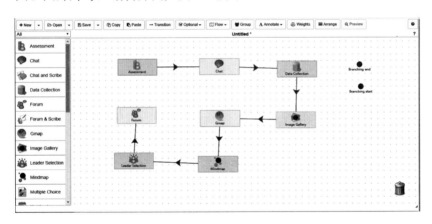

图 5-2　LAMS 学习活动编辑界面

五、适应性学习系统

　　智能导师系统（Intelligent Tutoring System）最早由斯利曼、布朗（Sleeman and Brown）于 1982 年正式提出[2]，相关实践在 20 世纪

①　https：//www. lamsinternational. com/.

②　Sleeman, D. H. , Brown, J. S. "Intelligent Tutoring Systems：An Overview," In：Sleeman, D. H. , Brown, J. S. , eds. , *Intelligent Tutoring Systems* , New York：Academic Press，1982，pp. 1-11.

50 年代已经开始，大致经历了 20 世纪 50—70 年代以计算机辅助教学、基于计算机的培训和计算机辅助学习为代表的萌芽阶段，20 世纪 70—90 年代以专家系统为代表的形成阶段，以及 20 世纪 90 年代以后以具有个别化学习与协作学习等特色的智能教学系统为代表的发展阶段。[①] 与此同时，20 世纪 90 年代，布鲁希洛夫斯基（Brusilovsky）[②]提出了自适应学习系统（Adaptive Educational Hypermedia Systems，AEHS）的通用模型，包括领域模型、学生（用户）模型、教学模型以及自适应引擎四个部分，开启了自适应学习系统研究的新阶段。

近三年来，由美国新媒体联盟（New Media Consortium，NMC）和美国高校教育信息化协会学习促进会（EDUCAUSE Learning Initiative，ELI）联合发布的地平线报告屡次对个性化、自适应等学习技术的未来发展和广泛应用进行了预测。应该说，当前云计算、大数据、人工智能等新兴技术的迅猛发展，为适应性、智能化学习过程的真正实现提供了可能。利用适应性学习系统，为每位学习者提供适应性的教育服务、让每位学习者拥有更多的获得感将会是当今及未来教育技术发展和变革的主旋律。

六、学习平台在我国的发展沿革

学习平台在我国的发展与 Internet 的接入息息相关。1987 年钱天白教授通过中国学术网向世界发出第一封电子邮件，标志着我国 Internet 发展的开端。1994 年，国家计委正式批复"中国教育和科研计算机网 CERNET 示范工程"建设项目，开始了我国互联网的建设与发展历程，为网络教育的诞生奠定了基础。我国的网络教育始于

---

① 刘清堂、吴林静、刘嫚等：《智能导师系统研究现状与发展趋势》，载《中国电化教育》，2016(10)。

② Brusilovsky, P. , "Methods and Techniques of Adaptive Hypermedia," *User Modeling and User-adapted Interaction*，1996，6(2-3)，pp. 87-129.

20 世纪 90 年代末期。1999 年，北京师范大学现代教育技术研究所承担了国家现代远程教育工程关键技术研究项目——"国家现代远程教育支撑系统开发"，研究开发了我国第一个网络教学平台（新叶网络教学平台，后更名为 4A 网络教学平台）。2001 年，中央广播电视大学（现更名为国家开放大学）研发了电大在线远程教学平台。2005年，教育部正式批准中央广播电视大学建设全国现代远程教育公共服务体系，奥鹏远程学习中心成为第一个全国远程教育公共服务体系试点单位。奥鹏远程学习中心所搭建的奥鹏远程教学管理系统成为公共服务接入和输入的端口，包括学习中心管理平台、教师中心、学生中心和区域管理中心四个入口，实现了对合作院校信息的收集和整合，并能够方便地进行教学教务管理、教师授课和学生学习的分享。① 2007 年，教育部同时批准知金教育与弘成科技成为第二批全国远程教育公共服务体系运营商，依托其相应的数字化学习中心平台，为远程教育的招生、验证、辅导及考试等教学活动组织提供服务。截至 2009 年，教育部共批准中央广播电视大学和 68 所普通高校开展远程教育工作，并建立了相应的远程教育教学服务支撑学习平台。

除了上述以国家层面的政策和行为推动学习平台的发展外，以高等学校、科研院所和教育公司为代表的力量也纷纷加入了学习平台的建设、研发和推广当中。

1991 年，科利华公司成立，其先后成功研制出中国第一代大型集成化教育软件产品——"科利华校长办公系统""科利华电子备课系统""科利华电脑家庭教师"等软件，成为当时引领国内教育软件发展的佼佼者，开创了教育软件市场的新局面。2000 年，北京网梯信息技术有限公司成立，作为国内早期介入现代远程教育的公司，其研

①　吴砥、刘清堂、杨宗凯：《网络教育标准与技术（第二版）》，北京，清华大学出版社，2011。

发的网梯远程教育平台具有带宽自适应、在线课件管理、版权加密保护、在线公式输入、在线语音答疑、在线白板教学、跨平台技术等特点，能够提供教学教务管理和教学过程支撑两方面的服务。

1999 年，作为国家现代远程教育工程关键技术研究项目的 4A 网络教学平台由北京师范大学现代教育技术研究所负责主持研发，并于 2000 年通过教育部专家组的技术鉴定，成为我国最早由科研院所组织研究和开发的网络教学平台。随后，作为国家项目成果，4A 网络教学平台（ASP 版本）在全国 180 多所高校进行了开源使用和推广，其中部分高校在此平台源程序的基础上进行了功能定制和二次开发，形成具有各高校特色的个性化网络教学系统，直接促进了国内网络教学平台市场的发展。同时，随着以清华大学教务管理系统、青果高校教务管理系统、正方现代教学管理信息系统等为代表的高校教务管理平台的涌现，我国高校教务管理的信息化水平得到了显著提高，在学籍管理、师资管理、教学计划管理、智能授课、考试管理、选课管理、课表编排、教材管理、成绩管理、实践管理、教学质量评价、毕业生管理、体育管理等方面给教育教学提供了很大的支撑，使得教务管理更加科学、高效、精准。

2004 年，Blackboard 网络教学平台、开源网络教学平台（如 Moodle、Sakai、Joomla）等学习平台开始相继被我国高校引进，进一步推动了学习平台在我国的广泛应用，有效地支持了在线学习的开展和普及。

2012 年，大规模在线开放课程（Massive Open Online Courses，MOOCs）开始兴起，在全世界范围内掀起了一波教育信息化的新浪潮。随着 MOOCs 运动如火如荼地进行，一大批支撑性学习平台，如国外的 Coursera、Udacity、edX、FutureLearn、Open2Study、Spanish MOOC、Class2Go 以及国内的学堂在线、中国大学 MOOC、爱课程网、高校邦、华文慕课等，得到了空前的发展，平台的功能和学习支持服务得到了进一步的丰富和完善。同时，一些主要网络教学平台的研发机构也纷纷推出了 MOOC 版本，比如 Blackboard 于2012 年年底宣布与大学合作，利用 CourseSites 平台提供 MOOC 课程；清华大学于 2013 年基于清华教育在线（THEOL）网络教学综合平台推出中国版 MOOC 平台——泛在式大规模开放在线课程教育系统（Ubiquitous-Massive Open Online Course System，U-MOOCS）[1]。

近年来，人工智能迅猛发展，对社会各行各业产生了深远影响。2017 年，国务院印发了《新一代人工智能发展规划》，指出要大力发展智能教育，构建包含智能学习、交互式学习的新型教育体系，建立智能、快速、全面的教育分析系统，推动人工智能在教学、管理、资源建设等全流程应用，为中小学生开展人工智能相关课程，实现日常教育和终身教育定制化。在《新一代人工智能发展规划》的指引和倡导下，未来将涌现出一大批人工智能教育服务平台，为我国智慧校园的建设、适应性学习的实现、智能化教学的普及添砖加瓦。

第二节　具有代表性的学习平台与管理系统

一、资源库平台

教学资源的建设从改革开放以来就一直进行着，最初只是投影、幻灯、录音、录像等，直到 1998 年教育部在《面向 21 世纪教育振兴行动计划》中才将 e-Learning 资源库的建设提上了议事日程。同年，教育部成立现代远程教育资源库开发领导小组，起草《全国远程教育资源建设规划》，制定《现代远程教育工程教育资源建设技术规范（试

---

① 程璐楠、韩锡斌、程建钢：《MOOC 平台的多元化创新发展及其影响》，载《远程教育杂志》，2014(2)。

行)》，从而掀起了教育教学资源库建设与研究的热潮。①

下面将详细介绍三个资源库平台，分别来自基础教育、职业教育和成人高等教育领域的三大项目。一个资源库项目的成功，往往不在平台，而在其上运行的资源以及运行机制。所以，以下会介绍整个资源库项目，包括项目概述、平台、资源以及机制。

(一)国家教育资源公共服务平台②

《教育信息化十年发展规划(2011—2020 年)》明确提出要建设国家教育资源服务平台，并要求"建设教育云资源平台，汇聚百家企事业单位、万名师生开发的优秀资源"。2012 年 12 月 28 日，教育部在北京举行国家教育资源公共服务平台开通仪式，国家教育资源公共服务平台(见图 5-3)正式开通上线试运行。截至 2017 年年底，国家教育资源公共服务平台基础环境进一步完善，已注册教师空间 1 141万个、学生空间 504 万个、家长空间 442 万个；组建了 200 个专题教育社区，培育了 54 个精品社区，约有 22 万名成员，活跃用户数

图 5-3 国家教育资源公共服务平台界面

　　① 张一春、祝智庭：《知识管理技术与 e-Learning 资源库建设研究》，载《电化教育研究》，2003(5)。

　　② 中央电化教育馆：《2016 年基础教育教学信息化报告——进入发展快车道》，61～64 页，上海，华东师范大学出版社，2017。

达到 337 万人，已初步实现与 23 个省级平台和 35 个市/县级平台的用户互认，服务体系注册用户达到 6 860 万人。

1. 技术架构与应用系统

国家教育资源公共服务平台是国家教育资源云服务的枢纽，在体系中承担骨干枢纽、示范引领、探索创新、拾遗补阙的作用，是形成教育资源公共服务体系内各平台实现互联互通和资源共享的中心。

该平台采用统一技术规范、云计算技术和分布式存储等技术，建立由 IAAS 层、PAAS 层、SAAS 层和门户构成的四层技术架构，如图 5-4 所示。

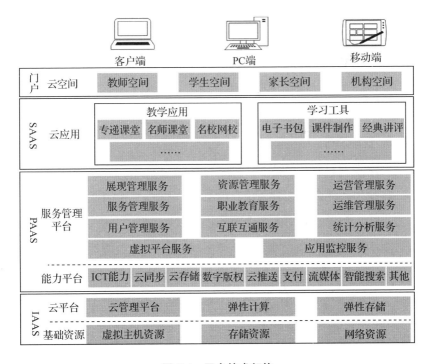

图 5-4　平台技术架构

其中，IAAS 层通过租用云计算服务商的存储、带宽和计算能力来提供最底层的基础设施服务。PAAS 层提供基础能力以及统一的运算平台，通过提供标准的接口规范以及开放合作机制，实现教育资源共享，广泛吸收、积累更多优质教育资源。SAAS 层依托 PAAS 层的资源整合及平台服务能力，提供各种公益性服务，接入第三方实现市场化服务。空间和门户是发布资源、汇聚应用、用户交互的入口和途径，面向教学活动的参与者，为学生、教师、家长和教育机构提供个性化、网络化的交互式服务。

国家教育资源公共服务平台提供了保证 4 000 万名以上师生应用资源服务的存储和计算能力。平台采用 BGP 方式，解决不同运营商之间的互联互通问题，确保中国电信、中国移动、中国联通和中国教育科研网等主要网络骨干线路的高速连接，保证互联网用户高速访问。

国家教育资源公共服务平台的功能模块主要有资源管理系统、用户管理系统以及互联互通系统等六大核心系统，提供门户、空间、主题社区、智能导航、资源超市等服务，实现了云同步、云搜索和云存储。

2. 资源服务

国家教育资源公共服务平台的数据中心——国家教育资源中心——承担各种资源和资源信息的管理。到 2017 年年底，学科资源覆盖小学、初中、高中 808 个版本，总数近 2 600 万条。中小学所有教材版本的总节点数已覆盖 10 万多个，其中人教课标版、北师大版、苏教版等 133 个版本的资源覆盖率已达到 100％。专题资源日益丰富，主要包括核心价值观、法制、安全、民族团结、国防等 12 类，其中德育资源 1.7 万条。"中国梦—行动有我"活动推送了 24 期专题资源，组织开发职业岗位核心能力线上精品课，深入推进精品专题教育社区的建设与应用。

国家教育资源中心通过资源公共服务平台提供网络化的资源和应用服务。资源按学科、学段、教材版本进行层级分类导航，按国家教育资源中心元数据标准进行注册管理(见图5-5)。

图 5-5　学科资源搜索与浏览

3. 构建资源共享的标准规范

中央电化教育馆利用国家教育资源公共服务平台的建设与应用，建立各方优质资源汇聚机制，建立一系列标准和评审规范，努力推动多方资源互通。

平台的建设采取征集、汇聚、共建和捐赠等多种方式，吸引企业、社会团体、教育机构、个人等多方面的参与，推动优质资源开发和服务的持续发展。教育部发布的《国家教育资源公共服务平台教育资源审查办法(暂行)》，指导平台审查资源内容。规定要求资源的内容具有政治性、科学性和适用性，符合国家的有关规定、法规和方针政策。教育资源和内容符合著作权法的相关规定，无侵权行为。

4. 平台互通

2016 年，以国家教育资源公共服务平台为枢纽，推进"一号登录、全网互通、就近服务"为主要内容的教育资源云服务体系建设，基本实现了与 23 个省(区、市)以及 23 个市县教育资源网的用户互通，为在全国范围内最终实现基于统一用户、资源、数据规范的国家平台与地方平台、企业平台互联互通，为协同服务的数字教育资源云服务体系奠定了应用实践和机制创新的基础。

2016 年，浙江省教育技术中心国家平台的基本功能顺利部署，在基本实现浙江省平台与国家平台的统一身份认证和空间应用共享的基础上，制订了浙江省教育资源平台建设应用方案，提出按照"基础资源国家建、特色资源地方建"的思路，建成了既符合班班通、人人通需要，又具有地方特点的浙江省教育资源公共服务平台（见图5-6）。

图 5-6　浙江省教育资源公共服务平台

浙江省采用与国家平台相同的数据标准、资源元数据规范等技术标准，接入国家教育资源公共服务平台的共享资源和各类应用，形成国家公益性资源授权省级向下推送，市、县、校向上推荐资源的共建共享模式，推进"省—市—县"平台互通。

浙江省各地市根据自己的情况，选择不同的方式接入省级平台，避免成为资源孤岛。东阳市是国家平台规模化应用试点，与省平台技术架构相同，直接部署，同构互联；德清县直接使用省平台映射

服务，实现用户、资源和空间的统一；拱墅区利用开放平台，实现
拱墅平台与省平台之间的用户互信、资源共享和空间互通。浙江省
平台已初步实现教育资源平台在市、县、校层面的延伸部署和联通
对接，逐步构建起平台开放体系，引导和支撑了优质资源汇聚（见图
5-7）。

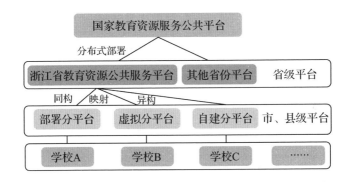

图 5-7　浙江地方平台互联互通模式

（二）职业教育专业教学资源库运行平台

2010 年，教育部高等教育司印发《关于开展高等职业教育专业教
学资源库 2010 年度项目申报工作的通知》，围绕数控技术、汽车检
测与维修、道路与桥梁工程技术、应用电子技术、模具设计与制造、
建筑工程技术、应用化工技术、物流管理、会计、护理、眼视光技
术 11 个专业，面向国家示范性高等职业院校，组织开展教学资源库
申报。这标志着资源库项目正式启动实施。

职业教育专业教学资源库（以下简称"资源库"）是"互联网＋职业
教育"的重要实现形式，资源库建设是推动信息技术在职业教育专业
教学领域综合应用的重要手段。资源库定位于"能学、辅教"。"能
学"指有学习意愿并具备基本学习条件的学生、教师和社会学习者，
均可以通过登录资源库，自主选择进行系统化、个性化的学习，实
现学习目标。"辅教"指教师可以针对不同的教授对象和教学要求，

利用资源库灵活组织教学内容、辅助教学实施，实现教学目标。资源库需要运行平台的支撑。

职业教育专业教学资源库运行平台（以下简称"运行平台"）须有效支撑资源库"能学、辅教"的功能定位，满足"使用便捷、应用有效、共建共享"的应用要求，能够根据专业特点和资源库的个性化需求优化设计。运行平台应具备资源库建设、维护、管理、教学、学习、分析等基本功能，体现以用户为中心的服务理念，支持个性化学习和个性化教学。下面介绍由高等教育出版社为职业教育专业教学资源库项目开发的运行平台——智慧职教平台（见图 5-8）。

图 5-8　智慧职教平台首页

1. 平台的核心架构

平台结合教育部最新申报指南所提出的"一体化设计、结构化课程、颗粒化资源"建设理念以及资源分层建设的结构要求，为职业教育教师、学生、企业员工和社会学习者提供涵盖素材、微课、学历课程、培训课程、专业行业信息等内容的优质数字资源和在线应用，促进职业教育教学改革，扩展教与学的手段和范围，提高教与学的效率与效益，推动学习型社会建设。

平台主要包括八大功能模块：素材中心、微课中心、课程中心、培训中心、专业园地、学习工具（学习活动交互组件）、个人空间和系统后台管理。基于八大功能模块，系统分五个不同层次进行技术支持、应用服务和内容展示，如图 5-9 所示。

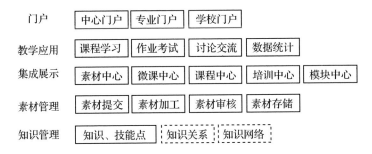

图 5-9 平台服务架构

（1）知识管理

底层的知识管理层，通过知识技能树结构，贯穿全专业知识技能点，便于建设者检查和梳理专业所覆盖的重要内容，同时也可将专业行业的典型工作任务分解、工作情境所涉及的主要知识和技能、行业企业的相关信息等内容都通过这一逻辑结构关联起来，形成完整的专业建设基本内容框架。

（2）素材管理

基于知识体系的素材管理体现了职业教育专业教学资源库的颗粒化素材建设要求。素材中心是专业素材资源的展示频道，支持用户根据素材的媒体类型、应用类型或所在课程的章节进行搜索，也支持素材名及关键字的模糊搜索，帮助使用者精确定位并获取所需资源，还可智能推荐关联资源。同时，为资源的建设者提供上传工具、增删改查及版本更新等功能支持。

①教学资源的组织及元数据填写。教师根据项目建设要求，选择本地资源到准备提交的列表，同时为每条上传资源填写元数据，对能够通过系统识别的元数据提供默认值，上传者可以在此基础上进行修改。选择和元数据填写完成后，提交。系统可实现元数据的自动识别和继承，在保证资源标注准确性的基础上提高资源上传效率。②资源的技术加工。在本地对提交的资源进行必要的技术加工和处理之后上传到系统，系统自动对提交的资源生成可以在线预览

的文件，对没有成功生成在线预览的文件有提示。③资源可实现预览、下载、修改、删除、查询。④支持批量断点续传，支持本地和远程端内容一致性校验、统计与提示功能。⑤提交资源的状态显示，标明目前的状态，包括资源加工中、资源提交中、资源审核，以及审核意见的反馈等。⑥对提交资源按照上传资源数、上传成功数、上传失败数、已经审核的资源数、待审核的资源数、审核通过的资源数进行统计，以及按知识点、资源类型等进行统计。⑦资源审核。资源上传后，项目主持人需要进行审核，如果资源不存在问题则标记审核通过，并将审核状态反馈给提交者。

（3）题库

基于知识树也可创建本专业的题库。题库支持单选题、多选题、判断题等常见客观题型，也可支持论述题、简答题、计算题等多种主观题型。题库可通过模板导入系统，提高建设效率。利用分级审核机制，课程管理员建立题库后，项目管理员审核通过，保证题库的建设质量。用户可在课程建设过程中通过随堂检测、作业、考试等自由调用题库中的试题，也可在视频播放过程中插入客观题。用多种应用形式来保证题库被广泛合理地应用在教师的教学过程中。

（4）微课中心

微课中心所展示的微课主要在单个的知识点或技能点层面帮助学习者完成学习，功能上融合了素材、学习活动、学习工具等微型教学单位，可以引用本专业素材中心中的所有素材，支持教师自由添加学习活动。微课独立于课程存在，但可与预置的课程目录体系进行关联，使微课与课程之间的联系与包含关系更清晰。教师可以方便地利用系统提供的工具在线搭建微课，统计学习者学习的过程性信息，根据学习者浏览资源、参加学习活动等情况对学习者学习该微课的情况进行评价，根据评价结果给出建议。

（5）课程中心

课程中心是对专业课程的完整展示。系统采用 MOOC 课程的展示方式，对学生提供丰富的在线自主学习资源及相应的评价功能。针对教师，课程中心主要有创建课程、展示课程资源、发布课程公告、发布学习活动、设置课程评价、查看学生学习统计记录等功能；针对学生，课程中心主要有学习课程、参与课程活动、智能推送资源、提交作品作业、练习自测、记录学习档案、查看课程公告、查看学习评价等功能。

（6）培训中心

培训中心与课程中心类似，主要展示专业的培训类课程，为企业员工与社会学习者提供丰富的继续教育与终身教育资源。

（7）模块

模块以典型工作任务、重点技能训练项目或学习单元等为单位，是包含多个知识点、技能点的组合。

（8）学习支持工具

在教学应用方面，平台还提供了丰富的学习支持工具。学习者可以以素材、微课、课程为单位，在不同的社区，围绕一定的学习主题进行交流、协作与分享，可通过发布帖子进行某主题的讨论，还可分享一些有意义的资源、发起一定的活动等。

系统提供的学习支持服务体现了"以学习者为中心"的设计理念，针对学习者提供学习、测试、考评、过程记录、成绩统计等一系列服务，强调尊重学生的个性化差异和学习条件差异，利用先进的教育理念和技术优势，适应学生的各种学习需求，为学生提供多样化、差异化、个性化的内容和服务。站在教师的角度，也可随时监测学生的学习进度与效果，解答学生学习过程中提出的问题，组织翻转课堂教学或课外讨论、活动等，最后查看不同维度的统计信息，总结教学经验，提高教学效率和质量。

平台上可实现的自主学习功能如下。

①加入学习。学生可以通过在线课程、微课以及庞大的素材库学习自己感兴趣的内容，也可通过搜索引擎搜索相关内容。加入学习之后，课程或微课的建设者，也就是教师，可以看到所有加入该课程的学生资料，以便进行跟踪和指导。

②在线浏览。学生通过浏览微课或课程中的素材进行学习，系统会对浏览进度进行详细的记录。根据教师对课程的不同教学设计，可引导学生进行自主学习、合作学习和研究性学习等。

③师生互动。强大的师生互动是学习效果的重要保证。平台可支持学生进行在线提问、完成测试、提交作业和参加讨论，教师进行在线答疑，并适时引导学生深入讨论学习内容。其中，客观题的解答和评分可即时反馈给学生，主观题或考试可由教师批阅，既减轻了教师的工作量，又保证了师生间及时、有效的交流。

④获得在线学习档案。平台对学生的所有学习过程记录日志，包括对资源的浏览量、浏览时间，完成作业、测试的时间、次数、成绩等。随堂练习、作业、讨论等过程性评价数据和考试等总结性评价数据相结合，为学生全面测评提供数据支持，并由教师自主制订评价方案，系统根据评价方案生成统计成绩，保障评价的客观性和公平性。

平台还提供丰富的学习者档案统计与分析功能。对教师来说，系统提供该课程学生学习各微课、各知识点的完成程度、错误情况，作业的提交情况，测试的频率、正确率，在线时长、整体活跃程度等，采集一切可采集的数据进行多维度分析，为教师以报表的形式提供每个学生的学习档案记录和班级学习档案记录，便于教师评价自己的教学，针对每个学生的水平进行个性化辅导，根据整体情况改进自己的教学，提高教学质量。同样，学生也可以查看自己关于某门课程的档案记录，如学习进度、作业完成进度、测试进度，该课程的学习结果、作业与测试的得分，需要加强的知识点等。

（9）专业频道

在专业频道，各专业可将专业内部的素材、微课、课程等进行集中展示，也可根据专业特色，自由展示其他相关资源，如专业介绍、专业标准、行业标准、资格认证、专业领域核心课程、核心知识点、专业领域特色资源等。

职业教育数字化学习中心为汇聚专业资源库的建设成果提供了整体解决方案，如图 5-10 所示。一方面，为资源集成共享和推广提供支撑服务，创新资源应用模式、构建资源共享机制；另一方面，深入应用于教学领域，为广大教师和培训师提供优质的在线教育环境，开展线上线下混合教学或培训，最终致力于用信息化手段扩大优质教育资源覆盖面。

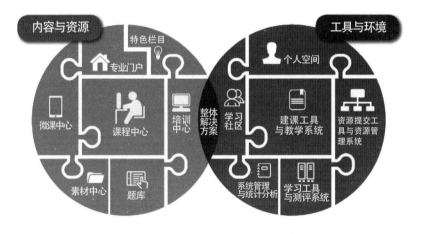

图 5-10　专业资源库建设整体解决方案思路

2. 平台的支持服务

职业教育教学的地域、行业差异对资源库的应用必然提出较强的个性化要求。资源库中的结构化课程是一种示范性的大规模在线开放课程，而职业院校在实施本校的线上线下混合教学或翻转课堂教学改革实践时，往往需要个性化的小规模专有在线课程（SPOCs）。

为了真正实现"建以致用"，职业教育数字化学习中心通过以多种方式为院校开通专属渠道，来协调示范性和个性化的矛盾、实现 MOOCs 和 SPOCs 的转化，平台立足于创新资源应用模式，构建资源共享机制，探索以云服务的方式，为有需要的院校或企业开通专属频道，在频道中构建属于自己的在线教学环境，帮助教师或培训师整合平台资源和自有资源。

资源库贡献了整套规范的专业核心课程，为广大学习者提供了系统化的典型学习方案。但不同的院校、不同的教师往往需要组建个性化的课程用于本校实际教学，这就需要为院校提供专属云平台，支持教师在云平台上调用职业教育数字化学习中心的资源库课程或素材，通过重组或改建形成自己专属的在线课程，用于本校小规模的在线教学或线上线下混合式教学。

平台既可通过支持快捷调取国家资源库课件来管理整合自有课件，也可复用国家资源库项目的示范课程和本校优质课程，实现完整的课程创建、内容共享、学习过程跟踪与控制、在线测试和作业发布、课程公告发布、交流互动、成绩评测、学习数据分析、学习成果和教学模式反馈机制，实现信息技术与课程教学的深度整合。

（三）国家数字化学习资源中心平台

2007 年 1 月，教育部和财政部启动了"高等学校本科教学质量与教学改革工程"（以下简称"质量工程"）。"质量工程"是继"211 工程""985 工程"和"国家示范性高等职业院校建设计划"之后，我国在高等教育领域实施的又一项重要工程，是新时期深化高校教学改革、提高高校教学质量的重大举措。《教育部 财政部关于实施"高等学校本科教学质量与教学改革工程"的意见》再次明确提出了"积极推进网络教育资源开发和共享平台建设"，建设"数字化资源中心"，以及"完善服务终身学习的支持服务体系"的要求。

根据质量工程总体安排，为推动优质网络教育数字化学习资源的整合与共享，教育部高等教育司于 2007 年 11 月发布了"网络教育数字化学习资源中心建设"项目申报通知。

"网络教育数字化学习资源中心建设"项目是质量工程中公共系统建设项目之一，主要建设内容包括：研究网络教育数字化学习资源共享机制、标准、技术与平台，整合国家和高等学校等已投入建设的网络教育精品课程及相关学习资源，并使用相关支持工具，建设相关系统和网络教育数字化学习资源共享服务平台（见图 5-11），推进优质资源网上开放与共享。

图 5-11　平台首页

经申报、初评和项目答辩，2008 年 3 月，质量工程领导小组办公室决定批准由中央广播电视大学牵头，清华大学、北京大学、北京交通大学、安博教育集团、北京希普无忧教育科技有限公司五家单位共同参与实施"网络教育数字化学习资源中心建设"项目。

1. 项目建设目标

通过项目实施，建设数字化学习资源中心，有效整合多方教育资源，推进优质资源的开放与共享，为网络教育和终身学习提供资源支持，服务于高等教育、职业教育、继续教育，进而服务于学习型社会。

(1)建立资源共享机制

设计数字化学习资源共享和应用的机制与模式，形成 20 个有效应用数字化学习资源共享机制和模式框架的示范单位，初步建立可复制、可推广的资源共享和应用的机制与模式。

(2)资源整合

建立资源中心资源分类体系，形成资源整合的业务模式和规范，并整合不少于 5 000 门课程，容量达 50TB。

(3)建设资源共享服务平台

建构分布存储、统一管理的资源库系统；建立高效运行的资源管理和应用系统，连接主要学习平台及教学管理系统，提供多种应用程序接口，支持大规模用户的并发访问；实现多种终端的访问。

(4)资源中心运营

通过探索资源中心的业务模式，构建分中心体系，面向机构和社会成员开展资源共享应用服务，形成可持续发展的长效运行机制。

① 资源服务。基于资源中心汇聚的海量优质教育资源，为社会不同种类、不同层次的机构以及不同社会学习者提供学习资源服务，包括提供资源中心的统一资源目录服务，如年度总目录和资源专题目录；开展资源目录交换、资源交换和推广等合作；面向用户提供咨询服务、培训服务；为用户提供资源定制开发与加工服务；开展非学历教育项目，实现 3~5 个非学历教育项目的实际运行。

② 构建分中心体系，开展典型应用示范。构建资源中心分中心会员服务体系，发展不少于 50 家的分中心会员参与典型应用示范，通过应用示范验证、修改和提升项目整体设计(包括资源共享机制设计、平台设计、运营模式设计等)，进一步汇集资源和探索新的服务模式，初步形成资源共享的机制模式，初步建立资源中心运营模式；运营学分银行，完成 3 个专业 10~15 门课程的试点，形成学历教育学分互认的操作模式。

③ 运营环境及人才队伍建设。建立资源中心运行的组织机构、硬件环境、软件系统及相关制度，形成稳定的核心运营团队，保障资源中心高效运行。

2. 建设成果

(1)整合海量数字化学习资源

项目考虑到资源共享机构类型多样、知识产权保护诉求和共享方式各不相同、资源分类体系各异、资源属性描述各不相同、资源实体结构化程度高、粒度大、复用性差等问题，在实践过程中建立了统一的资源分类体系和元数据应用方案，以及系统、规范的管理体系，探索出资源实体整合、资源目录整合和异构库资源整合等多种有效整合方式，完成了项目设定的资源整合目标。

①全门类、多维度的资源分类体系。根据数字化学习资源的特点，按照我国现行教育体制下资源中心用户(主要是学习者、教师和研究人员)的现实需求和使用习惯建立了包括资源所属学历教育学科(或非学历教育方向)、适用对象、主题、媒体类型、课程、专题六个主要维度相结合的多层次分类体系。实现从多个维度进行资源的分类导航，为资源更精准的检索、定位、关联提供了可能，实现了满足不同类型学习资源使用者的资源查找、分类习惯，方便用户从多角度、多层面检索资源。

②基于 LOM 标准的元数据方案。遵照个性化与通用性、简便性与描述能力之间均衡的设计原则，一方面，在必选数据中选择最通用的元素，以体现它的通用性和简单性；另一方面，在扩展属性中，尽量囊括能描述教育资源的所有重要属性以增强资源元数据信息的个性化和描述能力。基于以上原则，以国家标准(GB/T 21365—2008)和 LOM 标准中的元数据为参考，结合资源中心项目应用需要，建立了元数据标准应用方案。基本结构包括须严格遵守的必需数据元素(核心集)、作为参考并对每类资源都适用的通用可选数据元素和针

对资源特色属性的分类数据元素(扩展集)三部分。

③通用规范和专项规范相结合的管理规范体系。在海量资源加工、编目、入库的过程中，按照资源引进、加工、编目、入库、审核、出库流程制定了较为全面的操作规范，建立了合理、高效的工作流程，保证了资源整合加工的质量和效率。

④灵活多样的资源整合方式。与知识产权保护诉求和共享方式的多样性相适应，设计了资源实体整合、资源目录整合和异构库资源整合三种基本的资源整合方式，丰富了资源整合的方式，拓宽了资源的来源。

⑤三库一体的资源组织结构。确定了以资源合理粒度拆分、标注、重组为特点的资源整合加工、入库方式。将数字化学习资源按照不同的资源粒度区分为媒体素材资源、课程资源和专题资源进行加工、组织。大粒度资源通过素材化拆分，减小资源粒度，增强资源共享和重用的效率，便于检索、再利用。同时，资源管理者又可以选择相关的媒体素材资源，组织成课程，或可通过某一主题，将课程资源和媒体素材围绕这个主题，建立关联，成为专题资源。三库一体的资源组织结构根据资源应用需求解决了不同粒度大小的资源的管理问题，实现了上述三类资源间的重组、关联，提高了资源利用的便利性和利用效率。

截至 2017 年年底，总中心和分中心共整合学历教育及非学历教育课程 58 487 门，媒体素材资源 359 296 条，资源总量达 60TB。

(2)搭建资源共享服务平台

项目建设了一体化、分布式的资源共享服务平台，包括"资源库系统"及"资源应用系统"两大部分(见图 5-12)。

"资源库系统"是平台的基础，按照机制要求的"总中心—分中心架构"进行设计，为总中心与分中心系统两级平台，实行信息统一管理，实体分布存储。为用户提供集约化服务，实现两级平台间的用户信息、目录信息、交易信息、推荐资源、会员资源、定制资源等信息数据交换。同时，通过导入导出的方式实现两级平台之间实体资源的交换。主要子系统包括门户网站、目录中心、交易中心、评价系统、课程库、媒体库、专题库。专项工具包括编目工具、检索工具、导入导出工具、统计工具等。

"资源应用系统"包括教师空间、学生空间、备课平台、学习平台、学分银行系统等应用系统。这些应用系统与资源存储及管理系统采用一体化设计，底层互通，可以从资源库系统灵活调用资源，是推动资源共享与应用的路径和载体。

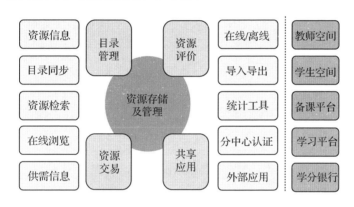

图 5-12　资源共享服务平台构成

3. 主要特色与创新点

(1)集成各方资源，在较大范围内形成有效应用的共享机制

项目借鉴市场机制，通过共享基金推动学校、企业、培训机构等多方参与，实现优质资源主动进入，并通过协议约束(约定每年上传会员资源量、会员资源转化为免费资源的转化率)，实现资源的长效共享和动态更新。

(2)一体化、分布式的资源共享服务平台

平台采用"实体分布存储、信息统一管理"的分布式结构，在满足分中心资源自治、用户自治需要的同时，通过统一的目录中心、交易中心，实现了资源信息的汇聚与交流，并实现了用户对资源的透明访问，有效解决了海量资源的存储、大规模用户并发访问的瓶颈问题。通过资源库系统和应用系统的一体化设计，避免了重复开发、投资浪费和信息孤岛等问题，实现了资源的高效利用。

(3)适应多样化、个别化资源需求的"1 平台＋N 库＋N 网"应用模式

该应用模式(见图 5-13)中的资源基础平台、专题资源库和专题应用网站之间底层互通，资源共享。

基于资源分类、元数据标准、数据结构统一的资源基础平台，实现海量资源的动态整合，并在此基础上针对不同的需求建立专题资源库，架构针对性和专业化的资源应用网站，通过对各个应用网站与系统的部署和推广，推动资源应用。

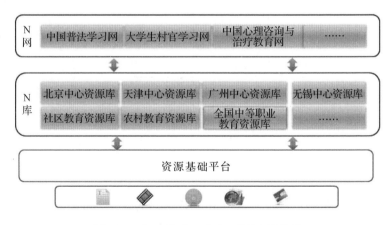

图 5-13 "1 平台＋N 库＋N 网"应用模式

(4)初步建成国家级资源公共服务体系

经过近 10 年的建设与运行，到 2017 年年底项目已经在 31 个省、自治区、直辖市建立了 253 家分中心，验证了共享机制、平台架构及功能、服务模式的有效性，初步建成了基本覆盖全国的资源公共服务体系。

二、网络教学平台

网络教学平台是师生共同开展活动、使用各种网络教育资源的重要场所，有效网络学习的发生离不开网络教学平台的支撑。自 20 世纪 90 年代末期，网络被正式引入我国开始，广大科研工作者便开始了有关网络教学平台的设计、研发、引进等方面的探索。下面将详细介绍对我国远程教育和在线学习产生较大影响的六个具有代表性的网络教学平台。

(一)4A 网络教学平台

4A 网络教学平台集课程信息发布与交流平台、课程资源管理平台、远程教学平台优势功能于一体，在 200 多门国家级网络课程与精品资源的基础上，将传统的以"库"为核心的课程资源建设模式革新为以"站"和"互动教学"为核心的新一代课程资源建设和应用模式，通过建设集课程资源共建共享、课程信息发布、交互交流等功能于一体的各学科、多层次的立体化课程网站群与网络教学环境，构建了一个"学教并重""建用并举"的交互式资源建设和教学环境。

自 2005 年起，高等教育出版社与北京师范大学现代教育技术研究所余胜泉教授的研究团队合作，建立稳定与持续的研发队伍，推动 4A 平台的改版，实现了跨平台(Java 版本)改造，使得 4A 在易用性、友好界面、丰富资源支持、功能增强等方面上了一个新的台阶。4A 网络教学平台由四个子系统组成：网络教学支持系统、网络教学管理系统、网络课程协同开发工具和课程资源与课程信息网站管理系统，其体系结构如图 5-14 所示。

1. 网络教学支持系统

网络教学支持系统是一整套提供网络教学交互服务的工具软件，它以网络课程为核心，在教学管理系统的支持下，合理有效地利用学科教学资源，为实施全方位的网络教学提供服务。

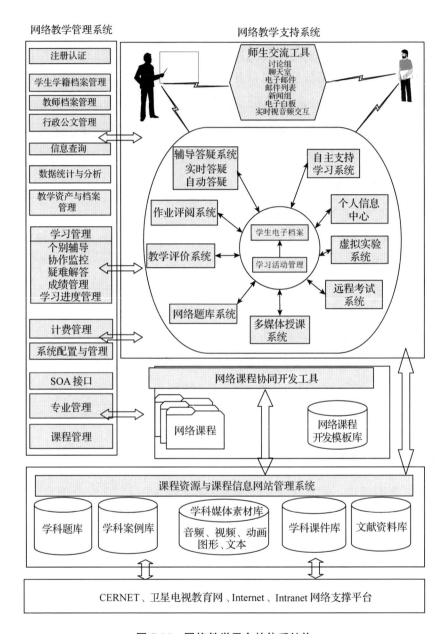

图 5-14　网络教学平台的体系结构

(1)流媒体的授课

采用流式技术，客户先下载文件的某一部分，解压缩该部分，并在文件的其他部分到来之前开始播放该部分的内容，方便在互联网上传输大数据量的视音频数据。

①课件点播系统。课件点播系统其实就是一个适于教学的 VOD (Video on Demand)视频点播系统，不仅可以播放语音和视频，还可以同步播放教师授课的板书。

授课实况的数字化：教师授课的视频信息事先数字化，并转换为流媒体的兼容格式存储在服务器中。

视频和授课讲稿的同步播放：当用户在客户端点播相应的课程时，教师的授课视频将和 PowerPoint 或 HTML 的讲稿同步播放。

电子教鞭：在播放视频和讲稿过程中，可以有各种类型的电子教鞭，教鞭运动由播放的视频时间控制，与视频同步，用以指示教学重点。

②流媒体广播同步授课。流媒体广播的同步授课将视频数字化后不存储而直接广播到一组客户端播放。因此，它是实时和同步的。

支持多个教室的视频同时广播：多个视频流可以同时向不同的教室广播。用户可以在这些教室中进行切换，观看不同授课实况。

支持服务器端的广播数据备份：在流媒体服务器中能够将数字化后的流视频数据备份存储以便为日后的点播服务。

学生学习课程如图 5-15 所示。

(2)自主学习支持

自主学习策略是建构主义学习理论的重要组成部分。它强调学习应以学生为中心，要求学生成为复杂的认知加工的主体、知识意义的主动建构者。4A 网络教学平台将自主学习策略的思想和网络技术、多媒体技术相结合，设计并实施了四种基于网络的自主学习策略教学模式：实时交互网上辩论、头脑风暴、角色扮演和研究性学习。

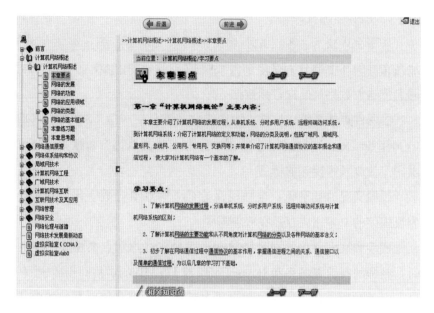

图 5-15   学生学习课程

实时交互网上辩论：指在主持人的引导下，在一定规则的约束下，采用各种辩论技巧，如论证、驳证、反证等，利用大量的论据来论证自己的观点，驳倒对方。

头脑风暴：指在规定的时间内，众人围绕一个主题或问题，在绝不对别人的见解有任何批评和指责的前提下，尽量发散自己的想象思维、随意发表自己的见解，从而寻求问题解决策略的教学模式。

角色扮演：通常有两种形式，即师生角色扮演和情境角色扮演。

师生角色扮演是让不同的学生分别扮演学习者和指导者的角色，学习者被要求解答问题，而指导者则检查学习者在解题过程中是否有错误。

情境角色扮演是要求若干个学生，按照与当前学习主题密切相关的情境分别扮演不同的角色，使学生能设身处地去体验、去理解学习的内容和学习主题的要求，从而更好地实现意义建构的教学策略。

研究性学习：主要是学员在教师的指导下，以类似科学研究的方式去主动获取知识和应用知识解决问题的学习活动。这种学习通常要围绕一个需要探究解决的特定问题展开，所以又称为"主题研究学习"。

（3）作业系统

作业系统包括试题库、作业布置与批阅工具、作业结果分析工具等。试题库的主要功能是将某门课程的作业题目资源按照一定的教育测量理论加以组织，为作业的布置提供试题素材。作业布置与批阅工具可以在试题库系统的基础上，自动从试题库中抽出试题，组成符合教师考试意图的作业或试卷。作业结果分析工具一般是根据每道题中的知识点和学生的答题情况，对一些教育测量指标做统计与分析，根据这些测量指标所具体指示的意义，调整教学过程中的活动，并对具体学生给出诊断(见图 5-16)。

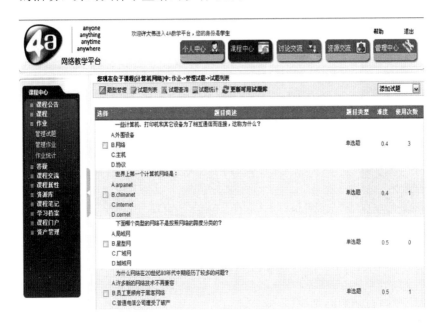

图 5-16　试题库

（4）自测系统

自测系统（见图 5-17）是为了促进学生自主学习而提供的一套测试、练习与补习的工具。学生可在自测系统中自主选题测试，测试完成后系统对存入数据库中的测试成绩进行分析，给出题目的答案和学生的答题情况以及相关的分析报告。系统提供五种组卷方式。

选题组卷：学生以知识点或试题内容等方式查询具体题目组卷。

定制组卷：系统从题库中随机抽取相应题数组卷。

智能组卷：系统根据学生的设置提取学生没有测试过或者测试成绩不太理想的知识点的相关题目来组卷。

模板组卷：学生在模板组卷方式中选择教师事先定义的模板。

快速智能组卷：根据学生前一次自测的参数，结合学生知识点的自测情况和掌握情况快速地组卷供学生自测。

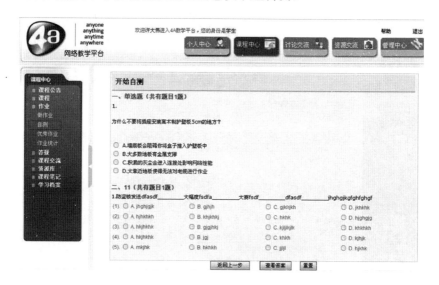

图 5-17　自测系统的使用

（5）自动答疑系统

自动答疑系统是一个适应性的知识库系统，分为自动答疑与人工答疑两大部分。在教学设计阶段，教师将本学科最常见的疑难问题按一定的组织方式，存放到领域知识库中，当学生遇到疑难问题时，通过网络远程提交问题的描述，系统将根据学生提交的问题描述，对领域知识库进行智能搜索（主要采用的技术有关键词索引、中文词语的自动切分、全文检索、语义网络匹配等），按照检索内容相关程度的高低，将对该问题的解答呈现给学生。当在知识库中没有检索到对该问题的解答时，系统将通知学生，并将问题公布在答疑布告牌上，征求解答，有人将其解答后，系统会通过电子邮件通知该学生。之后，系统将对该问题的解答归纳到领域知识库中，以便其他学生遇到类似问题时，能给予自动应答。系统的完备性与智能性，将随着知识库的不断扩充，而不断扩大。自动答疑还提供在线答疑功能，支持教师端的视音频广播（见图 5-18）。

图 5-18　智能答疑模块

（6）师生交互工具

在远程教学活动中建立一个有效的交流环境能够使得分布在不同地方的师生方便地交流，从而能够有效地提高远程教学活动的质量。

同步/异步讨论园地：网络教学支持系统大多提供了若干种支持学生之间、师生之间交换信息和讨论的工具，如公告栏、聊天室等

（见图 5-19）。

　　课程电子邮箱：网络教学支持系统为师生按课程建立单独的邮箱账户，这样可以将不同课程的信件和私人信件区分开来。

　　协同工作：协同工作的意思是，在不同地方的人可以用同一种软件对同一文件一起编辑修改，每个用户都可以看到文件被实时编辑的过程。网上协同机制使不同地方的学生像同班同学一样合作完成某个作业，一起做项目。

图 5-19　课程模块的讨论区

　　(7)学习管理系统

　　在基于 Internet 的教学系统中，教师的参与仍然非常重要，可以弥补计算机系统智能的不足。学习管理系统应具备的功能有针对性的辅导、疑难解答、协作监控、实施智能化、个性化的远程学习环境、成绩管理、学习进度管理、学生工作区、课堂笔记本管理等。

　　(8)网络教学评估系统

　　基于网络教学评价的特点，4A 平台包括了对学生、教师、学习资料、网络教学支撑系统四大方面的评价。

对学习者的评价：对学习者的评价是网络教学评价的主体内容，网络教学注重对学习者的态度、意义建构过程的评价，一方面真正了解学生的学习过程，另一方面做出评价和反馈，提出提示和建议信息(见图 5-20)。

对教师的评价：对教师的评价主要包括五个方面，即师生交互程度、作业与答疑情况、教学活动的组织、学习材料的提供和学生的考试情况。

对教学内容的评价：对网络课件的评价包括课件的内容、结构与导航、练习与反馈、技术、交互性五个方面。

对网络教学支撑平台的评价：对网络教学支撑平台的评价包括对技术系统和教学系统的评价。技术系统即网络系统本身，是为教学活动提供的技术平台，指系统的安全性和传递系统的高度可靠性和稳定性；教学系统是指实现自主学习、协作学习、讨论学习和探索学习的策略支持系统。

图 5-20　学生的学习档案

(9)个性化学习支持工具

网络教学支持系统通过为学生提供一系列辅助学习工具支持学生在网上的学习和探索。

笔记本：在学习过程中，随时记录自己感兴趣的内容，通过记录学习内容，学生建构自己的知识体系（见图 5-21）。

书签：学生可以标记所感兴趣的内容。

搜索工具：学生可以在其所选的所有课程内容中搜索。

图 5-21　课程笔记

（10）公共组件

垃圾信息过滤组件：系统可以提供一个垃圾信息过滤组件，自动清除一些含有黄色、反动等信息的网页以及垃圾信息。

多媒体信息的输入组件：在教学系统信息输入中，应加大对多媒体信息输入与显示的支持，如在考试中，多媒体试题支持等。

公式编辑组件：对于理工科课件，公式是必不可少的，一般的 Web 信息输入框，并不能支持公式的编辑和输入，因此，采用 JavaApplet 的形式，提供对公式的编辑和输入。

（11）学习活动管理

e-Learning 支撑系统的功能从传统的以学习对象管理为核心的架构转变到以学习活动为核心来架构，代表了一种全新的学习支持系统的设计理念。

教师设计教学的过程，主要体现在对特定的教育问题进行分析，并将其转换为特定的情节过程，描述学习目标、学习任务和学习活动，进而建立这些学习活动进行的基本顺序，并用可叙述的形式记录下来，形成学习活动序列的描述文档，并将其导入学习活动管理系统。

学习者参与教学的过程则主要体现在选择学习活动序列后，按照学习活动序列中定义的流程进行学习。整体的逻辑业务流程如图 5-22 所示。

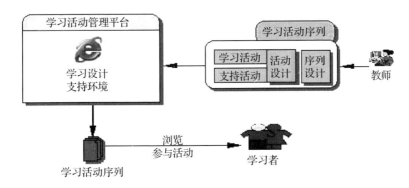

图 5-22 学习活动整体逻辑业务流程

4A 网络教学平台的学习活动管理系统（见图 5-23）可以分为四层，包括五大主要的模块：学习活动元件及其管理，学习活动序列的设计、修改与管理，学习活动的学习，学习活动的监控，评价分析报告的生成。

2. 网络教学管理系统

教学管理在远程教育中居于一个至关重要的地位，它起着调配教学资源、组织教学活动、总结教学数据等重要作用。教学管理可划分为四个相对独立的模块：教务管理、专业与课程管理、系统管理和教学资产与档案管理，如图 5-24 至图 5-27 所示。

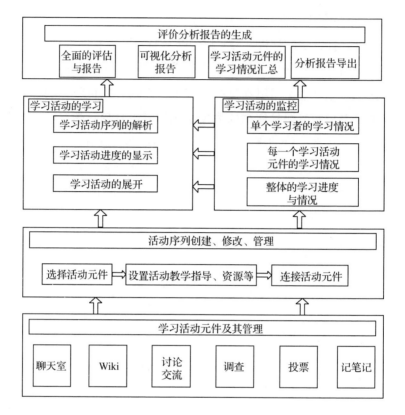

图 5-23   4A 网络教学平台的学习活动管理系统

（1）教务管理

注册认证：该系统接受用户的注册，保留学生的档案数据，包括学生每次测试的成绩、修得学分、已修课目等教学过程中动态生成的信息。

学生学籍档案管理：其覆盖学生从入学申请到毕业的各个环节，如入学申请、选课、学习、考试、毕业等。

教师管理：其包括对教师的档案管理、教师的资格审查、教师的业绩考核以及对教师任课的管理。

数据统计与分析：将各个教学环节中的数据收集起来，定期整理、统计，并在此基础上进行一定的智能推理。

信息查询：学生、教师、管理人员以及一般的浏览者均可通过Internet，在相应的权限范围内浏览相应的信息。

行政公文管理：该系统实现了各类信息、公文的发布、管理以及查询功能，可以更好地进行教学管理。

教师评价管理：对教师的教学情况做综合评价，包括教师的自我评价，教师对自己的教学工作做出主观评价，以量化指标的形式体现；系统评价，教学系统自动记录教师通过远程教学平台来进行教学的过程信息，如布置作业、批改作业的数量，做针对性辅导的次数，上网的时间，等等。这些数据最终也以量化指标的形式体现，最后的评价结果将以这些量化指标做加权评分。

学生学习评价管理：包括学生选择学习内容的深浅程度评价；学生的作业情况评价；学生的答疑情况评价；学生的讨论情况评价；学生的考试情况评价，如试题难度、考试信度、考试成绩评价；学生参与的态度评价；最后通过加权评分做综合评价。

图 5-24　管理中心用户管理

（2）专业与课程管理

专业与课程的设置：包括专业的设置、管理，专业课程的设置、管理，培养计划的制订、调整。

课程管理：包括设立课程，指定课程相关人员（如开发人员、授课人员、助教人员和学生）的权限和口令，分配建立与课程相关的设施，如邮箱、讨论区、网址等。

课程内容发布：将教师开发的课程内容，上传到相应的远程教学系统，进行网上教学。

教学计划发布：发布某门课程的教学计划，提供查询、修改、删除等功能。

选课管理：学生可以在已有的网络课程中，选择某些课程进行学习，选课系统自动为学生配置课程学习的资源，并记录本课程学习的过程。

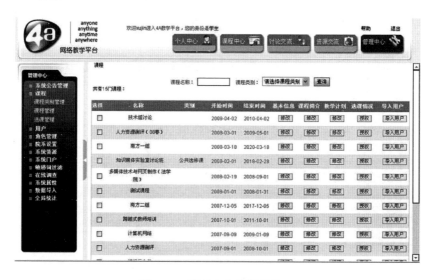

图 5-25　管理中心的课程管理

（3）系统管理

系统设置与维护功能：负责系统的日常维护，参数设置、数据备份和恢复。系统的安全性和数据的完整性、一致性主要由该模块来保证。

功能模块个性化设置：用户可根据自己的需要，从系统所提供的功能模块中选择自己所需要的模块。

网络计费管理：提供采集计费源数据的功能。

权限控制：将系统用户划分为不同的角色，不同的角色被指定不同的权限。

数据备份：定期对系统关键数据进行备份，并对备份档案做详细记录。

（4）教学资产与档案管理

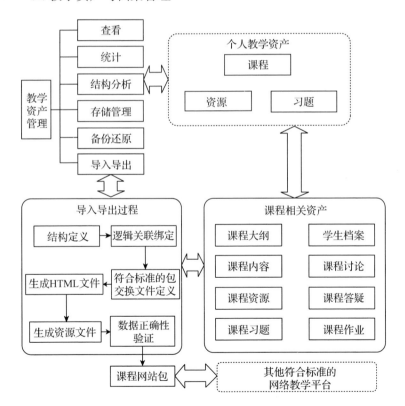

图 5-26 教学资产与档案管理系统体系结构

4A 网络教学平台的教学资产与档案管理让使用 4A 教学平台的教师能够方便自如地管理自己在平台上的课程内容、作业、试题、扩展资源、讨论等相关数字化学习内容和学习过程档案，并将其导出为结构化的静态 HTML 页面，这些页面能够被发布为独立于平台运行的网络课程。此外，教师也可以将静态网站包的内容导入 4A 平台，并在数据库中建立相应关联。

教学资产与档案管理包括个人教学资产的查看和回顾、统计、结构分析以及导入导出等功能。

图 5-27　课程资产管理

3. 网络课程协同开发工具

网络课程协同开发是学科专家、教师、页面制作人员、编辑在计算机的支持下互相合作，共同进行整个网络课程的开发。这种协同工作的环境能够改善开发组成员之间的信息交流方式，消除或减少人们在时间和空间上相互分隔的障碍，节省开发组成员的时间和精力，提高群体工作的效率，从而缩短课程开发的周期，提高课程开发的质量。

网络课程协同开发系统的基本设想是：通过与立体化教学资源库系统集成，利用资源库和题库中已有的媒体素材和各种类型的题目，教师可根据需要在网络课程模板库中选择合适的教学模板，加入符合 SCORM 标准的交互控制代码，在协同控制逻辑的指导下，通过在线协同编辑模块编制出学习对象（Learning Object），存放在学习对象库。在编制的过程中，基本的教学内容通过教师与写作工具交互输入。在使用这些教学单元时，教师或学习者通过浏览器从学习对象库中点播。网络课程开发工具包括一个在线协同编辑模块和网络课程模板、协同控制逻辑、SCORM 交互控制这三个控制模块（见图 5-28）。

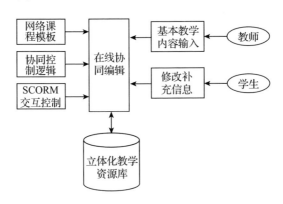

图 5-28 基于网络的协同编辑系统

4. 课程资源与课程信息网站管理系统

网络教学的基础是教学资源，为了更好地发挥网络教育的优势，将优秀教学资源划分成各种素材，进行系统化、科学化的分类，并以多媒体化的电子信息形式存储于各种数据库中，构建成统一的教学资源库，形成数字化的电子图书馆，为学习者提供内容丰富的优秀教学资源，使远程教育建立在丰富的教育资源基础之上，减轻任课教师建立大量教育资源的负担，减少学校之间的重复开发。

整个系统由两个相对比较独立的子系统组成：一个是资源管理

系统，一个是课程信息发布系统。资源管理系统主要负责系统资源的建设、管理与服务。信息发布系统主要负责资源对外的发布。整个系统的架构如图 5-29 所示。

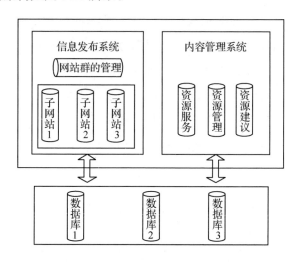

图 5-29　课程资源与课程信息网站管理系统

（1）课程资源管理（见图 5-30）

课程资源管理系统的主要功能是对各种教学资源进行采集、管理、检索和利用。教学资源库先按照学科来组织，然后按照素材类型来组织，每种类型的素材都需要标记不同的属性，便于归类存储和检索。

资源浏览：采用了信息分级呈现的方式，即用户先选择所要浏览的信息类型（如网络课件、媒体素材），然后选择信息的子类型（如视频、动画等）。

资源下载：用户可将自己需要的信息从资源库下载到本地计算机的硬盘上。

资源使用跟踪：系统自动记录资源的使用情况，如浏览次数、下载次数等。

单键查询：对于文本素材，也就是关键词的全文检索功能；对于其他类型的素材，则以布尔逻辑查询所有类型匹配的属性字段。

检索引擎：素材检索引擎功能还包括布尔查询、关联查询的段落定位查询、精确查询、模糊查询并支持通配符。

多媒体检索：多媒体素材应集成多媒体音频影像查询技术，如可采用"关键帧捕获"技术，根据多媒体资料中场景的变化自动选择出关键帧，用于预览或建立索引。

导航与预览：具备良好的导航结构。检索出的资源，可以进行在线预览。

资源批量入库：一次将多个具有相同属性的资源加入资源库。

资源单个入库：一次将一个经过审核的临时库中的资源加入正式资源库。

远程提交：用户可远程提交素材(可通过互联网络远程上传素材)。

资源自动收集：系统可根据管理员的信息检索要求，自动在Internet上收集信息。

资源自动整理：系统可对收集到的信息进行自动文摘、自动提取关键词、自动建立索引。

资源审核：查看用户上传的资源，并标记不合格的资源，确认合格的资源。

图 5-30　资源库管理

资源删除和资源修改：允许管理员删除和修改资源库中不合格的记录。

资源定制：对于在平台里找不到的资源，用户可以在平台中提出定制，系统公布这些定制，由其他用户提供回复。

定制回复：允许用户回复资源定制的请求。

(2)课程信息网站生成(见图 5-31)

4A 每增加一门课程，系统将为课程自动生成一个课程信息网站，作为用户进入课程的门户界面。

风格的定制：可以为站点选择不同的风格模板，改变站点的风格。

布局模板的定制：可以为站点的各个频道和资源设置不同的内容呈现方式。

图 5-31　课程网站生成

内容的管理：可以对站点的标题图标等进行更换。

站点属性的设置：网站管理员可以设置站点的各种参数。

站点的访问统计：可以综合性地统计出网站的整体访问情况。

信息公告模块：滚动通知——在学科站点中循环滚动播放通知。系统公告——系统管理人员可以给本系统下的所有学科发送公告信息。学科公告——权限管理人员可以维护本学科公告。

新闻中心模块：通过对新闻信息中的某些共性内容进行分类，经过系统化、标准化后发布到网站上的新闻栏目。

个性化功能模块：个人收藏夹，我的通讯簿，个性化的内容订阅管理。

调查与投票：开放式的调查系统，可以自动生成调查问卷和分析用户选择的信息，同时将结果显示给用户的系统。

(3)资源在线更新

4A 平台可以从高等教育出版社的课程中心中自动下载相关课程更新的内容和资源，在经过授权的情况下，系统自动完成，无须人工干预。

(二)国家开放大学(原中央广播电视大学)远程教学平台

自 1999 年开始实施"中央广播电视大学人才培养模式改革和开放教育试点项目"以来，在中央广播电视大学(现已更名为国家开放大学)和地方广播电视大学的共同努力下，探索并形成了开放式人才培养模式。为满足从业人员的学习需求设立以整合优化学习资源为基础，以天网、地网、人网合一的学习环境为支撑，形成了适应成人在职学习的"学导结合"教学模式和系统运作教学管理模式，建立了整合社会优质教育资源、依托系统运作的一体化运行机制，搭建了具有视频广播、IP/VBI 广播和点播功能，以及网络教学分发、交互学习、在线辅导和答疑、在线测试和教学研究、管理功能的统一分布式平台系统——电大在线远程教学平台。电大在线远程教学平台由中央电大在线远程教学平台、省级电大在线远程教学平台、分校电大在线远程教学平台和县级电大教学点使用的电大在线远程教学平台(资源浏览器系统)、资源压缩/解压程序、三级互动软件系统

等模块构成，在结构和功能的设计上充分考虑了中央电大人才培养
模式改革和开放教育试点过程中，教学点遍布全国、学生分布地域
广、网络条件差异大、中央/省/分校多级办学模式等特点。教学平
台经过了五次较大功能升级，2006 年完成了技术升级，所有的 44 所
省级电大、试点分校和本科教学点基本上安装了电大在线远程教学
平台，通过各级电大使用电大在线远程教学平台，电大系统形成了
特有的"天网地网人网结合，三级平台互动"的网络教学环境。中央
广播电视大学利用专用的数字化教育电视卫星频道(CETV-2)和在中
国教育卫星宽带传输网上使用的 IP 信道(CEBsat-C-4)以及"中央广
播电视大学 VBI 数据广播信息网"，组成了覆盖全国的"天网"；全国
各级电大的校园网通过中国教育科研网(CERNET)和公网(CHI-
NANET)组成了"地网"；全国电大的55 000多名教职工组成了遍及城
乡的教学辅导与教学管理的"人网"。

　　经过几次改版后的电大在线远程教学平台主要用于传输教学资源、
开展网上教学活动，同时也是学生之间、师生之间、教师和学生与学
校之间的互相联系沟通的一个远程交互平台。为给学生提供个性化、
多元化服务，平台采用学生使用学号登录，省略了注册程序，登录后
的学生个性化学习空间，由主页、课程、论坛、博客等几个模块组成。
主页上连接有邮件箱、站内短信、通讯录、带宽测试、在线课堂、学
生行为统计、数字化图书馆等。本着实用性、先进性的原则，电大在
线远程教学平台能够及时提供网上学习、网上答疑、在线讨论和在线
测试等服务。平台紧贴电大系统教学需求及学生需求，既有系统性，
又考虑了不同需要的扩展。实行资源共享，计算机网络与卫星网络传
输系统相结合。教学活动和学生学习不再受时间、空间的限制。前台
用户一般包括教师和学生两类，教师用户需要注册验证，每次登录主
页，都会进入自己的个性化教学界面中，通过多种方式完成教与学任
务(见图 5-32)。

图5-32　电大在线远程教学平台个性化教学界面

　　随着技术的不断更新发展，电大在线远程教学平台于2013年升级为国家开放大学学习网(以下简称"国开学习网"，见图5-33)。①

图5-33　国家开放大学学习网首页

　　国开学习网是基于网络的学习环境，包括学生空间、教师空间和机构空间。每位在籍学生都有自己专属的个人空间即学生空间，学生

---

　　① http：//www. ouchn. cn/.

通过国开学习网首页登录即可进入自己的个人空间，可以浏览课程资源、参加班集体或小组活动、与师生交流、完成作业、查询成绩及其他信息等(见图 5-34)。

图 5-34　学生空间界面

截至 2018 年 6 月，国开学习网累计为 378 万名学生开通学生空间，4.7 万名教师开通教师空间。在 2018 年春季学期，国开学习网运行的总部和分部课程总计 3 281 门，页面访问量达 46.83 亿次，访问流量达 448.75TB。

国开学习网较好地实现了国家开放大学多个应用系统集成和数据集成，在方便用户登录，跨层级、跨区域的团队教学，跨区域的专业和课程共建共享，新旧系统的过渡和衔接等方面发挥了基础作用，解决了一些困扰学生和教师多年的问题。

首先，解决了以往要记多套用户名和密码、登录多个平台的困扰，网上学习路径简洁、清晰。

通过统一身份认证，将以往孤立的学习平台、形成性考试平台、教务管理平台、招生平台等多个系统集成，学生只用一套用户名和密码登录，就能完成课程学习、作业提交、参加活动、成绩查询等；同样，教师只用一套用户名和密码登录，就可以看到自己本学期任教的课程和班，便捷地开展教学辅导、作业评改等，很好地解决了以前要记多套用户名和密码、登录多个平台的困扰，学与教的流程清晰、简洁，用户体验大大提升。国开学习网很像"政府的一站式办事大厅"，用户以往要跑多个厅局才能办完的事，现在在一站式办事大厅就可以全部完成(见图 5-35)。

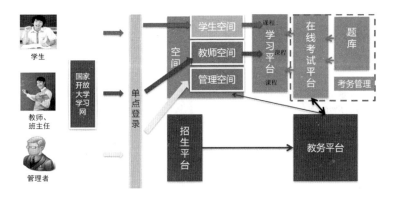

图 5-35 通过多个应用系统的集成，实现"一站式"访问

其次，"融多为一"的国开学习网突破了不同地区之间、不同层级之间教学组织与管理的物理隔离，通过跨层级、跨区域组织教学，实现师资共享。

由于受到设计理念和技术条件的限制，原来的教学平台为中央、省、地市"分散部署、分级管理"的三级架构，网上教学组织与管理无法摆脱地区和层级的限制，"平的网络世界"被人为地分隔开来，网上教学的优势难以发挥。

一级架构的国开学习网"融多为一"，突破了不同地区、不同层级之间在教学组织与管理上的隔离，使得网络教学团队在整个办学体系中运行成为可能。一方面，可以根据需要将不同层级、不同区域的学生组成教学班，以往在单一区域选课学生少(如某个学习中心选读某一专业或课程的学生只有 3～5 名)、组班教学成本高的问题得到较好地解决；另一方面，可以将不同层级、不同区域的专兼职经授权配置到不同的教学班中，方便网络教学团队跨层级、跨区域组织教学，师资得到充分利用（见图 5-36）。

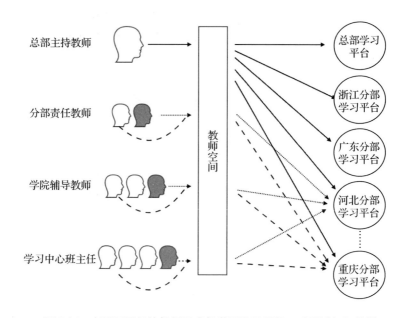

图 5-36　由不同层级的教师组成教学团队跨层级、跨区域组织教学

再次，以国开学习网为"课程超市"载体，为跨层级、跨区域的课程共建、共享提供了条件。

国开学习网是网络课程的载体，国家开放大学总部、分部和行业学院的课程在国开学习网上部署与运行。2018 年春季，运行的总部课程为 899 门，分部课程 2 382 门。总部课程与分部课程集中在课程管理系统之中，"总部课程＋某分部课程"组合成"某分部课程池"，符合条件的分部课程也可以实现全国共享（见图 5-37）。例如，浙江分部发挥自身师资优势，与总部共同建设《学前教育》课程，通过国开学习网，实现全国共享。选课人数少的课程，统一发布到"跨区域课程池"中，由总部统一组织教学。

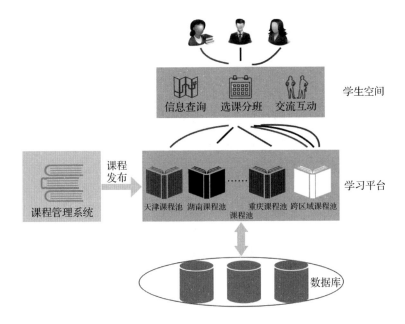

图 5-37 总部课程与分部课程组合成"课程超市"

最后,研发大数据分析模块,开展大数据在服务个性化学习、精准化教学、精细化管理中的应用,为总部、分部、学院进行过程监控和管理提供了依据。面向各级机构管理者提供数据可视化看板,根据公有云服务器的流量和请求量数据,设计开发实时流量、请求量数据看板,方便各级管理者了解机构所属师生的教学和学习现状。

(三)奥鹏教育云平台

2002 年 12 月,教育部门批准"中央电大远程教育公共服务体系建设试点"项目正式启动,并由中央广播电视大学(现已更名为国家开放大学)和电大在线远程教育技术有限公司共同组建"奥鹏远程教育中心"。

奥鹏远程教育中心(以下简称"奥鹏中心"),是经教育部于 2005 年 4 月正式批准运营的远程教育公共服务体系,也是教育部门批准成立的远程教育内容服务运营机构。目前,奥鹏中心为 40 余所试点高校提供服务，在全国范围建成了由 1 800 余家学习中心组成的，按统一管理制度、运作流程和服务标准运行的一体化的服务系统；搭建了适应各类社会成员参与学历和非学历继续教育学习的公共服务支撑平台；整合、吸纳了近 40TB 的各级各类社会资源，形成了深入学习者身边、基于网络的"一站式"服务模式；探索了公共服务体系在全民学习、终身学习的学习型社会建设中可能发挥的作用。

1. 一站式远程教育管理服务云平台——OES

在现代远程教育理念指导下，奥鹏中心建成了集招、教、考、服、管各项功能于一体的大型现代远程教育开放云平台（奥鹏教育云平台，Open Education System，OES）①，并引入云计算、社会计算、大数据等新一代信息技术，持续优化平台服务能力（见图 5-38）。目前，奥鹏教育云平台可容纳多院校、多教学项目、多教学模式、多种办学层次，实现对数千家学习中心及数十万名学生的管理与服务，能够满足多结构、多元化的在线教育支持服务（见图 5-39）。

图 5-38 奥鹏教育云平台首页

奥鹏教育云平台为教师和学生搭建了基于互联网的混合式学习环境，为院校提供了完整的教学教务管理系统，覆盖了全业务流程的 30

---

① http://www.open.com.cn/.

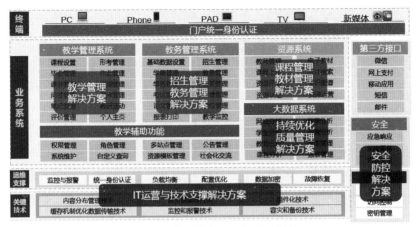

图 5-39　奥鹏教育云平台系统框架

多个模块，具体包括体系建设、授权管理、招生报名、入学测试、录取、缴费、选课、课程考试、成绩管理、毕业管理、论文写作、结算、教学设计、资源管理、题库管理、在线作业、离线作业、助学管理、导学管理、实时交流、行为统计分析等功能。从功能模块看，奥鹏教育云平台涵盖了学生从入学到学习、考试、毕业全生命周期的管理。从技术上，基于 . NET Framework，采用 C# 作为开发语言，采用的是大型数据库 Oracle 和 SQL Server 相结合，应用 Ajax、jQuery 等前端技术，全面支持学生学习者使用电脑、平板电脑、手机等移动设备学习。远程教育云平台有效地促进了教育信息化与教育教学的深度融合，在协助院校推动教育普及化发展中发挥了显著作用(见图 5-40)。

图 5-40　奥鹏教育云平台架构

OES 的各个应用系统已经在奥鹏教育各合作院校、学习中心和广大师生中得到广泛应用，稳定运行 7 年，是一套成熟、可靠的技术平台，是国内远程教育行业内应用范围广、用户数量多的技术平台。

2. 为远程学历教育多端用户提供服务支持

一是面向学生。为每名学习者提供专属的个性化学习空间，能够满足学生完成学习、答疑、测试、作业等网络及移动学习，以及满足学生参加学习交流、讨论、网上社区活动等需求，同时学习管理后台能够通过数据挖掘技术对学生网络学习全过程进行跟踪记录，提出学习建议等个性化学习方案，帮助学生提升学习进度和学习效果。

二是面向教师。教师的助学活动主要包括课程学习督学导学、答疑讨论、阶段性辅导、作业指导与评价、论文写作指导与评价等。辅导教师会依据平台记录的每位学生的个性化信息、学习各环节及过程信息，根据课程内容为学生提供系统化的网上导学、答疑、讨论等远程教学活动，通过沟通信息，进一步了解学生的基本学习情况和学习需求，据此给予学生及时的个性化学习指导、建议和评价。

三是面向高校。实现远程教育的授权、招生、缴费、选课、教材、学习、考试、论文、毕业、学位全过程服务和管理，同时提供公告管理、消息管理、邮件系统、资料管理、查询统计、业务培训和下载专区等支持服务功能，依据高校政策规定和管理要求，实现业务流程紧密衔接和数据对接。

3. 探索大数据运营服务实践创新

奥鹏中心积极探索远程教育领域的学习分析与大数据应用，从经验主义尝试转变为以用户需求为导向的大数据支撑的运营模式，通过对用户过程行为数据的收集与分析，提升对学生、学习中心、高校的服务质量。

一是开展学生学习数据分析模型研究，通过实时展示学生学习动态和多维度对比分析，追踪学生学习行为，分析学习特征，构建中国网络教育学生画像；面向单院校、省运营中心和终端学习中心提供针对性大数据支持，直观呈现学生的学习状态，实时查看学生动态，多维度(如时间、区域、课程资源、批次、层次、专业等)提供对比效果，提供教学效果评价和增值服务，有的放矢地促进教学调整与优化，为高校、运营中心、学习中心开展相关业务提供数据支撑和业务决策依据。

二是应用先进的数据分析可视化工具，逐步完善数据报表体系，加强了考试身份验证、在线学习与作业完成等方面的分析；建立了学生学习积极度评价模型，按照学生的学习积极性程度提供个性化的支持服务，因势利导实施督学促学，激发学生学习动力，提高了学生从被动学习向主动学习的转化率。

随着时代的发展和科技的进步，奥鹏教育云平台在技术创新方面正在进行积极的探索与应用，在前期调研分析和技术筹备的基础上，2018 年将实施人脸识别、图像识别、文字识别、语音识别、自然语言处理、知识图谱等多项 AI 技术的集成，研发并推出智能图片处理、论文查重、智能助教等多项智能化应用，为远程教育的教学效果、管理规范、服务效率提供更好的支持与辅助。

(四)爱课程网

爱课程网是"十二五"期间教育部、财政部"高等学校教学质量与教学改革工程"委托高等教育出版社建设的高等教育课程资源共享平台，承担国家精品开放课程的建设、应用与管理工作。自 2011 年 11 月 9 日正式开通以来，爱课程网始终植根于我国高等教育的实际需求，致力于优质课程资源的广泛传播与共享(见图 5-41)。

六年来，爱课程网以"扎根中国大学、助推教学改革、服务终身学习"为发展目标，不断跟踪现代信息技术和网络技术的发展，相继推出三项标志性成果——中国大学视频公开课、中国大学资源共享课和中国大学 MOOC，并逐步构建了省级课程中心、学校云、校园课程平

图 5-41　爱课程网首页

台、移动客户端等全方位、跨平台、多终端的应用服务体系，为高校、师生和社会学习者提供个性化的教学与学习服务，已成为国内具有较大影响力的高等教育在线开放课程平台。

截至 2018 年 6 月，爱课程网已上线视频公开课 992 门，资源共享课 2 884 门，在线开放课程 2 300 门。参与课程建设的高校有 600 余所，参与教师 8 万余人。独立访客访问情况（UV）累计 2.1 亿次，页面浏览量（PV）累计 23.6 亿次。

1. 爱课程中国大学 MOOC

2014 年 5 月 8 日，在深入研究和分析国内外 MOOC 特征，借鉴和采用国际知名 MOOC 平台先进技术，广泛调研国内高校和教师应用需求的基础上，爱课程与网易公司强强联手，自主研发的在线开放课程平台——中国大学 MOOC 上线运行，构建了互联网思维与传统教学优势融合的在线开放课程平台。

爱课程中国大学 MOOC 现有注册用户超过 1 300 万个，选课人次 5 300万次，开课 5 800 余门次，中国大学 MOOC App 用户超过1 200

万个。学校云入驻院校和机构 230 余所，开设 SPOC 课程5 300余门。爱课程中国大学 MOOC 成为参与建设高校最多、开课数量最多、总选课人数最多、使用 SPOC 服务的高校最多的国内在线开放课程平台。在 2017 年首批国家精品在线开放课程认定工作中，爱课程中国大学 MOOC 课程以其高水平和高质量入选 322 门，占认定总数的 65.7%。

2. 爱课程中国大学 MOOC 的发展成效

爱课程中国大学 MOOC 在建设与发展过程中，始终坚持"平台是基础，课程是核心，机制是保障"的基本原则，在平台设计、开发，课程质量审查、加工，课程上线、运行和维护，以及推进精品开放课程应用等方面均做到了高质量、高安全、高效率、优服务，构建可持续发展机制，探索具有中国特色的在线课程建设与应用道路。

（1）顶层设计创新，平台功能完备

爱课程中国大学 MOOC 作为国内较早自主研发的 MOOC 平台，充分结合中国大学视频公开课和中国大学资源共享课建设的经验，深入剖析"互联网＋"时代高等教育教与学的需求，基于大数据技术和云技术进行了创新性地顶层设计和功能开发。

平台用户界面简洁，用户体验良好；课程结构设计清晰，教学内容发布便捷易用；以知识点呈现的课程短视频，方便碎片化学习；教学活动种类丰富，符合教学需要；视频直播、互评作业、讨论等交互活动设计合理；学习行为数据多维度记录与分析，科学指导课程迭代与教学改进；注重网络安全，已通过信息安全等级保护三级测评。

（2）课程体系完善，内容资源优质

在课程建设方面，课程数量迅速增长，质量不断提升，体系逐渐完善，课程资源和辐射范围渐成规模。

在短短四年的时间里，课程数量从十几门增长到 2 300 门，课程种类涵盖高等教育、职业教育、教师教育等，高等教育课程已覆盖全部学科门类。爱课程网还组织有关高校和机构，联合开展了 50 余个在线开放课程群建设，以及教师教学能力提升类、音乐类、创新创业类、中文类在线开放课程群建设项目。在课程质量保障方面，严格执行学校推荐制度和课程编辑制度，对课程内容和教学活动进行全程服务，保证上线课程质量。

(3)服务模式多样，应用成效显著

①在课程应用方面，以服务高校教与学为本。爱课程网充分发挥资源优势，初步建成以中心站为核心，以省级资源平台为依托，以校园应用系统为基石的国家、省、校三级教学应用服务体系，在全国范围内起到辐射作用(见图 5-42)。紧跟高校需求的变化和学科、专业的发展，及时提供课程、资源和教学活动定制与整体解决方案，开创"MOOC＋SPOC＋线下课堂"等线上线下相结合的教学模式，有效服务高校的校内翻转式、混合式教学。为校内教学、跨校选课、学分认定与管理提供服务，目前已有 150 万名在校生通过 SPOC 学习获得学分。有效促进了信息技术与高等教育教学的深度融合，推动教学模式创新，助力教育教学改革。

图 5-42　爱课程网国家、省、校三级教学应用服务体系

②服务高校的同时，兼顾社会学习者需求。为响应学习者随时随地利用碎片时间学习的需要，爱课程中国大学 MOOC 面向社会免费开

放，并不断完善多终端移动学习服务，提供认证证书、系列课程和知识付费等个性化服务，满足快速增长的个人用户学习需求。此外，爱课程网还为中央军委军职在线、国家体育总局、国家教育行政学院等数十家机构和有关专业课程联盟提供课程建设、应用和服务，支持终身学习型社会的建设。

③紧跟最新技术的发展，探索基于大数据分析的服务。爱课程网在现有的海量学习数据的基础上，开发学习大数据系统，开展基于大数据分析的课程量化标准和评价方法研究，构建互联网创新型智慧教育评价模式。为各级教育行政部门、高校和社会学习者提供教学和学习行为数据，为学习者提供学分记录、存储和转换的技术支持，为不同学校间课程共享与学分认定提供环境支持和技术保障，使大数据更好地服务于教学和自主学习。

④坚持公益性为本的原则，积极参与公益事业。爱课程网多年来参与和组织"一起看见更大的世界"和"中国大学 MOOC 进校园，名师面对面"等公益计划和活动，并为西藏、甘肃等边远地区高校免费提供云服务，扩大优质教育资源受益面，用"互联网＋"方式推进教育资源普惠化，促进教育公平。

(五)学堂在线

学堂在线是由清华大学研发的中文 MOOC 平台，于 2013 年 10 月 10 日正式启动，面向全球提供在线课程。任何拥有上网条件的学生均可通过该平台在网上学习课程视频。

2015 年，学堂在线运行了包括清华大学、北京大学、复旦大学、斯坦福大学、麻省理工学院、加州大学伯克利分校等国内外几十所顶尖高校的优质课程，涵盖计算机、经管创业、理学、工程、文学、历史、艺术等多个领域。

截至 2018 年 6 月底，学堂在线注册用户超过 1 200 万个，学习者覆盖 209 个国家和地区，选课门次超过 2 500 万次，平台课程超过

1 500 门，覆盖 13 大学科门类。

学堂在线是清华大学发起的基于互联网技术的新型学习平台，旨在汇聚并共享全球优质教育资源，引领教育教学模式创新，提升教学质量，促进教育公平。学堂在线还不断创新慕课学习模式，将慕课模式升级为"慕课＋"模式，为它赋予新的元素，形成了面向职业发展培训的"课程＋实训"以及面向辅修专业和学历学位的"课程＋课程"模式。同时，清华大学基于学堂在线推出了国内首批在线认证证书项目，学习者通过考试后将获得清华大学在线教育办公室及相关院系联合认定的证书。以在线方式学习的技能组合更得到学习者、用人单位的认可，在线认证项目是对在线课程建设与应用新模式的有益探索。

为了将平台运行过程中积累的资源、技术和理念应用到高校教育教学场景中去，2018 年 4 月学堂在线发布智慧教学生态解决方案。它将网络课堂与实体课堂的用户、数据、场景全方位打通，成就新时代教学的伟大变革。智慧教学整体解决方案包括课堂智慧教学平台"雨课堂"、校内网络教学平台"学堂云"、在线课程运行平台"学堂在线"以及课程国际化推广平台，为高校提供从辅助课堂教学，到 SPOC 教学，到国家精品在线开放课程运行，再到课程和学位国际化的全方位、全流程服务。

雨课堂是一款完美融合 PPT 和微信的智慧教学工具，备课时教师在 PPT 中插入测验、调查等控件，课堂上教师可以通过手机控制计算机上的 PPT 进行授课并给学生发放课堂互动控件，即时获取学生的学习反馈。学生不用安装其他 App，通过微信就可高效参与课堂互动。雨课堂还支持更加深度的混合教学，教师可以在课前通过手机把 PPT、PPT＋配音或视频课程发给学生预习，课中进行课堂教学及研讨，课后强化练习。雨课堂凭借其简单、高效、适用面广的特点，已经在清华大学、复旦大学、西安交通大学、云南大学等高校成功应用，学校通过雨课堂的应用获得了客观评价教情、学情的教学大数据。

学堂云定位于校内网络教学平台（见图 5-43）。一方面，学堂云和雨课堂无缝对接，可以相互配合完成各种教学模式的设计与实施，并同步雨课堂产生的教学资源与教学数据；另一方面，校内教师可以通过学堂云平台进行各种类型在线课程的设计、建设、管理与运行。同时学堂云可以有选择地将学堂在线上运行的优质国内课程与国际课程以学分课的形式引入校内平台，纳入校内教育教学计划，缓解部分课程资源与师资不足的问题。

图 5-43 学堂在线平台首页

学堂在线是一个服务全社会的公共平台，是国家精品在线开放课程运行的主要平台之一，为全国高校提供国家精品在线开放课程运行与推广的全流程服务，还可为各级教育管理部门构建区域和行业课程联盟。在此基础之上，学堂在线响应国家关于文化走出去的号召，为中国高校提供从课程制作到运营推广的国际化服务支持，帮助中国高校的特色专业走向世界。

（六）学习元平台

学习元平台（Learning Cell System，LCS）是基于学习元[1]的核心理念设计开发的一套支持泛在学习的开放资源平台[2]，主要服务于社会各级各类组织和个体（成人）的非正式学习。学习元平台包括学习元、知识群、知识云、学习工具、个人学习空间、学习社区六大功能模块。核心功能点包含学习元创作、内容协同编辑、历史版本对比、学习活动管理、个人空间展示、好友管理、知识网络导航、学习工具上传与分享、资源检索、人际网络构建与分享、知识本体协同创作、标签导航、标签聚类、社区学习与交互等（见图 5-44）。

图 5-44　学习元平台首页

1. 体系结构

学习元运行环境提供了一个支持学习元数据流转的集成环境，其概念框架如图 5-45 所示，核心部件包括情境感知模块、推荐决策

---

① 余胜泉、杨现民、程罡：《泛在学习环境中的学习资源设计与共享——"学习元"的理念与结构》，载《开放教育研究》，2009(1)。
② 程罡、余胜泉、杨现民：《"学习元"运行环境的设计与实现》，载《开放教育研究》，2009(2)。

模块、学习元库、学习元运行引擎模块、格式适配模块、学习活动
服务模块。情境感知模块负责接受从泛在网络传递过来的用户请求
信息，并对信息进行智能分析，以确定下一步的信息流向；推荐决
策模块负责管理资源索引、搜索用户请求的学习资源并在资源库中
自动查找；学习元库是学习元及其他资源的核心存储区域，一般包
括学习元、生成信息库、学习元之间的语义关系库、用户信息库以
及各种终端设备的信息库；学习元运行引擎是学习元正常运行的核
心，负责学习元与外界系统的信息交换，由一系列 API 函数组成，
包括负责学习元生长的函数接口、学习元分裂的函数接口以及学习
元跟踪的函数接口，通过学习元运行引擎，学习元可以快速实现学
习内容的进化、基于语义的资源聚合以及学习元的分裂生长；格式
适配模块通过接受信息传送控制器传来的设备信息，对设备的类型、
屏幕的分辨率等决定内容显示效果的数据综合分析，动态传递与显
示设备相适应的学习内容；学习活动服务模块为用户提供一系列"学
习元"的学习服务，包括学习工具、学习圈子、学习内容、学习活

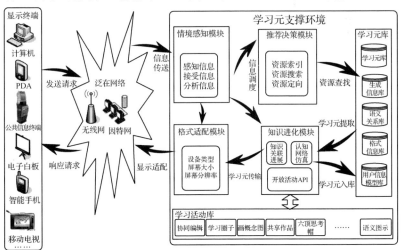

图 5-45　学习元平台的概念框架

动、学习评估、学习记录、语义关联等，学习者可以根据自身需要
通过无处不在的泛在网络快速调用这些学习服务接口，随时获取学
习支持服务。

　　在实现上，学习元平台采用 J2EE 技术路线和 SOA 的架构模式，
其体系结构如图 5-46 所示，是由数据存储层、服务层、应用层和终
端显示层构成的四层体系架构。

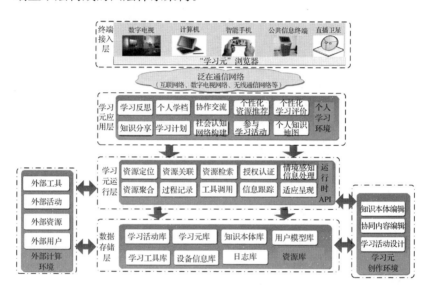

图 5-46　学习元平台的体系结构

　　数据存储层：存储 LCS 中的各种数据。存储层主要包括学习元
库、知识本体库、用户模型库、学习活动库、学习工具库、设备信
息库、日志库等几大部分。资源库主要存储平台中所有资源的数据。
知识本体库主要存储平台中所有的知识本体，包括已有的领域知识
本体以及由用户创建的本体等。用户模型库主要存储平台中所有用
户的信息，包括用户的基本信息、用户信任度等。学习活动库主要
存储平台中所有资源不同类型的活动信息，如讨论交流、提问答疑、
投票、在线交流、学习反思、六顶思考帽等。学习工具库主要存储
平台中的所有小工具。设备信息库存储各种常用访问终端的基本信

息，如设备类型、物理参数等，用于学习资源在不同设备上的自适应呈现。日志库主要存储平台应用过程中产生的各种操作日志。

学习元运行层：学习元运行时 API 为应用层、协同编辑环境和外部工具提供一系列的服务接口，来实现学习元的定位、关联、聚合与检索，活动运行与工具调用，运行信息跟踪，资源的适应性呈现，学习过程信息的记录，情境感知信息的处理，用户访问的授权认证等功能。对数据存储层的信息读取（如学习元的检索、调用）和写入（如更新学习元的内容、更新用户模型）都通过运行时 API 完成，该层为学习元的应用环境和编辑环境提供无差别的服务。

学习元应用层：学习元应用层是学习者通过用户接口直接应用的各种系统功能，其核心是围绕个人学习空间的构建来设计各种学习应用。LCS 中的个人学习环境包括学习反思、个人学档、学习计划、参与学习活动、个性化学习评价、个人知识地图、个性化资源推荐、协作交流等应用功能，学习者可以按需定制各模块，打造最合适自己的个性化学习环境。通过个性化学习环境，学习者不仅可以找到感兴趣的知识，还可以找到知识背后的专家和具有相同兴趣的学习伙伴；学习者可以制订学习计划，建构自己的社会认知网络，利用系统提供的讨论区、聊天室、留言板、实时交流工具等进行协作交流；学习者可以进行学习反思，查看自己的个人学档，与好友分享优秀的资源。由于学习元富含大量的语义信息以及交互式活动设计，基于学习元的资源应用能够支持学习者多种维度的学习，提供适应性的情境化学习资源，促进知识内容的建构与反思，促进用户间的广泛交流与协作。

学习元创作环境：通过学习元的协同建构环境，用户可以在自由、协作的环境下完成学习元的协同创作过程，如利用知识本体编辑工具构建学习元的知识模型；利用协同内容编辑工具实现学习元的内容进化；利用活动设计与资源关联工具，使学习元的内容与学习活动设计充分融合，并能有效地复用组件层工具产生的资源（如素材库中的素材资源、答疑工具中的常见问题等）；设计评价策略，调用评价工具完成不同类型的学习评价。

终端接入层：通过泛在通信网络（包括互联网络、数字电视网络、无线通信网络等），用户可随时随地通过一定的终端设备进入LCS。终端接入层将根据用户所使用的终端设备（如数字电视、计算机、智能手机、公共信息终端、直播卫星等）自动将平台中的学习元进行格式转换，从而使得学习元能在不同的终端设备上呈现。

外部计算环境：依据生态学理论构建的 LCS 具有很强的开放性，LCS 提供开放的 Web 服务接口，可以与外界学习系统进行联通和资源共享。外部的学习系统通过使用 LCS 提供的 Web 服务接口，可以检索学习元、调用 LCS 中的比较有特色的学习工具和学习活动。同样，LCS 中的用户，不仅可以查询和访问系统内部的学习元，而且能够获取与 LCS 建立联通的其他系统中的学习资源。

在泛在网络，包括互联网络、数字电视网络、无线通信网络等的支持下，用户可随时随地通过一定的终端设备进入学习元平台。

学习元平台主要包括学习元、知识群、知识云、学习工具、学习社区和个人空间六大功能模块，学习元平台的功能架构如图 5-47所示。

学习元模块是平台中所有学习元的集合。每个学习元是单个的资源实体，如一节课、一个知识点都可以成为一个学习元。一个学习元不仅包括学习内容，还包括学习活动、KNS 网络、语义信息、生成性信息等。学习元可作为一个独立的资源，可被学习社区所引用，同主题的不同学习元还可聚合成一个知识群，成为知识群的一部分。在学习元中，可通过引入或上传相关辅助的学习工具来支持学习者的学习。

知识群模块是平台中所有知识群的集合。每个知识群是同主题

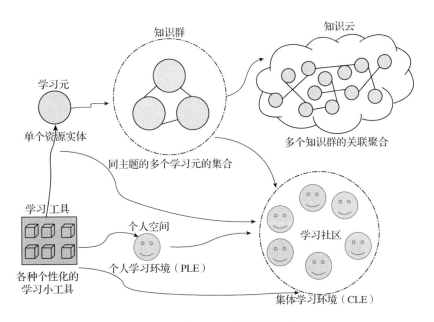

图 5-47　学习元平台的功能架构

的多个学习元的集合，如一门课程就可以作为一个知识群，该课程的每节课或每个知识点可以做成一个学习元，加入该知识群。学习者进入该门课程的知识群后，可以看到与该门课程包含的所有知识点学习元。

知识云是多个知识群的关联聚合。不同的知识群，基于语义建立一定的语义关联，从而形成知识云。在知识云中，用户可方便地找到与某个主题相关的所有知识群。

学习工具是各种个性化的学习小工具的集合。在学习工具模块中，用户可预览、收藏小工具，还可将自己的小工具上传。学习元平台将符合 OpenSocial 规范的小工具都集成到学习工具中。这些工具可被学习元、知识群、个人空间、学习社区等引用，如在创建或编辑学习元内容时，可在内容中嵌入相应的小工具，为学习者的学习提供支持。学习者在学习时也可寻找并使用一些小工具辅助自己的学习，如在学习英文课文时，可使用英文翻译小工具来支持学习。

学习社区是平台中所有学习社区的集合。学习社区是一个集体学习环境（Collective Learning Environment，CLE），社区成员围绕一定的学习主题进行交流、协作与分享。在学习社区中，社区成员可通过发布公告进行事项通知，可通过发布帖子进行某主题的讨论，还可分享一些有意义的资源、发起一定的活动等。另外，学习社区与学习元模块、知识群模块、学习工具等均有联系，可将相关的学习元、知识群、学习工具引入社区，供社区成员学习。除了学习社区这个集体的学习环境外，社区中的每个成员还有自己个人的学习环境。

个人空间是单个用户的个人学习环境（Personal Learning Environment，PLE），包括个人资源管理、好友管理、日程管理、工具管理、个性化学习推荐等。系统中每个用户都有自己的个人空间。在个人空间中，用户可对个人的基本信息进行修改，可对创建的、协作的或订阅的学习元、知识群进行各种管理操作，还可从系统推荐的资源中选择感兴趣的进行学习。用户可以在 PLE 中管理好友信息，管理站内消息，管理日程，设置个人心情，选择个性化的学习工具。

2. 特色功能

（1）基于本体的资源组织，实现资源的语义描述和管理

与传统的按分类体系管理资源的方式不同，LCS 采用基于语义 Web 的本体技术来组织平台中的各类学习资源。在学习元中，除了使用 IEEE LOM 规范中定义的标题、语言、描述、关键字等静态元数据外，还设计了一个可扩展的学科知识本体模型，用于表达学习元中的学习资源的内在逻辑联系。这个语义元数据模型的关键，是要能表达不同类型的学习资源可能包含的共同语义（见图 5-48）。

图 5-48　基于本体的语义标注

　　针对同一个主题，可能存在不同呈现形式、表达方法和媒体类型的学习资源，但是从中抽象出的内在学科知识结构是相对稳定的，利用本体来表征学习资源中包含的知识结构，就有效地表征了学习资源所包含的与学习相关的语义信息。这个学科知识的本体模型默认包含最基本的知识类型，以及基本的知识属性和关系。在此基础上，参与资源建设的用户可以通过填充这些属性和关系，生成各种知识类型的实例，或者扩展新的知识类型和属性，提供更为丰富的语义表达，最终形成一个与主题相关的、高度内聚的知识网络。

　　（2）开放的资源结构，允许多用户协同编辑内容

　　与现有的固化、静态的资源模型相比，学习元平台中的学习资源采用开放的、动态的资源结构模型，是一种开放性的资源。学习元平台中学习资源的开放性体现在资源结构和内容的开放。一方面，开放的资源结构使得学习资源可与运行环境进行信息交换，以便获取学习的过程性信息，从而分享与分析学习者在学习过程中产生的生成性信息，利用生成性信息促进资源进化和学习者的学习；通过吸纳网络上有价值的内容形成有机组成，如平台中集成了外部环境

中的 Gadget 小工具。另一方面，学习资源的内容是开放的，允许任何人对内容进行创建或编辑，依靠群体的力量来动态地生成资源，利用群体的智慧促进学习资源的不断完善，进化发展(见图5-49)。

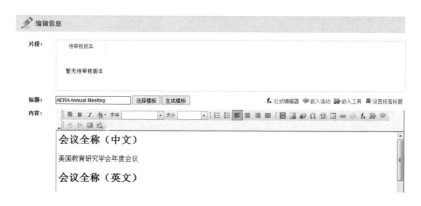

图 5-49   内容协同编辑

(3)完备的版本控制技术，展现资源进化的整个历程

学习元平台中的学习资源不是一经创建就固定不变的，它具有生成性、进化性等特点。平台允许用户对学习内容进行协同编辑，利用群体的智慧促进学习资源的成长。由于平台允许任何用户对学习内容进行编辑，为了既能保证资源充分吸取群体智慧，又能保证吸收的内容对资源的成长是有意义的，平台采用完备的版本控制技术，控制学习内容的进化发展。学习者编辑的学习内容需要管理员审核，管理员若认为学习者编辑的内容是正确的，是对原有内容的改进，则通过审核，使学习资源产生一个新的版本。新版本的产生意味着学习资源完成了一次进化。学习者可通过查看资源的历史版本从整体上了解资源进化的过程，可通过比较两个不同的版本发现内容的变化。完备的版本控制技术是平台中学习资源有序进化、健康进化的重要保证(见图 5-50、图 5-51)。

历史版本

何克抗 共有 45 个正式版本　历史版本可视化>>　查看修订历史>>

版本对比	更新时间	版本浏览	贡献者	审核者	更改原因
☐	Jun 15, 2014 9:48	查看	庄君明	系统自动审核	新增段落;修改内容;
☐	Jun 15, 2014 9:48	查看	庄君明	系统自动审核	插入视频;
☐	Dec 4, 2013 4:11	查看	dingjianying	系统自动审核	v
☐	Feb 22, 2012 9:13	查看	程薇	程薇	编辑超链接;
☐	Feb 21, 2012 11:11	查看	刘禹	刘禹	调整字体;
☐	Feb 21, 2012 11:09	查看	刘禹	刘禹	添加内容;添加宁夏电视台的报道
☐	Feb 13, 2012 7:49	查看	程薇	程薇	修改内容;
☐	Feb 13, 2012 7:47	查看	程薇	程薇	编辑超链接;
☐	Feb 13, 2012 10:35	查看	刘禹	刘禹	添加新闻报道内容
☐	Feb 12, 2012 8:46	查看	杨现民	杨现民	修改标题"相关新闻媒体报道"
☐	Feb 12, 2012 8:43	查看	noteexxx	杨现民	添加南方人物周刊报道链接
☐	Feb 12, 2012 1:49	查看	陈敏	陈敏	编辑超链接;
☐	Feb 12, 2012 11:28	查看	胡智杰	胡智杰	调整段落格式;
☐	Feb 12, 2012 11:18	查看	胡智杰	胡智杰	插入超链接;
☐	Feb 12, 2012 10:56	查看	杨现民	杨现民	添加社会评价
☐	Feb 12, 2012 10:52	查看	杨现民;邢惠娜	系统自动审核	添加部分论文的网页链接
☐	Nov 30, 2011 2:43	查看	程薇	程薇	修改岳麓实践论的视频来源
☐	Nov 28, 2011 8:22	查看	Mayunpeng	杨现民	添加内容;插入参考资料;
☐	Nov 26, 2011 1:46	查看	程薇	程薇	调整结构;
☐	Nov 26, 2011 1:42	查看	程薇	程薇	修改新加坡华文教学宣传视频, 利用视频网站提供的
☐	Nov 26, 2011 1:39	查看	程薇	程薇	修改七分之一专访视频, 用视频网站提供的内容
☐	Nov 26, 2011 12:05	查看	程薇	程薇	修改中国教育电视台的有关何老师访谈的视频, 换为视频网站链接
☐	Nov 12, 2011 4:32	查看	宋杰	宋杰	修改内容;
☐	Nov 6, 2011 9:58	查看	杨现民	杨现民	修改图片属性
☐	Nov 6, 2011 2:37	查看	程薇	程薇	插入图片;
☐	Nov 5, 2011 10:46	查看	杨现民	杨现民	调整字体;
☐	Nov 5, 2011 10:43	查看	KMlab	杨现民	插入视频;

图 5-50　历史进化版本

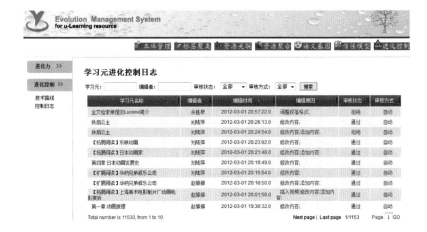

图 5-51　LCS 中的学习元进化控制日志

(4)学习内容与活动整合，支持面向学习过程的资源设计

随着技术的发展和 e-Learning 理念的不断深化，人们对学习资源的关注不再仅仅停留在内容本身，更多地开始考虑如何利用内容进行学习，注重学习资源对学习的效用，即学习者开始从关注资源承载的内容向关注内容与学习过程结合的方向转变。由此，学习资源的内涵也从单一的内容扩展到与学习有关的各方面因素，学习资源的设计也将从面向内容设计转向面向学习过程设计，也就是不仅仅考虑学习内容的多媒体表现的设计，更需要考虑如何更好地促进学习者学习这些内容，要按照学习内容的学习过程逻辑，安排合理的活动步骤，促进学习者对内容知识的深度加工。

教学本质上是一类活动，其间包含了丰富的教学策略、教学方法以及学生的认知过程。教学要通过安排适当的外部条件与学习者参与的活动来影响和促进学习者的内部心理过程。而思维是活动的内化形式，活动中蕴含了认知过程。"技术"要促进学习者有意义学习的发生，需要突破学习内容对象的范围，从活动的层面提供支持，对内容以及如何学习该内容的学习活动进行整合性设计。

在学习资源基础上，围绕所确定的教学目标及内容，设计学习活动过程与学习交互，激发学习者的信息搜索、分析和综合等高水平思维活动；设计具体的协作任务，促进学习者之间的交流和协作活动，并对学习过程进行监控调节。学习活动可以促进学生认知的外显化，使学生在活动中自主、协同建构知识意义，并获得相应自主、探究、协作的能力，本质上来说是建构主义学习观的一种具体体现形式。

学习元的设计不再仅仅停留在内容的传递上，还包括与内容密切相关的学习活动设计和活动过程记录。创建者在创建内容时可在内容的相应位置上直接插入学习活动，实现内容与活动的有效整合（见图 5-52）。

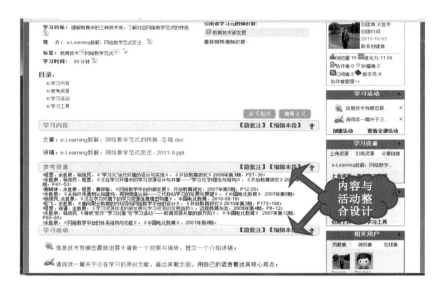

图 5-52　学习内容与活动整合

（5）社会认知网络的动态生成与共享

在泛在学习过程中，学习者不仅从内容中获得知识产生学习，也扮演着重要角色。泛在学习中的交互，绝不仅仅是学习者与物化的学习资源的交互，更重要的是在参与学习的过程中，吸取他人智慧，通过学习资源在学习者、教师之间建立动态的联系，学习者可从同伴那里获取新的知识、得到学习上的帮助。这种趋势使得"人"也被纳入学习资源的范畴，成为一种重要的资源。

学习元平台中的学习资源不仅有学习内容、学习活动，而且还为学习内容附加了社会认知网络属性。与 Social Network 界定的一般的交际网络不同，社会认知网络是由知识和人共同构成的网络，是在人与知识的深度互动过程中构建起来的。在社会认知网络中，一方面，学习资源作为一个独立完整的学习单元，通过语义，彼此之间建立各种关系，如包含、属于、上下位、前序、后序等；另一方面，学习资源还可以作为学习者认知网络联通的中介点，也就是说，学习相同或相似主题学习内容的学习者还可以通过学习资源实现社会认知网络的构建，这与联通主义学习观所倡导的"联结和再造"价值取向是一致的。随着学习者之间的不断交互，逐渐形成一个具有相同学习兴趣和爱好、交往频繁的认知网络。每个学习者都是认知网络空间中的一个实体节点，可以与不同的学习者节点通过学习资源或其他学习者个体建立学习联结，节点之间的联结强弱通过多因素复合的认知模型来表示。随着学习者不断地学习和交互，学习共同体网络中节点状态和联系也会得到持续的更新。学习者通过社会认知网络不仅能获取所需要的物化资源，还能找到相应的人力资源，如通过某一个学习内容，可以快速定位到这个内容领域最权威的专家或适合的学习伙伴，从而从他们身上获取知识和智慧，以此促进学习者的学习（见图 5-53）。

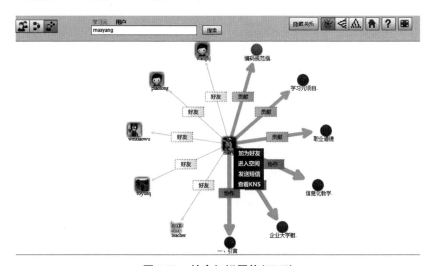

图 5-53　社会知识网络(KNS)

（6）支持动态元数据检索，实现资源的精准检索

除了具有一般的基于关键词和静态元数据的检索，学习元平台借鉴 Googlebase 和 Freebase 的设计理念，实现基于动态元数据的资源语义检索，从语义层面上寻找匹配的资源，增强搜索的目的性，提高搜索的准确率。

平台采用动态元数据对资源进行语义描述，允许用户为资源动态添加语义属性，从而使得资源的描述更加详细准确。用户可通过对语义属性的限制来快速而准确地获取所需要的资源(见图 5-54)。

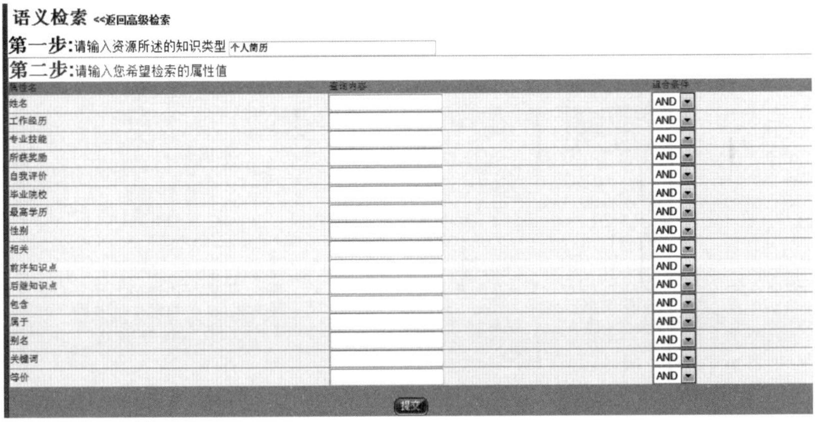

图 5-54　动态元数据检索

(7)支持 OpenSocial 规范，实现开放工具服务共享

学习元平台不仅为学习者提供学习资源，还为学习者提供认知工具，支持学习者的学习。平台将符合该规范的 Gadget 工具集合起来形成开放工具服务。这些工具既可单独使用，也可直接嵌入学习内容，从而为学习提供直接有力的帮助。例如，学习者在学习英文时，可利用平台提供的词典工具；学习者在学习算术时，可利用平台提供的计算器工具等。此外，学习者也可将自己的工具上传到平台中与他人共享(见图 5-55)。

(8)强大的可视化呈现技术，增强用户体验

传统的文字、图形等呈现方式在表现对象之间的关系、对象的发展脉络、整体结构等方面的表现力较弱，且用户无法进行互动性操作。学习元平台采用强大的可视化呈现技术，不仅从图形图像的角度给予用户直观的视觉刺激，而且很好地呈现了对象之间的"关系"、对象发展的脉络和整体结构，允许用户进行互动性操作，大大增

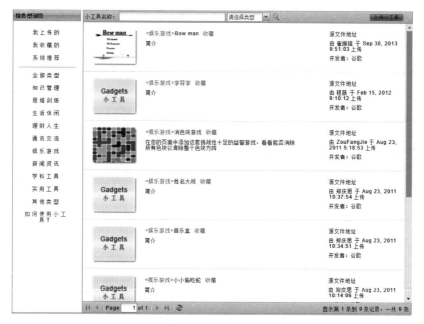

图 5-55　Gadget 小工具

强了用户体验。平台中的可视化主要包括知识网络可视化、人际网络可视化、社会认知网络可视化、关系编辑可视化、历史版本可视化、可视化个人知识地图、可视化标签导航、可视化领域资源聚合等。

知识网络可视化（见图 5-56）、人际网络可视化（见图 5-57）、社会认知网络的可视化可直观地为用户呈现知识与知识、知识与人、人与人之间的关系，有利于用户从整体上把握知识结构，构建自己的社会认知网络。关系编辑可视化（见图 5-58）可支持用户通过拖动等操作直接编辑多个知识间的关系，直观、快捷、互动性强，有利于整体把握。历史版本可视化可帮助用户直观全面地了解资源的整体成长历程。可视化个人知识地图（见图 5-59）可帮助用户更加直观全面地了解自己已有的知识结构，为制订下一步的学习计划提供参考。通过可视化标签导航，用户可快速发现相关的标签，从而获得相关资源。通过可视化领域资源聚合，用户可方便、快速地获取某领域的相关资源。

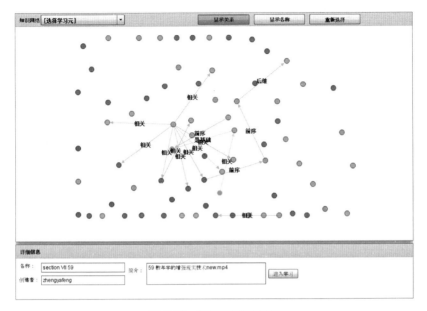

图 5-56　知识网络可视化

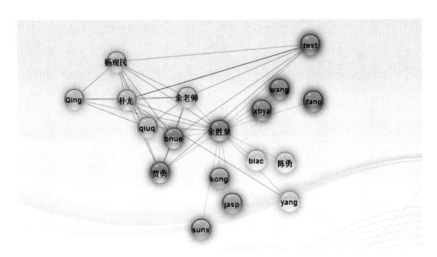

图 5-57　人际网络可视化

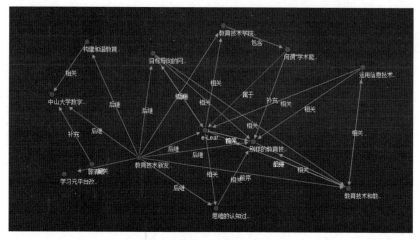

图 5-58　关系编辑可视化

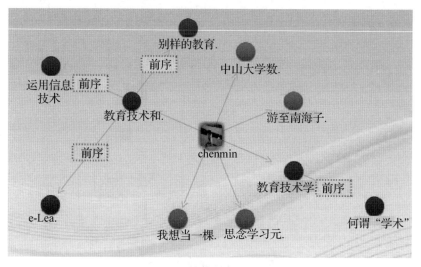

图 5-59　可视化个人知识地图

（9）多种资源展现模板，实现资源的灵活呈现

不同的用户具有不同的学习习惯和偏好，传统的、以网页方式呈现学习资源的方式并不适合所有的学习者。学习元平台提供多种资源展现模板，使得学习资源不仅可以网页的形式呈现，还可以以电子书（见图 5-60）、思维导图（见图 5-61）的形式来灵活地呈现学习资源，从而在资源的呈现方式上满足了不同用户的个性化需求。

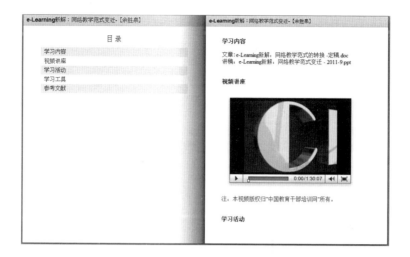

图 5-60　电子书呈现方式

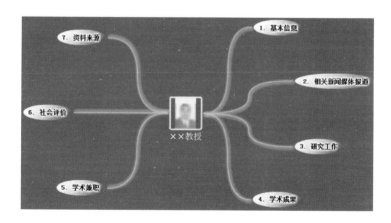

图 5-61　思维导图呈现方式

（10）语义标签导航，辅助用户快速发现相似、相关标签

学习元平台具有语义标签导航功能，可辅助用户快速发现相似、相关标签。平台中的学习资源一般具有若干个标签，系统基于语义技术，发现不同标签间的语义关系，将相似或相关的标签进行聚合，进而实现资源的语义标签导航。用户进入系统后，输入某个标签，系统即可可视化地向用户呈现该标签的语义标签导航。从导航视图

中，用户可直观、快速地发现与该标签相似或相关的其他标签。用户可根据这些相似或相关的标签在系统中寻找相关的学习资源（见图5-62）。

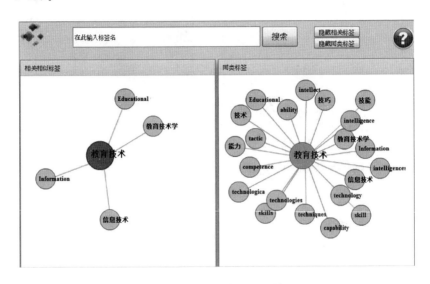

图 5-62　可视化标签导航

（11）动态领域资源聚合，将领域相关资源集中展现

学习元平台的动态领域资源聚合可将某领域的相关资源聚合在一起，进行集中可视化展现。用户只要输入领域关键词，系统即可向用户可视化地呈现该领域的所有相关资源。用户一方面可从整体上了解该领域涉及的知识及其关系，另一方面可方便快速地获得符合自身需求的知识（见图 5-63）。

（12）支持各种 Android 设备，多终端自适应呈现资源

与传统的教学平台仅支持正式学习不同，学习元平台对正式学习和非正式学习均提供良好的支持，表现之一即为学习元平台的理想目标是实现任何设备终端的自适应呈现，以满足泛在学习提出的学习者采用任何设备均可进入学习的需求。鉴于目前越来越多人拥有 Android 设备，学习元平台已成功实现对各种 Android 设备的支

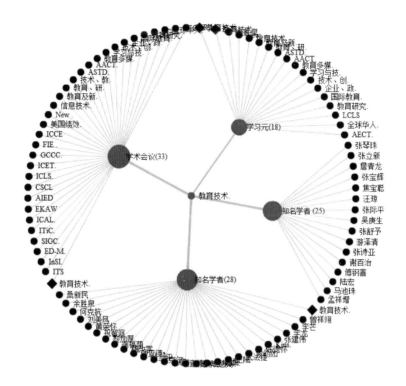

图 5-63　动态领域资源聚合

持，学习者不再必须通过电脑登录平台进行学习，只要拥有一台
Android 终端设备即可在泛在网络的支持下进入平台学习。学习元
平台能够根据设备的不同物理参数，如屏幕大小、支持的文件格式、
操作系统的版本等自适应地进行资源格式的转换、组织和呈现(见图
5-64、图 5-65)。

(13)基于学习过程性信息的发展性评估

泛在学习面向的是全体社会成员，对学习者的年龄、文化程度、
职业等均没有要求。这使得泛在学习的学习对象在各方面都呈现出
参差不齐的现象。因此，不能通过统一的评价标准来衡量学习者的
学习成效。此外，泛在学习者与传统学习者不同的是，前者具有清
晰的学习目的和需求，他们的学习一般是目标驱动式的，有些知识

图 5-64　学习元在手机客户端上的展示界面

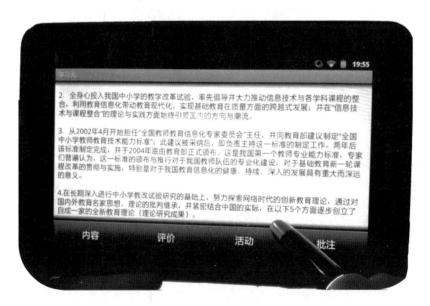

图 5-65　学习元在平板电脑上的展示界面

他们只想了解，有些知识他们希望深入掌握，因此，也不能通过统一的标准来要求泛在学习者需要达到的学习程度。由于学习对象的多样化，学习目标各有不同，泛在学习环境需要为学习者提供个性化的评价，从而衡量不同的学习对象达到各自不同学习目标的成效。泛在学习要求提供基于过程性信息的评价，将过程性信息记录下来作为评价学习者学习成效的主要依据(见图 5-66)。

评价方案　　　　　　　　　　　　　　　　　　　　查看学习者列表　　修改方案　　返回学习元

合格分:75.0

评价模块	模块权重	评价项目	
学习时间	30.0%	累计学习时间不少于15分钟	100.0%
讨论交流	20.0%	在RT△ABC中，∠C=90°∠A=30°△ABC的周长是2，则BC=——	10.0%
		半径为5,在半圆底线的直径上画一过圆上点45度的锐角,然后在扇形内面一最大的正方形求正方形边长	80.0%
		在RT△ABC中，∠C=90°，∠A=60°，D为AB的中点，AC=2，求△BDC的周长　　10.0%	
提问答疑	15.0%	还有其他证明方法吗？	100.0%
发布作品	10.0%	某人欲横渡一条河，实际上岸地点C偏离欲到达点B200m,他实际游了520m，求河宽	100.0%
上传资源	10.0%	上传与学习内容相关的资源	100.0%
发表评论	5.0%	对学习元进行评论	100.0%
编辑内容	10.0%	对学习元段落进行编辑并通过审核	100.0%

返回

图 5-66　基于过程信息的个性化评价方案设计

　　LCS 记录学习者在学习过程中产生的各种过程性信息，将这些信息分为学习态度、学习活动、内容交互、资源工具和评价反馈五大类。评价者(一般为资源的创建者，承担教师角色)根据不同学习者不同学习目标选取合适的信息预先设定若干个性化的评价方案。系统根据学习者的学习目标和对知识的掌握程度，从中选择适合的方案作为评价标准，进而根据此评价标准采集数据，采用简单易懂的加权法计算评价结果。为了保证评价的准确性，允许评价者根据学习者的表现，对评价结果进行手动修改。评价者和学习者均可实时查看当前的评价结果。

（七）下一代互联网教师教育创新支持系统①

下一代互联网技术的发展和应用是国家科技创新和支撑的重大战略，给教师教育带来了新的机遇和挑战。IPv6 网络协议可以保障充足的 IP 地址空间，提供简易方便的联网方式、高效安全的数据传输、流畅的视频播放，支持移动应用，因此在网络课程资源共享、远程视频服务、移动学习等方面具有独特的优势。2009 年以来，北京师范大学牵头，华东师范大学、华中师范大学、东北师范大学共同参与，在下一代互联网基础设施之上，构建教师教育创新支持系统，大规模开发并整合教师教育数字资源，在时间上实现对教师教育职前、职后一体化的支撑，在空间上实现对全国师范院校和中小学校教师教育工作的一体化支持。

下一代互联网教师教育创新支持系统遵循层次化思想设计，总体架构分为五个层次，自下而上包括网络层、服务器层、数据层、应用层和用户层。各层次均能良好支持 IPv6 协议，通过建设相关标准、机制和安全保障体系保证系统总体的建设和运行质量，如图 5-67所示。

围绕教师教育职前培养和职后培训中课程教学、教学研修、教育见习、微格教学、教育实习和评价等各个环节的应用需求，应用系统划分为门户、学研支持系统、实践支持系统、评价系统以及资源管理系统、视频服务系统、社区、管理等子系统。

该系统不同于通用的网络教学平台或资源管理系统，对于教师教育终身学习、教师教育资源开放共享、教师教育实践活动、协同教学与协作学习、基于视频的学习活动等均有独特的支持，且实现了对下一代互联网的全面支持，其功能创新点主要体现在：①终身

---

① 刘川生、曹卫东、刘臻等：《下一代互联网教师教育创新支持系统的构建与应用》，载《武汉大学学报(理学版)》，2012(S1)。

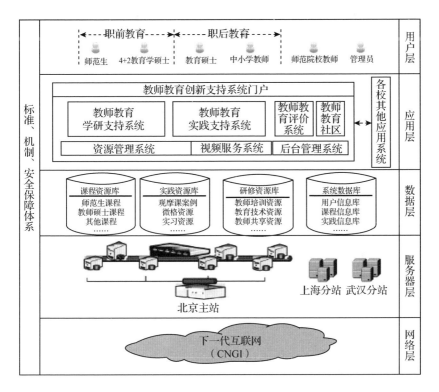

图 5-67　平台总体逻辑架构

账号绑定不同身份；②跨院校统一身份认证；③跨院校开课、课程互选；④公共课程资源共建、协同教学；⑤案例分析、小组协作学习；⑥教育见习、微格教学和教育实习活动支持；⑦观摩课发布共享；⑧个人资源、课程资源、公共研修资源流动共享；⑨视频点播、直播、广播、会议、时间点标注；⑩基于视频转码和文档转码的资源版权保护。

　　下一代互联网教师教育创新支持系统北京主站于 2009 年 10 月开通，分站于 2010 年后陆续开通。系统当前（截至 2018 年 6 月）共开设课程 1 900 余门，观摩课案例 700 余节次，用户总规模超过 15 万人，包括教师 6 000 余名，学生 90 000 余名，来自 30 余所学校，系统最高日登录量达 3 000 人次。系统在师范生和教育硕士培养、信息技术公共课教学、学前教师教育等领域中进行了重点应用，对推进下一代互联网应用、支撑教育教育改革创新起到了重要的作用。

三、教育管理信息系统

教育管理信息化是《国家中长期教育改革和发展规划纲要（2010—2020 年）》和《教育信息化十年发展规划（2011—2020 年）》所确定的教育信息化建设核心任务之一，对支持教育宏观决策、加强教育监管、提高各级教育行政部门和学校的管理水平、全面提升教育公共服务能力具有不可或缺的重要作用。教育部教育信息化推进办公室颁布的《国家教育管理信息系统建设总体方案》明确了各教育信息管理系统建设进度与部署安排，目前取得了一系列的建设成果。

按照《国家教育管理信息系统建设总体方案》要求，国家教育管理信息系统的建设工作将主要体现在学生管理类信息系统、教师管理类信息系统、学校资产及办学条件管理类信息系统、教育规划与决策支持类信息系统、其他业务管理类信息系统五大类系统。其中，学生管理类信息系统主要包括学前教育学生管理信息系统、中小学生管理信息系统、中等职业学校学生管理信息系统、高等教育学生管理信息系统、学生资助管理信息系统、学生体质健康标准数据管理与分析系统；教师管理类信息系统主要包括教师管理信息系统、教师专项业务管理信息系统；学校资产及办学条件管理类信息系统主要包括学前教育机构资产及办学条件管理信息系统、中小学校资产及办学条件管理信息系统、中等职业学校资产及办学条件管理信息系统、高等教育学校资产及办学条件管理信息系统；教育规划与决策支持类信息系统主要包括学校规划与建设地理信息系统、教育统计信息系统、教育决策支持系统；其他业务管理类信息系统主要包括涉外管理信息系统（含来华、出国、外籍教师、监管）等。下面将对学前教育学生管理信息系统、中小学生管理信息系统、中等职业学校学生管理信息系统、高等教育学生管理信息系统、学生资助管理信息系统、学生体质健康标准数据管理与分析系统、教师管理信息系统进行简要介绍。

（一）学前教育学生管理信息系统

学前教育学生管理信息系统分为由教育部部署的全国学前教育管理信息系统和由省级部署的各省学前教育管理信息系统。学前教育管理信息系统服务于教育部对学前教育宏观管理的需要，服务于国家实施学前教育重大项目的需要，服务于学前教育事业发展的需要，服务于教育行政部门对幼儿园的动态监管的需要。

系统总体上全面反映某个区域和全国学前教育发展情况和动态，为学前教育事业监测、规划制定、项目实施和监管提供全面可靠的数据支持。系统重点为中央和区县学前教育管理服务，具备数据采集汇总、日常业务管理、信息查询、统计分析等功能，满足教育行政部门学前教育日常管理、科学决策、优化资源配置的需求，从而实现对全国学前教育阶段幼儿、机构的综合管理。系统首页如图5-68所示，系统实现了对机构基本信息、机构办学条件基本信息、机

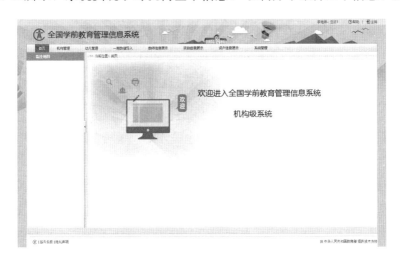

图 5-68　学前教育管理信息系统首页

构办学条件建筑信息、班级信息、任课教师信息等的管理功能，以及幼儿学籍新建、幼儿学籍审核、问题学籍处理、关键信息变更、幼儿离园、幼儿信息维护、幼儿调班升学、幼儿信息查询等的管理功能。2012 年基本完成了系统的一期建设任务，实现了教育部网络版系统的部署，同时在县与学校部署采集系统；2013 年基本完成了系统的二期建设任务，实现了部、省两级网络版系统的部署。

（二）中小学生管理信息系统①

中小学生管理信息系统建设的目标是建立中小学生数据库，实现系统全国联网，为每名学生建立全国唯一的电子学籍档案，对学籍注册、学籍档案管理、学籍异动、升学、毕业、成长记录等进行全程信息化管理，实现全国范围内学生流动情况的实时监控与管理，满足各级教育行政部门和中小学校在学籍管理、学生资助、义务教育经费保障、营养改善计划、控辍保学、事业统计、日常管理和科学决策、优化资源配置的需求。

系统于 2010 年开始启动建设，至 2012 年基本完成了系统的一期建设，实现了营养餐试点县与学校部署采集系统的整合；2013 年，基本完成了系统的二期建设，实现了教育部、省级两级网络版系统的部署。系统所具有的功能主要体现在以下五个方面：①通过电子地图可逐级查看全国、各省、地市、县、学校的学生情况、营养餐情况和校车情况，从宏观、中观、微观三个层面掌握全国、地方、学校以及每一名学生、每一辆校车以及学生营养用餐的情况。②可以对学生学籍注册、学籍档案管理、学籍异动、升学、毕业、成长记录的全过程进行信息化管理，实现学生学籍管理的信息化，大大提高各级学籍管理部门、学校的工作效率和管理水平。③为教育监

---

① 教育部教育管理信息中心：《全国中小学生学籍管理信息系统简介》，载《基础教育参考》，2013(19)。

管、教育宏观决策提供支撑，包括：为国家和地方政府的教育经费预算安排，各项教育改革措施的出台，教育热点、难点问题的研究提供学生基础数据；利用系统和学生数据对学生资助计划、学生异地转学流动、义务教育控辍保学等中央高度重视、社会高度关注的重点工作和问题进行动态监管。④利用系统开展学生相关信息网上查询，学生异地转学网上办理等业务，推进教育政务公开，提升教育公共服务能力。⑤对数据录入审核的进度和质量进行实时跟踪和监控，及时掌握全国各地各学校的数据录入审核进展情况，控制数据质量。省级系统首页界面如图 5-69 所示。

图 5-69　中小学学籍管理云平台

（三）中等职业学校学生管理信息系统①

为满足我国中等职业学校扩大招生、国家助学金发放监管和学生学籍管理的需要，教育部职业教育与成人教育司以加强中等职业教育基础能力建设为契机，于 2008 年牵头组织实施了"全国中等职

① 杨广俊：《浅谈全国中等职业学校学生管理信息系统》，载《中国教育信息化》，2012(12)。

业学校学生管理信息系统"项目建设。

该项目根据国家教育政策和教育部门相关业务，建立全国中等职业学校学籍信息数据库和各级用户（组织机构）信息数据库，搭建全国性的中等职业学校学生管理信息系统及相关信息发布平台，实现学校招生管理、学生学籍管理、学生资助管理、实习实训管理、就业管理等，为各级教育管理部门提供相关管理信息及决策支持服务。中等职业学校学生管理信息系统具体包括以下应用模块：①学校招生管理模块，记录每年全国中等职业学校的各类招生（含跨省招生）情况，统计和分析生源规模、发展趋势、财政投入、资源质量等综合指标。②学生学籍管理模块，记录全国中等职业学校在校生情况，包括学生个人信息、各科成绩信息和实习相关信息等，统计和分析不同地区、不同专业的科目安排、学生数量、男女比例、平均成绩等评价指标。③学生资助管理模块，记录每年全国中等职业学校学生国家助学金款项的使用情况，包括资助学生信息、拨款情况等，统计和分析学生比例、拨款额、拨款时间等评价指标。④学生实习实训管理模块，记录全国中等职业学校学生的实习、实训情况，统计和分析实习人数、接收实习企业数量、各地区比例分布等综合指标。⑤学生就业管理模块，记录每年全国中等职业学校学生的就业情况，包括就业时间、就业地区、就业单位等信息，统计和分析就业人数、跨地区流动比例等综合指标。

中等职业学校学生管理信息系统按照用户级别可划分为国家、省、地市、县、校五级用户。省级门户登录页如图 5-70 所示。

（四）高等教育学生管理信息系统

中国高等教育学生信息网（以下简称"学信网"）由全国高等学校学生信息咨询与就业指导中心主办，于 2002 年正式开通。学信网依托中心建立的集高校招生、学籍学历、毕业生就业和全国高校学生资助信息一体化的大型数据仓库，开通"阳光高考"信息平台、学籍

图 5-70　中等职业学校学生管理信息系统省级登录页

学历信息管理平台、中国研究生招生信息网、全国高校学生资助信息管理平台、面向港澳台招生信息网等平台，开通学历查询系统、在线验证系统、硕士研究生网上报名和录取检查系统、硕士研究生招生调剂服务系统、全国高校学生资助管理系统、学历认证网上办公系统等二十余个信息系统。学信网实现了对高等教育招生、学生学籍、就业、学籍学历信息服务与认证等的管理，建立了相对完备的高等教育学生数据库，为高等教育学生管理和决策提供支持服务。同时，学生可免费查询个人学信档案，如图 5-71 所示。

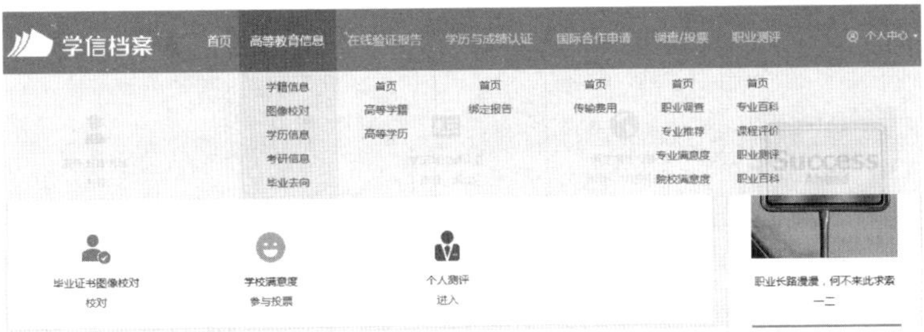

图 5-71　学信档案

（五）学生资助管理信息系统

学生资助管理信息系统建设项目于 2013 年正式启动，系统重点为各教育阶段学生资助管理服务，具备数据采集、汇总、学生资助业务日常管理、信息查询、统计分析、审核、审批等功能，满足各级教育行政部门和各级各类学校资助业务日常管理、科学决策、优化资源配置的需求。

　　学生资助管理信息系统采用两级数据中心、五级应用系统的架构模式，建成了包括中央级全国学生资助管理信息系统、省级全国学生资助管理信息系统、地(市)级全国学生资助管理信息系统、区(县)级全国学生资助管理信息系统和校级全国学生资助管理信息系统五级应用系统，基本实现了覆盖高校学生、中职学生、普通高中、义务教育、学前教育等阶段资助体系的信息管理系统建设任务。系统功能主要包括查询、重置、下载、导入、导出等通用操作功能，学生信息管理功能，资助项目管理功能，财政资金管理功能，政策文件管理功能等。系统登录页如图 5-72 所示。

图 5-72　全国学生资助管理信息系统登录页

(六)学生体质健康标准数据管理与分析系统

2013 年，国家学生体质健康标准数据管理与分析系统正式上线，能够有效支持学生体质数据的采集、上报、查询、统计分析。该系统包括学校基本信息设置、学生体测数据管理、学生体测数据上报、标准解读、数据报送政策解读、用户管理等功能。国家学生体质健康标准数据管理与分析系统登录页如图 5-73 所示。

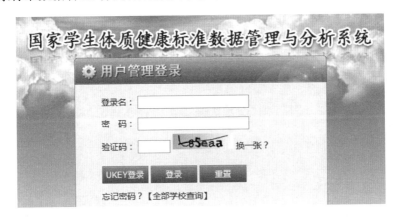

图 5-73 国家学生体质健康标准数据管理与分析系统登录页

（七）教师管理信息系统[1]

教师管理信息系统建设项目于 2014 年启动，教育部负责建设国家级教师系统，各省（区、市）建立省级教师系统，两级系统互联互通，面向中央、省（区、市）、市、县、校五级用户提供服务，最终实现对学前教育、中小学教育、中职教育、高等教育的教师和职工的基本业务管理，建成相应的基础数据库，满足国家对师资管理的需求，为规划和指导全国教师队伍建设提供数据支撑。2016 年，教育部开始在全国进行教师管理信息系统部署，并于 2017 年在北京举办启动会，建成后的全国教师管理信息系统主要包括教师信息管理、问题数据处理、日常维护、教师信息审核、已审核信息变更、新教师入职管理、教师调动管理、其他变动管理、交流轮岗管理、培训

---

[1] 《全国教师管理信息系统全面启用》，载《教育现代化》，2017(20)。

机构管理、项目信息登记、项目信息审核、项目信息查询、项目用户管理、学时(学分)登记、学时(学分)审核、学时(学分)查询、项目信息调整登记、项目信息调整审核、项目信息调整查询、学时(学分)调整登记、学时(学分)调整审核、学时(学分)调整查询、学时学分统计、资格注册管理、综合查询、统计分析、系统管理等功能模块。系统登录页如图 5-74 所示。

图 5-74　全国教师管理信息系统登录页

第三节　平台建设发展趋势

随着人们对数字化学习的进一步了解和逐渐认同，伴随相关标准和技术的迅速发展和成熟应用，未来的网络教学与学习平台将表现出以下六个方面的趋势和特点。

①标准化。当前 e-Learning 标准的制定和普及日益受到重视，其设计和开发必须考虑到对国际主流标准的兼容，否则其数据无法被其他平台识别和处理，也无法兼容主流厂商的课程、资源等内容，

推广应用必然会受到极大的阻力。因此，标准化是网络教学平台未来发展的必然趋势。

②强开放性。e-Learning 的普及和深入应用必然要求平台具有较强的开放性，一方面能够和其他相关系统交换数据、互联互通，另一方面要能较好地适应需求的快速变化，通过小代价的服务替代升级或者流程重组就能实现"按需定制"的要求。具备强开放性的网络教学平台才能在未来要求复杂系统协作和动态演化的环境下保持强大的竞争力。

③个性化。和面授环境相比，e-Learning 环境下学习者的个体差异更显著，因此，优秀的网络教学平台必须满足学习者个性化的需求，为风格各异、起点不同的学习者提供合适的学习内容、学习活动和其他学习支持服务，而相关标准和技术的发展也为这种需求提供了客观条件。

④智能化。语义技术、本体技术和人工智能技术的发展为网络教学平台向智能性的方向发展奠定了技术基础。智能化的网络教学平台将为学生的学习和教师的教学提供更为强有力的支持，减少简单和重复性的操作，而且还能为教师和学生提供经过分析处理的教学和学习建议。

⑤高级智慧共享。传统网络教学平台强调学习对象的共享，下一代网络教学平台将在此基础上，强调对设计层面的高级智慧进行共享和重用，不仅让优质的教学内容借助信息技术得以分享，更让优秀的教学设计能为更多的教师和学习者享用。

⑥分布式知识建构。传统的网络教学平台强调通过网络来传递学习内容，下一代网络教学平台将以促进学生分布式知识建构为重点，强调学生在与他人的讨论与交流中完成知识建构。学生甚至可以参与课程内容的建设，并且在这一参与过程中加深对知识的理解和建构。

第六章
实验研究

改革开放的 40 年，正是我国教育信息化快速发展的 40 年，也是中国教育技术实践不断发展、完善的 40 年。40 年来，我国教育技术实践始终秉持着理论联系实际的原则，按照试点先行、以点带面，全面带动提升的要求对新技术、新理念与新方法进行实验研究。在具体教和学的过程中坚持以问题为导向，对制约我们教育现代化发展的要点问题，要通过进行实验研究来完成重点突破。40 年来，实验研究不断推动着技术革新与教育变革的双重变奏和交融进程，从实践的角度为教育与技术的深度融合提供创新性的解决方案，从实证的角度科学地回应每一个历史阶段出现的新媒体、新技术在解决教育深层问题上的可行性与有效性，从现实的角度深入挖掘教育变革对教育技术创新发展的内在需求，推动教育信息化和现代化的科学创新与迭代发展。

第一节　实验研究的发展历程

纵观改革开放 40 年来教育技术的发展历程，实验研究在其中发挥着尤为重要的关键性作用。

一、计算机辅助教育阶段

20 世纪 70 年代末至 80 年代初，我国迎来了计算机教育起步和发展的关键时期，快速普及计算机教育成为重大国家教育发展战略。因此，我国掀起了轰轰烈烈的计算机教育实验研究的热潮。

1953 年，北京外国语学院、西北师范学院率先开展的外语电化教学实验，成为计算机应用于教育教学的实验研究开端。[①] 基教领域的计算机教育实验始于 1982 年，教育部根据参加第三届世界计算机教育会议（WCCE/81）的部分专家建议，由北京师范大学、清华大学、北京大学、华东师范大学和复旦大学五所大学的附属中学在这些大学的帮助下进行计算机选修课的实验，从此揭开了我国有计划地开展计算机教育实验的序幕。[②]

进入 20 世纪 90 年代，随着现代教育技术的发展，学校的现代教育技术实验日益广泛、深入，研究的层次不断提高，由以媒体对比与专题为主的实验，进入以整体、综合为主的实验的更高层次，使学校现代教育技术实验进入一个新的发展阶段——以综合实验为主的阶段。90 年代以来，我国学校进行的规模较大、影响较广的现代教育技术实验主要有以下几个。

（一）"电化教育促进中小学教育优化"实验

1991 年至 1995 年，中央电化教育馆为迎接科学技术的发展和知识信息急剧增长对学校教育的挑战，探索我国电化教学的规律、方法，推进我国中小学教学改革，提出了"电化教育促进中小学教学优化"的研究课题。我国有 31 个省、自治区、直辖市、国家计划单列市电教馆，82 所中小学，近千名教师、教科研人员和聘请的专家、教授参加了这一课题的实验研究。整个实验在中央电化教育馆的组

① 阿伦娜：《中国电化教育（教育技术）年表（二）》，载《电化教育研究》，2006(12)。
② 陈琦、王本中：《中学计算机教育的回顾与展望》，载《北京师范大学学报》，1990(3)。

织下，得到了有关省(区、市)教委及电化教育部门领导的重视与支持。

该课题实验周期长，研究范围广、内容多，涉及单位和实验研究人员多，而起始水平又不一，操作有很大的困难。为保证实验的科学性、规模性及其效度和信度，完成实验任务，达到预期目标，中央电化教育馆成立了总课题组。整个实验是在总课题组总体设计、严格控制、具体指导下，有计划、有步骤地进行的。实验揭示了电教媒体在促进中小学教学优化过程中的客观事实，总结出一系列电教媒体与教学系统、教学过程中各因素的关系及其内在规律，力图从教学论和方法论的高度建立起具有中国特色的中小学课堂电化教学系统理论和方法体系，最终形成了一批中小学学科课堂电化教学设计、课堂电化教学模式，为之后的研究提供了值得借鉴的方法。①

(二)"四结合"教改实验

1994 年至 1997 年这三年期间，全国中小学计算机教育研究中心承办，北京师范大学现代教育技术研究所何克抗教授、华南师范大学教育技术研究所李克东教授以及中国教育学会高中教育专业委员会王本中担任主要负责人，以"小学语文教学"作为教改的研究对象，应用计算机多媒体技术和现代教育科学理论改造传统教学模式，设计了新型的教学模式以优化教学过程。

该实验研究以计算机为手段，运用先进的教育思想和认知学习理论，探索基础教育深化改革的途径，将小学语文教育同计算机教育以及汉字输入编码学习融为一体，做到"识字教学、阅读理解、作文训练与汉字编码打字"四结合。学生不仅能通过识字教学掌握汉字编码、打字和计算机的基本操作技能；反过来还能通过汉字编码、

---

① 中央电教馆课题组、黄慧、许乃英：《"电化教育促进中小学教学优化"课题研究报告(上)(1991 年—1995 年)》，载《电化教育研究》，1996(3)。

打字和计算机操作来激发学生的学习兴趣，加深其对汉字间架结构、笔画笔顺、读音和字义的理解。该项实验促进了小学语文的"形、音、义"识字教学以及阅读理解与作文的教学，使学生能学得愉快，教师教得轻松。

显然，这项实验的结果对传统的以教师为中心的教学模式、教学方法乃至教学理论和教育思路带来了巨大的冲击，最终导致我国大部分地区小学语文教学从内容到形式的深刻变革，把我国基础教育改革引向更深层次。与此同时，还将从根本上解决计算机在我国的普及和应用问题，为 21 世纪早出人才、快出人才找到突破口。①

在 2000 年至 2006 年这六年间，在语文"四结合"的影响和带动下，很多实验学校自发地在其他学科中开展利用信息技术进行学科教学的实验。此时，"四结合"的内涵相应变为"学科教学改革、创新精神培养、实践能力训练、信息技术运用"。学科"四结合"与语文"四结合"相比，虽然研究主题改变了，但是其研究的宗旨和目标并没有改变，仍以深化基础教育改革的核心——建构既能发挥教师主导作用又能充分体现学生主体作用的新型教学结构——为主要的研究目标，它要在先进的教、学理论的指导下，在结合各学科自身特点的基础上，运用以计算机为基础的信息技术所提供的学习资源和学习环境，充分发挥学生在学习过程中的主动性、积极性，通过学科教学改革来努力培养学生的创新精神和实践能力，从而达到全面提高学生素质的目的。

新的世纪，"四结合"项目已站在一个新的起点，站在"信息时代的基础教育""现代教育技术与基础教育深化改革""现代教育技术与创新人才培养"这样的高度，它绝非一般的计算机辅助教学改革项目，也不再是单一的语文教学改革项目。它运用系统的观点和方法，

---

① 何克抗、李克东、谢幼如等:《小学语文"四结合"教学改革试验研究》，载《电化教育研究》，1996(1)。

通盘考虑基础教育领域的各个学科的教学改革，着重提高学生的全面素质、创新精神和实践能力，成为运用现代教育技术进行教学改革的先锋。①

（三）电化教育促进中小学由应试教育转向素质教育的实验研究

1997 年至 2000 年，为适应社会发展的需要，为基础教育的改革服务；为适应中小学电化教育深入发展的需要，进一步探索电化教育的理论和规律；为继续发挥中央电化教育馆组织、指导中小学电教科研的职能作用，培养电化教育骨干作用，由西北师范大学教育技术与传播学院南国农教授与国家教委基础教育司金学方担任课题研究的顾问，中央电化教育馆组织 18 个省（区、市），236 所学校，开展了"电化教育促进中小学由应试教育转向素质教育"的实验。

该实验的研究重点是探讨用电教理论和方法促进中小学由应试教育向素质教育转化的课堂教学结构、模式、方法；通过对电教软件包括计算机辅助教学软件的开发研究和实验研究，寻求电化教育信息资源综合利用的基本模式；通过对基础教育不同层次不同学科电化教学过程的实验研究，探讨电教促进中小学教学过程优化、减轻学生课业负担、全面提高学生素质的基本途径；开发研制符合素质教育思想要求的电教教材。运用电化教育手段优化课堂教学结构，培养实用技术人才，正是对"应试教育"弊端的改革结果。②

（四）全国 1 000 所中小学现代教育技术实验学校教改实验

1994 年，国家教委基础教育司发文公布了第一批中小学计算机教育研究与实验学校。从 1997 年开始，由教育部基础教育司和电教

---

① 余胜泉、吴娟、李文光：《运用现代教育技术进行学科教学改革的先锋——"四结合"教改试验研究项目的回顾与展望》，载《电化教育研究》，2002(3)。

② 李鹏：《进一步提高思想认识努力完成课题实验研究任务——在〈电化教育促进中小学由"应试教育"转向素质教育的实验研究〉开题大会上的报告》，载《中国电化教育》，1997(9)。

办共同承办的历时 10 年的全国中小学现代教育技术实验学校项目，是我国基础教育信息化发展过程中的重大事件。它的成果、经验和问题需要认真总结，它今后的发展方向值得思考。

该实验在 1997 年和 2002 年前后两批共确认了 961 所国家级实验学校，简称 1 000 所实验学校。实验学校充分运用现代教育技术，促进基础教育的改革和发展，促进中小学全面实施素质教育，探讨新的更有效的教育教学模式。实验学校在"以信息化带动教育现代化，实现教育的跨越式发展"进程中发挥了重要作用，强化了信息技术在教学实际中的应用，实验学校成为推动我国新课程改革的中坚力量，为推动我国中小学教育现代化建设做出了重要贡献。课题研究取得一批丰硕成果，丰富了我国教育科学研究理论宝库。通过项目的实施，广大教师教育观念发生重大变化，信息素养获得较大提高。实验学校建成教育信息化窗口学校，发挥了实验学校在全国的示范作用。

该实验能够使教育技术资源由关心优秀软件开发向关心资源高度共享与利用方向转变，教育技术研究由基于量化实证研究向更深层次的面向学生的质化研究转变。[1]

（五）高等学校课程电化教育实验

1991 年，广东省高教电教中心承办了"高等学校课程电化教育实验"项目，涵盖全国 46 所高校，开启了高教领域的大规模电化教育实验。该实验项目以促进高校电化教育发展为途径，以促进教育改革和提高教学质量与效率为目的。

电化教育在高校不仅具有提高教学质量的独特作用，而且还具有培养人才全面发展的育人功能；它是教学的有机组成部分，也是

---

[1]　李克东：《全国现代教育技术实验学校十年历程回顾与总结》，载《信息技术教育》，2006(8)。

促进教育改革的重要内容。一个高校电化教育发展的状况，可以反映出该校教学改革的程度和教育现代化的水平。

该项实验全面推动了高等教育领域对电化教育、计算机教育的重要性和必要性的认知，为后续推动高等教育信息化的发展奠定了重要基础。①

（六）"基于网络环境的教学质量实时监控系统"在高等教育教学质量管理中的研究与实践

2001 年至 2004 年，北京大学的王杉、周庆环、刘帆、李红、徐燚和姜可伟等人在基于网络环境的动态、实时、全页、全程教学质量监控理念指导下，构建了涵盖理、工、农、医、文各类学校及各种专业需求的教学质量评估平台和管理模式。该系统的开发与研究属国内外率先开展的研发工作，首次将计算机技术、网络技术和多媒体技术应用于教学评估领域，为高校人事分配制度改革中教师、教研室、学院教学质量的客观量化提供了可靠的方法，是一套基于网络环境的服务于高等学校、各学科专业、教研室和教师的教学效果进行实时监控的管理工具。

经过 15 个省（区、市），41 所高校应用证实，该系统不仅能够对教学质量进行实时监控，可大幅度提高高等院校教学质量的评估和检测水平，提高教学管理的时效性、准确性、客观性，同时节省大量人力物力，还可以对评估数据进行多方面的统计分析，有助于教学工作的决策者和管理者获取相关信息并进行科学的管理，实现高校教学质量的有效监控。

进一步向全国各级各类院校推广应用该系统，有助于在高等学校教学质量管理工作中开辟新的领域，促进传统教学质量评估工作理念的改变，推动高等学校教学质量的提高；加速高等学校评估体

---

① 南国农：《90 年代以来我国的五大现代教育技术实验》，载《电化教育研究》，1999(6)。

系标准化建设的进程；为今后建设"教学质量双向（学生/教师）实时监测评估系统"，强化培养过程中的教学质量评估，进行素质教育奠定了坚实的基础。[1]

（七）基于 Web 的协作学习平台（WebCL）实验研究

2000 年 10 月至 2001 年 10 月，北京师范大学知识工程研究中心黄荣怀、杨开城、沈复兴、何丽平以及朱小明等人主持，开展了为期一年的基于网络的协作学习的研究开发工作，也就是计算机支持的协作学习（Computer Supported Cooperative Learning，CSCL），具体来说，是指利用计算机技术，尤其是多媒体和网络技术，来辅助和支持协作学习。多媒体能提供界面友好、形象直观的交互式学习环境，网络技术除了能提供学习者之间的信息传输通道，突破时空限制外，还能按超文本、超链接方式组织管理学科知识和各种教学信息。目前，在 Internet 上按这种方式组织建构的知识库、信息库浩如烟海，并已成为世界上最大的信息资源，这为 CSCL 的发展和应用提供了前所未有的机会。该项目始于在网络环境下大群体（几百人、上千人）的选课及学习的需要，对 CSCL 的系统结构、相关技术等问题进行了资料分析和实验探究，提出了 CSCL 通用学习过程模型、系统设计模型和评价模型，这些模型基本得到了实现。黄荣怀教授于 2000 年首次为硕士研究生开设了《协作学习》课程。该课程的教学方法全部采用协作学习方式，同学们对协作学习的概念、策略、方法、技术进行了学习、讨论和研究，部分同学还参加了WebCL 平台的开发工作。WebCL 平台已经通过教育部的验收，平台上有十余门课程，上千名学生使用过该平台。

该实验研究确切地描述出协作小组对象涉及的概念体系、协作

---

[1]　王杉、周庆环、刘帆：《"基于网络环境的教学质量实时监控系统"在高等教育教学质量管理中的研究与实践》，全国高等学校教育技术协作委员年会暨学术交流会，2005。

小组内部成员互动的特征及目前的研究现状，在协作学习的策略设计和评价方面也提供了各种参考思路和具体方法，对于促进对计算机支持的协作学习领域的深入研究有很大的帮助；此外，有助于教育实践工作者、教育技术研究者或者其他对该领域感兴趣的人们更深刻地了解协作学习的基本概念、基本过程和基本策略方法，熟悉、设计与应用计算机支持协作学习的环境。①

（八）基础教育跨越式发展创新实验

2000 年，由北京师范大学现代教育技术研究所承办，北京师范大学现代教育技术研究所何克抗教授、余胜泉教授和张文兰教授等人主持，开展了为期五年的基础教育跨越式发展创新实验。该实验研究的总体目标是把信息技术与课程改革有机结合起来，使新课程改革在先进的教育思想、理论的指导下，把信息技术作为学生自主学习的认知工具、情感的激励工具、学习环境的创设工具全面应用到各学科教学中，使各种教学资源、各个教学要素和教学环节在整体优化的基础上产生集聚效应，并促进"以教师为中心"的传统教学结构转变为"以教师为主导，以学生为主体"的双主教学结构，发挥信息技术在学生自主学习、探究学习、协作学习等方面的优势，充分释放学生自主学习的潜能，整体提高学生的创造性思维水平和全面素质，提高教育教学效果。

该实验在先进的教育思想、教育理论的指导下，特别是在儿童思维发展新论、语觉论（儿童语言发展新论）、双主教学结构理论的指导下，把以计算机及网络为核心的信息技术作为促进学生自主学习的认知工具、协作交流工具和情感激励工具，改革传统的以教师为中心的教学结构，构建新型的"主导—主体"相结合的教学结构，

① 黄荣怀：《计算机支持的协作学习——理论与方法》，北京，人民教育出版社，2003。

实现基础教育的根本性变革。

　　经过五年的探索，实验经历了理论方法初步建立、理论方法逐渐完善、实验探索日益深入和实验领域逐步扩展四个阶段。"基础教育跨越式发展创新实验"项目在全国 10 多个实验区 110 所实验学校已经显现出良好的效果，得到实验区学校、教师、家长和教育行政部门的认可。2005 年 10 月，"网络环境下基础教育跨越式发展创新实验研究"总课题组组织了一次面向所有实验区的语文和英语中期测试。这次测试涉及小学英语三年级和小学语文二、三年级的实验班，每个学校分别在同年级抽取一个非实验班作为对比班。从测试情况可看出，不仅重点校取得了很好的实验效果，生源和办学条件相对较差的学校也在基础教育跨越式发展创新实验中取得了令人鼓舞的成绩，甚至较晚参加实验的学校也取得了显著效果，正在接近或达到跨越式发展的目标。

　　该项目以"儿童思维发展新论""语觉论""信息技术与课程深层次整合理论"和"创造性思维理论"等具有自主创新意义的理论为指导，通过多年的中小学教改实践探索，逐步形成了一套能从效率和质量等方面有效促进基础教育发展的创新教学理论、模式与方法。多年在各种不同类型学校（包括薄弱校和农村校）的几百个实验班、上万名学生中进行的教学实验证明：利用这套理论、模式与方法可以在不增加课时、不增加学生课业负担的前提下，使小学二年级的学生的识字、阅读与作文能力达到五、六年级的水平，四年级小学生的英语听、说能力达到初中水平。与此同时，课题组针对网络环境比较好的地区与学校和不具备网络环境的地区与学校，通过大量的实践研究创建了有利于基础教育跨越式发展的两种教学模式：网络模式与非网络模式。实践证明，这两种新型教学模式对于推进我国不同地区基础教育的跨越式发展和实现公平教育具有重大现实意义和较强的可操作性。①

总的来说，该实验研究方法科学有效，工作扎实、深入，成果丰富，效果明显，是对我国中小学信息化教育的理论与实践的重大创新。实验一直延续到现在，仍然活跃在中小学课堂中。

(九)农村中小学现代远程教育工程

2003 年 5 月，经国务院批准，教育部、国家发展改革委、财政部(以下简称"三部委")联合下发了《关于实施现代远程教育工程试点示范项目的通知》，启动实施了"现代远程教育工程试点示范项目"。该项目设计采用教学光盘播放点、卫星教学收视点、中心学校计算机教室三种模式。2003 年 9 月，在全国农村教育工作会议上发布了《国务院关于进一步加强农村教育工作的决定》，正式提出了实施"农远工程"，要着力于教育质量和效益的提高。"先行试点"是"农远工程"实施的原则之一，因此，2003 年 11 月，三部委联合发布《农村中小学现代远程教育工程试点工作方案》，指出试点工作"以中西部地区为主"，计划"从 2003 年开始用一年时间完成试点地区三种模式的建设工作"，"农远工程"试点工作正式启动。②

该项目的总体目标是争取用四年左右的时间，使全国约 11 万个农村小学教学点具备教学光盘播放设备和成套教学光盘，在全国38.4 万所农村小学初步建成卫星教学收视点，在全国 3.75 万所农村初中基本建成计算机教室。工程投入由省级政府统筹安排，国家根据不同区域经济社会发展情况予以适当补助。

按照"总体规划、先行试点、重点突破、分步实施"的原则，2003 年至 2004 年，三部委共同实施了现代远程教育试点示范项目和

---

① 余胜泉、张文兰、何克抗：《"基础教育跨越式发展创新实验"实施理论与策略》，载《中小学信息技术教育》，2006(1)。

② 汪基德、冯永华：《"农远工程"的发展对我国基础教育信息化的启示》，载《教育研究》，2012(2)。

农村中小学现代远程教育工程试点工作。各地根据三部委的要求制定了相应的试点工作实施方案和管理办法，使试点工作的招投标、设备接收安装、运行维护、教师培训、资源建设、教学应用等实施过程有了保证。三部委在试点工作中先后举办了三期国家级培训班，为试点地区培训了1 000多名骨干教师和管理人员，各试点地区进行了省、市（地、州）、县级和学校的四级培训。陕西省教育厅按照三部委项目方案的要求，提出了以"配置为基础、培训为重点、科研为先导、应用为核心"的工作原则，编制了《陕西省农村中小学现代远程教育工程项目教师培训工作管理手册》，其中不仅包含在基地接受培训时的要求，还包含校本培训工作要求，如工作原则、管理制度建设等，在培训技术的同时也对加强管理的方法进行了培训。宁夏创造了"资源教师"（经过上级培训的教师）"以一带五"的经验，要求每一位经过上级培训的教师要带五位其他教师学会使用技术。贵州进行有针对性的再培训活动，使一线教师带着问题学习，提高了培训的效果，推动了项目的可持续发展。甘肃积极推行参与式培训方法，鼓励农村教师利用网络发表意见，合作学习。湖南把培训与实地观摩相结合，先建试点，进行观摩学习，总结经验，再逐步推广。项目取得了良好的效果，在不少方面创造了经验，培养了典型，形成了各级党政机关重视、全社会关注和支持的加快建设农村中小学现代远程教育工程的良好氛围。

实施农村中小学现代远程教育工程是促进农村教育跨越式发展的一项重大战略举措，对实现优质教育资源共享，提高教育教学质量，推进教育均衡发展，促进农村"三个文明"建设具有重要意义；是解决农村中小学教育教学资源短缺、师资力量不足、教育教学质量不高等问题的重要途径，是实现我国农村教育跨越式发展的必然选择。

二、信息技术与教学整合阶段

随着计算机在教育中的应用逐渐多元而深入，不难发现，技术对教育的助力也不仅限于信息化教与学方式的变革，教育希望技术能够直面各个学科的深层次问题，从每一个学科的目标定位、资源供给、教学模式、学习方法及教学评价等系统性变革视角做出整体的解决方案。技术在打破原有教育教学系统平衡的同时，面临着如何构建一个更新、更先进、更核心的信息化教育教学系统，实现信息技术与学科教学的整合的挑战，力图在中观和微观层面助力教育现代化发展。

(一)交互白板在学科教学中的应用实验研究

2004 年 1 月，中英合作交互白板实验研究项目正式启动，中方包括首都师范大学远程教育研究所、北京教育科学研究院和参加实验研究项目的北京市 5 所中小学。该项目的主要目标是应用信息技术促进北京市基础教育信息化，探索在北京市中小学应用交互白板等系统、工具和平台实现信息技术与课程教学的整合，推动新课程改革和素质教育。

在实验研究进程中，实验校主要采用特定学科课堂教学的案例研究方法。所有参加实验研究的学科均采用新课标和新教材。各实验校制订了学校整体实验方案及各学科案例研究方案，配备了交互白板，安装了中文软件系统，为参与实验的教师配备了备课板。项目组设计开发了多份中文的交互白板教师培训手册，以集中、分片以及校本培训的多种方式开展教师培训。培训内容包括交互白板的结构、功能及其教学应用，基于交互白板的课堂教学设计，以及基于交互白板的教学实验研究方法等。

该项目在实验校之间开展基于交互白板的课堂教学、资源建设和实验研究的观摩演示和学术研讨，大学和研究院研究人员与实验校一线教师结合，对若干重点课程，从基于交互白板的课堂教学设计、交互白板应用的教学资源选择和开发，到信息技术与课堂教学整合的教学改革实验，开展重点案例研究。

通过此次实验研究，实验校的师生和领导普遍对交互白板及其教学应用给予了较高评价，对交互白板的应用效果和应用前景表示认同，师生使用交互白板的热情普遍较高、参与欲望很强。同时，该实验推动了交互式电子白板在学校的大面积普及推广。[1][2]

（二）应用敏特英语网络学习平台，培养学生综合语言应用能力的实验研究

2006 年至 2011 年，蒋鸣和等人主持，在现有的第二代敏特英语网络学习平台的基础上，进一步研究开发学习者在交互环境下学习语言的第三代网络英语学习平台。该实验研究的目的主要是以认知科学和外语教学论为理论基础，设计并开发混合式学习策略支持的，包括语言技能、语言知识和文化交际等模块的网络英语学习平台，并通过大规模的学校实验，形成符合中国学生语言学习特点的学习模式和学习路径，促进学生综合语言应用能力的提高，增强学生英语学习的有效性。

该实验过程主要分为四个阶段：①跟踪国际计算机语言辅助学习的最新进展，借助网络和多媒体技术开发第三代敏特网络英语学习平台。②把构建课堂的语言学习环境与基于多媒体的有效练习有机结合起来，开发基于敏特英语学习平台的课程单元。③开展大规模的学校实验，把网络学习平台的应用和日常英语教学结合起来，在实践中发展创新的、多样化的英语学习模式和学习路径。④设计和开发学生学习质量监测系统，为基于英语课程标准的练习和测试提供资源和技术支持。

该实验研究初步形成了大规模信息技术应用的实验模式，探索

---

① 谢泂、丁兴富、雷利军：《交互白板实验项目中的行动研究》，载《中小学信息技术教育》，2005(5)。

② 丁兴富：《交互白板及其在我国中小学课堂教学中的应用研究》，载《中国电化教育》，2005(3)。

了信息技术环境下融合多学科、多领域综合研究的范式，形成了一批从当地学生实际出发的敏特英语学习案例。在这五年里，敏特英语总课题发展了 160 多个子课题研究单位，应用学校从刚开始的 100所左右到后来超过 580 所，受益学生近百万。[1][2]

（三）手持式网络学习系统在学科教学中的应用研究

近年来，随着移动通信速率的提升、资费的下调以及手持式移动设备计算性能与存储能力的增强，人们口袋中的手机、掌上电脑和 PDA(Personal Digital Assistant，个人信息助理)等手持式移动设备，可以让人们在任何时间或地点获取、处理和发送信息，使交流无处不在，也为人们依托手持式移动设备和无线网络开展教育活动、传递教育信息，实现人类终身学习提供了可能。因此，如何利用手持式移动设备更好地开展教育、教学交互活动便成为 21 世纪国内外教育界研究的前沿和探讨的热点。

2006 年至 2011 年，北京师范大学教育技术学院余胜泉教授主持，选取了 40 所左右中小学，开展了手持式技术在学科教学中的应用实验。该实验旨在通过技术和工具的有效结合，将手持式网络学习系统有效、灵活地应用到学科教学中，给学生创造一种内容丰富、形式多样、可以便捷获取知识的多媒体学习环境，增强学生的学习兴趣，实现信息技术与学科教学的深层次整合；另外，通过移动技术把学习完完全全地融入日常生活，成为学习中自然而然的一部分。该实验主要围绕运用手持设备提升课堂教学质量、促进课外移动学习的综合实践活动、开发更好支持学校教育的手持式技术与工具三

---

footnote① 蒋鸣和：《信息技术环境下的英语教学创新——〈应用敏特英语网络学习平台，培养学生综合语言应用能力〉课题设计思路》，载《信息技术教育》，2006(12)。

② 朱广艳：《"十一五"全国教育技术研究规划重点课题"应用敏特英语网络学习平台，培养学生综合语言应用能力"顺利结题》，载《中国电化教育》，2011(2)。

个方面展开。①

　　"手持式网络学习系统在学科教学中的应用研究"课题提出的"双环目标教学法"(见图 6-1)的核心就是要发挥信息技术促进认知、情景化、自主学习、协作学习等认知工具深化的作用,在课堂上促进高层次思维品质的形成。

　　知道、领会、运用属于较低层次的能力目标,在教学过程中,可以通过一系列良构问题解决的训练来达成,其主要作用是使学生对所学知识进行存储、巩固和简单应用。因此,学生在此过程中只进行了浅层次的认知加工,主要发展的是低级思维能力。分析、综合、评价属于较高层次思维发展的能力目标,在教学过程中就需要设置一系列较为综合的情境问题激发学生进行深层次的认知加工,对学生进行较高难度或者较为综合的思维训练。因此,课堂教学不能只是向学生提供一些简化的问题或者基本的技能练习,而应该使他们学会在复杂学习环境下处理一些复杂的、非良构的问题,以此来提高学生深层次认知加工的能力。因为在不同情境问题的解决过程中除了要关注问题本身所需要的知识和技能等条件外,还必须考虑更多其他的因素,如情感、意志、价值判断和个人信念等。从学生能力发展的角度出发,教师需要发挥主导作用,不断地进行反思,使其教学目标更清晰、问题情境设计更合理。在此过程中,手持式网络学习系统恰恰可以发挥其技术优势,为学生提供认知加工的工具、丰富的学习资源、不同层次的个性化学习情境,激发其广泛的认知投入和深层次的认知加工。

---

　　① 余胜泉、刘军:《基于手持式移动技术的教与学》,载《中小学信息技术教育》,2007(3)。

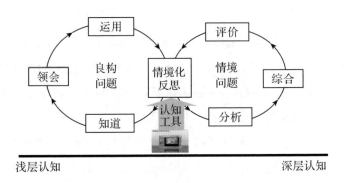

图 6-1　双环目标教学法

　　网络学习机小巧、便携，能够播放 mp3 音乐、动画，显示文字和图片，可以联网下载丰富的多媒体资源，这使得它不但可以支持课堂教学活动，还能为学生在更为自由的课外环境中随时随地地开展学习、娱乐活动提供便利。可以说，网络学习机具有把课内教育延伸到课外的潜能。为了保证其教育效果和功能不打折扣，教师需要介入其中，了解学生的行为习惯以及兴趣爱好，为学生设计一系列既具有积极教育意义又能锻炼学生综合能力的实践活动，让学生玩在其中、乐在其中、学在其中。

　　学生作为课外实践活动的主角，必须清楚如何开展活动，因此，教师所设计的课外实践活动至少需要包括活动简介、活动内容、资源及工具支持、活动建议、活动评价这五部分。基于以上考虑，该项目设计了以下可供学生课外参与的实践活动（见表 6-1）。

表 6-1　基于手持式设备的课外实践活动设计

名称	活动简介
亲子共读	学生及其家长共同选择和阅读网络学习机上的中英文经典资源，通过阅读达到情感交流、知识传授的目的。学生可以以日记的形式记录阅读的文章以及感想

续表

名称	活动简介
同学伴侣	几个学生结伴开展协作学习，可以分角色阅读、排演故事等，促进同学间的知识共享与合作
随走随听	漫步时即可打开网络学习机听英语、听歌曲、听诗词朗诵，抓住空闲时间，养成随时学习的好习惯
我行我秀（创意表达）	利用网络学习机提供多维情境，激发学生创作表达的欲望，可以听音乐创作诗词、看图写故事、阅读文字后进行续写文章等
动漫大赛	让学生利用动漫工具发挥想象制作自己的动漫，训练其动手能力、想象能力、动漫的表现力
经典解读	阅读经典文章，可约定阅读的篇章和范围，并记录阅读后的感想，养成从语言文字中体会和感悟的习惯
音乐随想	有目的地选择有积极意境的音乐，让学生听后进行即兴创作，感悟经典音乐，培养想象力，加强思维训练
数码连环画	利用动漫工具将成语、寓言、童话等制作成数码连环画，在提高信息技能的同时学习更多的知识
移动相册	编辑制作自己及家庭的数码相册，在同学之间共享，促进信息技术能力提升，倡导健康生活体验
探究动漫世界	以数码动漫的原理与知识为主题，设计和实施网络探究活动，提升学生信息素养、解决问题的能力

三、智能环境与教学智慧融合阶段

进入"互联网＋"时代，教育信息化迈入了智慧化教育的新阶段。在这一阶段，教育信息化的发展更注重培养人的智慧性，不论是在物理环境、人机环境还是在网络环境方面，都表现出更加智能的一面。

时至今日，人类已经进入以泛在网络、大数据、云计算、人工智能、物联网等先进信息技术快速发展为鲜明特征的"互联网＋"时代，它为人类提供了前所未有的能够突破时空限制、满足个性发展的数字生存环境，也带来了前所未有的信息爆炸、认知负荷、数字依赖、网络成瘾等的数字生存挑战。随着 2015 年 12 月未来学校国际论坛、2016 年 6 月未来教育高峰论坛、2016 年 12 月"互联网＋"教育之未来学校论坛等陆续举办，未来学校被再一次推向了当前教育变革的风口浪尖，成为当下及未来学校变革的热点。①

（一）大数据背景下的在线学习分析技术与应用研究

2015 年 3 月至 2015 年 7 月，华东师范大学教育信息技术系祝智庭教授、张家华以及邹琴等人主持，以浙江师范大学"现代教育技术"公共课程为实验对象，设计了线上与线下相结合的混合式教学模式。线下活动主要完成课堂操作实践和实验的任务，线上活动则以 Moodle 平台提供的学习资源为支撑，学习者自主完成作业、自测题、主题讨论等任务并开展师生互动交流。课程自 2015 年 3 月开课，到 2015 年 7 月结束，有来自全校不同院系的 995 名学生参与。

Moodle 平台中每一个用户所访问的模块、各种操作的频次及发生的时间都被记录在了日志数据表中。利用这些数据表，可以对在线学习过程中的各类学习行为的情况进行统计分析，并将分析结果进行可视化表征。该研究采用统计法、可视化、社会网络分析等方法，对 Moodle 平台中与学习者在线学习行为相关的主要模块进行研究，分析了"现代教育技术"课程混合式教学模式下的在线学习行为。通过挖掘在线课程中的学习日志，揭示了在线学习活动的一些特点和规律，为后续课程的教学提供了一些建议。

随着在线学习平台的广泛应用，破解传统课堂中收集学习数据的难题逐渐成为可能。收集在线学习活动的大量数据并对其进行处理、加工和分析，有助于揭示在线学习的某些特点和规律。此外，

---

① 刘军：《智慧课堂："互联网＋"时代未来学校课堂发展新路向》，载《中国电化教育》，2017(7)。

学习分析还能及时识别高风险学生群体，明确影响学习过程或结果的主要因素，为实施个性化学习提供一定的指导。在线学习背后隐藏的信息也将为教师提供客观的教学反馈、预测学习者表现以及教学反思提供有力的依据，并对教师精准地了解学习需求、恰当地调整教学以实施有效的学习干预具有重要的价值。[①]

(二)教师在线实践社区实验研究

从 2008 年开始，首都师范大学教育技术系王陆教授等人主持，开展了教师在线实践社区实验研究，也就是靠谱 COP 项目。项目自启动以来，在国内多个地区取得了突出的教师专业发展成绩，掀起了一场教师专业学习的大风暴。

靠谱 COP(The Teacher's Online Communities of Practice，教师在线实践社区)是指由中小学教师、大学专家及助学者所组成的一种正式学习与非正式学习相混合的学习环境，是一种基于课堂教学行为大数据，促进教师实践性知识增长和专业能力发展的学习型组织，是一种将教师学习、研修、培训、资源建设等融合在一起的新型教师专业发展模式。

靠谱 COP 通过聚焦教师的专业学习及同侪合作与反思性对话，分享教师们的教学改进形式、价值观、工具和职责等，为教师专业化发展提供社会的、规范的、资源密集型的、持续不断的学习支持服务。因此，教师在线实践社区也是一种聚焦教师知识的新的知识管理与知识创生途径。自 2008 年起，研究团队全身心地投入面向我国中小学教师专业发展的在线实践社区(TOPIC)的一系列研究中，先后设计开发了教师在线实践社区的网络支撑平台及 12 类专业发展支持服务，并在山东省、四川省、北京市、广东省四个地区开展了

[①]　张家华、邹琴、祝智庭：《基于 Moodle 平台的在线学习深度分析研究》，载《电化教育研究》，2016(12)。

为期三年的反思性实践。①

该实验研究以发展培育教师的实践性知识这一隐性知识为主要学习内容。靠谱 COP 中的远程学习圈、高质高效的合作学习社、故事坊、工作坊、互助组等都是隐性知识的优质学习场所。以课堂为教师的学习情境，开展不脱产的基于工作的学习。在靠谱 COP 中，教师可以通过学校的 COP 教室，利用自动录播系统将整个教与学的过程录像上传到 COP 网络平台中，在专家与助学者所提供的专业发展服务支持下，教师作为反思者、交流者、研究者、行动者，不断改进自己的教学行为，实现了工作空间与学习空间的无缝连接。

（三）信息技术支持下高等教育教学新范式的实验研究

如今，全球化学习和终身学习理念深入人心，信息技术对高等教育的深度渗透使得教学手段、教学方法和教学模式发生了深刻变化，慕课、小规模限制性在线课程、微课、精品资源共享课、精品在线课程等纷纷涌现，为实现以教为主转向以学为主、以课堂为主转向课内外结合、以知识传授为主转向能力培养及素质提升提供了有利条件，极大地促进了个性化自主学习和协作教学。

2013 年，浙江大学 CAD&CG 国家重点实验室陆国栋、费少梅和顾大强等人主持，开展了时空融合、虚实结合、知行耦合的机械大类课程教学新范式的实验研究。同年，浙江大学联合上海交通大学等五校进行了两讲的《工程图学》同时异地联合授课尝试；2014 年，在教育部"信息技术支持下的高等教育教学模式研究"项目的支持下，在教育部高等学校工程图学课程教学指导委员会的领衔下，浙江大学联合全国 30 多所高校实现了视频交互开课及直播课堂，进行了第一轮大规模同时异地《工程图学》课程联合在线授课，共 12 讲，21 位主讲教师，约 15 000 人次受益；2015 年，在总结前一轮经验的基础

---

① 王陆：《教师在线实践社区的研究综述》，载《中国电化教育》，2011(9)。

上，加以调整，进行了第二轮大规模同时异地联合授课，共 8 讲。

来自不同高校的资深主讲教师们精心准备授课内容，发挥各自所长，优势互补，点拨而不穷尽，给学生留出探索空间；不同高校的学生在不同的地点同时通过网络观看授课，进行课堂提问和互动回答，实现了优质师资资源的交互共享。同时，异地联合授课不仅促进了优质教学资源共享，让学生分享了来自不同高校、各具特色、风格迥异的教师授课，而且给学生带来了全新的视觉感受，极大地提高了学生的学习积极性，拓宽了学生视野，激发了学生自主学习的兴趣；与此同时，加强了高校之间教师的互相学习和交流，尤其是对青年教师教学水平的提高、教学方法的改进有很好的导向和促进作用。①

（四）泛在学习环境下师范生教学实践能力培训模式研究与实践

随着慕课、微课、翻转课堂、泛在学习、混合学习等新技术、新教育形态的不断涌现，现代教育技术对教育的革命性影响日趋明显，成为教育教学改革的制高点和关键。《教育信息化"十三五"规划》明确提出，要建成"人人皆学、处处能学、时时可学"的学习型社会，其实质就是泛在学习。国家多项政策强调要加强教师队伍建设、提升教师教学实践能力，强调信息技术与课程的深度融合，重视优质资源建设，提倡利用新技术促进教育的变革。因此，加强对师范生教学实践能力的培养，是落实国家政策的要求，是教育教学改革研究的重要课题，也是中小学信息化教学和未来教师培养的需要。

2016 年，河南师范大学教育技术系梁存良、朱珂和张瑾等人主持，开展了泛在学习环境下师范生教学实践能力培训模式研究与实践。该实验研究在河南师范大学 3 000 多名师范生中以及信阳师范学

---

① 费少梅、陆国栋、顾大强：《时空融合知行耦合的机械大类课程教学新范式探索实践》，载《高等工程教育研究》，2017(6)。

院、安阳师范学院等院校的部分师范生中进行了应用。项目组经过多年的积累和集中研究与实践，主要解决了以下几个问题。

①以泛在学习先进理念为指导，构建师范生教学实践能力培训模式。在前期相关研究的基础上，结合教学实践能力的组成要素及培养目标，构建了泛在学习环境下师范生教学实践能力培训模式（ERP-A）。模式由泛在学习实验教学环境（Environment）、校本教学资源（Resource）和移动学习平台（Platform）三个结点组成，在相互作用下促进教学实践能力（teaching practice Ability）的提升。该模式能有效发挥混合式学习的线上线下学习优势，解决课堂教学以外时间的师范生教学实践能力培养问题，以及教学实践能力培训所需的数字化教学资源匮乏和学习方式的泛在化等问题，使学生碎片化时间得到有效利用，是课堂教学的有效补充。

②开发泛在学习环境下师范生教学实践能力培训校本资源，构筑多终端支持的数字化资源库。利用"以学生为中心"和教学系统设计的思想，基于微课理念，设计开发了适宜泛在学习环境下的一系列师范生教学实践能力培养校本资源，凸显"主题突出""内容精练""情境丰富""形式活泼"的特点，为教学实践能力培训提供保障。校本资源包含理论学习、教学设计、案例示范、微格教学、说课训练、微课设计、课件设计、评价标准、资源获取与利用技巧等。

③搭建泛在学习教学环境和移动学习平台。在泛在学习理论指导下，结合需求及培养目标，利用网络和流媒体技术，搭建可以同时支持多系统环境和各种便携式移动终端的泛在学习平台，方便学生随时随地利用终端设备进行观摩学习，实现"人人皆学、处处能学、时时可学"的泛在学习目标，为开发的一系列校本微课资源提供平台支撑。

④构建泛在学习环境下科学的教学实践评价指标体系。结合信息技术发展趋势、国家政策导向要求、行业协会评价实践及多年来

的评价心得总结，从定性评价、定量评价两个角度入手，采用多元评价方法对现有评价方案进行分析、整合、重构，制定了微格教学、说课、多媒体课件、微课等评价指标体系，为相关教学实践提供科学指导。

经过应用，该方法合理可行，对师范专业学生教学实践能力的培养具有很强的适应性和可操作性，能有效提高师范生教学实践能力，并形成了特色鲜明的泛在学习环境下师范生教学实践能力培训模式。[①]

（五）MOOCs 背景下的地方高校通识教育课程改革探索

2016 年，洛阳师范学院的周震、李蕾和胡灵敏主持，开展了 MOOCs 背景下的地方高校通识教育课程改革探索。该实验研究以洛阳师范学院的学生为实验对象。学校引入北京大学、清华大学、浙江大学和复旦大学等国内名校的通识教育慕课，使学生在学校上课，享受的是名校的课程资源。

该实验研究首先围绕慕课带来的教育教学变革，解决地方高校通识教育课程改革面临的结构调整、内容优化、方法改进等问题。其次，分析地方高校通识教育课程体系存在偏重于理论教学，选修比例低、课程教学水平低、缺乏特色课程、体系封闭等问题，探索通识教育课程体系建设的有效模式。再次，针对地方高校缺乏优质通识教育资源的问题，探索以慕课的方式引入国内外高校的"名课"，实施通识教育校际直接的学分互认，推动高校之间的课程资源共享，补齐地方高校通识教育的"短板"。同时，改革通识教育知识灌输的教学模式，围绕"学生高效学习"，推行混合学习、泛在学习及翻转课堂等模式，使得课程不再局限于教室场景。推动"教"与"学"的转

---

① 梁存良、朱珂、张瑾等：《泛在学习环境下师范生教学实践能力培训模式研究与实践》，http://gxjxcg. haedu. gov. cn/2017/02/21/1487663338893. html，2017-02-19。

变，教师从知识内容的讲授者向学生学习活动的启发者和激励者转变，实现学生由被动地接受知识向主动地建构知识体系转变。最后，结合学校的地域特色与优势，以"河洛文化"慕课建设为例，探索地方高校建设特色慕课的有效途径。

该实验研究的成果被应用于洛阳师范学院现有的河南省卓越教师人才、卓越工程师人才、卓越法律人才培养等试点专业，并将慕课的建设应用于旅游管理、工商管理、电子信息科学与技术等河南省综合改革试点专业的专业课程设计，取得了很好的效果。[①]

（六）"六网融通"人才培养模式实验

从 2013 年开始，国家开放大学的杨志坚、蒋国珍和叶志宏等人主持，在国家开放大学开展了网络核心课程建设、国家开放大学学习网建设和应用、网络教学团队建设等一系列专项工作，扎实推进"六网融通"人才培养模式改革。

为实现开放大学的办学目标，几年来，国家开放大学在开放、责任、质量、多样化、国际化办学理念的指导下，推动办学组织体系、制度框架、教育信息化、人才培养模式、学分银行等各项建设工作不断向前发展，上新台阶，创新局面。在国内教育信息化发展的大背景下，国家开放大学借鉴国内外在线教育的经验，结合其办学实际，提出了"六网融通"新型人才培养模式，构筑一所真正的网络大学。通过现代信息技术与远程开放教育之间的全面深度融合，向全体社会成员提供形式多样、内容丰富的各类教育，满足学习者多样化、个性化的学习需求。[②]

该实验研究在终身教育理念、远程开放教育理论及"互联网+"思

---

① 周震：《MOOCs 背景下的地方高校通识教育课程改革探索》，http://gxjxcg. haedu. gov. cn/2017/02/22/1487736674534. html，2017-02-21。
② 胡星、高园园：《"六网融通"人才培养模式中网络学习测评模式构建》，载《中国远程教育》，2017(8)。

想的指导下，按照大规模培养职业性应用型人才和高素质劳动者的培养目标，以学习者学习为中心，基于网络的人才培养模式探索与创新，为推进现代信息技术与远程开放教育深度融合发展，构建了以网络核心课程、网络学习空间、网络教学团队、网络学习服务、网络学习测评及网络教学管理为重点的"六网融通"模式。

在"六网融通"人才模式中，网络学习空间是基础，网络学习课程是核心，网络教学团队是支撑，网络学习支持、网络学习测评和网络教学管理是条件和服务，六网相互融合贯通，共同发挥着提升远程开放教育的教学质量和人才培养质量的功能。可以说，该模式是一个相互关联、融合、贯通，全面支持在线人才培养的工作流程与模式。

该实验研究发现，"六网融通"人才培养模式能够有效促进教学、管理、服务等综合能力的提升。与此同时，国家开放大学与教育部职业院校信息化教学指导委员会将共同举办"六网融通"新技术应用秀，来为该模式的广泛应用奠定基础。

(七)智慧学习环境下学生科学探究心智技能培养的实验研究

进入"互联网＋"时代，教育信息化迈入了智慧化教育的新阶段。随着智慧教育理念的发展与人才培养模式的创新，在智慧学习环境中培养学生思维能力与创新能力已成为时代的新诉求。其中，科学探究能力越来越受到人们的关注和重视。科学探究心智技能对人们在科学探究活动中认识客观事物、解决问题及科学思维能力的发展有重要意义。

2016 年前后，华南师范大学教育技术研究所谢幼如教授、刘嘉欣、孙宁蔚、袁君和盛创新等人主持，探究如何更好地培养小学中高年级学生的心智技能。实验选取广州市一所电子书包教学应用实验学校，采用智慧学习环境下小学生科学探究心智技能训练模式，在小学科学课程中进行教学实践。研究采用单组时间序列设计，目的是比较智慧学习环境下小学生科学探究心智技能训练模式的教学实施效果与传统教学效果的差异。

该实验以心理学、教育学相关理论为指导，对小学生科学探究心智技能的形成阶段、电子书包的支持作用和心智技能的测量评价进行深入研究，设计了小学生科学探究心智技能的构成指标与相关评价量表，提出了小学生科学探究心智技能形成的"原型判断—原型定向—原型操作—原型内化—原型评价"五段论，构建了智慧学习环境下小学生科学探究心智技能训练模式。在此基础上，进行单组前后测时间序列准实验研究，并在三次实验后对被试进行访谈。实验的前后测数据和访谈结果表明，该模式在提升科学探究元认知技能、发展学生科学探究思维、强化科学探究活动知识等方面效果显著。[1]

（八）"一对一"数字化学习提升小学生跨文化交际素养的实验研究

随着技术的快速发展，信息技术对教育产生了"革命性影响"，利用信息技术"破解教育教学中的难题，实现技术与教育的深度融合"已经成为引领时代教育发展的核心理念。当前，以人手一台数字设备为代表的"一对一"数字化学习正在成为信息技术与教学整合的研究热点。跨文化交际素养的提升是英语教学中的一个难题。如何利用"一对一"数字化学习来破解这个难题值得关注。

2013 年 9 月至 10 月，北京师范大学教育技术学院余胜泉教授及王济军等人主持，开始探索以人手一台数字设备为代表的"一对一"数字化学习，在小学英语教学中，是否有助于小学生跨文化交际素养的提升。该实验选取 H 学校六年级两个自然班。H 学校是参与北京师范大学开展的"跨越式"课题的学校之一。该实验采用实验组对照组前测后测时间系列准实验研究设计方案对"一对一"数字化学习

---

① 谢幼如、刘嘉欣、孙宁蔚等：《智慧学习环境下学生科学探究心智技能的培养》，载《开放教育研究》，2016(2)。

在跨文化交际素养提升中的应用进行了探索。为期四周的实验发现，"一对一"数字化学习方式确实能够提升小学生跨文化交际素养，尤其是跨文化交际知识和意识，但对能力的培养有限；"一对一"数字化学习与多媒体辅助集体学习方式相比，更具有个性化和层次性，可以根据不同学生的特征提供符合其学习需求的资源，学生也具有了更大的学习自主性，有利于实现因材施教和分层教学。①

（九）智慧教室环境下小学数学课堂教学互动行为特征实验研究

2016 年，张屹、祝园、白清玉、李晓艳和朱映辉等人主持，以华中科技大学附属小学六年级的两个平行班为实验对象，探究了如何提高智慧教室环境下的课堂教学互动。

该实验研究在弗兰德斯互动分析系统的基础上设计智慧教室环境和简易多媒体环境下的教学，采用内容分析法对教学互动进行分析，并对学生参与度进行对比分析。通过一系列的实验研究发现，智慧教室环境下，学生"主体性"地位提高；智慧教室中的教学互动呈现"互动形式丰富，互动高效"的特点；在智慧教室中，学生的情感参与度更高，并且学生的行为参与有一定的提高，课堂教学互动更加深入。②

（十）教师网络研修模型的研究与实践

2018 年，《中共中央 国务院关于全面深化新时代教师队伍建设改革的意见》指出，"开展中小学教师全员培训，促进教师终身学习和专业发展。转变培训方式，推动信息技术与教师培训的有机融合，实行线上线下相结合的混合式研修"。可见，教师的网络学习变得愈加重要，教师的研修方式亟待转型，教师的发展需抓住网络之力。

---

① 王济军、余胜泉：《"一对一"数字化学习提升小学生跨文化交际素养的研究》，载《中国电化教育》，2014(5)。

② 张屹、祝园、白清玉等：《智慧教室环境下小学数学课堂教学互动行为特征研究》，载《中国电化教育》，2016(6)。

同时，随着国家对基础教育的大力投入，部分地区的中小学实现了"校校通"，网络建设已经深入校园，网络研修已具备了基础条件。这种研修不仅延展了教师教研的实施方式，有助于提升教师未来教研的能力，而且有效破解了区域教师教研过程中遇到的"时间空间受限、资源共享不充分"等难题，适应未来教师的发展。

基于此，自 2016 年 9 月起，北京市城市副中心教委与北京师范大学合作开展"教师网络研修模型的研究与实践"实验研究，充分发挥各自优势，开展共同合作，集中解决目前副中心存在的缺乏教师专业化引领、缺少专项培训、研修形式与内容则较少体现信息化、缺乏体现新时代特色的研修创新等问题。该实验研究的总体目标是：①助力通州城市副中心的教育发展。借助信息技术手段服务通州整体教育发展，领跑北京教改。②助力通州学校深化综合改革从理念到实践。以测评为依托，全面分析学校教学现状，提出教学改进方案，为推进学校信息技术与课程深度整合做出示范，形成推广的优质教改案例。③助力通州学生个性表现和扬长发展。诊断学生学科素养、学科能力，提早发现学生学科优势和学科问题，为学生提供一对一在线教师辅导和学习伙伴，为未来参加中考做准备。④助力教师适应教改提升精准个性化教学能力。借助大数据分析工具，帮助通州教师进行精准教学，指导教师发现学科特长生、改进学困生问题，使教师提升课堂教学质量的同时，快速适应教改方向。⑤助力通州家长动态掌握孩子学习表现。通过网络即时通信工具，随时随地将孩子在学校的学习与成长信息发送给家长；通过科学的学科测试与素质测评，帮助家长了解孩子的学科优势与学习问题，了解孩子的个性特点，从而使家长帮助孩子成长变得轻松和简单，减轻家长压力。北京市城市副中心教委负责组织实施，北京师范大学主要对研究项目进行总体设计及实施指导。

其中，北京师范大学未来教育高精尖创新中心在通州区启动了

"互联网＋"助力通州区教育全面深化综合改革的实验研究。两年来，在通州各校的大力支持下，面向学生实际获得的各种项目活动有序展开。学科专家亲赴通州指导教学改进、各学科公开课展示等一系列活动，助力教师精准教学，助力学生个性化学习，让广大一线教师和学生拥有更多的实际获得感。[1]

(十一)建设基于课程的中小学创新实验室

2010 年，面对"创新驱动、转型发展"经济社会发展的新时期和新形势，为提升上海市中小学生的创新意识和实践能力，上海市颁布了《上海市中长期教育改革和发展规划纲要(2010—2020 年)》，提出"加强研究性学习和实验实践环节，提高学生科学思维能力，培养激发学生的创新意识和实践能力"，将"建设若干个区域性中小学生创新实验室和 50 所高中专题创新实验室"列入重点发展项目。由此，上海市中小学生创新实验室建设全面启动。

该实验研究的目的是，进一步明确建设中小学创新实验室的重大意义和基本内涵，总结学校在课程设置与实施、环境创建、队伍建设、制度建设等方面的经验，探索区域推进"中小学创新实验室建设"的方法与途径，构建与之相应的评价体系，提出推进中小学创新实验室建设工作的政策建议，总结提炼中小学创新实验室建设配套案例，进一步引领上海市创新实验室建设工作健康发展，以研究带动建设，有序推进上海市创新实验室建设工作，适应和满足学生多样化、个性化学习的需求，进一步提升学生创新素养，明显提高学生学习质量和满意感。

创新实验室通过与课程匹配的实验条件，提供学生自主发展的时间与空间，在实践中形成健康的特色发展的学业基础。与传统的

---

[1] 《北京师范大学助力北京城市副中心教育现代化建设——"'互联网＋'助力通州区教育全面深化综合改革项目"阶段总结会召开》，载《教育学报》，2017(2)。

实验室相比，创新实验室不同于以往以做验证性实验为主的学科教学实验室，而是为开发学生创新潜质、激发学生创新意愿、实施拓展性学习和研究性实践搭建的综合性实践平台，是上海市基础教育营造创新教育环境、发展学生创新精神和实践能力，落实《上海市中长期教育改革和发展规划纲要（2010—2020 年）》和《上海市教育综合改革方案》，推动上海市基础教育多样化、特色化、学区化发展要求的重要措施。

创新实验室改变的不仅是实验教学的物质基础，重要的是把良好的实验物质基础蕴含的教学潜力释放出来，不仅促进教师教学思想的升华，更是通过教学活动把这种升华传递到学生身上，让实验课堂演变成培养学生动手能力和创新思维的场所。[①]

（十二）百所数字校园实验研究

《国家中长期教育改革和发展规划纲要（2010—2020 年）》明确提出要加快教育信息基础设施建设，强调"加快终端设施普及，推进数字化校园建设，实现多种方式接入互联网"。教育部《教育信息化十年发展规划（2011—2020 年）》把数字校园建设列为重要工作，在学校信息化能力提升行动计划中，明确提出制定中小学校、幼儿园和中等职业学校数字校园建设基本标准，推动全国中小学数字校园达标建设。数字校园建设已成为国家教育信息化整体推动的重要组成部分。

从 2012 年开始，中央电化教育馆主持开展了"百所数字校园师范校建设项目"，对于推进我国教育信息化，实现教育现代化，具有重要的现实意义。该实验的总体目标是，用四年的时间，在全国范围内遴选一批学校信息化基础环境建设和应用效果好的学校，通过

---

① 《基于课程的中小学创新实验室建设行动研究开题报告》，http://www. shjyzb. edu. sh. cn/Default. asps? tabid＝108&ctl＝Details&mid＝1079&.ltemID＝1689&.SkinSrc＝［L］Skins/jyzb/jyzb＿1fen，2018-08-10。

实验探索，形成百所国际领先、应用创新、成效显著的数字校园示范校，引领数字校园的建设与发展。该实验的主要内容是：利用先进技术，前瞻建设数字校园环境。完善数字校园的基础设施，整合并完善数字校园的资源建设，整合并完善数字校园应用系统；加强数字校园的应用，推进信息技术与教育的深度融合。加强数字校园环境下的网络学习、虚拟实验及各种生活体验；加强数字校园教学系统的全面应用，运用信息技术改革教学模式、内容和方法；加强数字校园教育管理系统的应用，提升学校教育管理信息化水平；加强学校、家庭、社区和社会间协同教育系统的应用；探索并形成数字校园建设和应用的投入和保障机制。关注数字校园专业队伍建设、运行维护机制建设、标准规范建设和安全管理体系建设，实现可持续发展。在我国教育信息化的推进过程中，中小学校经过多年的探索，在数字校园建设和应用方面已经有了较好的基础和实践的积累，形成了一批可资借鉴的经验和成果，形成了一批具有示范和引领作用的典型。①

第二节　实验研究的重要贡献

40 年来，信息技术的迅猛发展为教育信息化的发展带来了无限可能，也为教育信息化推动教育现代化勾画了无限可能，实验研究为验证和推进这种可能成为现实架起了一道关键桥梁。

一、提出了教育信息化带动教育现代化的先导性解决方案

实验研究为教育信息化带动教育现代化提供了先导性的解决方案，从计算机作为办公工具到辅助教学，从信息技术与教学的整合到智能环境与智慧教学的融合，每一次教育信息化推动教育现代化

---

① 参见百所数字校园网站，http://100.cder.cn/。

的关键阶段，大量的实验研究聚焦于核心问题，运用科学的教育实验原理和方法，提出研究假设和预设性的解决方案。例如，20 世纪七八十年代计算机刚刚开始普及，高等学校开始了课程的电化教育实验，在基础教育领域开展计算机选修课教改实验、1 000 所中小学现代教育技术实验学校教改实验等。在计算机辅助教学阶段，在计算机普及的基础上，开始探索如何利用计算机来为教师的教和学生的学服务，于是，出现概念图、跨越式发展等新技术、新方法与新理念，尝试利用信息技术来为教育提供更加便利的支持。在信息技术与教学整合阶段，大多数研究者发现，在教学中，技术只是起到工具性的作用，而难以与各个学科的教学进行系统的整合，这就导致技术与教学过程的割裂，信息技术也就难以发挥它原有的作用。于是，专家、学者们开始探索如何将信息技术与学科教学进行有效的整合，来发挥技术应有的功能。在智能环境和教学智慧融合阶段，之前较多的教育技术实验强调了技术中的"物化媒体技术"的运用，较少从"智能技术"的角度系统探寻教育过程与教育资源的操作控制，系统的实验研究缺乏。随着 AI、VR 等技术在教育中的运用，人们开始探索如何能够更好地将智能化的技术与教育教学融合在一起，出现大量关于创客教育、慕课、时空融合与智慧课堂等的教育实验研究，为教育的智能化发展提供了新的途径与方法。

二、勾画了以应用驱动创新为核心的教育信息化发展路线

实验研究勾画了以应用驱动创新为核心的教育信息化发展路线，在教育实践中有目的地控制某些教育因素或者教育条件，实施并观察教育信息化的措施与教育效果之间的因果关系。通过教育信息化的实验研究，各地和各学校结合实际，因地制宜地在教育信息化应用模式方面进行了形式多样的探索，形成了一些典型案例和行之有效的应用模式，包括资源共建共享模式、双师教学服务模式、智慧课堂模式、数字校园模式、网络学习空间模式、校际应用模式、区域整体推进模式等，推动和引领了教育信息化的应用实践并驱动教学创新。例如，随着慕课和翻转课堂的出现，正在发生的从以教为主逐渐向以学为主转变的教学革命，正是对教育现代化的推进。但是，在慕课与翻转课堂出现在人们的视野中之前，也是通过了大量的实验研究，来不断改进其实施方式，将先导性的解决方案在实践中取证，才能在大范围内进行推广的。借助教育实验研究，很多新技术、新理念和新方法才能得以落地，真正地被学习者有效地利用，提高学习效率。

三、提供了技术驱动教学变革相关教育决策的实证性依据

实验研究为教育信息化的发展以及技术驱动教育变革的相关教育决策提供了实证性的依据，丰富的实验数据和实验结论为了解教育信息化发展现状和需求、暴露教育信息化发展问题和挖掘教育信息化未来发展方向提供了宝贵的线索，为教育信息化管理者和教育管理者提供了科学的决策参考。例如，2017 年年末，教育部副部长杜占元指出，我国将把教育信息化作为推进教育现代化的强大动力和教育制度变革的内生要素，推动实施《教育信息化 2.0 行动计划》。正是得益于各地实现数字教育资源的共建和共享，初步形成数字资源服务体系；借助远程通信、人工智能等技术，提供丰富多样的教育资源和个性化的学习支持，实现随时、随地、随需学习等，才使得《教育信息化 2.0 行动计划》的开展成为可能。

四、发展了"产—学—研—用"的教育信息化融合创新模式

为了寻求教育信息化发展的最佳解决方案，实验研究逐渐趋向于将教育信息化的科研、教育、生产、实践应用等不同社会分工的功能与资源优势进行协同与集成，实现教育技术创新和教育变革上、中、下游的对接与耦合，不断助推"产—学—研—用"的教育信息化融合创新发展模式的形成与发展。早在 2006 年前后，中央电化教育馆就开始鼓励并探索以教育技术科研课题为引领的"产—学—研—

用"系统合作模式，如"手持式网络学习系统在学科教学中的应用研究""交互白板在学科教学中的应用研究"等实验研究项目均是早期的"产—学—研—用"实验研究项目的代表。实验研究所带动的"产—学—研—用"的教育信息化融合模式促进了教育信息化相关的不同领域的协同创新和共同发展。首先，能够提升教育信息化的科研能力，促进教育信息化理论和方法体系的创新，紧紧围绕信息技术对教育发展具有革命性影响这一命题，不断通过实验研究开展信息时代的认知规律与学习科技研究，发现信息环境下人类认知与学习的基本规律和方法，研究教育信息化推动教育变革的路径与科学发展观，创新和发展信息时代的教育教学理论，形成有中国特色的教育信息化理论体系；其次，能够不断促进教育信息化新技术与新产品研发，提高研究成果转化能力，运用协同创新的机制和体制，开展教育信息化关键技术和新产品的重大研发工作，形成在国际上具有重要影响力、优势突出的教育信息化产业化发展；再次，有效推动教育信息化应用实践，通过教育信息化示范与应用的实验研究，科学指导教育信息化建设，提升持续创新的活力，为促进学校的整体发展与教育教学的深刻变革提供示范和引领；最后，实验研究所带动的协同工作机制及所形成的科研成果都将为创新人才培养以及相关领域参与人员的专业提升带来极大的发展机遇。

第三节　实验研究的发展经验

反思教育信息化40年来的实验研究历程与丰硕的研究成果，可以总结出以下几条宝贵的发展经验。

一、始终以解决不同社会时期教育发展的关键问题为研究目标导向

在社会发展的不同时期，教育变革所面临的核心问题各不相同，从 20 世纪 70 年代末、80 年代初的计算机教育普及问题到 90 年代教育规模扩大问题，从 2000 年后应试教育向素质教育转型问题到 2010 年后教育均衡发展问题再到 2013 年后满足学生个性发展需求和核心素养发展问题，教育信息化的实验研究始终以解决这些核心问题为研究方向和主线，以前瞻性和实证性的视角对不同时期教育所面临的核心发展需求和问题进行一个又一个攻坚，对技术如何解决教育发展重大难题给出及时的回应，推动我国国家教育信息化和教育现代化的快速而科学的发展。

二、始终以敏锐挖掘不同阶段信息技术的教育潜能为专业研究视角

信息技术的快速发展为教育提供了更多元化、更先进的技术助力，但信息技术具有"双刃剑"特性，单纯的技术视角和单纯的教育视角都很有可能让教育信息化事业"误入歧途"或大走弯路，技术系统和教育系统的复杂性注定了教育信息化事业的特殊性和复杂性。可以说每一次新技术的出现，带给教育发展的不仅仅是新的机遇，同时还有诸多新挑战。敏锐的视角、审慎的态度、科学的设计、大胆的实践是教育技术实验研究一直秉承的法则。在教育发展的不同阶段，大量的教育信息化实验挖掘出每一项新技术媒体的教育特性，例如，交互式电子白板为教师带来更丰富的教学互动方式，移动学习技术为创设课内外融合的无缝学习环境带来极大的便利，智慧课堂给以学为中心的教学提供了从技术到资源再到教学支持服务的一整套系统解决方案。值得指出的是，每一项技术都有其适用性，并不是每项技术都适用于任何教学活动。我们需要在利与弊中通过精益求精的设计把握技术赋能的方向、方法和方式，通过实证的研究过程科学考察每一项新技术媒体在具体教育问题解决情境中的先进性、适用性和有效性，在实验研究的过程中率先做出引领性的应用示范，为后续大规模地开展实践和有效推广奠定坚实的基础。

三、始终以推动技术与教育教学的深度融合为研究价值诉求

教育信息化的实验研究项目最终追求的并不是将先进的技术手段引入教育教学，而是通过先进的理论指导、科学的顶层设计、严谨的过程方法推动技术与教育教学深度融合的实践落地，因此通过推动教学理论的创新、教学范式的转型、教学方法的变革进而达到教育的整体变革才是教育信息化实验研究的最终价值诉求。

例如，对电子教材与电子书包的教育实验，目的在于探索一种便利教师的教法，为学生的学习提供一种更加人性化、便捷的学习方式；探求网络环境下的学习策略、混合式的学习模式与网络学习空间的构建等，都是为了在"互联网＋"时代能够更好地适应新技术、新媒体带给我们的便利，从而更好地促进信息技术的发展与教育教学的融合。

第七章

实践探索

　　教育技术带有鲜明的实践性，利用信息技术促进教育改革，是教育技术学科发展的永恒主题。从改革开放 40 年的发展历程来看，教育技术学科的发展史就是一部实践史。实践是理论的起点和归宿，教育技术理论作为关于教育技术的本质及其规律的知识体系是对以往实践的抽象、概括和总结，它对教育技术实践的意义不仅仅是指导作用，更重要的是拓展实践者的认识，促进实践者的价值反思，以增加教育技术工作者的实践智慧，帮助教育技术工作者完善自己的实践。① 纵观教育技术在实践中的应用模式，可以分为五种类型：教学模式创新、课程模式创新、教师专业发展模式创新、教育管理模式创新和办学模式创新。

第一节　课堂新形态：教学模式创新

一、幻灯投影教学

　　利用幻灯和投影开展教学，是我国早期电化教育的主要形式，

---

　　① 郭俊杰、李芒、孙立会：《论教育技术工作者的生存方式》，载《现代教育技术》，2013(2)。

有效提高了教学效率，对于提升教育质量也发挥了重要作用。1960
年 4 月，在第二届全国人民代表大会第二次会议上，时任国务院副
总理陆定一做了《教学必须改革》的发言，提出必须采用新的教育工
具，如唱片、录音带、幻灯、电影、广播、电视以及充分配备必要
的仪器、模型等新式教具。在这种形势的鼓舞下，沈阳市于 1962 年
把教育电影工作组改为教学电影幻灯组，并于 1964 年成立沈阳市电
化教育馆。北京市电化教育馆于 1965 年将放映队改为电化教育工作
队，专门负责电影、幻灯、录音等方面的推广工作。[1] 1978 年 11
月，教育部召开全国幻灯教学汇报会，时任国务院副总理方毅接见
与会代表，在观看幻灯展览和幻灯教学演示后，肯定幻灯教学形象
生动，图像清晰，应该在全国推广。会后印发了《关于全国幻灯教学
汇报会的总结》。在全国幻灯教学汇报会的推动下，幻灯投影教学在
全国各地蓬勃地开展起来。幻灯投影教学图文并茂，配以适当的录
音解说，这种形声结合的教材，易于被学生接受。幻灯投影教学根
据各学科不同的教学内容，其表现手法也是多种多样的，常用的教
学方法有图片讲授法、导引教学法、逐次显示法、实物投影法及声
画教学法等。[2] 进入 21 世纪后，随着多媒体计算机相关技术——视
频处理技术、视频再现技术——的迅速发展，液晶成像技术的不断
成熟与完善，图像处理软件功能的增强，一些新型的媒体和教材制
作方法拓展了幻灯投影教学的内涵，使幻灯投影的概念和制作方式
发生了根本性的变革。

二、多媒体教学

进入 20 世纪 90 年代以来，多媒体教学成为教育领域的热点话
题。多媒体技术具有集成性和交互性的特征，更加友好，更贴近人

---

[1]　李龙：《加强史学研究，促进学科发展——"教育技术史"学科初探（一）》，载《电
化教育研究》，2006(11)。

[2]　秦兆年：《试论"幻灯投影教学法"》，载《电化教育研究》，1982(4)。

们的自然习惯，为教学提供了新的手段，注入了新的活力，对教育改革产生了深刻影响。真正意义上的多媒体技术用于教学是从多媒体计算机进入教育领域开始的，主要形式包括①：计算机辅助教学（Computer Assisted Instruction），以多媒体计算机为核心，通过计算机与学生的交互作用完成一定的教学过程，如程序教学、做练习、测验等；计算机管理教学（Computer Managed Instruction），是一种为教学提供各种服务的管理技术；利用多媒体计算机进行教学演示，将教师事先准备好的数据、文字、图形、声音、图像等形式的教学信息进行必要的处理后，通过显示器或大屏幕展示给学生。1995 年，苏州市教委在全市范围大力推动多媒体教学的实践探索，针对中小学各门学科开发多媒体课件，并用于课堂教学实践。昆山市长江路小学、苏州市民治路幼儿园、吴江市北厍中心小学、苏州市三中、苏州中学、苏州高级工业学校、吴江市实验小学、常熟市元和小学等一大批学校参与实验。《人民日报》《中国教育报》《新华日报》等许多报纸都对此进行了专题报道。来自苏州市一中的实验报告表明，他们开发的 40 多个多媒体课件应用于课堂教学后，普遍提高了教学质量；苏州市聋哑学校教会学生在计算机上画图以后，聋哑学生的创造性潜能得到了更好的发展。②

三、基于移动设备的数字化学习

基于移动设备的数字化学习是 21 世纪初兴起的一种新型学习形态，是指课堂中的每个学习者都拥有一台可交互的数字化学习设备，如笔记本电脑、平板电脑、掌上电脑、智能手机等，在此基础上开展教学活动。2006 年，北京师范大学联合中央电化教育馆、深圳诺亚舟公司共同启动了手持式移动学习项目，采用手持式移动学习设

---

① 张军：《多媒体教学的回顾与思考》，载《电化教育研究》，2004(10)。
② 陆天池：《多媒体教学的实践与思考》，载《教育研究》，1999(3)。

备进行一对一数字化学习探索试验。该项目利用诺亚舟的图形计算器进行数学教学改革试验，经过几年的探索，提炼出一整套利用手持式图形计算技术促进初中生数学高阶思维发展的策略体系。另外，该项目还利用网络学习机进行了英语一对一教学试验探索，通过学习资源的整合和设计，将学生的课外学习与教师的教学辅导相结合，取得了良好的效果。①

北京市人大附中西山学校在 2010 年 8 月启动"一对一数字化学习"项目，为每一名学生提供一台信息技术设备（笔记本电脑、平板电脑等）作为学习探究的工具，重点关注学生个体的发展，在帮助学生获得学科知识的同时，提升其批判性思维、协作能力、沟通能力、媒体素养、创造能力，以有效培养学生的 21 世纪技能。具体的实施策略包括：以整合技术的学科教学法知识为框架推进教师培训，追求学生 21 世纪技能发展；基于学科课堂教学实践，每月举行一次分享课，联合备课、听课、评课，探索未来学习课堂模式、学习资源制作方式等；全校园无线网络覆盖，教师和学生借助教育教学软件和工具以及社群媒体网站的学习平台，开展学习活动。学生持续参加项目 4 个月以上，其 21 世纪技能发展会受到显著影响。实践效果：参与项目的初一、初二、初三年级学生的 21 世纪技能均呈现了增长趋势，初二、初三学生的试验前后测试结果表现出显著性差异，初一增幅最小，未表现出显著差异。与非项目组相比，一对一数字化学习方式对学生的 21 世纪技能发展有明显促进作用。基于平板电脑的课堂教学改革方向主要是内容创作和探索基于个性化、移动性、情境泛在性的一对一课堂应用模式。②

---

① 刘军：《基于手持式设备的小学英语移动学习研究》，硕士学位论文，北京师范大学，2007。

② 蒲佳音、林杉：《"1 对 1 数字化未来学习"项目的探索与思考》，载《创新人才教育》，2018(1)。

四、教学点数字教育资源全覆盖

教学点是中国基础教育最薄弱的环节，往往地理位置偏僻，师资配备不足，有的教学点是 1 个年级配备 1 名教师，有的是 2 至 3 个年级配备 1 名教师，多数教师学历偏低。中国目前的教学点总量为 6.7 万余个，大多数分布在中西部地区。为提高教学点的教育质量，教育部与财政部于 2012 年 11 月共同启动实施"教学点数字教育资源全覆盖"项目，为教学点配备数字教育资源接收和播放设备，并以县域为单位、发挥中心校作用，组织教学点应用数字教育资源开展教学，帮助教学点开齐、开好国家规定课程，使农村边远地区儿童就近接受良好教育。

应用项目设备和资源开展学科教学，中央财政支持解决基本硬件配置问题，地方财政统筹解决项目管理和设备运行、维护、更新费用，教育部组织开发 1 至 3 年级语文、数学、英语、科学、音乐等 8 个学科数字教育资源，各省（区、市）组织提供适合本地区教学点实际需求的数字教育资源。教育部组织国家级骨干教师培训，地方进一步组织教学点教师应用能力培训，扩大培训面。以县为单位开展中心校和教学点远程互动教学。2013 年 5 月，安徽省繁昌县率先开展了中心校连接辐射教学点的"在线课堂"教学试验。在线课堂一般采用"无生课堂"方式，教师面对电视屏幕授课，采用一对二、一对三模式教学，使教学点学生享受到和城区（中心校）学生一样的优质教学。统一安排课程，加强课前、课中、课后的合作交流，中心校授课教师和教学点教师集体备课，由此教学点教师的教学观念也得到更新，教学技能得到提高。通过视频会话与城区优秀教师互动，吸引了教学点学生们的注意力，激发了学习兴趣。

五、计算机支持的协作学习

计算机支持的协作学习（Computer Supported Collaborative Learning，CSCL）是学习者在计算机网络技术的支持下，结成学习共同体，并在共同活动与交互中协同认知、交流情感、培养协作技能，以提高学习绩效的理论与实践。[1] 计算机支持的协作学习具有以下特点：开放的时空环境，突破了传统的学校教育的时空界限，使得学习、交流、合作在更广阔的空间进行；丰富多样的多媒体教学信息，可以创设逼真的协作情境，激发学习者的学习兴趣；友好一致的交互界面、多样化的交互形式、促进协作与会话方便进行的交互工具，使处于不同位置的协作成员可以方便地开展各种形式的会话与协作，实现知识的意义建构。北京师范大学黄荣怀教授及其研究团队从 1997 年开始尝试将网络会议系统软件应用于教学，并开发了一个基于 NetMeeting 的协作型教学系统平台。依托该平台开展教改实验，研究小组学习和协作学习的基本原理，并将相关策略方法于 1998 年和 1999 年先后在北京、天津、山东寿光和河南郑州等地区的教师教育技术培训中进行实验，并进一步扩大到 10 多个省市。2000 年"基于 Web 的协作学习平台"作为教育部"现代远程教育关键技术研究重点项目"立项，课题组正式开展基于网络的协作学习的研究开发工作。该项目始于在网络环境下大群体（几百人、上千人）的选课及学习的需要，提出了 CSCL 通用学习过程模型、系统设计模型和评价模型。[2] 北京师范大学黄荣怀教授和兰卡斯特大学的大卫·麦克康奈尔(David McConnell)共同开展中英在线学习合作项目 eChina-UK，来自中国和英国的多所高校参与。课题的研究目标有三个：一是协作开发一门跨文化 e-Learning 从业人员专业发展在线课程，由中英两国高校教师共同参与学习；二是开发在线协作学习的形成性评价和知识抽取工具；三是比较中英双方高校教师对 e-

① 彭绍东：《从面对面的协作学习、计算机支持的协作学习到混合式协作学习》，载《电化教育研究》，2010(8)。

② 曾海军、马建萍：《网络协作学习系统的应用研究——以 WebCL 平台为例》，载《中国电化教育》，2005(1)。

Learning 理解的异同，挖掘形成差异的文化和教育原因。此项目主要对网络学习平台进行开发，对协作学习的评价方式和教师对 e-Learning 的理解进行研究，而非立足于跨文化的学生交流等一系列问题的解决。中央电化教育馆负责实施的"远程协作学习项目"由联合国儿童基金会资助，该项目在广西、甘肃、四川、重庆等多个省（区、市）共 100 多所学校开展，实施周期为 2008 年至 2010 年。项目通过网络技术手段，创建基于网络的全球视野下的学习环境，共享优质教学资源，城市学校与农村学校通过"结对"的方式，开展以学生为中心的远程协作学习项目活动，以此提高教师的信息素养与教育技术能力，发展学生的 21 世纪技能，将城乡学校的差异转化为相互学习的资源，以改善中国西部农村学校的教学质量。[①]

六、远程直播教学

远程直播教学是以卫星网为主，以互联网为辅，通过课堂直播形式，远端和前端共享课堂教学资源和过程并实现教学互动的一种全日制常规教学模式。[②] 主要有四种教学方式：远端学生与示范班教师的虚拟交互、远端学生观看其他学生与示范班教师的交互而实现的与示范班教师的替代交互、远端学生与远端教师的实时交互，以及基于互联网的学生间和师生间的异步交互。这些交互方式弥补了远程教学中面对面交互的不足，提升了直播教学效果。

成都七中是四川省成都市教育局直属公办完全中学。2000 年 4月成都七中和成都东方闻道科技发展有限公司联合发起成立东方闻道网校。该网校于 2002 年开始面向全日制高中学校开展远程直播教学，使远端合作学校能够全程、异地、实时地接收成都七中的课程

---

① 郑大伟：《远程协作学习项目促进西部农村基础教育改革的研究》，载《中国远程教育》，2010(3)。

② 黄明勇：《远程直播教学模式下语文课堂教学效益均衡化评析——以四川省成都市第七中学"网校"教学为例》，载《教育科学论坛》，2014(10)。

教学。截至 2013 年 9 月，四川、云南、贵州、甘肃、重庆、山西共
180 余所学校和成都七中实现了异地同堂教学，在校直播班级近 600
个，学生 4 万余人，涉及语文、数学、英语、物理、化学、生物、
政治、历史、地理等学科，并探索出一种异地同堂教学模式和一系
列课堂教学交互方式。具体来说：异地同堂教学模式通过卫星将成
都七中多媒体教学示范班的授课过程（教师的电子白板、视频和声
音）实时传递给远端合作学校的直播班（远端班），实现两校同时授
课、同时备课、同时作业、同时考试。远程直播教学中的每一节课
都由把关教师、授课教师、学科教师、技术教师协作完成，从而使
直播和远程协同得以有效开展，使授课质量得到充分保障。

七、翻转课堂

翻转课堂是在信息技术支撑下，学生利用课外时间学习微课，
实现知识传递；课内则在教师的帮助下通过自主学习完成问题解决，
实现知识内化。它彻底颠覆了"课内教师讲授、课外练习作业"的传
统教学流程，实现了一种数字化的"先学后教"新流程，并带来了师
生角色的变化：教师由知识传递者变为课程开发者、学习合作者、
帮助者；学生由被动的知识接受者变为自主学习者、知识的主动建
构者。在课外，学生利用微课进行自主学习，根据需求自己安排学
习进度。比如，学优生可能只看一遍就懂了，学困生则要反复观看
多遍才能掌握。在课内，教师引导学生采用合作探究的方式去内化
知识，鼓励学生自定步调地学习，避免了教学一刀切造成的"学优生
吃不饱，学困生吃不了"的后果。从这个角度讲，翻转课堂实现了班
级授课制的差异化教学，课堂教学成为师生共同参与、交往互动的
过程。考虑到我国人口众多，学生总量巨大，班级授课制仍然是最
有效率的教学方式。在这种背景下，翻转课堂为我国教学改革带来
新的解决方案，具有重要的现实意义。

重庆市聚奎中学从 2007 年起开始探索翻转课堂，并于 2011 年

搭建了微课和网络学习管理平台，为每位学生发放了平板电脑作为学习终端。随机选取了两个高中实验班级，在语文、数学、英语、物理、化学、政治、历史、地理 8 门学科中进行实验。课堂采用"课余学习＋课堂练习"的模式，少讲多学，将课堂讲解浓缩为 15 分钟，教师少讲、精讲，节约群体授课平均化教学的时间，学生就有了大量的自主学习时间。课堂减少教师的重复讲解，提高了学生的学习效果。[①]

深圳市南山实验学校于 2012 年启动了云计算环境下的翻转课堂探索，课前教师录制一个教学微视频，传入"云"端，学生在家里或其他地方进行视频学习。教师根据学情，在课堂中聚焦关键问题，有针对性地组织教学，把作业设置在课堂上，颠覆了传统的教与学方式。学校组建了 21 个微视频制作团队落实推进，辐射 59 个班级、12 个学科；开发了翻转课堂教学应用平台，制作了 600 多个微视频。通过翻转课堂业务平台，即时生成学情分析数据图，即时呈现班级整体学习情况，即时反映每个学生学习情况。学校还提炼出翻转课堂的三步五环节基本模式。三步：学生课前自主学习微视频，做进阶练习，学情分析；五环节：梳理知识，聚焦问题，合作学习，综合训练，反馈评价。课前视频学习是学生与教师"一对一"。课上教师在掌握了真实学情的条件下，聚焦问题，师生"一对一"、生生"一对一"互动交流，教师有针对性地帮助和指导不会的学生，先会的学生可以帮助后会的学生，实现了大班额条件下的"一对一"学习。

第二节　课程新结构：课程模式创新

一、大规模开放在线课程（慕课）

慕课又称"MOOC"（Massive Open Online Course），即大规模开

---

① 张跃国、张渝江：《透视"翻转课堂"》，载《中小学信息技术教育》，2012(3)。

放在线课程，它是一种面向大众的在线课程，与传统的网络课程相比更加开放灵活，任何人都可以免费注册和学习。随着 MOOC 的快速发展，优质教育已经不再是少数大学或知识精英的特权。清华大学、北京大学、复旦大学等高校先后成为国际平台 edX、Coursera 的亚洲高校成员，超过 120 所高校先后实施了 MOOC 建设项目。①目前，我国 MOOC 建设已初具规模，并形成了以普通高校、开放大学和企业等多元办学主体为核心的课程项目。截至 2016 年 12 月，超星慕课开设了 6 000 多门课程，涵盖除艺术之外的所有学科。网易云课堂和顶你学堂侧重于计算机技术、艺术设计、金融和外语领域的职业培训，课程数量分别为 4 225 门和 242 门。中国大学 MOOC 推出了 2 281 门课程，涉及基础学科、工程技术和文学艺术等学科。学堂在线(除推送的 edX 课程外)、好大学在线等侧重于理工科、管理学和医学教育，课程数量在 300 门以上。UOOC 联盟和智慧树的课程已超过 100 门，人文、艺术和社科类课程较多。其他项目的课程相对较少，从十到几十门不等，侧重于理工科的教学或职业培训。②

2013 年 10 月，清华大学推出第一个中文 MOOC 平台——学堂在线，合作伙伴包括北京大学、浙江大学、南京大学、上海交通大学等国内一流高校，面向全球提供在线课程。2014 年 5 月，爱课程网与网易云课堂合作推出"中国大学 MOOC"平台，全国高校均可通过该平台进行 MOOC 建设和应用。爱课程网是我国高等教育课程资源共享平台，承担国家精品开放课程项目的视频公开课和资源共享课的建设任务。学生可自由选课、听课和参加讨论；教师则可通过

---

① 尚俊杰、曹培杰：《"互联网＋"与高等教育变革——我国高等教育信息化发展战略初探》，载《北京大学教育评论》，2017(1)。

② 赵磊、吴卓平、朱泓等：《中国慕课项目实践现状探析——基于 12 家中文慕课平台的比较研究》，载《电化教育研究》，2017(9)。

系统上传上课视频、添加教学资料及练习题，并能及时查看学习反馈情况。清华大学利用慕课已经开展了53门次本科、研究生课程混合式教学试点，并联合其他高校合作开展跨校教学，扩大了优质教育资源的覆盖面。比如，《电路原理》慕课在清华大学、南京大学、青海大学、贵州理工学院同时进行混合式教学，四所学校积极协作，根据本校学生的特点因材施教，按照不同的翻转课堂模式开展教学，大大加强了师生间、生生间的课上互动，促进学生能力的提升。

二、创客教育

创客教育是创客文化在教育领域的投射，是学校践行"大众创业、万众创新"的关键路径。创客教育通过跨学科的学习活动设计，引导学生面向真实生活进行探索，让学生在创造、分享和行动中进行深度学习，培养其创新精神与实践能力，促进创新型人才的成长。与传统教育相比，创客教育的核心价值体现在三个方面：一是突破过于注重知识与技能的育人目标，创客教育让学生沉浸在知识发生的情境之中，在创造实践中获取积极体验，增进对知识的理解，加强对核心素养的内化与培养，有助于学生的长远发展；二是突破过于强调学科本位的课程结构，倡导跨学科课程统整，使学生有机会运用多个学科的知识来解决问题，帮助学生在不同学科领域之间建立有意义的联系，逐渐形成自己的知识网络，实现知识的活化，以及向现实生活的有效迁移；三是突破过于强调教师主导的教学结构，以学生为中心来重组教学流程，鼓励学生做中学、玩中学，形成以主动、探索、体验、创作为特征的新型学习方式，帮助学生在一个多方互动、不断将理解推向深处、不断产生新思路的过程中达成学习目标。[1] 2016年6月，教育部在《教育信息化"十三五"规划》中明确提出"有条件的地区要积极探索信息技术在'众创空间'、跨学科学

---

[1]　曹培杰：《反思与重建：创客教育的实践路径》，载《教育研究》，2017(10)。

习(STEAM 教育)、创客教育等新的教育模式中的应用"，深圳市、郑州市、济南市、成都市等地的教育行政部门陆续发布了创客教育方面的政策文件。在政策引导下，北京景山学校、北京市第十二中学、清华大学附属中学、深圳市第二高级中学、温州中学、温州市实验中学等率先开展了创客教育的实践探索。

温州市实验中学创新地从革新信息技术课程出发，将创客教育全面纳入学校课程体系中，融合并运用现代信息技术，促进学校教育的课程改革与学生学习方式的转变，提供《Scratch 多媒体编程》《机器人创客》《我做主编》《电子制作》《电子乐》《智能家居》等校本课程。在校本课程之上，组织常规的创客社团活动，以迷你小组形式开展，目前有十个社团小组处在活跃状态。其中，胸章 DIY 制作坊、黏土 LED 手工坊、3D 打印笔体验坊、MIDI 电子乐工作室，实现美术工艺与音乐创作的知识跨界。意面桥创建坊让喜欢建筑艺术的孩子有一起玩的项目和空间。导电墨水实践坊把绘画与电路知识相结合，实现艺术与科技的知识跨界。通过搭建各种创客活动平台，帮助学生找到感兴趣的创客课程，激发学生内心的学习动力，体验分享知识的快乐，成为学习的主人。创客教育引导学生自我发现、自主选择和自由成长，让学习成为一种乐趣的同时，实现了学生个性化发展和创新素养的培养。

三、游戏化网络课程

游戏化网络课程旨在发挥游戏化学习和网络课程的优势，给学习者创建一个富有吸引力的网上学习环境。这样既可以发挥游戏的动机激发、多重交互、及时反馈的优势，又可以利用网络课程的模块化控制支持教师灵活地组织课程，使课程的教育性与游戏性保持平衡。《农场狂想曲科学探究课程》是一门面向中学生的网络课程，由北京大学和香港中文大学联合开发，通过游戏化探究来帮助学生掌握科学探究的方法，培养学生提出问题、分析问题、解决问题的能力。《农场狂想曲科学探究课程》参照国家九年义务教育课程科学课程(7 至 9 年级)中关于科学探究部分内容，拟订了以下学习目标：①了解环境对作物种植和动物饲养的影响，知道农作物种植和动物饲养相关的知识；②通过学习和探究实践，经历科学探究的过程，体验科学探究的艰辛，养成主动或自觉探究的习惯；③掌握科学探究的方法，会根据现象提出问题、根据已有知识和经验提出假设、设计并实施实验方案。在教学过程中，学生将在教师的指导下，运用所学的科学探究技能和地理、生物、农业等知识，通过小组协作的方式完成问题的探究。课程学习包括三个链式的渐进阶段：自主学习阶段、合作探究阶段和总结分享阶段。三个阶段大致分布在 8 个课时，第 1 课时是自主学习阶段，第 2 至 7 课时是合作探究阶段，第 8 课时是总结与分享阶段。该课程提升了学生的学习趣味和学习动机。学生不仅在游戏中实践了地理和生物方面的学科知识，还加深了对农业的理解。他们将知识和探究的方法作为解决游戏问题的工具，提高了问题解决能力。①

四、STEM 教育

STEM 教育是一种以项目学习、问题解决为导向的跨学科课程组织方式，将科学(Science)、技术(Technology)、工程(Engineering)、数学(Mathematics)等融为一体，有助于培养学生的创新精神与实践能力。STEM 教育具备新的核心特征，包括跨学科、趣味性、体验性、情境性、协作性、设计性、艺术性、实证性和技术增强性等。其中，跨学科意味着教育工作者在 STEM 教育中，不再将重点放在某个特定学科或者过于关注学科界限，而是将重心放在特定问题上，强调利用科学、技术、工程或数学等学科相互关联的知识解

---

① 尚俊杰、张喆、庄绍勇等：《游戏化网络课程的设计与应用研究》，载《远程教育杂志》，2012(4)。

决问题，实现跨越学科界限、从多学科知识综合应用的角度提高学生解决实际问题的能力的教育目标。STEM 课程的跨学科整合分为两种模式：相关课程与广域课程。相关课程是将各科目仍保留为独立学科，但各科目教学内容的安排注重彼此间的联系。广域课程模式则取消了学科间的界限，将所有学科内容整合到新的学习领域，不再强调物理、化学甚至科学作为独立的学科存在，而是将科学、技术工程和数学等内容整合起来，形成结构化的课程。在这种跨学科整合取向的基础上采用相应的教学模式，如学科知识整合取向，采用基于问题的学习；生活经验取向，采用基于项目的学习；学习者中心整合取向，则采用学生主导项目的方式。[①]

北京市八一学校以 STEM 教育为切入点，开设了多类别的跨学科课程，强调探究性学习、技术支持下的探索及学科在真实世界中应用的真实体验。2016 年 4 月 24 日，在国家首个航天日上，该校启动了"中国首颗中学生科普卫星研制、应用及课程开发"活动，旨在通过建立由真实情境引发的创新系列课程带动学校创新教育发展，并以卫星发射后顺利工作传导的数据为纽带带动全国一批航天航空示范校建设，开展天地协同的各项研究，吸引学生对航空航天领域知识的学习。在航天专家的带领下，学生通过专题讲座、集中实践、航天机构实地授课等多种形式进行学习。学生全程参与研制并主导载荷设计的小卫星已经于 2016 年 12 月 28 日在太原发射升空，发射后开展了多项载荷应用工作。学生通过实际环境感受航天精神，航天专家给学生讲解基础理论及背景知识，学生们分组动手制作了功能模拟卫星，以此来了解分系统功能，并自主设计卫星载荷。二期课程，学生在南京理工大学进行封闭式学习，分组别分系统进行小卫星实践。这是一个典型的项目式科学实践活动课程。学生通过导

---

① 余胜泉、胡翔：《STEM 教育理念与跨学科整合模式》，载《开放教育研究》，2015(4)。

师引领下的自主学习，了解卫星的相关知识，之后以小组合作形式设计制作一颗模拟星，再升级成为工程星，通过真实环境下的调试，最终成为能够发射入轨道运行的卫星。升空后地面还可以通过程序设计，接收和发射信号来进行其他的项目研究。围绕这个项目，北京市八一学校将与航天专家一起继续开发多门航天系列课程推动学生自主学习，将现有、自学、自主研发、未来研究等所需要的知识和能力融合在一套科学实践课程中，在专家指导之下，引领中学生体验科学研究、科学实践过程中的科学精神，培养具有实践创新意识和能够担当社会责任的复合型人才。

南方科技大学实验学校的"统整项目课程"是一个开放的课程系统，改变了传统的线性的课程形态，以"统整"的方式，把课程、师生、学习时空、学习技术等核心元素有效地统合起来，其核心是打破学科内容之间及学科与学科之间的边界，为学生构建一个开放的课程体系。例如，在一年级下学期进行的绿色 STEM 统整项目课程——"全球六大生态与文化探索"，课程内容是从科学视角和人文视角了解沙漠、苔原、草原、海洋、热带雨林、温带落叶林六大生态系统和六大生态系统所对应的世界文化。其核心目标是培养学生的科学探究精神和实践创新能力，增强学生的人文底蕴。在探究"非洲草原"生态时，教师引导学生通过多样化的主题阅读了解非洲草原的生态特点，在阅读的基础上利用思维导图探索非洲草原的气候、地质、动物、植物等特点，通过探究的方式从科学的视角对非洲草原生态有更加深入的理解。在此基础上，从人文的视角了解非洲草原生态所蕴含的文化，如景点、种族、服装、节日、音乐等，并通过绘画、设计、小制作、写作、表演等多元方式理解生态背后的文化内涵。在整个学习过程中，学生是学习的主体，教师的重点在学习活动设计、学习资源提供、学习路径引领、问题解决指导上，学生的核心素养在开放式学习中得到培养。①

第三节　成长新路径：教师专业发展模式创新

一、区域网络教研

区域网络教研是以互联网为依托，促进不同地域的教师开展跨时空教研活动，彼此随时随地进行教学成果与经验交流、共享教学信息与资源的一种方法。② 近年来，各地教育部门已将区域网络教研视为提升教师专业水平、促进区域教育均衡的重要途径。烟台市芝罘区于 2012 年 11 月被教育部确立为全国首批教育信息化综合试点单位，探索依托现代信息技术手段，建立开放、动态、交互的网络交流平台和教研模式。在广泛调研的基础上，芝罘区开发了基于云计算技术的区域网络教研系统——"智慧网络教研系统"，作为网络教研和跨区域网络协同教研的主平台，全面打造出阳光课堂仿真教研、校际微教研、录播教研、微课教研、个人空间等模块，使网络教研真正走上符合教师需求、解决教师疑问的教研之路。通过网络教研活动的开展，芝罘区有力地促进了教师专业能力提升，平衡了区域内教师的专业差距，实现了优质教育资源的开放共享，实现了另一个层面的教育均衡。

芝罘区网络教研包括：①实施阳光课堂，按照"透明、开放互动"的理念，通过网络将课堂透明化，实现课堂教学任何时间、任何地点的全方位实时开放，教研人员可以通过固定及移动终端开展网络实时听课、评课。阳光课堂打破了时空界限，让更多学生享受到了优秀教师资源，让更多的教师有了与名师亲密接触的学习机会，

---

① 唐晓勇：《互联网支持下的统整项目课程》，载《基础教育研究》，2017(3)。
② 桑新民、潘华东：《虚拟教研模式的构想与实践》，载《人民教育》，2001(8)。

对提高课堂质量和全区教师队伍整体素质起到了积极的促进作用。②仿真教研室就是将传统的教研活动通过网络来实现，突破地域局限，让教师可以利用固定或者移动终端设备远程实时观摩其他学校教师的授课过程，并对教学过程进行点评研讨。仿真教研室目前支持局域网内近百个用户同时观看，支持多用户互动交流。③校际微教研是根据基层教师的实际需要而研发的个人教研模块。它的特点是参与人数少、时效性强。根据教学中的小问题即时答疑解惑互动交流。校际微教研的场所一般是教师的办公室，支持互动屏、手机、平板电脑等移动设备，由于操作简便，很多教研活动都是教师自发组织的。这种简短高效的教研活动深受教师喜爱。④录播教研室是根据教学研究的需要，有针对性地在录播教室完成录制并播放授课过程，组织教师本地及异地参加教研活动的模式。支持电子听课本的应用，可以实现多人实时点评、讨论交流、评价反馈、打点录制等功能，所有的评论信息都可以反馈到授课人、听课人的个人空间中，以备教学反思、微格研讨使用。录播教研解决了教师随堂听课无法真实还原授课过程及完成对过程理性评价的弊端。特别是电子听课本的使用，让教师可以将一节课按照需要进行分段记录，随时都可以就一个片段反复推敲切磋。⑤为全区 6 300 名教师提供了实名认证的网络空间。在教师的个人空间中提供了"网上教研""网上备课""电子听课本""个人资源中心""个人教学反思中心""个人教学设计中心"等功能。教师在网上就能创建教研组、协作组进行文字的离线教研活动，并能通过在线视频交互进行远程教研。

二、基于学习元的协同教研

网络教研日益受到重视，但"深度对话"缺乏、止步于信息简单交流一直是研究者关注的热点问题。为解决此问题，北京师范大学研究团队开展了混合式协同教研，使用的网络平台为北京师范大学现代教育技术研究所自主设计开发的学习元平台（http：//lcell. bnu. edu. cn/）。① 该平台支持教师以"学习元"形式分享资源，支持协同备课中各种教学资源的上传、分享和个性化推荐，能实现小组讨论、投票、作品分享等学习活动的设计；能够让参与协作的不同主体对同一篇方案进行协同编辑、评论和微批注；每次对方案的协同编辑都会保留相应版本，两份方案版本差异的部分还可以直接以修订方式进行对比呈现，有助于教师反思其教学设计。2011 年4 月，北京师范大学教育技术研究所和安徽肥西教育局合作，确定了10 所试验小学，开展基于学习元的语文区域网络协同备课的实践探索，具体流程包括②：①参与备课的教师在线提交体现个体知识建构的教学设计方案，形成相应的协同备课知识群；②协同备课组织者诊断教师教学设计中的共性问题，确定本次协同备课的教研主题，并在线推送学习资源和材料，让教师进行拓展理论学习，并以微批注或评论方式分享各自的阅读心得；③阅读文献后，同组教师通过协同编辑、微批注和评论等方式开展协同备课，实现教师教学设计群体知识的分享和进化；④组内协同完毕后，不同组间对彼此协同方案进行评论、提出质疑，或者分享自己的意见等，促进其个体知识的进化和发展，同时也推动群体知识的发展；⑤完成设计方案的在线协同建构环节后，教师根据协同教学设计方案进行执教，同一小组的教师互相进行教学现场课观摩，在观摩的基础上开展评课；⑥反思实践、完善方案，即教师参考小组观摩建议，反思教学设计预设和生成的差异及原因，进一步完善方案，以教学反思的形式提交到学习元平台。近年来，基于学习元的协同教研在安徽、甘肃、

---

① 余胜泉、杨现民、程罡：《泛在学习环境中的学习资源设计与共享——"学习元"的理念与结构》，载《开放教育研究》，2009(1)。

② 陈玲、张俊、汪晓凤等：《面向知识建构的教师区域网络协同备课模式研究》，载《教师教育研究》，2013(6)。

广东等省开展了更加广泛的实践探索，有力地促进了教师专业发展，并对当地教育质量的进一步提升产生了重要影响。

三、全国教师教育网络联盟

全国教师教育网络联盟（简称"教师网联"，http：//www. tuchina. cn)是在教育部支持下，由十多所知名师范院校、研究机构共同发起成立的教师教育创新项目。该项目旨在整合各单位优质资源，依托网络支持平台改变传统教师教育模式，联合培养具有扎实专业素养和良好创新意识、适应信息时代教育需要的新型教师。在政府的支持和推动下，教师网联充分调动各级各类举办和支持教师教育的高等学校的积极性，整合资源，构建以师范院校和其他举办教师教育的高校为主体，以高水平大学为核心，以区域教师学习与资源中心为服务支撑，社会力量积极参与，职前职后教育一体化，教师教育系统、卫星电视网与计算机互联网相融通，学校教育与现代远程教育等各种教育形式相结合，学历教育和非学历教育相沟通，系统集成，优势互补，共建共享优质教育资源，覆盖全国城乡的教师教育网络体系。

据了解，教师网联成立以来，中小学教师参加非学历培训共600余万人次，年均达到100多万人次。目前，教师网联成员高校的教师学历教育和非学历教育数字化课程资源已有1万多门，共计10万多课时，其中有一批资源获得国家级或省部级优秀资源奖。在73％的院校实现了课程资源校内共享、63％的院校实现了校际共享、54％的院校实现了跨区域共享。教师网联还充分发挥县级教师学习与资源中心的作用，构建学习支持服务体系，将优质教育资源及时送到农村、西部教师手中，为全面提高中小学教师队伍整体素质发挥了重要作用。①

---

① 《推进教师网联计划　深化教师教育改革》，载《中国教育报》，2009-07-07。

四、教师个性化培训

教师个性化培训一方面解决了学员参与集中培训的内驱力不足、主动性不强的问题，另一方面解决了教师由于工学矛盾突出，难以实施面对面集中培训的问题，同时为教师专业发展提供了个性化指导。

例如，基于教学制品诊断的教师个性化培训，如图 7-1 所示。诊断教师提交的教学设计方案、教学课件、教学反思等，找出问题症结，有针对性地设计或推荐培训活动，实质性地帮助教师解决教学设计的问题。

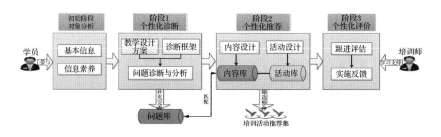

图 7-1　基于教学制品诊断的教师个性化培训模式设计

面向问题的个性化培训是指每月根据教师的不同需求推送不同学习内容，实现个性化培训。例如，每月诊断教师提交的教学设计方案，找出问题症结，根据问题有针对性的设计/推荐培训活动，实质性地帮助教师解决教学设计的问题。基于学习元的个性化培训流程如图 7-2 所示。[①]

一是了解课题教师。培训者可通过访谈、问卷等方式了解教师的基本信息，以及教学理念、学习风格等。二是提交教学设计方案。教师根据自己的教学进度选择教学内容，设计教案，提交到学习元

---

① 李洁、马宁：《基于教学设计方案诊断的网络个性化培训模式研究》，载《中国电化教育》，2014(1)。

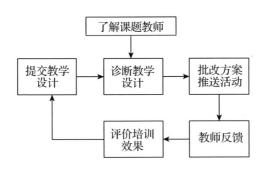

图 7-2 基于学习元的个性化培训流程

平台中。三是诊断教学设计方案。培训者根据教学设计的评价指标，诊断教师提交的教案，用表格记录，结合访谈内容，确定教师在教学设计方面存在哪些不足，以及有什么需求。四是批改方案，推送活动。根据教师的需求与在教学设计方面的不足，培训者设计培训内容和培训活动，通过学习元平台推送给教师。五是教师反馈。教师学习培训者推送的培训内容，并反馈自己的学习情况，以及自己的教学设计中的不足，进一步修订教学设计。六是评价培训效果。通过访谈等方式，了解受训教师对培训效果的评价。如此一轮个性化培训完成之后，当教师有新的需求时可再次进行培训。

目前，大多数培训都是针对群体的，培训者将同样的培训内容，以同样的培训方式来培训被培训教师，难以照顾到个体差异。基于学习元的个性化培训，在网络平台的支撑下，针对每位教师的需求，推送特定的培训内容，对症下药，在一定程度上实现了个性化的教师专业发展。这种培训方式让受训教师有针对性地接受培训，相对于集体培训来说，受训教师减少了学习已懂内容的时间，而且学习得更加深入，培训效果更好。

第四节 管理新流程：教育管理模式创新

随着计算机的普及，教育管理信息化成为教育领域的热点。早在 1991 年，科利华公司推出了我国教育软件市场的第一个成熟型产品——"校长办公软件系统"，为学校管理提供分析、查询、统计、决策支持等功能，提高了学校管理的水平和效率。随后，校园网、教育城域网、智慧教育、教育大数据等新事物不断涌现，创新教育管理模式，呈现出运行高效化、决策科学化、治理精细化、响应即时化等特性，有力提升了教育管理的现代化水平。

一、教育城域网

教育城域网是教育信息化建设中的重要内容，它是指介于广域网和局域网之间，在城市及郊区范围内实现信息传输与交换的一种网络，它是面向城市教育行政机构、教育教学科研单位、各级各类学校、教师、学生、学生家长以及参加网络学习的广大社会公众的，以提供最广泛的教育信息服务为目的的专用计算机网络。在区域教育信息化的推进中，很多地方都依托教育城域网开展软硬件的建设和应用，在 1999 年出现，2000 年开始在国内部分发达地区建设，2002 年后教育城域网进入高速发展期，几年内就出现了数以百计的教育城域网，其中大部分是经济中等发达程度以上地区兴建的。教育城域网建设的目标是建设数字化教育环境，实施信息技术环境下的教育创新，推进教育信息化进程。

1999 年，佛山市南海区建成全国首个教育城域网后，率先推进教育电子政务建设，通过管理流程优化与再造，区教育局 163 项常规管理业务全部在网上运行，实现了统一数据标准和教育状态数据实时在线，统一学校基础数据管理系统，并实现统一身份认证，有效解决了教育管理与服务低效率和规范化等问题。目前，教育城域网已经成为南海中小学开展信息化应用的大动脉，互联网出口带宽达到 2G，内网带宽达到万兆，全区所有学校实现光纤 100M 接入城域网。在城域网骨干网络的基础上，他们积极引入"五区互联""国际VPN 专线""无线校园""3G 城域网"等网络应用，实现了应用模式与接入方式的多元发展。① 这个高速运转的信息化大动脉，承载了南海教育管理、教学、服务等诸多功能。而数字化教育局就是其中的一个亮点，打开网站就如同进入一个虚拟的办公平台、公共服务平台、电子政务系统，足不出户即可在网上协同办公、办事；个性化学习中心、教师培训平台、数字图书馆，为师生提供了海量的信息空间和学习培训的机会；教育资源库群、学科资源网、学科资源库系统，实现了区域优质资源共享；教育质量监控和学生综合评价系统，成为学校质量提升的重要保障；校园安全管理平台，为学生提供了重要的安全屏障……

南通市教育城域网于 1999 年 11 月中旬开始规划，一期项目于 2000 年 7 月中旬开通，经过多年的建设和运行，截至 2008 年 12 月，已经联通了南通市所有大中专院校、大学生公寓，同时接入的还有南通中学、南通一中等重点中学以及南通市教育局、南通市教育装备站等单位。目前，教育城域网师生读者近 20 万人。南通教育城域网现有的 15 个单位中，以大中专院校为主体，包括 2 所省级重点中学。各校的图书馆以宽带连接校园网，各校在校园网上都建有远程教学课件库。至 2007 年 12 月，城域网馆藏印刷本总量接近 480 万册。②

二、智慧教育

智慧教育是教育信息化发展的新形态。智慧教育以其开放融合、互联互通、以人为本、因材施教等特点，将传统教育方式与现代教育技术和理念相融合，构建与现有教育体系相辅相成的、新的学习、教学、管理模式，进一步推进优质教育资源共建共享与信息数据互联互通，体现教育公平理念。

---

① 《南海教育入云端——广东佛山市南海区教育信息化建设纪实》，载《中国教育报》，2012-09-13。

② 钱亮华、钱智勇：《教育城域网信息资源共享实证研究——以南通教育城域网为例》，载《图书馆理论与实践》，2010(3)。

　　宁波智慧教育的基本框架是"一个门户，三个平台，五个体系"①，具体包含以下内容：一个门户即宁波智慧教育门户网站，以提供"教育领域全覆盖、教育管理全方位、教育资源全接入"一站式服务为目标，以宁波市智慧教育云平台为技术支撑，主要运行智慧教育学习平台和公共服务平台两大平台，提供智能登录、资源商城、应用管理、信息发布、交流互动等基本功能，同时支持各种终端，使之成为全市信息化教学与教育管理的统一门户。

　　三个平台包括：一是智慧教育学习平台。整合数字学习平台、终身教育平台、人人通平台，使之成为全体市民开展学习活动的应用平台。优质教育资源覆盖学前教育到老年教育，受众群体覆盖所有在校学生与全体市民，学习过程覆盖整个终身教育体系。平台建有"学分银行"制度，用以记录全体市民的学习行为并进行学分管理，通过查看个人学分银行，作为考察判断任职与否的重要依据。平台还将收集、分析和反馈学习行为产生的数据，并推送个性化、智能化学习方案与学习资源。目前，平台资源总量超过 300TB，年点击率超过 3 000 万人次。二是智慧教育公共服务平台。平台基于统一的数据标准开发各类应用软件，实现各类基础数据的实时共享与系统兼容，着力解决信息孤岛、数字鸿沟等现实问题。平台上的校企通已解决 10 多万学生的实习就业问题，成为教育部的试点项目。三是智慧教育云平台。作为门户网站及应用平台的基础支撑，云平台以混合云方式建设，由公有云和私有云组成。公有云主要运行面向公众的各类应用软件，为县(市)区与学校、个人提供资源、计算与存储支持。私有云用于存储学生、教师个人信息和政务信息。云平台依托贯通宁波市教育系统的教育城域网，将各地、各校原有信息化设备统一纳入其中，让全市教育单位与市民均可共享云存储、云计

---

　　① 苏泽庭：《信息化背景下的智慧教育推进策略研究》，载《中国电化教育》，2015(2)。

算等云端资源，提高资源利用率。

五个体系：一是常态运营维护体系。宁波市政府拟成立两级公司运行框架，母公司为全资国有控股，子公司为混合制股份有限公司，以公司为运营主体，强化协调与整合力量，利用基础设施供应商、教育资源供应商、应用服务供应商的人才优势与技术力量，提供升级保障能力。重点做好需求征集、意见反馈、技术更新、应急响应等工作，实现智慧教育全方位推进。二是资源供给与交易体系。政府一方面要为广大学生提供免费、公益的普惠性优质教育资源，保障教育均衡公平，同时鼓励通过市场化手段提供个性化、特色化的教育资源。积极创设优质教育资源"共建共享、合法交易"的政策环境，出台知识产权保障与资源有偿使用的相关机制，支持教师和社会各类人员积极参与资源的建设与市场化交易。要从政府层面出台服务外包、资源购买等政策，利用有偿使用、优胜劣汰的市场机制，促进可持续发展。三是基础数据共享体系。建立数据实时共享考核机制，各部门、县（市）区、学校、个人按时按需完成基础数据录入，实现动态更新。对内利用云平台打破各业务条线的信息壁垒，推进教育系统内基础数据共享；对外完成与宁波政务云计算中心的数据采集平台对接，与卫生、公安等其他行业建立数据资源共享机制。四是多元经费保障体系。坚持政府作为智慧教育建设主体的定位，确保三年内财政经费常态化投入。同时强化公司作为市场化运营的主体地位，以开放合作和互惠共赢为原则，广泛吸纳民营资本以股权投资、合作经营等方式进入智慧教育产业，通过企业之间资源交易、流量分成、空间租用、交易提成等途径，扩大运营收入渠道，通过企业盈利支撑智慧教育可持续发展。五是政府合作推进体系。建立市级层面的智慧教育领导团队，各职能部门、各地各校根据建设任务分解职责，分工合作，明确进度，形成覆盖全市、落实到人、网格化管理的合作推进体系。

目前，宁波智慧教育已从平台整合走向数据共享，在云平台上建设统一资源与数据中心，录入了 2 000 多所学校、6 万多名教师、70 多万名学生的数据信息。同时，还推出"外来务工人员随迁子女入学预报名系统"，系统通过数据库直接对网上申报材料进行校验、审核，免去了跑现场办理的程序烦琐。"教育地理信息系统"打通了教育局、规划局、公安局三个部门数据库，直观展现适龄儿童区域分布、学区地域分界等信息，为教育决策提供科学有效的依据，建立基于大数据的教育决策机制，让教育管理从"经验主义"走向"数据主义"。

三、教育大数据

所谓教育大数据，是指整个教育活动过程中所产生的以及根据教育需要采集到的，一切用于教育发展并可创造巨大潜在价值的数据集合。[①] 教育大数据有四个来源：一是在教学活动过程中直接产生的数据，如课堂教学、考试测评、网络互动等；二是在教育管理活动中采集到的数据，如学生的家庭信息、学生的健康体检信息、教职工基础信息、学校基本信息、财物信息、设备资产信息等；三是在科学研究活动中采集到的数据，如论文发表、科研设备运行、科研材料采购与消耗等记录信息；四是在校园生活中产生的数据，如餐饮消费、上机上网、复印资料、健身洗浴等记录信息。通过对这些数据进行深入挖掘，发现背后蕴含的科学规律，可以让教育服务更加精准，更加适合师生发展。

福州市注重建设教育大数据，着力解决没有办法收集和分析学生日常学习行为的困难，通过大数据可以统计影响学生学习的个体行为方式；也只有大数据才能够给每个学生提供个性化分层次的学习环境，在让学生的学习目标变明确的同时实现深度学习，即便是

---

① 杨现民、唐斯斯、李冀红：《发展教育大数据：内涵、价值和挑战》，载《现代远程教育研究》，2016(1)。

简单的教师与学生的交流、学生与学生的联系频率和范围的数据图表都会给我们带来不一样的认知；大数据还能够给教师提供最可靠的学情和最直观的教学成果，将教师的精准教学变为可能。通过智慧教学中的师生行为等数据分析，掌握学习者的学习行为、学习进程、学习偏好、学习心理等特征信息，为实现真正的个性化学习提供了可能。

随着大数据技术在教学研究中运用的不断深化，精准、充足、多维的信息让教学质量评价数据化、直观化变为可能。教师能在第一时间获得班级和年段学情，家长也能在第一时间掌握和了解孩子的学情，此种模式打破了传统的考试测评形式，提高了教育教学质量。这两年，福州八中三江口校区在信息化大数据精准教与学方面做了许多探索。福州八中通过引进考试系统，实现了移动阅卷、智能批阅和学情数据化分析的目标。2015 年 9 月，八中物理教研组还自主研发了一款电子化错题收集和整理助学 APP，将全校的校本作业和练习进行电子化，每位学生一个账号，要求学生通过手机或电脑建立错题集，制订复习计划，重新消化。该平台具有知识点分析和统计功能，教师可以通过个人账号登录，查看某一班级某次作业错题情况，及时掌握学情，有针对地进行引导和讲评。通过接地气的助学 APP 教学平台，学校的物理学科成绩通过全市的检测结果对比，得到显著提高。从 2014 年开始，福州市在福州八中、金山中学、屏东中学等 30 余所学校开展教情学情大数据分析试点，取得明显成效，计划在全市各类学校推广。

第五节　学校新样态：办学模式创新

一、广播电视大学

20 世纪 70 年代末，随着改革开放政策的实施，各行各业迅速发展，急需大量人才，加之受"文化大革命"的影响，培养人才的愿望更为迫切。因此，邓小平十分敏锐地指出："要制定发展电视、广播等现代化教育手段的措施，这是多快好省地发展我国教育事业的重要途径，必须引起充分的重视。"在这一高瞻远瞩的重大决策的指导下，高等函授教育逐渐恢复，以电大教育为主体的远程教育迅速崛起，形成了一个从中央到地方能够覆盖全国、结构严密、模式新颖的强大的远程教学系统。广播电视大学的兴起，改变了我国高等教育的传统结构，革新了我国教育培养人才的模式，培养了大批"留得住，用得上"的地方性、应用型人才，为我国社会经济发展做出了非常重要的贡献。[①] 从 1979 年到 1985 年，全国电大共有注册专科生67.4 万名，分别相当于同年全国普通高等学校和其他成人高等学校在校生总数的 40% 和 64%。同时，广播电视大学形成了全国性远程教育系统，包括 1 所中央广播电视大学，35 所省级广播电视大学，600 所地市级分校，1 100 所县级工作站和 30 000 多个基层教学班，拥有 2.5 万名专职教职工(其中包括 1.1 万名专职教师)和 1.6 万名兼职辅导教师。在体制上，中央广播电视大学和地方广播电视大学是相互独立的高等教育机构，归属不同层级政府主管。在机制上，按照"一统三分"，即统筹规划、分级办学、分级管理、分工合作模式运行。在 30 多年的发展历程中，它们之间逐渐形成了一个极富中国特色，既相互独立，又相互依存，既有强烈的认同感、归属感，又有矛盾、分歧甚至冲突的办学系统。也正是这个系统，为社会培养出了近千万名本专科毕业生，对于促进高等教育大众化、教育机会公平、国民素质提升做出了重大贡献。

二、现代远程高等教育

2007 年 10 月，"发展远程教育和继续教育，建设全民学习、终

---

① 杨志坚：《中国远程高等教育发展研究报告：2012》，北京，中央广播电视大学出版社，2013。

身学习的学习型社会"被写进党的十七大报告。此后几年，我国的远程高等教育进入了高速、平稳的发展时期。2010年10月，国务院办公厅发布文件将中央广播电视大学和北京、上海、广东、江苏、云南五省(市)列为"探索开放大学建设模式"试点单位。以此为开端，现代远程教育揭开了新的历史篇章。

以国家开放大学为例①，它不是新建大学，而是新型大学。它强调以现代信息技术为支撑，强调学历与非学历继续教育并重，强调开放、责任、质量、多样化和国际化，强调把大学办在社会中，实现人人皆学、时时能学、处处可学的学习理想。国家开放大学的教育信息化强调"需求引领、教学切入、协同创新、深度融合"，通过加强教育信息化建设，解决过去长期存在的技术与教育"两张皮"的问题，形成自己独特的融合发展模式。在实践探索中，国家开放大学构建了"六网融通模式"，即网络核心课程、网络学习空间、网络教学团队、网络支持服务、网络考试测评、网络教学管理之间互为前提、交融支持、协调运行的教学或学习模式。为满足专业性的泛在学习需要，实现学习方式的革命，国家开放大学要与相关IT企业合作，借助相关硬件，开发相关软件，推出自己的移动互联学习终端，并试点应用，实现"一端走天下"的学习理念。为实现优质教育资源共享，提升教育质量，促进教育公平，国家开放大学要以云计算技术为支撑，进行云教室建设，并有计划、有选择地部署于西部农村、基层学习中心，促进西部地区的教育信息化建设。为适应国家开放大学学生、教师、科研与管理者的实际需要，进一步推进移动数字图书馆建设工作，提供随时随地、一站式的信息资源检索与访问服务。此外，要适应教育信息化发展趋势，超前部署，创新机制，与国内外高水平大学、IT企业共同合作，建设开放式的数字

---

① 杨志坚：《国家开放大学建设：改革与创新》，载《中国远程教育》，2013(4)。

化学习技术集成与应用工程研究中心，以及相关研究室、虚拟实验室。

在人才培养模式上，国家开放大学探索形成"基于网络"学习的新型学习模式或教学模式，即以学习者为中心，建立学习者主动学习、远程支持服务和面授相结合的模式。以专业为基础，以课程为单位组建网络教学团队，开展网上导学、助学和促学，以及在线开展教学、教研、管理等活动。以学生在线学习为主线，搭建适应自主学习需要，涵盖学习全过程，具有课程超市、公告、作业、测试练习、虚拟实验、成绩查询、预约考试等功能。以鼓励学生主动学习、愿意学习、善于学习和不断提高学习兴趣为目的，改革考试模式，发展基于网络的形成性学习评测，形成性学习评测与终结性考试相结合的考试模式。国家开放大学成立直属实验学院，深入探索在网络时代背景中基于网络人才培养模式的改革创新。同时，建立学分银行，构建灵活开放的终身教育体系，搭建终身学习"立交桥"。国家开放大学着手开展相关实践探索活动，包括对学分计算、行业资格证书的认证、积累转换等，通过学分银行建设，促进国家开放大学与行业、企业的联系与合作。以国家开放大学为平台，以学科专业为基础，通过"前店后厂"模式，探索国家开放大学与相关行业、企业建立行业和企业学院，推进行业、企业学历继续教育与非学历继续教育工作，满足多样化的学习需求。

三、未来学校创新探索

重新设计学校，以此应对未来社会的复杂挑战，已经成为社会共识。未来学校是指"互联网＋"背景下的学校结构性变革，通过空间、课程与技术的融合，形成个性化的学习支持体系，为每一个学生提供私人定制的教育。这包括三个部分：一是学习场景相互融通，利用信息技术打破校园的围墙，把社会中一切有利的教育资源引入学校，学校的课程内容得到极大拓展，学生线上线下混合学习，整个世界都变成学生学习的平台；二是学习方式灵活多元，把知识学习与社会实践、社区服务、参观考察、研学旅行等结合起来，正式学习与非正式学习融为一体；三是学校组织富有弹性，鼓励学生自主管理，增加家长和社区在学校决策中的参与度，根据学生的能力而非年龄来组织学习，利用大数据技术让学习支持和校务管理变得更加智慧，让学生站在教育的正中央。[①]

近年来，我国教育界陆续开展了丰富多样的未来学校探索活动，具有代表性的有：中国教育科学研究院于 2013 年启动"中国未来学校创新计划"，成立未来学校实验室，以科学研究为基础，以培养创新人才为根本，利用信息化手段促进教育的结构性变革，推动空间、课程与技术的融合创新，为学校的整体创新提供理论引领和实践指导。该计划被教育部列入《2017 年教育信息化工作要点》，并得到各地中小学的热烈响应和广泛支持，组建了覆盖全国的"中国未来学校联盟"，包括深圳南山实验学校、成都七中初中学校、北京日坛中学实验学校、电子科技大学实验中学等 400 多所联盟学校，并联合北京市海淀区、深圳市南山区、成都市青羊区、广州市荔湾区、天津市和平区、大连市金州区、宁波市北仑区等 20 个实验区进行未来学校试点工作。北京师范大学余胜泉教授及其团队依托未来教育高精尖创新中心，面对北京市基础教育领域师生未来教育发展的需要，研发基于大数据的智能教育公共服务平台，创新移动互联时代的教育公共服务模式，努力实现"全学习过程数据的采集，知识与能力结构的建模，学科优势的发现与增强，学习问题的诊断与改进"，探索新的教育业务形态、治理方式和应用解决方案。

作为一所拥有百年历史的学校，成都市实验小学在持续传承优秀文化的同时，也在现实行走中主动迎接和拥抱未来。该校提出，

---

① 曹培杰：《未来学校的兴起、挑战及发展趋势——基于"互联网+"教育的学校结构性变革》，载《中国电化教育》，2017(7)。

未来学校建设的基本思路是根系文化、赢取现在、着眼未来，探索"立交桥"教育模式，抓好已有特色建设，如网校建设，用好已有设施设备等。建设纵横交错的快速通道，架构"创新实验室""智慧课堂""云课堂"等，不断优化、扩展空间环境，加快信息化建设和智能生态校园环境搭建，真正实现"数字与素质"融合的未来学校。

第一，再造学校教育环境，扩容学校空间环境，实现"校内学习＋外场馆学习"的校园拓展。依据学校所处地理位置打开大门，把校园延伸到周边不足一千米的体育馆、科技馆、美术馆、图书馆、博物馆，实现外场馆学习。用走进与走出的学习模式，为学生打开学习的窗口，既拓宽了视野，又培养了核心素养。重新整合校内环境，学校形成线上线下O2O学习模式、无纸化校园电子办公，从学习空间延伸到游戏空间、活动空间，媒体关注由他媒体走向流媒体、自媒体，评价从监测个体生长性评价到师生群体性评价，形成立体多维的评价体系，为未来学校建立了一个多元的、一键互通的校园环境矩阵，重塑校园生活空间，实现功能高效运转，也为教育质量整体提升做好环境准备。

第二，构建课程体系。基于学生核心素养的培养，学校着力构建以国家课程、地方课程、校本课程融合的"小学生大课程"体系：既整合国家课程，又研发可选择的课程，尽力为每位学生提供适合的教育。课程体系中包含德育课程链和教学课程树。德育课程链中学校课程、年级课程与班级课程环环相扣，重视学生必备品格的培养；教学课程树中形成以国家课程为核心、泛在课程为基础、选修课程为提升的"三明治课程"，重视学生关键能力的培养。

第三，试水课堂形态变革，深研"智慧教室未来课堂"，改变学习方式："以学生为主体，以活动促发展"；拓展学科内容："以成长为依据，以世界为教材"；跨越学科边界："各学科融通，跨界研究无边界课堂"。展开基于信息技术的未来课堂研究，以各年级网班、云班为支点，深研信息技术与学科教学整合。

第四，开展学生评价改革。在新的教育质量观引领下，着手学生评价改革，做到"品格与学业并重、过程与结果同时、质性与量化并行"。

成都市实验小学自创《雅园公民手册》，从未来公民培养角度，重视学生品格养成的质性和过程评价；学业评价方面注重数据实证，用大数据分析与科学实证的方式，让师生对教学有更科学的认识与分析。使用多分系统进行教学过程诊断，合理配置过程性考评与终结性考评，做到"用数据说话"，科学有效地分析师生在教学中的利弊得失。①

重庆市树人景瑞小学构建了以大数据、云计算、物联网技术为支撑的智慧学习平台，高度整合了先进的教学设备和海量的云端教育资源，实时采集课堂数据，为构建智慧课堂模式提供了科学依据。首先，基于数据，前测学生起点。课前，教师以一个知识点为中心设计"前学"内容，通过平台制作微课视频与试题，由"FEG 智能教育云"组合成学习任务单后发布给学生。学生下载资源，依照任务单进行学习，理解知识点。教师可以根据平台生成的学生自学情况数据，准确把握学情，精准备课。然后，基于数据，实施因材施教。及时采集学生学习行为的数据，使教师可以快速、准确地掌握学情。例如，学生提交预习作业后，系统会自动生成数据，统计分析结果，教师一目了然，从而调整教学策略，帮助学生解决问题。同时，利用显性数据呈现学生的思维结果，系统的 Talk 功能将学生间对谈的过程保存下来，记录并分析学生的课堂行为，教师可以通过浏览这些对话来理解某个组对问题推导思维的过程，基于数据诊断学生的学习行为。最后，基于分析，实现个性学习。随着教学活动的进行，

---

① 李蓓、夏英：《建未来学校　迎学校未来——成都市实验小学"未来学校"建设思考与实践》，载《教育科学论坛》，2016(13)。

系统也会不断生成并积累学生学习行为轨迹。课后，教师根据系统数据，针对每个学生对每个知识点的理解定制个性化的学习计划，推送到每个学生的学习端，满足学生个性化需求，为学生创设更为广泛的学习空间。

第八章
产业发展

　　南国农教授在《对我国电化教育深入发展的思考》一文中提出："电化教育是一门科学，一项事业，也是一种产业。……它有投入与产出，有经济效益。它属第三产业，产品主要是人化的，也有物化的。"[①]改革开放 40 年来，在国家大力发展教育信息化事业、我国居民教育消费能力不断提升的大背景下，我国教育技术产业迅速发展，从改革开放之初的几乎一片空白进入了当前的全面繁荣与深度发展时期。

第一节　教育技术产业的发展历程与成就

一、政策推动下的产业发展之路

　　教育信息化产业的发展是教育现代化的先决条件，而教育现代化又是教育信息化产业得以发展的保证，"教育信息化产业与教育信息化的推进相互依存、相辅相成"[②]。一方面，国家历来高度重视信息化对教育改革发展的推进作用，出台了一系列推动政策，为教育

---

① 南国农：《对我国电化教育深入发展的思考》，载《中国电化教育》，1997(12)。
② 钟育彬：《教育信息化产业的发展与策略》，载《中国高校科技与产业化》，2006(S1)。

技术产业的发展提供了重要契机和巨大空间；另一方面，随着国家对教育服务日益开放，出台了一系列保障政策，吸纳并鼓励企业和社会力量积极参与教育服务。这些政策无疑推动了教育技术产业的加速发展。40 年来影响并推动教育技术产业发展的主要政府文件详见表 8-1。

（一）20 世纪末，在国家政策引导下，教育技术产业拉开序幕

1978 年电化教育重新起步前，我国的电化教育产业几乎等于零。改革开放以来，国家的重视为电化教育（教育技术）产业的发展创造了良好的环境。1978 年 4 月 22 日，邓小平在全国教育工作会议上说，"要制定加速发展电视、广播等现代化教育手段的措施，这是多快好省发展教育事业的重要途径，必须引起充分的重视"。随后，我国电化教育事业重新起步，也拉开了教育技术产业发展的序幕。1992 年 6 月 16 日，中共中央、国务院在《关于加快发展第三产业的决定》中，明确地把教育划为第三产业，并且将其作为对国民经济发展具有全局性、先导性影响的基础行业加以大力发展。电化教育（教育技术）成为教育科学的重要组成部分，电化教育（教育技术）产业化随后被正式提出。[①]

（二）21 世纪初，一系列政策文件相继出台，教育技术产业快速发展

1998 年 12 月 24 日，《面向 21 世纪教育振兴行动计划》明确提出开展现代远程教育、高校高新技术产业化等工程，大力支持教育网络、教育软件的建设，积极推动高新技术产业化的发展。同年，国家提出重点建设若干个教育软件开发生产基地。2000 年，国家提出采取竞争、开放、合作的机制，培育教育软件产业。2001 年，国家提出支持鼓励企业和社会各界对中小学教育信息化的投入。2002 年

---

① 王宝亮、于文：《我国电化教育发展的产业化趋势》，载《电化教育研究》，1994(1)。

11月8日，党的十六大报告提出培育一批有影响的信息产业集团。2006年，《2006—2020年国家信息化发展战略》提出要培育有核心竞争能力的信息产业。在此期间，国家启动了"校校通"工程、农村中小学现代远程教育工程，围绕着国家重大项目的推进，诞生了一大批教育技术企业和服务机构。此后，教育技术产业进入快速发展阶段，产业规模急剧扩大①，产业方向更加多元。

(三)2011年至今，教育技术产业呈现蓬勃发展趋势

2010年7月29日，《国家中长期教育改革和发展规划纲要(2010—2020年)》指出：信息技术对教育发展具有革命性影响，必须予以高度重视。2012年3月13日，教育部发布《教育信息化十年发展规划(2011—2020年)》，明确各级政府在教育经费中按不低于8％的比例列支教育信息化经费，保障教育信息化拥有持续、稳定的政府财政投入。2015年7月4日，《国务院关于积极推进"互联网＋"行动的指导意见》提出探索新型教育服务供给方式，鼓励互联网企业与社会教育机构根据市场需求开发数字教育资源，提供网络化教育服务。2016年3月4日，教育部发布《教育部办公厅关于落实国务院决定取消中央指定地方实施行政审批事项的通知》，宣布正式取消教育网站、网校和新专业等7项行政审批，改由学校、公民个人、社会组织及其他组织自主决定。网校创立手续的进一步简化，国家政策的支持为教育网站、网校的兴起提供了极大的便利。2018年4月13日，《教育信息化2.0行动计划》发布，指出要充分发挥政府和市场两个方面的作用，为推进教育信息化提供良好的政策环境和发展空间，积极鼓励企业投入资金，提供优质的信息化产品和服务，实现多元投入、协同推进。这期间，国家政策更加深入和具体，国家开

---

① 张虹：《我国基础教育教育信息化政策二十年(1993—2013年)——以政策文本阐释为视角》，载《电化教育研究》，2013(8)。

始推进三通两平台、智慧校园、大数据、智慧教育和人工智能等信息化建设，倡导信息技术与教育教学的融合创新应用，强调形成企业共同建设的多元投入机制，教育技术产业进入蓬勃发展阶段。很多公司都与学校政府合作，教育技术已成为教学的常态，形成了新一代的教育技术产业。[①]

表 8-1　国家政策对教育技术产业发展的推动

时间	政策（文件、会议）	对产业发展的推动
1993 年 2 月 13 日	《中国教育改革和发展纲要》	积极发展广播电视教育和学校电化教学，推广运用现代化教学手段
1998 年 12 月 24 日	《面向 21 世纪教育振兴行动计划》	实施"现代远程教育工程"。形成开放式教育网络，构建终身学习体系，包括扩大中国教科研网的传输容量和联网规模，卫星电视教育，教育软件开发，网络课程的开设等 实施"高校高新技术产业化工程"。带动国家高新技术产业的发展，为培育经济新的增长点做贡献，包括鼓励高等学校与科研院所的合作，在高校周围形成高新技术企业群，高等学校兴办高新技术企业，建立健全高等学校高新技术产业化的保障机制
1999 年 6 月 13 日	《中共中央国务院关于深化教育改革，全面推进素质教育的决定》	大力提高教育技术手段的现代化水平和教育信息化程度，包括现代远程教育网络，终端平台系统和校园网络或局域网络的建设，教育教学软件开发等 努力改变教育与经济、科技相脱节的状况，促进教育和经济、科技的密切结合，推进高等学校和产业界以及科研院所的合作
2000 年 10 月	教育部主持召开"全国中小学信息技术教育工作会议"	全面启动中小学"校校通"工程，用 5～10 年时间，使全国 90% 左右的独立建制的中小学能够与互联网或中国教育卫星宽带网联通

———————

① 顾小清、郭日发：《教育信息化的回顾与展望：本土演进研究》，载《电化教育研究》，2018(2)。

续表

时间	政策（文件、会议）	对产业发展的推动
2001 年 7 月 26 日	《全国教育事业第十个五年计划》	构建终身学习体系，使教育手段现代化和教育信息化，鼓励和支持社会力量办学，在发展高等职业教育等方面实现重大突破
2001 年 6 月 8 日	《基础教育课程改革纲要（试行）》	大力推进信息技术在教学过程中的普遍应用，充分发挥信息技术的优势，为学生的学习和发展提供丰富多彩的教育环境和有力的学习工具
2002 年 11 月 8 日	党的十六大报告	提出了"信息化带动工业化，走新型工业化道路"的宏伟战略，同年提出培育一批有影响力的信息产业集团
2003 年 9 月	国务院召开全国农村教育工作会议	推出了四项战略性举措：在中小学大力普及信息技术教育、实施"校校通"、农村中小学现代远程教育工程和全国中小学教师教育技术能力建设计划
2006 年 3 月 19 日	《2006—2020 年国家信息化发展战略》	总体目标：信息产业结构全面优化，国民经济和社会信息化取得明显成效，新型工业化发展模式初步确立 战略重点：提高信息产业竞争力，突破核心技术与关键技术，培育有核心竞争能力的信息产业 战略行动：开展关键信息技术自主创新计划，逐步掌握产业发展的主动权；加快产品开发和推广应用，带动产业发展
2010 年 7 月 29 日	《国家中长期教育改革和发展规划纲要（2010—2020 年）》	信息技术对教育发展具有革命性影响，必须予以高度重视
2011 年	《中华人民共和国国民经济和社会发展第十二个五年规划纲要》	增强科技创新能力，着力提高企业创新能力，促进科技成果向现实生产力转化，推动经济发展更多依靠科技创新驱动

时间	政策（文件、会议）	对产业发展的推动
2012 年	刘延东在全国教育信息化工作电视电话会议上的讲话	推进教育信息化是落实中央决策部署的必然要求，是顺应世界信息化发展趋势的应有之义，是实现教育现代化取得重要进展的有力保障 坚持以应用为核心，要进一步完善"三通两平台"工程 要加快信息技术推动教育创新步伐，从服务教育自身拓展为服务国家经济社会发展，发挥市场作用，引导社会资本广泛参与，催生适合国情的教育信息化新业态，培育新的经济增长点
2012 年 11 月 8 日	党的十八大报告	坚持教育为社会主义现代化建设服务、为人民服务
2015 年 7 月 4 日	《国务院关于积极推进"互联网＋"行动的指导意见》	探索新型教育服务供给方式，鼓励互联网企业与社会教育机构根据市场需求开发数字教育资源，提供网络化教育服务
2015 年 8 月 31 日	《国务院关于印发促进大数据发展行动纲要的通知》	以企业为主体，营造宽松公平的环境，深化大数据在各行业的创新应用，促进大数据产业健康发展
2016 年 7 月	《国家信息化发展战略纲要》	推进信息化和工业化深度融合，发展核心技术，做强信息产业，培育壮大龙头企业，支持中小微企业创新 推进教育信息化，完善准入机制，吸纳社会力量参与大型开放式网络课程建设，支撑全民学习、终身教育
2016 年 6 月 7 日	《教育信息化"十三五"规划》	建立社会团体、企业支持和参与的多元化投入机制，鼓励基础电信企业建立对各级各类学校的网络使用资费优惠机制

续表

时间	政策（文件、会议）	对产业发展的推动
2016 年 3 月 4 日	《教育部办公厅关于落实国务院决定取消中央指定地方实施行政审批事项的通知》	对于国务院决定已经宣布取消的校外学习中心（点）审批、教育网站和网校审批等，从国务院决定发布之日起，地方各级教育行政部门对上述事项一律不得继续开展行政审批 对已经取消审批的事项，由学校、公民个人、社会组织以及其他组织自主决定
2017 年 1 月 10 日	《国家教育事业发展"十三五"规划》	服务现代产业的新兴学科专业集群建设，建设一大批以校企合作为基础，集人才培养、继续教育、科研创新、科技服务于一体的专业集群，校企联合开发课程和教学资源，联合培养培训师资队伍，共建实验实训实习基地
2017 年 10 月 18 日	党的十九大报告	建设教育强国是中华民族伟大复兴的基础工程，必须把教育事业放在优先位置，深化教育改革，加快教育现代化，办好人民满意的教育
2018 年 4 月 13 日	《教育信息化 2.0 行动计划》	要充分发挥政府和市场两个方面的作用，为推进教育信息化提供良好的政策环境和发展空间，积极鼓励企业投入资金，提供优质的信息化产品和服务，实现多元投入、协同推进

二、新技术引领产业新发展

（一）视听教育推动音像教材产业的发展

改革开放后到 20 世纪 90 年代初期，是视听教育发展的后期，进入教育教学领域的新技术媒体，除了幻灯、投影、广播、录音以及电影之外，还有电视录像、计算机辅助教学系统以及卫星电视系统等。其中，电视、录像发展较快，并显示了它们提高教学效果的作用，成为这个阶段的主流媒体。计算机虽已进入教学领域，但影响不大。在此期间，随着电教事业迅猛发展，各种电教器材和电教教材的需求加大，各省(区、市)均设立了音像出版社，出版幻灯片、投影片与录音、录像教材，有些地方还开设了幻灯片厂和投影片厂。例如，河南省电子音像教材出版社、湖南省音像出版社等出版发行的录音、VCD 和 CD-ROM 等电子音像教材年产值都在几千万元以上。① 随着电教教材市场的发育和逐步规范，还涌现了一批专门生产音像教材为教育服务的企业。②

(二)信息技术介入教育推动新一代教育技术产业链的形成

20 世纪 90 年代后期，计算机、多媒体、因特网和校园网等开始介入教育。以计算机为主的教学设备进入校园，通过宽带、互联网等技术建设校园网，多媒体教学资源得以共享，实现了教育内容、教学手段和教学方法的现代化。新一代的教育技术产业链逐渐形成，信息化教育硬件、教育软件和教育资源等企业不断涌现并发展壮大。此阶段，专业化、针对性和差异化成为教育技术市场的主流，教育技术产业链条不断扩展。各细分市场企业在日益激烈的竞争中紧跟教育改革步伐，将最新科学技术与最新教学理念结合，不断完善产品和服务方案，极大地推动了我国教育信息化的发展。

在教育硬件行业，国内外大企业专门针对教育行业定制了系列硬件方案，一批为教育硬件而生的企业不断涌现和发展，我国教育信息化基础设施和硬件环境建设的技术水平不断提升。浪潮公司在21 世纪初就推出针对教育行业的"希望系列教育专用电脑"，并提出中国个人电脑已经进入以"专注行业应用，提供行业定制服务"为特征的细分市场时代。联想在 20 世纪 90 年代推出了"联想电脑教室"，并在后期发布了面向教育的全线软硬件产品，提出服务教育的全新

---

① 李运林、张瑜:《论信息化教育产业——再论"信息化教育"》，载《电化教育研究》，2010(4)。

② 杨好利、刘中霞:《我国电化教育(教育技术)产业发展历程初步探析》，载《价值工程》，2012(19)。

模式。清华同方、实达等厂商也及时跟进。① 鸿合科技研发的互动电子白板、视频展台，奥威亚研制的自动录播系统等优质产品，不但在国内得到广泛应用，而且批量出口到美洲、欧洲和东南亚等地区的国家。

随着计算机、网络等基础设施的发展，针对学校教育信息化和家庭教育的软件工具、平台系统和内容资源企业也发展起来，成为我国信息化教育发展的重要推动力。从 20 世纪 90 年代后期到 2000 年左右，网络带宽非常有限，多数教育软件产品以文档形式和单机形式为主。此阶段，科利华公司凭借对教育软件的全新理解和独特定位，先后成功研制出中国第一代大型集成化教育软件产品——"科利华校长办公系统""科利华电子备课系统""科利华电脑家庭教师"等软件，开创了我国教育软件市场的全新局面。2000 年前后，信息化教育进入多媒体阶段，校园网成为建设重点，一大批网校、多媒体资源企业和网络平台企业等得到迅速发展。

（三）智能技术开启教育技术产业的创新时代

2010 年以后，移动互联网、物联网、云计算、大数据、虚拟现实、智能终端及人工智能等技术迅速发展，成为资本关注的焦点。2012 年，由美国 MOOC、可汗学院传来的互联网教育融资风暴开始影响中国，我国教育技术产业掀起了新的发展高潮，智能设备日益普及，大数据和处理技术不断创新与迭代，人工智能技术在教育的应用，使得教育业务开始智能化、自动化和数字化，教育技术企业及其产品定位日益精准，商业模式不断创新，教育技术产业的创新时代到来。

2010 年以后，中国移动互联网市场逐步开始爆发，移动学习产品空前繁荣。从 2013 年第一季度开始，我国智能手机用户存量渗透

---

① 林阳：《教育信息化产业经历嬗变》，载《中国远程教育》，2003(24)。

率达 36.7％，至 2018 年智能手机用户量已达 7 亿人；我国从 2008
年开始建设 3G 网络，2013 年年底正式发布 TD-LTE（4G）牌照，
2014 年大力建设 4G 网络。智能终端（手机和平板电脑）大量普及，
高速无线网络快速普及，使得基于移动互联网、搭载于智能终端的
教育教学产品，如移动 APP、电子书包、学习机、智能学生卡、穿
戴设备等应运而生并迅速繁荣，移动教育产业得到快速发展。

　　近年来，大数据和人工智能相关技术的发展，催生了一大批以
技术见长的互联网教育企业，智能识别、学习大数据、知识图谱、
自适应学习和智能辅导等成为热点，推动着教育教学方式和形态的
不断创新。2014 年至 2015 年投资火爆的拍照搜题软件，学生遇到难
题时只需用手机拍成照片上传到云端，系统在 1～2 秒就可以反馈出
答案和解题思路，手写题目识别正确率也越来越高。科大讯飞、清
睿教育和 51Talk 等开发的语音测评软件，能很快对发音做出测评并
进行智能反馈。2017 年，猿辅导针对家长和教师推出了小猿口算①，
对小学阶段出现的大部分计算题目，用户只需打开手机扫一扫，系
统可以通过图像识别技术实现一秒内一键批改，准确率高达 99％以
上。一些大数据企业通过采用人工智能和大数据技术，可以利用知
识地图监控学生知识点掌握情况，为学生建立个人画像，推荐最优
学习路径与内容。好未来集团自主研发的人工智能教学系统——"魔
镜系统"②，运用表情识别技术，借助摄像头捕捉学生上课时举手、
练习、听课等课堂状态和情绪数据，生成专属于每一个学生的学习
报告，既可帮助教师掌握课堂动态、及时调整授课节奏和方式，又
能给予每一个学生充分的关注。以学校 B 端教育信息化市场为主的

---

　　① 《拍照搜题之后又现拍照判题，小猿口算"秒判"数学口算作业》，http：//
www.sohu.com/a/216432498_101928，2018-06-29。

　　② 马欣然：《课堂更智慧　学习更有效——"好未来"推动人工智能与教育深度融
合》，载《人民日报》，2018-06-06。

科大讯飞，作为教育技术引领企业，其核心产品"智能教育 AI"通过人工智能、云计算及大数据等先进技术，为广大教育用户提供了覆盖"教、学、考、评、管"的全场景产品体系。① 随着"一师一优课、一课一名师"而得到迅速发展的录播企业也依托人工智能、大数据以及云平台等研发了 AI 录播产品，实现了录播产业的迭代更新和快速发展，如中庆智课解决方案以常态化录播为基础、采用人工智能技术，对课堂教学过程进行深度数据挖掘，进而服务于教学决策和高效教研。② 此外，教育 VR 企业研发的 VR 产品及其课程内容，在媒体呈现上开辟了一个新的里程碑，为自然科学工程领域的学习提供了非常好的沉浸感。机器人教育、3D 打印等创客教育企业在推动我国创课教育发展和创新人才培养方面，起到了极大的推动作用。当前，"AI＋教育"的浪潮如火如荼，诸多互联网教育领域的玩家，都迅速在 AI 领域跑马圈地，试图用人工智能变革传统的教育体系。

三、快速增长的市场规模

20 世纪初期，教育信息化市场建设规模年均超过 250 亿元，基本保持7％以上的增长。同时，在国家政策的扶持下，教育信息化建设重点逐步覆盖到农村和广大中西部地区。这些经费在基础设施建设、现代远程教育、数字化资源体系、教育管理信息化水平、教育信息化重大应用上均有所建树。③

2012 年后，一方面，体制内的教育信息化市场政策不断完善，国家不断增加对教育信息化的经费投入；另一方面，我国家庭教育

① 吴晓如、王政：《人工智能教育应用的发展趋势与实践案例》，载《现代教育技术》，2018(2)。
② 《AI 时代，人工智能 & 大数据录播将是课堂教学升级的突破口！》，http://www.chinasmartshow.com/contents/441/4384.html，2018-06-27。
③ 徐立泉、黄岳明、林陈考等：《基础教育信息化经费投入与使用策略实践探索——以温州为例》，载《中国教育技术装备》，2014(9)。

经费支出持续增长，体制外在线教育疯狂生长。在资本和新技术的双重助力下，我国教育技术产业市场规模和用户规模都呈现快速增长态势，发展前景十分可观。

(一)教育信息化市场持续稳步增长

我国教育信息化市场资金主要来源于教育部、教育厅和当地财政局三级甚至多级国家及地方财政。从国家教育信息化财政投入来看，根据"各级政府在教育经费中按不低于 8％的比例列支教育信息化经费"的要求，预计到 2020 年国家教育信息化投入仍将保持快速增长，呈现震荡上行趋势，经费投入将超过 3 800 亿元①，如表8-2所示。②

表 8-2　中国教育信息化经费情况

指标	2013	2014	2015	2016	2017e	2018e	2019e	2020e
国内生产总值（亿元）	595 244.4	643 974	689 052	744 127	793 984	847 180	903 941	964 506
GDP 增长率(%)	7.57	7.35	6.90	6.70	6.70	6.70	6.70	6.70
国家财政性教育经费(亿元)	24 486	26 421	29 221	31 625	34 141	36 852	39 773	42 920
财政性教育经费占 GDP 比重(%)	4.11	4.10	4.24	4.25	4.30	4.35	4.40	4.45

---

①　根据 2012 年教育部发布的《教育信息化十年发展规划(2011—2020 年)》中"各级政府在教育经费中按不低于 8％的比例列支教育信息化经费"测算。

②　《2017 年中国教育信息化经费预算及市场规模预测》，http：//www.chyxx.com/industry/201703/505444.html，2018-05-23。

续表

指标	2013	2014	2015	2016	2017e	2018e	2019e	2020e
教育信息化经费占财政性教育经费比重(%)	8.00	8.00	8.00	8.00	8.00	8.50	8.50	9.00
教育信息化经费(亿元)	1 959	2 114	2 338	2 530	2 731	3 132	3 381	3 863

在教育信息化市场规模上，根据前瞻产业研究院报告测算，我国教育信息化的市场规模将会超过 2 000 亿元，随着政策密集出台，近几年是教育信息化市场规模快速增长的几年，教育信息化市场规模复合增速或超过 30%，预计到 2020 年其规模将超过 3 600 亿元（见图 8-1）。①

图 8-1　中国教育信息化市场规模预测

千亿级的市场规模引起上市公司的加速进场，原来主营业务为信息化、教育一类的大型上市企业也迅速通过并购、开拓新产品等

---

① 《教育信息化经费超 2500 亿　行业迎来发展红利》，https：//bg.qianzhan.com/report/detail/459/170815-76584920.html，2018-05-23。

方式参与此业务。目前，教育信息化领域的企业已经超过 2 000 家，包括传统硬件厂商、大型出版传媒集团、互联网巨头、教育培训机构和教育科技公司等。①

(二)在线教育市场呈迅猛发展之势

艾瑞数据的相关统计数据显示，2016 年在线教育市场规模达到 1 565.4 亿元，同比增长 27.7%，预计 2022 年在线教育市场规模将突破 5 000 亿元关口，潜在市场空间非常大。近年来，在线学习的方式已逐渐渗透进人们的日常生活，在线教育用户呈现迅速增长趋势。2016 年在线教育用户规模为 9 001.4 万人，同比增长 21.5%。未来几年，在线教育用户规模将保持 20% 以上的速度继续增长，到 2019 年预计达到 1.6 亿人。艾瑞数据分析认为，在线教育用户的持续增长，一方面，由于我国家庭教育支出持续上升、中国网民规模稳步扩大、用户对在线教育的接受度不断提升、网络付费意识觉醒；另一方面，随着互联网的发展，国内在线教育技术的不断成熟、在线教育产品的不断推出、线上学习丰富度的逐步完善，更多不同年龄阶段、不同需求的用户均参与其中(见图 8-2 至图 8-4)。②③

图 8-2　2012—2022 年中国在线教育市场规模及预测

① 《近 3000 亿的教育信息化市场，新的机会在哪里？》，http://www.sohu.com/a/136280388_500643，2018-05-31。
② 《2016 年中国在线教育市场规模突破 1500 亿元》，艾瑞咨询系列研究报告，2017(6)。
③ 《年度数据发布——在线教育 2017 年》，艾瑞咨询系列研究报告，2018(1)。

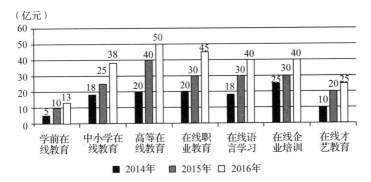

图 8-3　2014—2016 年中国在线教育细分领域市场规模

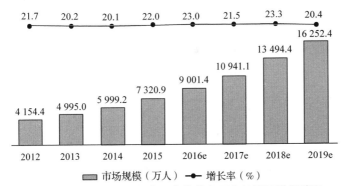

图 8-4　2012—2019 年中国在线教育用户规模及增长情况

　　未来几年，在线教育技术的持续升级、在线学习产品的丰富和成熟，都将推动在线教育市场规模进一步增长。根据艾瑞咨询预测，未来几年内互联网教育的市场规模和用户规模将会保持 20% 以上的增长速度①，将大大促进我国在线教育的发展。

四、细化与多元的市场格局

　　2012 年后，我国教育技术产业进入爆发式成长。新技术带来了新的产业形态，新理念萌生了新的细分市场，每个细分市场都有来自不同领域的企业提供各具特色、多元化的产品和服务，整个产业

---

①　雷鹤：《我国教育信息化产业发展态势审视》，载《课程教学研究》，2018(5)。

呈现出一片繁荣景象。

《2016—2017 中国互联网教育行业蓝皮书》相关数据显示，我国互联网教育企业在 2016 年已超过 10 000 家，而且数量还处于平稳增长阶段，如图 8-5 所示。①

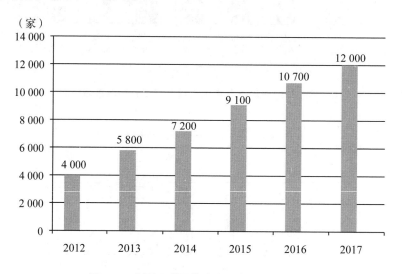

图 8-5　中国互联网教育企业数量变化趋势

我国互联网企业已深入绝大多数教育领域。上万家企业，受众对象涵盖了包括学前教育、基础教育、职业教育、高等教育、特殊教育及成人教育等所有教育阶段的所有人群，产品和服务定位包括平台、内容、工具、技术、硬件、社区和服务等全生态链。学易时代互联网教育研究院于 2018 年 5 月发布的调查数据显示②，在近一年的互联网教育企业中，我国各个教育阶段和产品领域均有不同比重企业布局，详见图 8-6 和图 8-7。从受众领域来看，中小学教育领域和职业教育领域企业占比最多，同时布局多个领域的综合企业占比超过

---

　　① 吕森林、邵银娟、孙洪湛等：《2016—2017 中国互联网教育行业蓝皮书》，94～95 页，北京，北京大学出版社，2017。
　　② 闻婉竹：《一文看透互联网教育企业发展现状》，http：//www. investedu. cn/? p＝6666，2018-05-30。

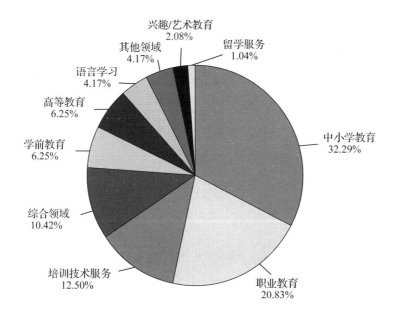

图 8-6　中国互联网教育企业细分领域分布

10%。随着在线教育企业的兴起，以教育技术服务为主业的企业逐渐增多，兴趣/艺术教育、STEAM 教育领域近两年逐渐兴起成为热点，具有很大发展空间。在产品和服务类型上，除了传统的教育内容型企业，具有在线基因的平台、技术和工具类企业亦占有相当大的比重。

我国互联网教育企业背景非常复杂，归纳起来有以下几种。

（一）互联网巨头

百度、阿里巴巴、腾讯和网易等互联网巨头分别依靠搜索技术、商业平台、软件产品等布局互联网教育，影响巨大。百度文库是国内最大的教育资源库，改变了教师查找资源的方式。2015 年，百度教育事业部成立，依托其强大的技术优势和内容优势，整合内外部资源，打造教育服务平台，贯穿教育服务生态上下游。阿里巴巴推出了淘宝同学、阿里师生，除了投资 VIPABC 以外，在教育信息化行业也有所布局。腾讯依托 QQ 在线教育、腾讯课堂及腾讯校园等一系列教育产品和解决方案布局互联网教育，同时投资了疯狂老师、

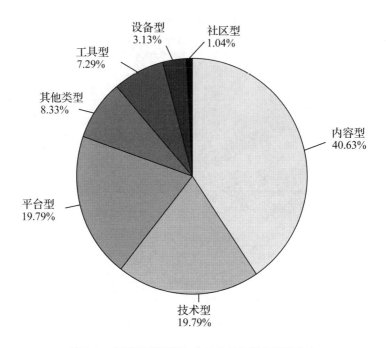

图 8-7　中国互联网教育企业产品与服务类型分布

易题库等互联网教育企业，积极打造互联网教育生态。网易是中国首家推出公开课项目的企业，网易公开课日均使用量超过 100 万次；网易云课堂定位于公益性质，目标是建立一个满足大众终身学习需要的技能学习平台，课程视频结合图文、测试、实践、分享、问答、学习计划等功能，构建了一个高效的学习环境。[①]互联网巨头因其强大的技术背景和互联网生态资源，已经改变了教育技术产业的商业模式、金融模式甚至教育模式，推动了产业生态的升级。

（二）互联网技术企业

随着互联网技术和产业的发展，一大批专注于教育的互联网企业诞生，如宝宝巴士、邢帅教育、慧科教育、跨考教育、跟谁学、

---

① 吕森林、邵银娟、孙洪湛等：《2016—2017 中国互联网教育行业蓝皮书》，115～125 页，北京，北京大学出版社，2017。

一起作业、猿题库、学霸君及英语流利说等。这些企业将互联网的共享、开放、用户体验及快速迭代等思维带入教育领域，并借助其雄厚的技术优势和用户流量，不断地创新商业运营模式，引领着产业的技术方向。如近两年火爆起来的在线语言学习类企业51Talk、VIPKID通过真人外教一对一辅导的形式，在教育界引起轰动。

（三）传统教育信息化企业

例如，中教股份、威科姆、颂大教育、星立方、优学派及知好乐教育等，深耕教育信息化领域多年，专注于为政府和学校的教育信息化建设和应用提供个性化解决方案和产品，对机构用户的需求有着深刻理解。

（四）培训机构背景企业

包括老牌的拥有名校品牌和师资优势的网校，以及传统教育培训机构的在线教育业务，如北京101网校、东大正保、新东方、好未来和佳一教育等，在互联网教育行业一直处于主导地位。它们一方面担心面授教学被在线教育颠覆，另一方面也希望借助在线教育方式解决线下成本和师资压力大的问题，于是积极进入教育技术产业。与公立校相比，因其市场竞争压力大，培训机构往往更能在教学过程中进行教育技术的应用创新和大范围落地，如在线直播课堂、双师课堂、大数据平台和一对一视频互动等一系列解决方案都得益于培训机构的应用推进。

（五）出版行业背景企业

教材和教辅发行出版厂商，如凤凰传媒、中南传媒、皖新传媒、北教传媒、跨学网、金太阳教育、星火教育、志鸿教育、全品教育及金榜苑等，为教育技术产业提供了丰厚的电子出版内容资源的积累、品牌和庞大的发行渠道。

（六）上市公司背景企业

例如，科大讯飞、方直科技、立思辰、全通教育、拓维信息、洪涛股份和华平股份等，早已把互联网教育当作战略投资。这些企业拥有雄厚的资本，可以进行重资产布局，包括教育信息化硬件设备、平台开发和内容加工制作等，为产业发展提供了生态基础。同时，资本运作带来的产业重组，整合了资源，通过资本形式推动了教育技术产业的快速发展。

（七）智能教育装备提供商

各类服务器、终端设备、录播设备及校园智能硬件等智能教育装备厂商一直是教育信息化产业的重要环节，以希沃、鸿合、创显、中庆、文香和锐捷等厂商为代表。这类企业是教育信息化生态的入口，通过搭载各类优质教育资源和教育软硬件平台，成为校园教育信息化的渠道商或集成商。

第二节　面向体制内的教育信息化产业生态链构建之路

教育信息化是指在国家及教育部门的统一规划和组织下，在教育领域（教育管理、教育教学和教育科研）全面深入地运用现代信息技术来促进教育改革与发展的过程。[1] 教育信息化产业以各级教育部门和学校（2B 模式）及学生（2B2C 模式）为主要服务对象，企业是教育信息化服务和产品供应的主体。改革开放 40 年来，我国教育信息化产业经历了从稚嫩到成熟的嬗变过程，产业生态链逐渐形成并不断优化和重构，有力地推动了我国教育事业现代化的发展。

一、产业联盟：应用驱动的个性化整体解决方案打造

在整个教育信息化建设过程中，学校会遇到硬件质量、软件使用、网络设计、资金短缺及人才匮乏等多方面的困难，这就特别需

---

[1]　吕森林、邵银娟、孙洪湛 等：《2016—2017 中国互联网教育行业蓝皮书》，155 页，北京，北京大学出版社，2017。

要厂商提供整套的解决方案，打造硬件、软件、网络、培训、资金五位一体的模式，激活应用。① 而除了少数"巨无霸"型企业敢于四面出击，提供全线产品，绝大多厂商都无法单凭一己之力满足学校信息化建设和应用的所有诉求。同时，信息化教育又具有个性化的特点，每个用户遇到的教育问题是不同的，诉求不一样，发展阶段不一样，信息化教育解决方案不可能也不应该做成"千人一面"。产业联盟成为产业发展的必然趋势和成熟标志。通过产业联盟，提供面向应用的整体化、个性化解决方案。联盟和协作的价值，一方面在于能整合厂商资源，把小船捆绑成为航空母舰；另一方面能充分满足教育信息化多元化和个性化的需求。问题从产业生态链的缺失而生，也必然因产业生态链的建立而终。

（一）教育信息化企业合作联盟

早在 21 世纪初，为提升产业服务能力、增强市场竞争力，在政府推动或企业自发合作下，信息化教育集团或企业合作联盟开始形成。2000 年，由上海市人民政府批准、直属于上海市教委领导的上海远程教育集团成立，其下属产业单位包括两家信息技术公司和两家电子音像出版社，旨在通过与上海信息产业及传统教育资源的强强联合，培育上海信息化教育的核心竞争力，最终形成在全国领先的信息化教育产业中心。② 2003 年 11 月，中国卫星通信集团与北大商学网教育有限公司举行战略性合作签约仪式，双方将共同投入资金，利用各自优势建立一个综合性的卫星远程教育服务平台，成为我国远程教育领域产业公司开展合作的标志性事件。2003 年 2 月，为解决"校校通"工程建设过程中普遍存在的人才、资金、应用和服

---

　　① 　孟庆军：《国家教育信息化产业发展研究》，见《计算机与教育——全国计算机辅助教育学会第十二届学术年会论文集》，4 页，中国人工智能学会计算机辅助教育专业委员会，2005。
　　② 　林阳：《教育信息化产业经历嬗变》，载《中国远程教育》，2003(24)。

务四大瓶颈问题，宏通集团（ARTEL）、唯一数码（UNISOFT）、光速网络（Warp Networks）及英特尔（Intel）等厂商联合起来组建了"N＋1 教育信息化联盟"，整合联盟在设备采购、方案咨询、应用服务和本地化支持方面的优势，从人才、资金、资源的优化配置出发，实现了"规划—实施—培训—服务"的一条龙服务，以开放式的架构让更多的公司及其应用者加入联盟。① 2004 年，由 TCL 倡导的VCM 联盟成立，该联盟以 TCL 教育互联的 VCM（Virtual campus-network cluster distributed & Modula-based design）服务模式为核心，汇聚了当时国内最具实力和行业优势的机构，包括教学软件开发商北京四中网校、翰林汇、深科及教育信息化渠道商华宇等。② 企业联盟通过整合各成员在技术、内容和渠道上的优势，打造了完整的教育信息化产业链，形成了面向用户的整体解决方案。同时，面对不同的用户，在产业链的各个环节上能形成灵活、有效的资源整合，推动了教育信息化应用的不断丰富和完善。

（二）基于"政产学研用金"协同发展模式的产业联盟

近几年，在国家政策、技术发展和资本的多重推动下，教育信息化产业在构建新型教育现代化体系中的重要支撑作用日益凸显，由政府、企业、学校、科研院所以及资本相互协作的"政产学研用金"协同发展模式逐渐形成，更为广泛和灵活的教育技术产业链生态圈建立。2014 年 11 月 22 日，国家教育信息化产业技术创新战略联盟在科技部礼堂举办启动大会，该战略联盟由科技部培育、支持、管理，教育部报备，由科研机构、高校、企业以及各级电化教育馆等教育信息化机构组成，是市场经济条件下产学研结合的新型创新组织，旨在进一步整合产业技术创新资源，引导创新要素向优势企

---

① 周旭峰：《为"校校通"而生的"N＋1 教育信息化联盟"》，载《信息产业报道》，2003(4)。

② 《VCM 联盟开启信息化互动方向》，载《计算机与网络》，2004(15)。

业集聚，促进教育信息化技术创新体系的建设。联盟以教育信息技术的产品研发推广与应用为目的，以发挥市场作用为突破，集成各方力量、推进机制创新，以形成协同推进教育信息化的良好环境。2015 年 5 月，中国教育信息化产业技术创新战略联盟在广州市华南师范大学国际会议中心成立，该联盟是由中央政府各部委教育信息化事业管理相关单位、各地战略性教育信息化产业发展相关领导部门、教育信息化产业园区、教育信息化产业科研机构以及教育信息化产业优秀企业、银行、基金、创投和投资公司等投融资机构组成①，以市场为导向、产学研用相结合的创新型组织。联盟期望通过动员和整合国内外教育信息化相关的各方面力量，建立教育信息化产业互动平台，推动政企互动、产学研合作、信息共享、上下游产业合作、企业与金融资本对接，促进产业资源的互联互通、融合发展。② 目前，该联盟已经构建了两大中心（教育大数据中心、创新创业中心），搭建了八大服务平台（产学研合作平台、标准化推进平台、应用推广服务平台、科技创新服务平台、教育规划设计服务平台、人才培养服务平台、金融资本服务平台、"一带一路"合作推进平台），发布了《智慧校园建设与应用评价标准体系》，打造了国内首家以教育信息化为主题的专业孵化器和创新创业基地，成为教育信息化产业聚集地和人才聚集地。③ 2016 年 3 月，教育部在线教育研究中心联合清华附中、爱学堂等共同发起"未来教育行动计划"④正式启动，旨在联合在中小学教育信息化领域具有技术教研创新性的

---

① 《智慧融合　协同创新——中国教育信息化产业技术创新战略联盟 CEIIA（简称联盟）成立大会暨"互联网＋"时代的教育信息技术与教育变革研讨会在穗举行》，载《中国电化教育》，2015(6)。
② 刘瑞菅：《用"互联网＋"思维改造传统教育　中国教育信息化产业技术创新战略联盟成立》，载《中国科技产业》，2015(6)。
③ 中国教育信息化产业技术创新战略联盟：《深化标准服务　双创落地扎根——中国教育信息化产业联盟创新实践探索》，载《中国科技产业》，2017(3)。
④ 曾瑞鑫：《"未来教育行动计划"启动　推进教育现代化》，载《亚太教育》，2016(12)。

优质在线教育企业，整合大学、中学、小学等大批名校优质教育资源，探索未来教育教学新模式，为互联网教育产业上下游搭建合作与交流桥梁①。

（三）地方政府推动的"互联网＋教育"产业基地

随着"互联网＋教育"日益成为资本追逐的风口，许多地方政府也积极发展"互联网＋教育"产业基地或园区，极大地推动了本地"互联网＋教育"产业链的发展。中关村互联网教育创新中心便是由地方政府推动建设的最早的"互联网＋教育"产业专业园区。该中心享有"中国教育硅谷"的美誉，立足于互联网教育产业，紧紧依托海淀区教育品牌和科技资源两大优势，汇聚了互联网教育产业链各个环节的资源，搭建行业沟通交流平台，构建了互联网教育全产业链生态系统，是"互联网教育产业的聚合者""互联网教育产业的服务者"。目前，中关村互联网教育创新中心已入驻近百家互联网教育企业、拥有近千个知识产权、服务学生超过 3 000 万人次、服务院校 4 500 余所，已成为我国教育创新发展的"前哨所""试验场"和"策源地"。由该中心举办的一年一度的"互联网＋教育"创新周聚集了业内权威专家和教育信息化创新产品②，具有重大影响力，对助力教育创新发展、构建"互联网＋教育"创新生态具有重要作用。

二、服务提供：教育信息化产业发展新业态

教育信息化服务③是服务提供机构依托信息技术，面向服务对象提供的信息化资源、平台和应用等的统称。教育信息化服务是信息社会教育公共服务的重要组成部分，其目的在于提升教育质量、

---

① 《"未来教育行动计划"发布　打通互联网教育产业上下游》，http：//edu. people. com. cn/n1/2016/0323/c1053-28219361. html，2018-05-20。

② 《未来教育的发展在哪里？——第三届"互联网＋教育"创新周在北京隆重启幕》，载《信息与电脑（理论版）》，2017（11）。

③ 这里的教育信息化服务，并非指传统概念中的教育信息化相关设备设施的运行维护服务体系。

促进教育公平。近年来，我国教育信息化进入了教育教学深化应用和融合创新的新阶段，面对新理念、新技术和新思维，教育信息化解决方案日趋复杂、专业，应用推进更加系统、深入。作为破解教育信息化应用效益瓶颈的重要途径，教育信息化服务成为当前教育信息化产业新的竞争焦点。

（一）政府购买教育信息化服务是大势所趋

2013年9月26日，国务院办公厅发布的《国务院办公厅关于政府向社会力量购买服务的指导意见》指出，教育、就业、社保、医疗卫生、住房保障、文化体育及残疾人服务等基本公共服务领域，要逐步加大政府向社会力量购买服务的力度，明确将"教育"服务放在政府向社会力量购买的首要位置。教育信息化服务作为教育现代化的重要支撑，也在政府购买服务之列。刘延东在第二次全国教育信息化工作电视电话会议上指出，"要培育社会化的资源服务市场，采用政府购买服务等方式，鼓励有资质的企业、机构开发优质资源、提供优质服务"。2016年6月，教育部发布的《教育信息化"十三五"规划》提出，各地要切实落实国家关于生均经费可用于购买信息化资源和服务的政策，优化经费支出结构。

政府购买教育信息化资源和服务，是扩大优质教育资源覆盖面、优化教育信息化服务和推进教育信息化供给侧结构性改革的重要途径。[①] 全国多个省（区、市）、市、区县政府，已经开始尝试政府购买教育信息化服务，主要形式包括服务外包、PPP、服务消费券和补贴优惠制度等。2012年到2016年，湖北省武汉市市、区两级政府共计投入8亿多元，用于购买教育云平台和教学助手、家校帮及互动课堂等应用软件服务，还采用同样的方式购买了数字资源、网络

---

① 任友群、郑旭东、卢蓓蓉：《政府购买教育信息化资源服务的内涵、方式、案例及建议》，载《新疆师范大学学报（哲学社会科学版）》，2018（5）。

运营等服务。[①] 2016 年，北京市昌平区启动的"虚拟学校"项目，按照"企业建设运营、政府购买服务、学校实际应用"的模式，由企业投资建设昌平区"虚拟学校"平台并提供示范班级网络硬件设备，由昌平区政府分三年投资 3 600 多万元向企业采购面向全区中小学校的专业服务，为全区中小学生和家长提供智能化、移动化、个性化的优质教育服务。北京市大兴区建立了"政府搭平台、企业建应用、学校买服务"的开放生态环境，吸引众多教育服务商参与大兴区数字校园建设。近年来，不少地方政府开始通过 PPP 模式吸纳社会资本参与本地区教育信息化建设和运营服务。全国 PPP 综合信息平台项目库数据显示，截至 2017 年 2 月 28 日，教育信息化直接相关的 PPP 项目有 11 个，项目总金额约为 33.547 3 亿元。如北京市海淀区实施智慧教育 PPP 项目，以打造"云＋资源＋应用＋数据＋端"的海淀区智慧教育生态体系；福建省从 2015 年发起并投资 3 亿元来扩建教育云平台和制作教育资源，通过教育云平台面向全省师生和家长提供服务，实现优质教育资源服务全面覆盖 K12 教育。2016 年 11 月，海南省昌江县教育局与企业正式签约"互联网＋教育"PPP 项目，由社会资本全资建设，政府每年支付约 1 985 万元用于购买服务，合作期 15 年到期后所有资产将移交政府[②]，由企业提供"互联网＋教育"服务，并面向学生群体进行运营。

(二)教育技术企业积极布局教育信息化服务业务

由北京师范大学智慧学习研究院发布的《2017 互联网教育服务产业研究报告》指出，随着"互联网＋"理念的普及，服务提供、推广渠道、内容分发等"新三样"的企业成为产业的主流和竞争焦点。[③] 随

---

① 程墨、侯辛锋：《政府购买服务 学校免费使用》载《中国教育报》，2016-11-25。

② 《海南昌江 1 亿元建互联网＋教育平台 教育移民升级》，http://changjiang.hainan.gov.cn/cjyw/201611/t20161124_2169090.html，2018-05-26。

③ 曾海军：《教育服务从标准化转向个性化》，载《中国教育报》，2018-01-09。

着应用的深化推进，服务成为学校和政府部门教育信息化推进过程中不可缺少的一部分。越来越多的信息化教育企业开始积极拓展教育信息化服务业务。

纵览当前教育信息化服务市场，主要的服务模式和代表企业如下。[①]

1. 基于某些技术构建提供服务的企业

近些年，一些企业依托智慧教育云、基于大数据的学习分析、数据挖掘、直播互动以及人工智能等前沿技术提供教育信息化服务。例如，在当前教育管理机构普遍采购的智慧教育云服务方面，腾讯、科大讯飞、天喻信息、星立方和伟东云教育等主流教育信息化企业都提供此服务业务。在基于大数据测评方面，软云科技、科大讯飞等为学校提供测评诊断报告。近些年迅速发展的家校沟通微信公众号服务，因其操作简便、适用面广，广受学校和教育部门的欢迎。

2. 提供专业化教育应用服务的企业

教育信息化的应用推进不仅涉及教与学模式的变革、家校关系的重构，还涉及教育机制的创新，是一个复杂的系统工程，必须依托强大、专业的服务团队，提供顶层设计咨询、专业教师培训、教研引领、应用服务及效果评估等系统化服务，才能顺利推进。一些老牌教育信息化企业，如优学派、知好乐教育等，依托其强大的专家资源和对教育信息化的深入理解，将教育信息化服务作为重要的竞争力。优学派通过课题服务、活动平台及持续驻校服务，帮助师生将教学与产品进行深度结合。知好乐教育自2012年起为广州市番禺区智慧教育项目提供长期驻地教育应用服务，有了一系列深入的应用成果；2016年起，知好乐教育开始为北京市昌平区提供驻地应

---

① 张进宝、梁跃：《教育治理现代化语境下教育信息化公共服务体系的重构》，载《中国电化教育》，2016(4)。

用服务、特色课程、案例打造及专家指导等应用服务。

3. 基于资本和运营提供服务的企业

近些年各类商业领域的服务模式，如应用服务提供商、公私合营、融资模式、用户原创内容及专业生产内容等被引入教育信息化服务模式的构建之中。一些资本雄厚的教育信息化企业如科大讯飞、颂大教育等开始尝试通过运营的模式提供服务。2015 年，颂大教育中标湖南省岳阳市直教育信息化项目，并成功签署岳阳市教育信息化 PPP 整体运营建设项目协议，岳阳市政府授予颂大教育 15 年的教育信息化领域独家运营权。颂大教育在项目初期，将投入 2 亿元的资金支持岳阳市的教育信息化建设，并且将在岳阳市建立本地运营服务团队。2015 年 3 月，伟东云教育集团与鸡西教育局签订协议，正式确立了政府与社会资本的合作模式，采取"政府主导、企业运营、合作共赢"的市场化运作模式。①

三、技术创新：产业逐步成为教育信息化创新的核心力量

我国教育信息化产业是随着教育信息化事业的发展而兴起和发展的，产业的发展反过来又支持和促进事业与学科的进一步发展，成为教育信息化过程中不可或缺的重要组成部分。② 随着教育信息化的全面深入推进，国家高度重视教育信息化企业和社会力量的支撑作用，产业发展环境不断优化。《教育信息化"十三五"规划》强调要吸引企业参与教育信息化建设，引导产学研用结合，推动企业技术创新，促进形成一批支持教育信息化健康发展、具有市场竞争力的骨干企业；鼓励企业和社会力量投资、参与教育信息化建设与服务，形成多渠道筹集教育信息化经费的投入保障机制 。如今，互联

---

① 吕森林、邵银娟、孙洪湛等：《2016—2017 中国互联网教育行业蓝皮书》，160 页，北京，北京大学出版社，2017。
② 李运林、张瑜：《论信息化教育产业——再论"信息化教育"》，载《电化教育研究》，2010(4)。

网教育企业已经深入教育信息化推进的各个层面。企业是教育信息化设施、设备的生产者，是平台、工具以及教育信息资源的设计者和开发者，是信息化教学技术支持与服务的提供者，是教育信息化推进中不可或缺的主体。[①] 教育信息化的解决方案设计、基础设施建设、资源开发、应用开展、标准化及人才培养等，都离不开相关企业的高度参与和鼎力创新。教育信息化产业已逐步成为推动教育变革与教育信息化创新的核心力量。

(一)常态化的校企合作推动教育信息化应用创新

教育信息化产业已经成为当下教学的常态，绝大多数教育部门和学校都在积极推进与企业的合作，区域和学校的教育改革和教育信息化创新都有赖于企业产品和服务的创新。纵观近几年的全国教育信息化创新应用成果展及各类智慧教育展，几乎每个创新应用案例背后都有一个甚至多个教育信息化企业的深度合作与参与。有学校在访谈中明确提到"我校依托×公司的云平台和教学系统，将教师备课准备的教学或学习资源上传至平台，同步到学生平板电脑端，教师、学生、客户端构成一个课堂回路，任何问题都可以随时随地解决，大大提高了教学和学习效率"[②]。

(二)行业产品和服务是国家政策快速落地的保障

企业是教育信息化服务和产品供应的主体。针对国家教育改革政策的每一次出台，教育信息化企业都在第一时间集结最优势资源和最先进技术，积极推出落地的产品和解决方案，以推动国家相关政策的快速落地。例如，随着国家《教育信息化"十三五"规划》的出台，众多教育信息化企业围绕"三通两平台"、三个课堂建设、智慧

---

① 左明章、卢强：《区域教育信息化协同推进机制创新与实践》，载《中国电化教育》，2017(1)。

② 顾小清、郭日发：《教育信息化的回顾与展望：本土演进研究》，载《电化教育研究》，2018(2)。

校园及数字教学资源服务供给等研发出了多元化、多层次的产品和方案，推动了国家政策在地方和学校的快速落地和不断优化、创新；面对新高考改革带来的走班、排课以及生涯规划等问题，一批企业利用人工智能技术、大数据建模分析，为学校提供了从走班选课、智能分班、智能排课及成绩管理到 AI 指导教师等系列化创新产品和服务，助力学校轻松应对高考改革。

（三）企业研发决定教育领域的技术创新应用

企业作为教育信息化研发投入的重要参与者，是推动前沿科技在教育领域中应用普及的核心力量，引领着教育信息化建设的方向。创新应用科技提升教育智慧已是大势所趋，正在成为信息时代全球教育改革的"风向标"。阿里云、天喻等平台企业对云平台研发和部署的技术创新，转变了教育信息化基础设施配置方式；电信运营商、网络设备商等在网络技术的创新推动了移动学习方式的普及；教育科技企业基于智能语音/图像识别、自适应学习技术、大数据挖掘、智能录播、视频实时互动及智能机器人等前沿技术所研发的产品和解决方案在教育领域得到快速应用，推动了深度学习、个性化教学、混合式学习、精准教学和综合评价等教育教学方式的革命性变化及对育人本质的实质性回归。

（四）产业凝聚教育信息化创新力量

教育信息化企业及各地行业/产业协会也是教育信息化创新力量和行业智库的凝聚者。激烈的市场竞争环境下，企业对于差异化竞争力的极致追求和灵活的运营机制，使得企业相比行政机构能更加有效地聚拢行业专家和一线名师，可以在更大范围内实现校企之间、区域之间的广泛交流及优质教育资源的共享，更有利于推动教育与学术交流的健康发展。当前，为了拉动用户应用和品牌宣传，由教育信息化企业策划和举办专题教育培训、跨区学术交流研讨和创新应用竞赛等已经成为常态，引领着各地教育信息化的创新应用。越来越多的教育信息化高端交流会也来自企业的策划组织，各地行业协会或专业展会服务企业每年都会牵头举办一系列教育信息化展会，聚集教育领域知名教授、专家、名师和典型应用示范区/校，成为教育信息化最新理念和成果展示的平台以及创新发展的推动力。其中，具有教育信息化行业风向标的国际智慧教育展览会由北京雅森国际展览有限公司于2014年创办，已成为中国教育信息化的专业展会，连续三年被评为"年度教育信息化十大新闻"；四年来，该展会已成功邀请了近360位国内外教育信息化专家在同期论坛上发表主题演讲，全国百所大中小学信息化创新应用成果案例得到展示，近800家主流媒体予以报道，引领了国内教育信息化发展趋势。

（五）产业是教育信息化标准建设的核心力量

教育信息化产业上下游间的广泛合作推动了教育信息化生态系统的标准建设。标准的深入运用和产业化落地，对于引导资源优化配置、提升教育信息化综合水平具有重要意义。目前，教育信息化产业链各环节厂商的产品、服务的研发和供应，都必须充分考虑"标准和开放"：选择开放的硬件平台、操作系统及数据库软件平台；在应用系统的设计与开发方面，依据标准化和模块化的设计思想，在此基础上建立具有一定灵活性和可扩展性的应用平台；系统不仅在体系结构上保持很大的开放性，而且能够提供多种灵活可变的接口。同时，在教育信息化的各类国家标准和行业标准的研发过程中，企业成为重要的参与者甚至是核心研发力量。例如，由国家新闻出版广电总局发布的《中小学数字教材加工规范》《中小学电子课本内容与应用规范》等行业标准完全由企业研制；由教育部发布的《交互式电子白板》等一系列教育行业标准由企业核心参与研制。各产业联盟也在积极推动教育信息化相关标准的制定。例如，涵盖3C产业链上下游重要企业的闪联产业联盟在信息设备智能互联与资源共享方面主导制定了多个行业标准、国家标准及国际标准；北京教育信息化产业联盟(北京教育信息化产业协会)于 2016 年 6 月推出了"国内教育信息化团体标准项目"，并以此为依托，集聚国内教育信息化的产学研各方面资源优势，搭建跨区域、跨行业及跨学科的国内教育信息化团体标准创新服务平台；中国教育信息化产业技术创新战略联盟自成立之日起就致力于教育信息化相关行业标准体系的研制。

四、教育信息化产业链分析

(一)教育信息化产业链构成

目前，我国教育信息化产业已具有相当大的规模，所涉及产品和服务种类繁多、覆盖面广，其产业链包括：教育信息化装备商、教育内容提供方、教育软件商、教育技术服务方、基础服务运营方及渠道提供方，最终到达客户和用户。

1. 教育信息化装备商

教育信息化装备商指为各级教育部门和学校提供信息化硬件设备的企业，包括计算机、平板电脑、投影仪、显示器、多媒体教学一体机、录播系统、电子白板、智慧教室、创客教室、智慧图书馆、安防设备及 STEAM 教育等。目前，此领域的代表性企业有希沃、立思辰、联想、科大讯飞、拓维信息、文香、汇冠股份、焦点科技、中庆及竞业达等。

过去，教育装备企业更侧重硬件，教育装备是一种一次性消费服务，教育装备公司仅仅把学校当作一个销售渠道；现在，教育装备正在朝软件方向发展，更加关注互动与用户数据，比如希沃白板 5 的交互智能平板、网龙的 101 教育 PPT 等，它们都开始真正切入教学环节。

2. 教育内容提供方

教育内容提供方主要提供信息化教学所需的教学资料(课件、讲义、试卷、动画、微课及课程等)和辅助教学工具类产品(学科工具、仿真实验室）。目前，业内的代表性企业有学科网、菁优网、知好乐教育、爱学堂、东师理想、金太阳、NOBOOK、洋葱数学和奥鹏等教育科技公司，以及皖新传媒等教育出版商。

3. 教育软件商

教育软件商是为教育信息化提供教育软件、工具和平台的企业，面向政府教育部门和学校提供支撑教育管理和教学业务的信息化系统，包括涵盖教、学、管、评、研各个业务环节的教育云平台及其子系统，也包括以某方面业务切入的软件系统或工具。代表企业除了立思辰、天喻和科大讯飞等传统教育信息化大企业，还有一大批从单点切入的新型创业公司，如针对考试阅卷领域的云校、极课大数据、快乐学等，针对大数据测评的软云科技，针对走班选课提供服务的希悦、晓羊教育，创客/STEAM 教育领域的寓乐湾、能力风暴、青橙创客等。

4. 教育技术服务方

教育信息化应用推进的一个关键环节是服务。有一批专业的教育技术服务机构以第三方服务的方式，为政府教育部门和学校提供教育信息化应用支持服务，包括线上线下教师培训、专家服务、师生应用支持服务、学习资源服务等。在高等教育领域，奥鹏、弘成和知金是经教育部批准成立的公共服务体系，目前已覆盖全国范围；在基础教育领域，知好乐教育、优学派、创而新等教育信息化企业越来越重视对用户专业化服务的提供，受到学校认可。

5. 基础服务运营方

基础服务运营方主要是教育信息化基础设施的提供方，如电信运营商、服务器提供商。

电信运营商主要负责网络基础设施建设及互联网覆盖和宽带接入。目前，国内三大电信运营商通过资源整合都形成了各自完整的教育信息化解决方案。

华为、中兴等凭借在网络设备服务方面独特的优势，整合产业链上下游合作商，形成了智慧教育、智慧校园等产品体系和解决方案。截至 2016 年年底，华为产品解决方案已经服务于全国 90％以上的"211""985"高校，参与全国 80％以上的省教育厅的信息化建设。

6. 渠道提供方

渠道提供方是指将产品和服务销售给目标用户的独立企业，包括系统集成商和各地代理商。由于教育信息化行业地域特征明显、企业直营渠道建设成本高，大多数企业的产品都是通过集成商或当地代理商进入学校或地方教育部门。集成商和代理商大多是在某一省市或区域深耕多年，十分熟悉当地教育信息化需求，具有丰富的实施经验。典型的教育信息化集成商有众诚天合、康邦科技（已被立思辰收购）、华驰科技等。

7. 最终客户

最终客户是指购买教育信息化产品和服务的群体。教育信息化产业的客户与用户基本上是分离的。因为使用产品和服务的主要用户是教师和学生，而花钱购买产品或服务的却是学校或教育政府部门。教育信息化企业所提供的产品和服务需要同时满足客户和用户的需求。

（二）教育信息化代表企业

目前，教育信息化领域的企业已经超过 2 000 家，已在 A 股市场上市的涉及教育信息化业务的企业有天喻信息（300205. SZ）、立思辰（300010. SZ）、科大讯飞（002230. SZ）、方直科技（300235. SZ）、全通教育（300359. SZ）、拓维信息（002261. SZ）及汇冠股份

（300282.SZ）等。[①]

1. 立思辰

立思辰自 2012 年起正式进军教育信息化，于 2018 年 2 月底宣布拟剥离信息安全业务相关资产、专注教育产业发展。[②]

立思辰依托此前信安业务的技术能力，基于云平台、大数据等开发了教育应用产品；同时，又通过投资与收购合众天恒、敏特昭阳及康邦科技等教育信息化企业，占据了教育管理系统入口，形成了"平台＋学科应用"的产品格局。目前，立思辰的教育信息化业务覆盖了职业教育和基础教育，其发展战略是以"教育信息化与教育服务"为切入点，构建以学生个体的学习生涯为核心的校内与校外相结合、线上与线下相结合以及国内与国外相结合，并辅以核心技术应用的智慧教育生态系统。

2. 科大讯飞

科大讯飞作为中国最大的智能语音技术提供商，近年来不断加强与教育部合作，通过人工智能赋能教育，助推教育信息化发展。面向教育信息化，科大讯飞基于智能语音技术、云计算、大数据、人工智能、移动互联等技术，推出了智慧教育整体解决方案，以优质教育资源共建共享为基础，集教育资源公共服务与教育管理公共服务于一体，满足各级教育行政部门、学校师生等常态化教育教学管理需要。通过自主研发和对启明、乐知行等专注教育信息化的企业的并购，科大讯飞打造了一体化的智慧教育产品体系：区域教育云、智慧校园、智慧课堂、智慧考试、智慧学习及新高考解决方案等。

[①]　《我国教育信息化行业现状分析》，http://www.sohu.com/a/132088293_699143，2018-05-31。

[②]　刘学斌：《立思辰主动调整未来发展方向　加速转型大力布局教育产业》，载《通信信息报》，2018-03-21。

科大讯飞研发的智慧教育系统在很大程度上实现了因材施教、寓教于乐。基于动态学习数据分析和"云、网、端"的运用，实现了教学决策数据化、评价反馈即时化、交流互动立体化和资源推送智能化，创设了有利于师生协作交流和意义建构的学习环境，促进学生实现符合个性化成长规律的智慧发展。① 基于大数据和人工智能技术，系统能够分析形成每个学生的知识图谱，根据知识图谱为学生的家庭作业进行区分，对其薄弱环节进行个性化推荐，使学生的学习更有针对性。目前，科大讯飞的智慧教育产品已进入超过 1.2 万所学校，服务师生用户 1 500 万人，积累课件 850 万个，记录下学习过程数据 350 亿条。

在主观题机器自动评阅方面，科大讯飞率先实现机器阅卷超过人工，在大学英语四级考试中实现智能评分正式应用；2017 年湖北省襄阳市的中考，率先引进了科大讯飞智能评卷系统。

3. 全通教育

全通教育集团(广东)股份有限公司于 2005 年成立，是一家教育信息服务领域企业，靠"校讯通"等对接 B 端的信息化产品起家。校讯通是中国移动面向全国的一个短信增值业务，全国超过 1 000 家公司是这项业务的服务运营商(SP)，全通教育是其中规模最大的几家之一。全通教育通过校讯通业务获取了重要的客户资源和上亿元的收入。

在多个城市的校讯通陆续被叫停后，全通教育于 2014 年开始业务转型。2014 年 8 月，全通教育正式发布互联网教育平台全课网。其业务模式是，围绕"校园和班级教学应用场景""家庭学习和交流应用场景"，提供多点在线应用，深度服务教师、学生和家长用户。②

---

① 《人工智能赋能教育　科大讯飞推动教育信息化》，http://www.gd. xinhua-net. com/newscenter/2017-12/29/c_1122187332. htm，2018-05-23。

② 刘亚力、唐然：《全通打造教育生态圈进退失据》，载《北京商报》，2017-05-22。

目前，全通教育业务包括三大块：由传统的家校通升级而来的家校互动产品"和教育"、EdSaaS 教育云服务（全课云）及继教网的教师培训业务。2015 年以来，全课云逐渐替代家校通，成为全通教育第一大业务，全课云包括校园沟通、智慧教务、智慧教学、资源中心、校园办公、校园支付和智慧校园七个模块。截至 2016 年 8 月，全课云有 11 323 所签约合作学校，覆盖 23 个省的 120 多个地级市。2016 年上半年，全课云产品的收入为 1.46 亿元，较上年同期增长 226.68％，占总营收的比重接近 36％。

第三节　体制外在线教育产业的积极探索与空前繁荣

在线教育是在任何时间、任何地点接入互联网，自主选择学习内容的教育形态，是师生分离、非面对面组织的教学活动，是跨学校、跨地区的教学模式。[1] 在线教育充分利用互联网技术创新所提供的各种条件，突破时间和空间的束缚，形成不同于传统面对面授课的全新教育方式。我国最早的在线教育主要是在成人教育领域。近年来，受益于技术的迅猛发展以及多项国家政策的出台，大批人才和资源涌入在线教育行业，在线教育产业快速推进。

一、技术引领下的在线教育形态变迁

中国的在线教育产业随着网络技术和产业的发展而产生和发展。互联网信息技术的发展促进了网络教学模式和在线学习方式的变革。

从 20 世纪 90 年代到 2000 年左右，中国的互联网刚刚起步，计算机配置、网络速度、宽带基础等都较差，网络普及和接受程度较低，网络信息的浏览基本上以文本形式为主，在线教育就在这样的

---

[1]　吕森林、邵银娟、孙洪湛等：《2016—2017 中国互联网教育行业蓝皮书》，165 页，北京，北京大学出版社，2017。

背景下萌芽和发展。多数的在线教育产品也都是文档形式的。1996年，101 网校成立，是中国首家中小学远程教育网站，在中国远程教育历史上具有里程碑意义。随后，在基础教育领域陆续有北京四中网校、黄冈网校等追随者出现；在高等教育领域，民营培训机构转战线上，并获得高等学历经营权限。短短四年内，中国网校数量迅速增至上千家，在线教育市场整体容量逐年提升。1999 年弘成教育成立，与 40 多所高校展开合作，为学生提供高等学历教育服务。2000 年，新东方网校正式上线运营。[①]

2000 年以后，出现了"三分屏"形式的网络视频课件，在线教育教学模式从简单的文本形式发展到多媒体形式。但由于制作成本高、网络基础设施差和互联网用户数量有限，只是将传统课堂以视频形成搬到了网上，用户体验受限，用户群体为由于时间、地域、学历等因素而无法接受教育的年轻人。[②] 2003 年，SARS 事件导致大规模停课，在线教育出现小范围复苏，虽然出现了一些创新型企业，但并没有出现大规模的创业潮。

从 2006 年左右开始，高清视频课件随着宽带网络和视频网站的兴起开始成为主流，但大量的"三分屏"课程仍然在使用，此阶段的网络学习体验差强人意，在线教育增长缓慢。此阶段产生了几家在海外上市的远程教育公司，如中华学习网、东大正保等。

从 2010 年开始，移动网络迅速发展，计算机、手机、平板电脑、数字电视、智能设备等不断涌现，在线教育真正进入在线阶段。在线教育的形式多元化，市场规模、企业数量和用户规模快速增长。不仅出现了一大批创新创业型企业，而且主要的互联网公司均以不

---

① 刘东梅：《在线教育二十年：从"教育＋互联网"到"互联网＋教育"》，载《互联网经济》，2015(7)。

② 陈秋晓、武超则、陈滢：《互联网＋教育产业平台》，4 页，北京，电子工业出版社，2017。

同形式进入在线教育领域。

美国 MOOC 平台的成功运营带动了中国首批 MOOC 平台的兴起，如 MOOC 中国、网易公开课等。网易公司在 2010 年 11 月 1 日推出"全球名校视频公开课项目"，用户可以在线免费观看来自哈佛大学等世界级和国内名校的公开课程①；MOOC 学院运营方果壳网在 2011 年获得 A 轮融资；由清华大学发起成立的 MOOC 平台——学堂在线在 2014 年完成 A 轮融资。

2012 年，一些基于智能识别(图片/语音)技术、搜索技术、高清视频互动技术、VR 和人工智能等的新兴在线教育开始兴起，如在线英语外教、在线一对一培训、在线题库和拍照搜题等。在线外教一对一平台 51Talk 创办于 2011 年，并荣获 2013 年"年度创新成长企业 100 强"，随后 ABC360、VIPKID 等相继诞生，因优质的视频互动体验推动了在线语言学习的发展。学霸君作为国内第一款利用拍照搜题的在线答疑产品，在 2013 年上线后迅速受到中小学生喜爱和追捧；随后其积极布局人工智能，自主研发的智能教育机器人 Aidam 在 2017 年高考首次与数名高考状元的同台 PK 引发了业界的关注；其旗下的 AI 学智慧教育平台已经通过教师端、学生端及智能手写识别笔形成了一个完整的生态闭环，实时收集学生数据，以此来实现对学生的个性化推送和自适应学习支持。作业帮也凭借拍照搜题技术获取海量用户，随后一大批 K12 领域的拍照搜题、在线答疑类产品兴起，如学习宝、闻题鸟、阿凡题、口袋老师等。集合了家校互动和在线学习的功能的"一起作业网"于 2011 年正式上线运营，以作业为纽带，以数据分析为核心，协助教师和家长为孩子提供智能化、个性化的学习指导。在线师生互动平台粉笔网在 2012 年转型为在线题库"猿题库"，并在 2017 年借助图片识别技术推出"小猿口

---

① 李恒：《在线教育生态系统及其演化路径研究》，载《中国远程教育》，2017(1)。

算"，在拍照瞬间就能自动判断作业正误。

在此期间，互联网巨头也凭借其强大的技术背景和丰富的互联资源开始深度布局在线教育。2013 年年底，腾讯在新的 QQ 版本中增加了 QQ 群教学模式；2014 年 1 月腾讯上线腾讯精品课，腾讯课程内嵌直播（录播）工具，同时腾讯可提供整套的课程支付体系和推广服务。百度依托其搜索技术和文库资源，也先后推出了百度教育文库、百度高考，以及大型在线教学平台——百度传课，并收购了搜题答疑应用——作业帮。阿里巴巴推出的淘宝教育通过直播互动和录播视频两种方式进行在线授课，用户可通过旺旺直播间进行在线视频互动学习。

2015 年以来，随着技术的不断发展，我国在线教育进入了学习领域垂直细分、学习方式丰富多样、资源开放共享、教育内容变现的智能教育时代。在融合网校教育、MOOC、直播、知识付费等多种元素的基础上，B2B2C 在线教育平台成为互联网教育新模式；"人工智能＋教育"成为新的技术研发方向，体现在各类教育产品中。智能教育时代，随着用户的知识需求深化和消费意识的觉醒，以"轻知识"为产品的知识付费平台相继出现。

二、个性化——智能时代在线教育的主旋律

随着人工智能、大数据等前沿科技的快速发展，技术正在极大地改变着教育的形态和供给方式，用大数据实现教育个性化，用人工智能赋能教育，使因材施教成为可能。业界认为，个性化教育是智能时代在线教育转型探索的一个方向。[1] 智能化的教育所推动的就是越来越个性化的教育方式。当前，从学习的不同环节切入的在线教育企业，纷纷各尽所能地来收集用户学习数据，建立学习模型和知识地图，以期为用户提供更为个性化的定制服务。

---

[1] 刘亚力：《在线教育 TOP10 出炉　市场求变加速》，载《北京商报》，2017-06-30。

　　提供教学全过程服务的在线教育企业，如网校、培训机构、直播课程企业等，收集了教与学过程中教师和学生的闭环数据，致力于为学生提供更个性化的学习服务体系，包括课程内容、课程形式、教学方式、教学实施者、学习路径等。例如，好未来的 IDO 个性化学习体系，尝试借助个性化学习任务系统（IMS）、人脸识别、语音识别、触感互动等科技手段，为学生打造学习行为更完善、学习计划更明确以及学习方式更多元的在线学习闭环；在教学过程中，通过用 AI、数据和算法包括人脸识别技术留存每一名学生的学习反馈，教师能够个性化地关注到每位学生的表情和每个人接收信息的程度[1]，为学习者定制比较独特的个性化学习路径，包括学习内容及学习的节奏。VIPKID 每天 10 万节课量级的学习数据的收集，通过数据分析和 AI 技术，来实现智能匹配北美外教、优化教学方式、语音识别智能纠正、知识点强化以及智能规划学习路径。[2] 说客英语收集了学生的学习习惯、学习方式以及知识掌握程度等多维度信息并形成数据库，再与教师的个性、教与学的偏好进行匹配，为学生找到最适合的教师，让大范围的个性化教育成为可能。[3] 随着"AI＋录播"的发展，直播教育课程提供商不仅可以提供各式课程（一对一直播、一对多直播、直播录播相结合等）满足学习者个人定制化学习的需求，还很容易将学员学习过程中的海量数据模型化，不仅方便教育机构对学员数据的统计及整理，而且可以利用大数据分析等手段找到学员在学习过程中的相关规律，为学员制订相应的学习方案，做到个性化教学，精准服务到每个学员，从而吸引更多的流量并提升用户黏性。

---

[1]　《大数据＋AI 赋能教育，让个性化成为可能》，载《北京商报》，2017-07-17。

[2]　《VIPKID 米雯娟：个性化在线教育打造孩子的能力冰山》，http://www.sohu.com/a/210424448_115563，2018-06-25。

[3]　《在线教育个性化服务成趋势　说客英语打造创新服务生态》，http://news.163.com/17/1129/16/D4E2ACIJ00018AOR.html，2018-06-25。

以题库、作业、语言测评等单个环节为切入点基础的企业，依托其在大数据采集和用户认知经验上的先发优势，开始积极开拓自适应学习服务。通过大数据分析学生的学习倾向、学习动机、学习风格和学习爱好等，基于知识地图实现个性化地推送学习资源，精准化地辅助学生。代表企业有批改网、极智批改、笔头网、测评网、多说英语、一起作业等。在北、上、广、深广泛应用的智能口语测试，为每一个学生提供一个虚拟 AI 助手，指出他们听说过程中的问题并和他们进行学习互动。学霸君 1 对 1 通过智能数码笔充分采集学生在作业过程中全量的行为数据，结合学生的具体作答情况，对其所掌握的知识点进行具体分析，形成全面的学情分析报告。

此外，专注于自适应学习的企业，基于大数据分析技术和智能自适应学习引擎，为学生的学习进行智能推荐，实现个性化学习服务。代表企业如智适应教育、先声教育、葡萄学院、成长保、乂学教育等。其中，乂学教育的松鼠 AI 智适应学习系统成功开发了国内开创性的拥有完整自主知识产权、以高级算法为核心的自适应学习引擎；目前，乂学教育已先后落地应用于 700 多间无人教室，为数十家教育机构提供 AI 智适应教育解决方案，并开始利用自身的技术优势制定 AI 智适应教育行业标准。

三、在线教育生态系统分析

随着互联网产业的快速发展，在线教育不仅吸引了以百度、阿里巴巴、腾讯为代表的大型互联网企业的加入，而且涌现出了一大批新兴在线教育企业。在线教育的服务类型日趋多元化，并逐渐走向成熟；同时吸引了其他机构诸如出版社、传统教育培训机构、在线支付公司、软件提供商及智能终端厂商等围绕用户的需求进行聚集，进行广泛的资源整合，最终发展成为在线教育生态系统。①

---

① 李恒：《在线教育生态系统及其演化路径研究》，载《中国远程教育》，2017(1)。

（一）在线教育企业的生态进化

就在线教育企业的领域分布来看，当前在线教育企业主要包括内容、工具、平台和综合性教育服务几大类。平台提供商为教与学提供中介，将学习各方主体连接起来，主要可分为 B2C、C2C 两种模式；内容提供商提供视频课程、教材教辅等内容，如新东方网；工具提供商主要为作业、做题、评测等行为提供工具，或者是为在线教学提供录播、直播工具的业务。

国内在线教育企业的发展大概有三种模式：一是大型互联网公司凭借其在原有业务领域积累的优势跨界进入在线教育领域，如百度、阿里巴巴、网易等均以不同形式进入在线教育，并提供众多的服务产品；二是传统教育机构进行业务转型进入在线教育领域，如新东方教育、学大教育、达内科技等均成立了自己的在线教育平台，此类企业更加重视资源的管理和用户的体验，也开始进行在线教育平台、教育导航、专业搜索引擎及各种教育工具的开发建设[1]；三是新创立的纯在线教育公司，如正保远程教育、跟谁学、沪江等企业。[2]

就在线企业内部发展生态而言，在线教育经历教育工具—教育产品渠道—教育平台—在线教育生态系统四个发展阶段，并最终形成在线教育生态系统。一是不断扩展自己的教育服务内容，从仅能提供单一内容向多样化内容扩展，如网易公开课从最初仅能提供国际名校公开课的在线学习工具，发展成为提供多元化学习内容的国内著名公开课平台，提供国际名校公开课、中国大学视频公开课等多元化的课程。二是建立合作联盟。在线教育企业从最初仅能提供某一在线教育工具，发展成为在线教育生态型企业，需要通过联盟

---

　①　管佳、李奇涛：《中国在线教育发展现状、趋势及经验借鉴》，载《中国电化教育》，2014(8)。

　②　李恒：《在线教育生态系统及其演化路径研究》，载《中国远程教育》，2017(1)。

的形式利用外界力量帮助自身成长。例如，沪江从单一的英语学习 BBS 工具发展成为在线教育生态系统，先后与全球各大出版社、传统培训机构、高校和互联网公司合作，为用户提供专业、优质的学习资源，满足用户的多元化学习需求。

（二）多元化的在线教育产品和服务

总体而言，当前在线教育企业所提供的产品或服务呈现多元化趋势。主流的产品和服务可分为如下几类。

1. 在线教育资源

在线教育资源包括资料型资源和互动型教育工具。

资料型在线教育资源主要包括电子教案、课堂实录、习题、数字教材以及近年来比较热门的微课等。近两年我国涌现了各种微课大赛，如以全国中小学教师为主的中国微课大赛，专门针对高等教育的全国高校微课教学比赛等；出现了各种微课资源网站，如微课网、中国微课网等；成立了微课程资源共建共享联盟，研讨了微课程标准及微课程资源共建共享基金会的运作等；还出现了很多微课设计和制作研修活动。微课的产生是传统教育资源类产品的一大进步，体现了资源开发、管理和使用的颗粒化，更加适应当前用户的需求。

互动型教学工具主要有教育游戏、教育动漫、虚拟仿真软件、个性化题库等。教育游戏、教育动漫主要集中在低年龄阶段，如针对3~8岁儿童的悟空识字、宝贝英语以及面向1~6年级学生的小学动漫课堂等。虚拟仿真软件则主要面向高等教育和职业教育。个性化题库类产品如快乐学、一起作业、猿题库等，其特点主要是细致的题库管理、便捷的组卷功能、个性化的分析报告及资源推荐等。

2. 在线互动课堂

慕课可谓此类产品的典型代表。2013 年慕课之风传到中国，以其优质开放的教学资源、较强的互动性以及自主安排学习进度等特点很快就得到了中国学习者的认可，如网易云课堂、果壳网的慕课学院。此外，51Talk、VIPABC、VIPKID、好未来双师课堂等在线一对一、一对多直播教学也属于此类。

3. 在线教育平台

在线教育课程的大量涌现且备受关注，催生了很多国内在线教育平台，如 MOOC 中文网、微课网、传课网等。此类平台一般会为入驻机构及教师提供诸如上传资源的空间、制作在线课程的软件、授课及互动软件、个人空间等，为学生提供教育资源、师生及生生交流软件、个人空间、个性化学习分析报告及学习方案和资源推荐等，以及为家长和学校提供服务。

百度于 2013 年 12 月入股以在线直播互动为特色的传课网，设法进入在线教育领域；2014 年 1 月在百度教育中开设度学堂，打造拥有海量免费资源的在线学习课堂，逐渐加强自有程度。阿里巴巴于 2013 年 10 月建立在线教育平台淘宝同学，着力打造学习生态；2014 年注资 TutorGroup 为大中华地区英语学习者打造的在线英语学校网站 VIPABC，进一步加强了其在在线教育领域的实力。

4. 在线教育工具

在线教育发展迅猛，如何帮助教师适应变化，为他们制作在线课程，组织在线教学提供便捷工具成为很多专业教育机构和一般商业机构共同努力的方向。专业教育机构进行的在线教育工具探索有两类：一是在线课程制作工具，如习网高校课堂中的视频录制等；二是教学工具，如传课网的传课 KK 等。

以授课工具进入在线教育领域的有 YY 语音和腾讯 QQ。YY 语音将其原来针对游戏用户设计的多人语音群聊工具用于教学，QQ 也将其社交软件中的群模式进行改造添加教学模式。YY 和 QQ 都是独立的授课工具，此外还有很多与在线教育平台配套的授课工具，如淘宝同学使用的阿里旺旺等。

5. 教育导航、搜索引擎

网络信息呈爆炸式增加，如何帮助学习者准确方便地定位所需教育资源、服务引起了搜索引擎提供商和专门教育机构的注意。目前在教育导航、搜索引擎方面做出努力的机构有很多，如 360 教育导航从教育、文库、知识、留学和职教五个方面对 400 多个教育网站进行分类导航，360 教育搜索可以以课程名、教师及辅导机构等为关键词检索各类课程；百度在进行教育知心的探索，试图打造针对教育行业的新的展现样式，展现搜索课程名称、简介、教师、机构、校区及价格等信息，并进行相关链接，使检索结果更加系统好用；中国教育搜索按照新闻、网站、学校、课程、专业和培训机构六个板块进行搜索，检索到的内容都是教育方面的内容。

6. 在线教育比赛

类似在线互动课堂，在线教育比赛也是将传统教育形式和在线教育工具相结合的产物，而这种结合是在传统教育机构和在线教育工具开发者双方的推动下形成的。例如，2014 年 3 月新东方和腾讯 QQ 联手，通过 QQ 的群教学模式举行第四届新东方英语口语大赛复赛，不仅参赛者可以全程参与比赛，而且其他 QQ 用户均可以"游客"身份加入该群免费观看。

7. 技术或方案服务

在线教育是多行业交叉的领域，需要同时具备教育、计算机以及营销等多方面知识才能成功。而目前在线教育正处在探索阶段，尚未形成同时具备多方面能力的机构，因而出现了很多为其提供技术或方案服务的机构，如浪潮等作为技术机构为传统教育机构提供平台建设、云计算解决方案服务，MediaV 等作为媒体机构为其提供大数据分析和营销方案服务等。

（三）在线教育代表企业

当前，随着大众对在线教育资源的支付意愿不断提高，以及互联网的简单易分享与低成本优势，在线教育得到了越来越多人的关注，在线教育产业市场处于供不应求的状态。在线教育企业数量迅速增加，在线教育类上市公司估值非常高。① 新晋在线教育企业影响力越来越大，互联网巨头也不断扩大教育行业战略布局。

1. 慕华教育

慕华教育是清华控股进军互联网行业、布局在线教育产业的战略举措。慕华教育及旗下企业的主要业务为在线教育平台开发及运营、在线课程制作与运营、数字校园软件系统的开发与推广、在线教育相关媒体的运营，以及在线教育相关企业的投资与并购。其旗下慕华信息公司的学堂在线和华誉爱学教育的爱学堂是教育部在线教育研究中心分别在高等教育和基础教育的研究交流与成果应用平台。

学堂在线于 2013 年 10 月正式成立，面向高等教育用户和合作机构提供优质教育资源和高效的资源共享机制。学堂在线平台全面覆盖 PC 端、手机 App 端、平板电脑端和电视端四种学习终端，可以依据个人兴趣、知识水平和行为规律，为学生推荐个性化的学习课程和学习模块，提供最全面的网络学习功能和教学辅助功能。现在它已成为全球最大的中文慕课平台，平台注册用户已超过 636万。② 由学堂在线推出的雨课堂将复杂的信息技术手段融入 Power-Point 和微信，在课外预习与课堂教学间建立沟通桥梁，让课堂互动永不下线。雨课堂科学地覆盖了课前—课上—课后的每一个教学环

---

① 何登溢：《"互联网＋"视角下我国在线教育产业成长前景研究》，载《贵州财经大学学报》，2018(2)。
② 《学堂在线：让人人享受优质教育资源》，载《互联网经济》，2017(3)。

节，为师生提供完整立体的数据支持、个性化报表以及自动任务提醒，是一个让教与学更明了，旨在连接师生的智能终端。[1]

爱学堂创立于 2014 年 5 月，是学堂在线的基础教育频道，致力于打造"内容＋平台＋服务"的互联网教育完整生态链，提供令用户心动的产品与服务，如通过大数据分析孩子的成长档案，为孩子制订精准的提分、升学计划等，通过平台强大的数据库管理系统支持，为教师教学和学生学习提供可靠、高效的建议与保障。[2]

2. 沪江教育

沪江是专业的互联网学习平台，致力于为用户提供便捷、优质的全方位网络学习产品和服务。

沪江最初提供获取各种英语学习和考试资料、分享和交流经验等服务；2005 年推出沪江部落（社区），逐渐使其教育产品供给多元化；2009 年创立以外语培训为主的沪江网校，并向用户收费，成功转型为面向教育消费者（consumer），即 C 端服务的在线学习平台，在此阶段，沪江成功开拓了新的业务领域，专注于自身内容的研发和优质内容的引入，增加合作伙伴数量（线下培训机构、个人教师工作室），构建了"免费＋直播＋录播"的学习模式，收入来源扩大，用户数量增加到千万级别。

目前，沪江确立了四大业务体系，包括学习资讯、学习社区、学习工具和学习平台。沪江网为用户提供学习资讯；沪江社区供用户分享交流；沪江网校和 CC 课堂这两个学习平台分别提供录播和直播课程；CCTalk、开心词场、小 D 词典及听力酷等提供学习工具。[3]

---

[1] 曾瑞鑫：《学堂在线召开发布会宣布推出智慧教学工具——雨课堂》，载《亚太教育》，2016(24)。

[2] 张娟：《爱学堂在线教育运行模式及其启示》，载《软件导刊（教育技术）》，2016(6)。

[3] 《沪江伏彩瑞：线下教育未来最多占三分之一》，https://www.yicai.com/news/4711907.html，2018-05-20。

同时，沪江积极扶持互联网教育创业团队，打造在线教育生态圈，实现生态共赢。沪江已与 500 余家机构展开深度合作，合作教师数量超过 2 000 人，累计公开课超过 20 000 堂。基于用户产生海量学习活动数据。沪江教育运用深度学习等技术手段，优化用户的在线学习模式，构建了"知识图谱—学习模型—个性化模型—学习过程记录—学习效率确认"流程的自适应学习系统。

3. 好未来

2010 年 10 月，好未来的前身——学而思——在美国纽约证券交易所正式挂牌交易，成为国内首家在美上市的中小学教育机构。好未来全面布局教育产业，构建智慧教育、教育云、内容及未来教育、K12 及综合能力和国际及终身教育五大事业群，旗下共有学而思网校、爱智康、摩比思维、励步英语、顺顺留学和家长帮等 15 个业务品牌；同时还投资了包括宝宝树、Minerva 大学、果壳网、Knewton、多贝网、鲨鱼公园、轻轻家教、小伴龙、学科网和作业盒子等一系列在线教育企业。目前，已有 3 600 多万名好未来学员通过线上获取优质的教育资源。

近年来，好未来坚持"用科技推动教育进步"，在人工智能、大数据领域展开了大量探索。在学而思网校，AI 和大数据大幅提升了教师的教学效率，让孩子的学习从校内课程延伸到课外辅导及家庭学习，形成完整的自循环体系，并通过大数据获得更多反馈，实现高品质、个性化的学习体验。①

① 《AI、大数据赋能在线教育》，http://news.ifeng.com/a/20171129/53692715_0.shtml，2018-05-25。

2013 年，好未来旗下学而思网校试水直播，推出"录播＋直播辅导"模式，授课环节由录播完成，直播主要做答疑和练习。2017 年，学而思网校发布了 IDO 2.0 个性化学习体系，主要是通过个性化学习任务系统，将人脸识别、语音识别以及触感互动等 AI 技术应用于教育。2018 年 1 月，好未来成立国内教培行业首家"脑科学实验室"，并与斯坦福大学达成人工智能战略合作。未来将通过人工智能与脑科学双引擎，推动"科技＋教育"的学术研究和产品落地，践行"科技推动教育进步"的企业使命。2018 年 3 月，好未来旗下 1 对 1 教育品牌爱智康还推出"i 进步"个性化学习系统，致力于通过新科技推动英语教育的发展。

在线教育典型企业列表如表 8-3 所示。

表 8-3　典型企业列表

企业类型	企业名称	主营业务
A 股上市企业	科大讯飞	专业从事智能语音及语言技术研究、人工智能技术研究、软件及芯片产品开发、语音信息服务及电子政务系统集成的国家级骨干软件企业；在教育领域拥一体化智慧教育产品体系：智慧校园、智慧课堂、智慧考试、智慧学习
	杰赛科技	业务范围涵盖电子信息与通信领域
	立思辰	业务涉及教育信息化、在线教育、学科应用、语音测评、创客教育、STEAM 等领域。未来将不断探索教研内容、教学模式、传播方式创新，通过教育信息化向教育服务发展，做智慧教育的引领者
	汇冠股份	提供光学触摸屏、红外触摸屏、交互式教学产品
	天喻信息	专注于计算机及其外部设备、计算机网络、通信、电子、自动化控制系统、仪器仪表、光机电一体化、电子标签、智能卡、磁条卡、刮刮卡及其相关设备等相关产品的开发、生产、销售、技术服务

续表

企业类型	企业名称	主营业务
A股上市企业	拓维信息	专注于教育、软件、通信等众多行业的信息化技术、软件和产品的研发和运营
	全通教育	专注于中国 K12 基础教育领域的互联网应用和信息服务运营，围绕"校园和班级教育应用场景"和"家庭学习和教育应用场景"打造产品矩阵
	新开普	开发智能卡及以 RFID 技术为基础的各类行业应用解决方案，面向城市、校园、企事业以及银行和电信运营商，从事智能一卡通系统的平台软件、应用软件及各类智能卡终端的研发、生产、集成、销售和服务业务
	华平股份	专注于基于 IP 网络的多媒体通信系统的研究、开发、销售和技术服务，主要产品包括视频会议系统、视频监控指挥系统和行业视频通信应用解决方案
	方直科技	提供同步教育学习软件，涉及中小学英语、语文、数学、信息技术等学科，软件内容与全国中小学教材同步配套
	大地传媒	提供数字电影、互动电视、DRM 版权保护及相关信息安全解决方案
	中文在线	以版权机构、作者为正版数字内容来源，进行内容的聚合和管理，向手机、手持终端、互联网等媒体提供数字阅读产品；为数字出版和发行机构提供数字出版运营服务；通过版权衍生产品等方式提供数字内容增值服务
	学大教育	根据每一个孩子不同的个性特征、学习因素等，为其量身定制出一套个性化辅导方案，进行有针对性的一对一辅导
	安博教育	面向个人及机构提供学习和教育服务，致力于通过领先技术方案、高品位教育服务和变革性创新资源，完善个体终生学习和学习型组织的发展进程
	正保远程教育	以"中华会计网校"起家，旗下拥有 16 家品牌网校，开设 170 多个辅导类别，覆盖了会计、法律、建设工程、医药卫生、自考、成人高考、考研、外语、中小学培训、IT培训等诸多领域

续表

企业类型	企业名称	主营业务
纽交所上市公司	学而思网校	是学而思教育集团旗下的中小学在线教育品牌
	新东方	是综合性教育集团，同时也是教育培训集团。公司业务包括外语培训、中小学基础教育、学前教育、在线教育、出国咨询、图书出版等多个领域
其他企业	作业帮	为全国中小学生提供全学段的学习辅导服务
	阿凡题	是帮助学生解答难题的一款搜题类 App
	网易云课堂	为学习者提供海量、优质的课程
	沪江网校	为用户提供丰富、系统的课程和专业教学服务
	猿题库	是手机智能做题软件
	菁优网	提供每日更新的海量题库
	51Talk—青少儿英语	在线青少儿英语，外教 1 对 1
	决胜网	帮助教育机构实现全程电子商务的解决方案；为全球华人家长提供最权威的一站式泛家庭教育和消费指南
	学堂在线	是由清华大学研发的中文 MOOC 平台
	北京四中网校	面向全国的中小学生进行远程学习辅导，利用先进的网络信息技术，提供开放的学习平台和北京四中的教育资源
	简单学习网	互动视频网校
	101 网校	为小三到高三年级学生提供名师课程和优质教育资源，为学校提供信息化教育教学管理应用平台，为教师提供专业发展服务，为家长打开了解教育方法的窗口
	学习宝	针对初高中学生基于图像搜索技术的实时答题手机软件
	微课网	以中高考为目标，提供初高中各学科的在线教育微课程视频
	100 教育	是专注于初高中一对一辅导的互联网教育机构

续表

企业类型	企业名称	主营业务
其他企业	学科网	是专门从事教育科研，提供教育资源、教学服务与网络技术的网站
	作业盒子	致力于成为学生个性化学习精准对接各类学习、辅导资源的综合平台
	鸿合科技	专注于多媒体视讯(AV)行业的产品推广普及、系统集成与技术研发
	希沃	提供智慧教育整体解决方案、电子白板、交互智能平板、教学软件平台、教师培训交流平台

第九章
国际交流

改革开放后，电化教育重新起步，本领域的国际交流日益频繁，有教育部组织的官方交流，也有众多高校自发组织的学术交流。这些交流深入贯彻"请进来，走出去"的方针，交流形式也极其多样化，主要包括赴外参加和组织承办国际会议、翻译专业国际著作和发表英文学术论文、与国际组织和国际高校合作研究与办学、培养国际化的教师和学生、引进国际学者短期交流和国内学者走出国门等。

第一节　学科建设初期的国际交流

1978 年，电化教育重新起步后，教育部十分重视电化教育学科的建设和广播电视大学的创办，大力支持该领域开展多元的国际交流活动，以促进其快速发展。学科建设初期的国际交流活动主要包括广播电视大学成立、电教媒体引进、电教理论学习、电教学件创办和教师队伍建设四个方面。

一、广播电视大学成立

1977 年 10 月 19 日，邓小平在会见来华访问的英国首相爱德华·希斯(Edward Heath)时，谈到中国要利用电视手段来加快发展教育事业，希斯向邓小平介绍了英国开放大学开展远程开放教育的经验。邓小平高瞻远瞩，于 1978 年 2 月 6 日批准教育部和中央广播事业局的《关于筹备电视大学的请示报告》，同意创办面向全国的广播电视大学。经过一年的紧张筹备，中央广播电视大学和 28 所省级广播电视大学于 1979 年 2 月 6 日同时开学。[①]

二、电教媒体引进

在电教重新起步初期，我国非常重视引进境外先进的现代化教育媒体。1978 年夏，应中国图书进出口总公司、中央电化教育馆筹备处邀请，香港菲林模影机公司在内地举办电化教育展览会。该展览会分别于 6 月 17 日至 27 日在广州、8 月 1 日至 10 日在上海、8 月 17 日至 30 日在北京举行，设备有来自美国、英国、日本、德国、加拿大、澳大利亚等国厂家的幻灯机、投影仪、摄影机、放映机、电视机、语言实验室、电子示教设备、缩微设备和复印设备等，共 259 种，399 件。展览的教学影片有 450 部，主要来自英国和美国，题材广泛，设置水平较高。为配合展览，该公司还邀请英国开放大学、英国广播公司的专家举行演示和座谈，介绍英国开放大学和电视、电影教学及外语电化教学的情况和经验。各级教育主管部门为各类学校购置了一批幻灯机、投影仪、录音机和电视摄录像设备系统。之后，还邀请了美国、日本等国的电教专家前来介绍视听教材制作的经验与技术。[②]

三、电教理论学习

学习借鉴国内外已有成果和先进经验是办好专业的重要因素。1978 年，中国电化教育重新起步后，国家多次组织省部级领导干部

---

① 南国农：《中国电化教育（教育技术）史》，102 页，北京，人民教育出版社，2013。

② 李运林：《中国现代信息技术教育发展的理论与实践——从电化教育到信息化教育》，170 页，广州，广东人民出版社，2016。

出境参观考察。1979 年，教育部组织广东、湖南、陕西等 11 个省、市近 20 名教育厅、局领导到中国香港地区考察电化教育。广东省高等教育局长林川同志担任考察团团长，共参观教育机构与大中小学 12 天。整个考察过程中，林川同志都在思考与关注一个问题——电化教育的理论基础是什么。当在香港中文大学传播研究中心和传播系参观，听取系主任余也鲁教授对传播理论、媒介与教育的关系的介绍时，林川同志找到了答案：传播理论就是电化教育的理论基础。1980 年，林川派出李运林和李克东访问香港中文大学，并邀请香港传播学家余也鲁教授来华南师范大学做学术报告。1982 年 4 月，余也鲁教授及当代世界著名的传播学家施拉姆来华南师范大学进行了为期 7 天的"教育传播"学术报告。参加学术活动的有来自全国大中小学与教育机构的 300 多人，包括中国一批老一辈电化教育专家，如南国农、萧树滋、廖太初和周君达等。广州学术报告结束后，施拉姆一行还到北京、上海进行了学术交流，为我国电教事业的发展引入了重要的理论基础。[①]

四、电教学科创办，教师队伍建设

1983 年 7 月，教育部批准了在华南师范大学创办第一个电化教育本科专业。学科专业教师队伍建设是学科发展的重要基础，华南师范大学采用"请进来""走出去"相结合的途径建设教师队伍。"请进来"，即引进国内外人才，先后从境外聘任的有：中国香港地区的传播专家余也鲁、美国传播学创始人施拉姆、日本教育工艺学权威坂元昂、德国控制论专家弗兰克、美国英健博士等。其中，余也鲁教授对电教学科建设有重大贡献，他参与重大问题决策，参加重大课程教学与研究工作，筹集经费送教师出境进修等。坂元昂教授是日

---

① 李运林：《中国现代信息技术教育发展的理论与实践——从电化教育到信息化教育》，272 页，广州，广东人民出版社，2016。

本教育工学创始人，多次被邀请来华南师范大学做学术报告，并邀请华南师范大学师生多次前往日本做学术交流。他的"教育传播"专著——《传媒·教育·信息化——教育传播的理论与实践》，首先用中文在中国出版，这对电教学科专业的理论建设有重要意义。"走出去"，即争取一切机会派出教师到境外进修学习或攻读博士学位。1983 年 2 月到 7 月，余也鲁教授筹集经费，邀请李运林、李克东作为访问学者前往香港中文大学，研修由余也鲁教授组织并主讲的几门课程：传播理论、传播研究方法、教育电视和计算机辅助教学。后来还加入了"怎样做好系主任"的课程。这几门课，对学科专业建设起了非常重要的作用。由于这次安排的成功，之后又相继于 1985 年、1987 年派出骨干教师徐福荫、黄乔峰、许翔、郑毅冰到香港中文大学继续研修相关课程。[①]

第二节 国际会议：从参与到主办，提升国际影响力

教育技术国际会议为业内人士提供了学术交流的国际平台，能够帮助国内学者更好地了解国际前沿，与国际学者建立良好的合作关系，并提升我国教育技术学科的国际影响力。在学科创办初期，主要是我国学者赴境外参加国际学术会议；在学科发展进程中，我国逐渐开始承办国际学术会议并呈逐年增长的态势。目前，在国家政策的支持下，专业国际影响力迅速增长的背景下，我国开始主办系列国际会议，并逐渐拥有在国际舞台上的主导权。

一、学科创办初期：积极参加国际会议

学科创办初期，业内学者较为关注的国际学会和会议有 AECT

---

① 李运林：《中国现代信息技术教育发展的理论与实践——从电化教育到信息化教育》，181、195 页，广州，广东人民出版社，2016。

（The Association for Educational Communications and Technology，美国教育传播与技术学会）、AERA（The American Educational Research Association，美国教育研究学会）、GCCCE（Global Chinese Conference on Computers in Education，全球华人计算机教育应用大会）、ICDE（International Council for Open and Distance Education，国际开放与远程教育协会）、ICCE（International Conference on Computers in Education，国际计算机教育应用大会）、CSCL（Computer Supported Collaborative Learning，计算机支持的协作学习）、ICLS（International Conference of the Learning Sciences，学习科学国际会议）等。

　　1985 年 1 月 17 日至 22 日，我国学者首次参加 AECT 年会，应 AECT 的邀请，中央电化教育馆周君达和南京大学辛显铭、邱质朴三人参加了 AECT 1985 年年会。1986 年 1 月，教育部派出以李奈为团长的中国电化教育代表团，赴美国参加 AECT 1986 年年会。应 AECT 主席海尔邀请，华南师范大学在 AECT 1986 年和 1990 年年会上介绍了本校电化教育专业的建设情况。1991 年，华东师范大学曹揆申参加了 AECT 年会，并担任 AECT 国际部 1991 年至 1992 年的中国顾问委员。2000 年 2 月，中国电化教育协会秘书长刘雍潜率团参加在美国洛杉矶举办的 AECT 本年度第一次年会，并访问了 AECT 在印第安纳布卢明顿的总部，双方进行了友好的交流。这是中美两国教育技术协会的首次接触，为之后的合作奠定了基础。2000 年 10 月 16 日，中央电化教育馆、中央广播电视大学以及高校电教系统的领导和专业技术人员，赴美国旧金山西北理工大学、斯坦福大学、丹佛市国际技术学院、加州大学商学院等进行了为期 15 天的访问交流，参加了 AECT 本年度第二次年会，与 AECT 的全体理事就教育技术的发展、远程教育、两国协会的交流等多个议题进行了广泛的交流，北京师范大学刘美凤宣读了论文《中国教育技术学专业的发展》。① 2012 年，北京师范大学刘美凤教授获 AECT 2012 年度罗伯特·迪科尔菲尔国际人士奖（ECT Foundation Award by Robert deKieffer International Fellowship）。

2001 年，北京师范大学陈丽、余胜泉、李芒以及北京大学汪琼参加了在美国西雅图举办的 AERA 年会。2003 年，北京师范大学刘美凤、黄荣怀参加了在美国加州安纳海姆举办的 AERA 年会并宣读论文《再论教育技术的含义——从教育哲学的视角》。华东师范大学任友群于 2008 年、2009 年和 2010 年连续三年参加 AERA 年会。GCCCE 得到业内人士的关注程度较高，参会人数较多。北京师范大学、华南师范大学、华东师范大学等学校的教授被邀请做报告，我国也多次承办此次会议（见主办系列会议部分专门介绍）。②

远程教育领域最受关注的国际会议为 ICDE，它的主题报告，不仅全面而深刻地解读了会议的主题，而且往往讨论的都是远程教育领域的前沿研究。历年来我国学者和领导在国际会议上多次做主题报告。其中，1988 年 8 月，中央广播电视大学赵宇辉应邀在第 14 届国际远距离教育大会上用英语宣读论文《中国的远距离高等教育体系》（China：Its Distance Higher Education System），这是中国教育技术研究者首次登上国际远距离教育的大讲坛。另外，谢新观在国际远距离高等教育研讨会（1989，北京）上做了题为《电大教育的十年》的报告。1990 年 11 月 5 日到 9 日，中国代表在第 15 届国际远距离教育大会上做了题为《远距离教育在中国的发展》和《广播电视教育》的报告。在亚洲开放大学协会第 13 届年会上于云秀的《中国广播电视大学系统模式分析》，在亚洲开放大学协会第 18 届年会上杨福家的《开放与远程教育学习：高等教育的有机组成》，在 2008 年国际

---

① 南国农：《中国电化教育（教育技术）史》，211～222 页，北京，人民教育出版社，2013。

② 同上。

远程教育理事会常设校长会议暨世界远程教育论坛上薛明扬的《上海建设学习型城市的实践与探索》和葛道凯的《中国非传统高等教育与学习型社会建设》，在法国巴黎 2009 年世界高等教育大会上张德明的《变数字鸿沟为数字机遇》等主题报告都具有很高的水平，并产生了重要影响。①

近年来，业内人士参加上述会议，与国际学者进行交流的机会逐年增加。此外，还有一些专题研讨会，如知识建构暑期论坛(Knowledge Building Summer Institute)，知识创新与技术专题研讨会，Sakai 应用国际会议，游戏与学习国际论坛，数字化学习联盟会议，中国国际远程教育大会，世界开放与远程教育论坛，无线、移动、普适技术教育应用国际会议等。

二、学科发展进程：承办主办国际会议

随着我国教育技术专业国际影响力的不断提高，国内举办国际会议的频次呈现稳步增长的态势。依靠国家政策的支持，教育信息化的普及，我国主导召开的系列国际会议的影响力越来越大，吸引了越来越多的国际专家和业内人士前来参加。目前，我国参与主办的系列国际会议包括国际教育信息化大会(International Conference on ICT in Education)、IFET(International Forum on Educational Technology，教育技术国际论坛)、GCCCE(全球华人计算机教育应用大会)、EITT(International Conference of Educational Innovation through Technology，技术促进教育变革国际会议)、ICALT(International Conference on Advanced Learning Technologies，先进学习技术国际会议)等，这些会议为业内人士提供了便捷的学术交流平台，同时，也提高了我国教育技术在国际领域的学术地位。

---

① 南国农：《中国电化教育（教育技术）史》，144 页，北京，人民教育出版社，2013。

（一）承办部分国际会议

我国承办的教育技术国际会议是国际交流的重要部分。最早的国际会议是国际远距离高等教育研讨会（1989，北京）暨世界各国远距离教育系统高级研修班。此后，我国与国际组织联合举办了各级各类教育技术国际会议，表 9-1 中列举了 1989—2018 年我国承办的主要高水平国际会议和研讨会。

表 9-1　改革开放 40 年来我国承办的教育技术相关国际会议

时间	会议名称	会议内容	承办单位
1989 年 10 月	国际远距离教育会议	国际知名学者霍姆伯格、基根和加拿大阿萨巴斯卡大学校长莫里森等出席研讨会并做学术报告	中央广播电视大学
1999 年 10 月	第 13 届亚洲开放大学协会（AAOU）	面向 21 世纪信息和学习社会的开放与远程教育系统和模式	中央广播电视大学
2000 年 1 月	"网络时代的学与教——实践、挑战与展望"国际学术研讨会	联合国教科文组织首次在中国召开的有关网络时代教育问题的研讨会，会议主题：①信息技术、网络文化与公民素养；②网络时代的学习、课程、教学与教育评价；③网络时代大学的结构、功能及其在社会中的地位	华南师范大学、联合国教科文亚太总部
2004 年 11 月	第 18 届亚洲开放大学协会（AAOU）	人人享有优质教育：开放大学新的使命与挑战	上海电视大学
2006 年 10 月	第 20 届亚洲开放大学协会（AAOU）	开放远程教育中选择使用新技术的反思和展望——战略、成本、效益、效果	云南广播电视大学
2007 年 10 月	第 10 届计算机及其先进技术在教育中的应用大会（CATE 2007）	CATE 会议是科学技术在教育中的应用方面的创新发展与信息交流的重要国际论坛，会议主题：基于计算机及各种先进技术在教育中的有效应用	北京师范大学

续表

时间	会议名称	会议内容	承办单位
2008 年 3 月	第 5 届无线、移动、普适技术教育应用国际会议	此类会议首次在中国大陆举办，对本研究领域的中外学术交流和移动学习的发展起到前所未有的重要推动作用	北京师范大学
2008 年 10 月	第 22 届亚洲开放大学协会（AAOU）	亚洲与国际开放远程教育的新进展、新趋势、新使命	中央广播电视大学
2010 年 8 月	第 3 届混合学习国际会议	关注混合学习模式——在线学习或远程学习与传统面对面学习的混合	北京师范大学
2011 年 8 月	亚太地区"技术支持学习"第五届国际学术会议（AP-TEL）	会议主题：技术支持语言学习，研讨当前教育技术环境下的教与学的现状、问题与对策	陕西师范大学
2011 年 10 月	第 10 届移动学习国际会议（mLearn）	本次大会是 mLearn 国际会议第一次在亚洲举办，会议主题：移动和情境学习——文化和改变	北京师范大学
2012 年 8 月	第 10 届教育媒体国际会议（ICoME 2012）	是亚太地区教育媒体领域具有权威影响力的年度盛会，会议主题：新媒体支持的创新学习	北京师范大学
2013 年 7 月	第 13 届先进的学习技术国际会议	重塑学习：通过学习与技术的融合变革教育	北京师范大学
2013 年 10 月	第 25 届国际开放与远程教育理事会世界大会（IC-DE）	世界开放远程教育最高水平学术会议首次在我国内地举行，会议主题：国际开放、灵活、远程学习的新战略	天津广播电视大学
2015 年 7 月	第 8 届混合学习国际会议暨教育技术国际研讨会（ICHL 2015）	本次会议主题多元，角度丰富，集中地反映出近年来混合学习在内涵上的新视角及研究上的新动态	华中师范大学

续表

时间	会议名称	会议内容	承办单位
2016 年 6 月	第 11 届亚洲数字化学习论坛（eLFA 2016）	联结学习技术与学习科学	华东师范大学
2016 年 7 月	第 9 届混合学习国际会议暨教育技术国际研讨会（ICHL 2016）	混合学习的理论、设计、开发与评价	北京大学
2017 年 1 月	沉浸学习和 VR 教育应用国际研讨会	标志着中国 VR/AR 教育应用得到了世界顶级教育学府的认可，也表示中美双方在教育领域的合作将走向更广阔的舞台	北京师范大学、哈佛大学
2017 年 3 月	"教育大数据应用技术"国际学术研讨会	教育大数据的理念、技术、实践和未来趋势等	华东师范大学
2017 年 5 月	智慧学习与开放教育资源国际高端论坛	智慧学习环境与开放教育资源建设	中国高等教育学会、北京师范大学智慧学习研究院
2017 年 6 月	第 10 届教育数据挖掘国际会议（EDM）	EDM 大会首次在中国举行，探讨大数据如何与教育深度融合	华中师范大学
2018 年 6 月	联合国教科文组织亚太区域高等教育慕课研讨会	本次会议关注以慕课（MOOCs）为代表的 ICT 在高等教育创新领域的政策制定和实践运用	深圳南方科技大学

（二）主办系列国际会议

1. 国际教育信息化大会

国际教育信息化大会是由联合国教科文组织、中华人民共和国教育部合作举办的，2015—2017 年在中国青岛连续举办三届。本系列会议的举办为全球教育信息化理念交流、实践分享、新产品体验和展示搭建了富有成效的平台，为全球教育信息化的深度发展提供了多样化的技术支持和前沿性的研究尝试，引领了中国教育信息化理念的研究、实践的探索、研发的成熟，推动了信息通信企业与科研机构、学术组织、高校、政府机构在教育信息化领域多元的、开放性的合作，为全面提高我国教育质量、促进教育均衡优质发展注入了新的力量。历届会议情况如表 9-2 所示。

表 9-2　历届国际教育信息化大会简况

届数	时间	会议主题	会议详情
第 1 届	2015 年 5 月 23—25 日	信息技术与未来教育变革	中华人民共和国主席习近平为大会发来了贺信，国务院副总理刘延东、联合国教科文组织总干事博科娃出席会议并致辞，会议通过了标志性成果文件《青岛宣言》
第 2 届	2016 年 6 月 22—24 日	2030 年教育发展目标	本次会议旨在落实 2015 年首届国际教育信息化大会《青岛宣言》所确定的全球合作长效机制，推动信息技术与教育变革的深度融合
第 3 届	2017 年 7 月 10—11 日	可持续数据发展目标 4 数字创新、国家信息通信技术政策助力实现教育 2030 目标、信息通信技术转型未来电子学校和机构、教育和学习管理、规划未来之路	大会最后通过了《青岛声明》，《青岛声明》对于《青岛宣言》的精神和教育 2030 议程的可持续发展目标做了具体的、可操作性的阐释

2. 教育技术国际论坛

教育技术国际论坛(IFET)是教育部高等学校教育技术学专业教学指导委员会主办的国际性学术会议，是海内外教育技术学专家学者学术研讨、实践切磋、思想碰撞、信息共享的一个重要平台。首届教育技术国际论坛于 2001 年在华南师范大学召开，截至 2017 年已成功举办 16 届。历届论坛情况如表 9-3 所示。

表 9-3　历届教育技术国际论坛简况

届数	时间	主办单位	会议主题
第 1 届	2001 年 12 月 14—16 日	华南师范大学	网络时代教育技术学研究的内容与方法
第 2 届	2002 年 12 月 13—15 日	首都师范大学	高校教育技术学科建设和应用
第 3 届	2004 年 7 月 23—25 日	吉林大学	信息化进程中教育技术的创新与应用
第 4 届	2005 年 8 月 1—4 日	江西师范大学	规范、深化、促进：和谐社会建构中的中国教育技术
第 5 届	2006 年 10 月 20 日	华中师范大学	理论、应用、服务：教育技术的创新与发展
第 6 届	2007 年 10 月 21—23 日	西安电子科技大学	信息技术推动教育的协同、创新与发展
第 7 届	2008 年 9 月 27—28 日	山东师范大学	挑战、机遇与发展：应用教育技术促进教育创新
第 8 届	2009 年 8 月 18—19 日	徐州师范大学	信息化时代教育技术应用与创新
第 9 届	2010 年 10 月 16—17 日	清华大学	深化教育技术研究与实践

续表

届数	时间	主办单位	会议主题
第 10 届	2011 年 12 月 17—18 日	天津师范大学	教育信息化与教育技术人才培养模式创新
第 11 届	2012 年 12 月 22—23 日	华南师范大学	教育技术协同创新与多元发展
第 12 届	2013 年 11 月 30 日—12 月 1 日	华中科技大学	教育信息技术创新应用与协同发展
第 13 届	2014 年 10 月 17—19 日	江南大学	技术支持的教育创新与协同发展
第 14 届	2015 年 9 月 26—28 日	陕西师范大学	技术、学习、教育创新：教育技术的机遇和挑战
第 15 届	2016 年 8 月 18—20 日	东北师范大学	技术、教育、社会："互联网＋"时代教育技术支持服务
第 16 届	2017 年 11 月 4—6 日	江苏师范大学	走向智慧时代的教育创新发展研究

3. 全球华人计算机教育应用大会

全球华人计算机教育应用大会（GCCCE）是全球华人计算机教育应用学会主办的国际学术会议。该会议是国际计算机教育促进协会（AACE）所属亚太分会（APC）主持召开的系列国际会议之一，每年举办一次。GCCCE 大会旨在会聚来自世界各地的教育政策制定者、学者、教育工作者、校长及一线教师，分享有关信息与通信技术（ICT）教育应用的实践方法与成功经验，以推动教育信息化的发展，促进教育创新。GCCCE 大会已成为 ICT 教育应用领域内的全球华裔学者和教育工作者的主要学术聚会。自首届 GCCCE 大会于 1997 年在广州华南师范大学召开以来，到 2018 年已先后在中国香港、中国澳门、新加坡、北京、南京、夏威夷和中国台湾等地举办了 22 届。历届会议情况如表 9-4 所示。

表 9-4　历届全球华人计算机教育应用大会简况

届数	时间	主办单位	会议主题
第 1 届	1997 年 5 月 21—24 日	华南师范大学	学科教学中计算机技术应用研究
第 2 届	1998 年 6 月 11—13 日	香港中文大学	学科教学中计算机技术应用研究
第 3 届	1999 年 6 月 7—9 日	澳门大学	主要有应用计算机与信息科技进行教学的理论与实践等八个主题
第 4 届	2000 年 5 月 29—31 日	新加坡国立大学	新千年中的教与学
第 5 届	2001 年 6 月 8—10 日	台湾中大	计算机环境下的学习方法、学习过程的研究
第 6 届	2002 年 6 月 14—16 日	北京师范大学	网络化学习
第 7 届	2003 年 5 月 16—18 日	南京师范大学	信息技术促进教育变革
第 8 届	2004 年 5 月 31 日—6 月 3 日	香港中文大学	增强信息科技和计算机在教学上应用的意识
第 9 届	2005 年 6 月 6—9 日	夏威夷杨百翰大学	超乎硬件：有效应用技术于教育
第 10 届	2006 年 6 月 2—5 日	清华大学	深化信息技术教育应用
第 11 届	2007 年 5 月 28—30 日	华南师范大学	多学科交叉视野下的信息技术与教育应用研究
第 12 届	2008 年 5 月 4—8 日	美国中西部的密歇根州立大学	信息技术与教育全球化
第 13 届	2009 年 5 月 25—28 日	台北福华文教会馆	华人世界数位学习的合作与推广

续表

届数	时间	主办单位	会议主题
第 14 届	2010 年 6 月 1—4 日	新加坡南洋理工大学	Web 2.0、移动科技与新时代华语文教学的交会
第 15 届	2011 年 5 月 29 日—31 日	浙江大学	信息技术促进教育创新
第 16 届	2012 年 5 月 28—6 月 1 日	台南大学	全球社群，云端学习
第 17 届	2013 年 5 月 27—31 日	北京大学	知行合一，融合创新
第 18 届	2014 年 5 月 26—30 日	华东师范大学	智能技术，智慧学习：教育技术的新景观
第 19 届	2015 年 5 月 25—29 日	台北福华文教会馆	科技增强语言学习
第 20 届	2016 年 5 月 23—27 日	香港教育学院	大数据时代的学与教
第 21 届	2017 年 6 月 3—6 日	北京师范大学	"互联网＋"时代的教育变革
第 22 届	2018 年 5 月 25—29 日	华南师范大学	从"教育创新"到"创新教育"

4. 中美智慧教育大会

中美智慧教育大会（US-China Smart Education Conference，UCSEC)由北京师范大学与美国新媒体联盟、美国北得克萨斯大学共同主办，自首届会议于 2016 年 1 月 14 日至 16 日在北京师范大学召开以来，截至 2018 年已连续在北京举办 3 次。历届会议情况如表 9-5 所示。

表 9-5　历届中美智慧教育大会简况

届数	时间	会议内容
第 1 届	2016 年 1 月 14—16 日	针对目前智慧教育的发展现状、创新的教育教学模式广泛探讨与交流，对智慧教育未来的发展趋势进行预测，对中美两国以及全球的智慧教育发展中可能遇到的困难和挑战提出解决方案。发布《2016 新媒体联盟中国基础教育技术展望：地平线项目区域报告》
第 2 届	2017 年 3 月 18—20 日	会议议题包括对教育信息化领域的热点议题进行讨论，高校创新人才培养与产学研协同发展，高校人力资源建设及信息化，数字时代高校教师专业发展，人工智能与教育应用，高校管理现代化，学习活动设计和混合式学习，新一代高校智慧校园建设等。发布《2017 新媒体联盟中国高等教育技术展望：地平线项目区域报告》
第 3 届	2018 年 3 月 18—20 日	会议围绕人工智能 2.0 和教育信息化 2.0 前沿话题展开了深入研讨。大会目标是搭建面向世界、聚焦中美两国职业教育信息化的交流合作平台；建立学校和企业之间沟通衔接的桥梁，面向"中国制造 2025"推进产学研用合作；汇聚整合全球智慧教育优质资源，促成高质量的学术合作；探索未来职业教育与产业发展的路径，为教育决策提供参考。发布《2018 新媒体联盟中国职业教育技术展望：地平线项目区域报告》

5. 技术促进教育变革国际会议和国际华人教育技术学会

国际华人教育技术学会(Society of International Chinese in Educational Technology，SICET)是美国教育交流与技术协会的附属机构，创建于 2003 年。它是一个非政治性、非商业性学术组织。SICET 的目标是组织和促进支持教与学的教育技术研究的国际学术交流，促进教育技术在教育中的应用。2012 年 8 月 10 日亚太地区分会正式成立，自此，每年举办一次技术促进教育变革国际会议(EITT)。该会议旨在为教育技术领域的专家学者提供一个交流和探讨的平台，鼓励与会人员之间相互合作与支持，以促进教育技术的长足发展。历届会议情况如表 9-6 所示。

表 9-6　历届技术促进教育变革国际会议简况

届数	时间	会议主题	召开地点
第 1 届	2012 年 8 月 10—12 日	技术促进教育变革	中国北京
第 2 届	2013 年 11 月 4—6 日	学与教的新兴技术、创新学习方法和学习环境、信息社会与文化	美国弗吉尼亚州威廉斯堡市
第 3 届	2014 年 10 月 27—29 日	技术促进教育变革	澳大利亚布里斯班
第 4 届	2015 年 10 月 17—18 日	促进教与学的新兴技术、创新学习方法与学习环境、信息社会与文化	中国武汉
第 5 届	2016 年 9 月 22—24 日	技术促进教育创新	中国台湾地区
第 6 届	2017 年 12 月 7—9 日	基于创造、联通和文化所带来的教育变革	日本大阪
第 7 届	2018 年 12 月 12—14 日	互联网促进教育创新	新西兰奥克兰

6. 国际计算机教育应用大会和亚太地区计算机教育协会

亚太地区计算机教育协会（Asia-Pacific Society for Computers in Education，APSCE）成立于 2004 年 1 月 1 日，是一个独立的学术组织，其目标是促进计算机在教育中使用的国际学术交流。国际计算机教育应用大会（ICCE）由 APSCE 组办。首届 ICCE 于 1989 年在台湾师范大学召开，1989—1996 年每两年举办一次，自 1997 年开始每年举办一次，先后在我国台湾、北京、杭州以及新加坡、泰国、印度尼西亚、韩国、日本等地召开 25 届会议，其中 10 届是在我国召开的。

7. 全球华人探究学习创新应用大会和华人探究学习学会

华人探究学习学会（Chinese Society for Inquiry Learning，CSIL）创立于 2010 年，是全球性的华人教育学术团体，由我国海峡两岸和香港、澳门地区以及新加坡等地的个人和机构会员自愿组成，是非营利性社会组织。为积极推广探究学习相关创新学习模式的应用，CSIL 每年皆在海峡两岸和香港、澳门地区举办全球华人探究学习创新应用大会（Global Chinese Conference on Inquiry Learning：Innovations and Applications，GCCIL），至今已经成功举办了 9 届大会。每届大会都吸引了来自中国、新加坡等华人地区的中小学教师、教育研究人员、教育团体与组织成员以及教育科技产业界数百人参加会议，带动了华人地区融合信息科技的创新学习模式的应用，有效促进学生学习、激发教师创意，并促进教学专业发展，达到了强化华人区域之间教育的交流与合作目的，深受教育界重视与好评。

8. 科学、技术、工程、数学教育应用国际会议

科学、技术、工程、数学（Science Technology Engineering and Mathematics，STEM）教育应用国际会议由北京师范大学、澳大利亚昆士兰科技大学、英属哥伦比亚大学、卡尔加里大学、悉尼大学、西南大学和东北师范大学 7 所国内外高校联合承办，自 2010 年每两年举办一次。

2010 年 11 月，首届会议于澳大利亚昆士兰科技大学顺利召开，并获得了 400 多名与会学者和专家的好评。STEM 2012 主题为 STEM 教育中的教学创新和跨学科研究，旨在促进来自世界不同国家学校、公司、企业等机构中的教育工作者和研究人员来交流 STEM 教育相关的研究信息，在北京师范大学举行。STEM 2014 主题为全球化下的 STEM 教育：跨文化脉络中的联结，在加拿大温哥华举行。STEM 2016 主题为连接正式与非正式的 STEM 教育，在北京师范大学举行。STEM 2018 将在澳大利亚昆士兰科技大学举办，

会议内容包括有关 STEM 的深度研究报告、关于最佳实践和应用的专业对话、参与讲坛讨论和座谈会以及实践教学演示等。

9. 中国国际远程教育大会

中国国际远程教育大会(China International Distance Education Conference，CIDEC)，由《中国远程教育》杂志社主办。CIDEC 已经成为中国和亚太地区远程教育领域引领前沿、影响深远、规模盛大的权威会议品牌，被誉为中国远程教育行业的"年度盛典"。2017 年，第 16 届中国国际远程教育大会在北京成功举办。与会嘉宾研判国内外经济社会及行业发展走势，解读十九大报告，剖析十九大给教育改革，尤其是给网络教育、继续教育转型发展提出的新时代新任务，使与会者提振了信心，明确了新时代下前进的方向。

第三节　国际发表：学术前沿互通，推动国际化发展

学习并引进国际学术思想，发表且输出本土研究成果，是国内了解专业国际前沿、进行国际交流的重要途径之一，能够有效实现国际学术前沿互通，推动我国教育技术学科国际化发展。通过对相关专业书籍文献的查阅整理、国内代表性研究团队(如北京师范大学、华东师范大学、北京大学、华南师范大学、华中师范大学、东北师范大学等)官方网站信息的收集，以及在北京师范大学出版社、华东师范大学出版社等官方网站检索教育技术国际译著或著作，搜集代表性国际会议论文、SSCI 论文，并对国内教育技术期刊(中国电化教育、电化教育研究、现代教育技术、远程教育杂志、中国远程教育、开放教育研究等)国际化发展现状进行分析，主要得到以下信息：国际译作和译丛、国际著作和丛书、代表性国际论文、国内教育技术期刊国际化发展以及创办教育技术国际期刊。

一、国际译作和译丛

翻译国际专业著作是我国电化教育学科学习引进专业理论的重要方式，主要由学术团队（北京师范大学、华东师范大学、东北师范大学、北京大学等）对国际相关著作进行翻译。值得指出的是，1979年，坂元昂教授的《教育工艺学简述》由钟启泉翻译，是我国教育技术领域的早期代表性翻译著作。1999年9月，乌美娜教授和中央电化教育馆刘雍潜翻译并出版了芭芭拉·西尔斯（Barbara B. Seels）、丽塔·里奇（Rita C. Richey）的著作《教学技术：领域的定义和范畴》，该著作的出版使得 AECT 94 定义迅速在我国传播并被广泛地讨论与接受，促进了我国教育技术学界深入认识教育技术，成为我国学者深入了解 94 定义的经典读本。此后，我国学者还翻译了很多有关教学设计、远程教育等著作与丛书，为我国教育技术学科理论的建设做出了巨大贡献，如表 9-7 所示。[①]

表 9-7　改革开放 40 年以来我国出版的代表性译著

书名	作者	译者	出版社	时间
教育工艺学简述	［日］坂元昂	钟启泉	人民教育出版社	1979 年
远距离高等教育	［英］安东尼·凯、格利维尔·鲁姆勃尔	王遵华、丁兴富等	中央广播电视大学出版社	1987 年
当代远距离教育研究译文选集		赵宇辉	中央广播电视大学出版社	1990 年
教学媒体与教学设计		中华人民共和国国家教育委员会电化教育司	高等教育出版社	1990 年

---

① 南国农：《中国电化教育（教育技术）史》，136、236 页，北京，人民教育出版社，2013。

续表

书名	作者	译者	出版社	时间
教育技术学基础	[美]罗伯特·加涅	张杰夫	教育科学出版社	1992 年
远距离教育基础	[爱尔兰]德斯蒙德·基更	丁新等	中央广播电视大学出版社	1996 年
学习的条件和教学论	[美]R. M. 加涅	皮连生、王映学、郑葳等	华东师范大学出版社	1999 年
教学设计原理	[美]R. M. 加涅等	皮连生、庞维国	华东师范大学出版社	1999 年
教学技术：领域的定义和范畴	[美]芭芭拉·西尔斯、丽塔·里奇	乌美娜、刘雍潜等	中央广播电视大学出版社	1999 年
网络教育——教学与认知发展新视角	[美]艾碧	丁兴富等	中国轻工业出版社	2003 年
数字化学习设计	[美]威廉·霍顿	吴峰、蒋立佳	教育科学出版社	2006 年
教师能力标准：面对面、在线及混合情境	[美]克莱因等	顾小清	华东师范大学出版社	2007 年
学会用技术解决问题：一个建构主义者的视角(第二版)	[美]戴维·乔纳森等	任友群、李妍、施彬飞	教育科学出版社	2007 年
系统化教学设计(第六版)	[美]W. 迪克等	庞维国译	华东师范大学出版社	2007 年
技术支持的思维建模：用于概念转变的思维工具	[美]D. H. 乔纳森	顾小清	华东师范大学出版社	2008 年
教学样式优化学生学习的策略	[美]L. C. 霍尔特、M. 凯斯尔卡	沈书生等	华东师范大学出版社	2008 年

续表

书名	作者	译者	出版社	时间
信息架构学：21世纪的专业	[美]E. 莫洛根	詹青龙等	华东师范大学出版社	2008年
技术、电子学习与远程教育	[加]托尼·贝茨	祝智庭	上海高教电子音像出版社	2008年
变革中的教育	[美]彼得·D. 赫肖克	任友群	华东师范大学出版社	2009年
为了民主和社会公正的教师教育	[美]尼古拉斯·M. 米凯利、戴维·李·凯	任友群、杨蓓玉、刘润英等	华东师范大学出版社	2009年
网络时代的知识和学习：走向连通	[加]G. 西蒙斯	詹青龙	华东师范大学出版社	2009年
布鲁姆教育目标分类学	[美]洛林·W. 安德森等	蒋小平等	外语教学与研究出版社	2009年
首席学习官——在组织变革中通过学习与发展驱动价值	[美]埃尔克莱斯、菲利普斯	吴峰	教育科学出版社	2009年
剑桥学习科学手册	[美]索耶	徐晓东等	教育科学出版社	2010年
下一代企业大学——发展个人与组织能力的新理念	[美]马克·艾伦	吴峰	世界图书出版公司	2010年
教育技术定义与评析（AECT2005定义）	[美]艾伦·贾纳斯泽乌斯基、迈克尔·莫伦达	程东元、王小雪、刘雍潜	北京大学出版社	2010年
整合技术的学科教学知识：教育者手册	全美教师教育学院协会创新与技术委员会	任友群、詹艺	教育科学出版社	2011年

续表

书名	作者	译者	出版社	时间
学习的价值	［美］帕特里夏·P. 菲利普斯、杰克·J. 菲利普斯	吴峰	北京大学出版社	2011 年
教育传播与技术研究手册(第三版)	［美］J. Michael Spector、M. David Merrill 等	任友群、焦建利、刘美凤、汪琼	华东师范大学出版社	2012 年
教育传播与技术研究手册(第四版)	［美］J. Michael Spector、M. David Merrill 等	任友群、焦建利、刘美凤、汪琼	华东师范大学出版社	2015 年
心智的构建：脑如何创造我们的精神世界	［美］Chris Frith	杨南昌等	华东师范大学出版社	2012 年
亚太地区高等教育：质量与公共利益	［美］特伦斯·W. 拜高尔克、迪恩·E. 纽鲍尔	杨光富、任友群	华东师范大学出版社	2012 年
有效教学设计：帮助每个学生都获得成功(第四版)	［美］凯·M. 普赖斯、卡娜·L. 纳尔逊	李文岩、刘佳琪、梁陶英、田爽	中国人民大学出版社	2016 年
追求理解的教学设计(第二版)	［美］格兰特·威金斯、杰伊·麦克泰格	闫寒冰、宋雪莲、赖平	华东师范大学出版社	2017 年

二、国际著作和丛书

随着国际交流的开展，我国学者开始编写国际专著，提高了中国教育技术专业在国际上的受关注度，也增强了我国教育技术在国际领域的话语权。表 9-8 为我国改革开放以来电化教育专业出版的国际著作。

表 9-8　改革开放 40 年以来出版的代表性国际著作

书名	作者	出版社	时间
Radio and TV Universities：The Mainstream of China's Adult and Distance Higher Education	韦润芳、佟元晦	国际开放学习研究基金会（International Research Foundation for a Open Learning）	1994 年
教育软件的交叉文化可移植性：面向通讯的方法	祝智庭	特文特大学（University Twente）	1996 年
China's Radio and Television Universities and the British Open University：A Comparative Perspective，ZIFF PAPIERE 104	韦润芳	德国哈根函授综合大学（Fern Universitt-Hagen Universitt）	1997 年
A Comparative Study of Distance Higher Education Systems in Australia and China，ZIFF PAPIERE 112	丁兴富	德国哈根函授综合大学（Fern Universitt-Hagen Universitt）	1999 年
Transforming e-Knowledge：A Revolution in the Sharing of Knowledge	祝智庭（参编）	Society for College and University Planning，USA	2003 年
Mensch-Computer-Kommunikation mit natuerlicher Sprache in Computerstuetzten Lehr- und Lernsystemen：Probleme und Loesungen（德语）	贾积有	Cuvillier Verlag Goettingen，Germany	2004 年
Regional Guidelines on Teacher Development for Pedagogy-Technology Integration	祝智庭（合编）	UNESCO Asia and Pacific Regional Bureau for Education	2005 年
Campus-wide Information Systems（*The International Journal of Information and Learning*）	王其云、祝智庭、陈丽、闫寒冰（主编）	Emerald Group Publishing，UK：Bingley	2009 年

书名	作者	出版社	时间
Open Educational Resources in the People's Republic of China：Achievements，Challenges and Prospects for Development	王春燕、赵国栋	UNESCO Institute for Information Technologies in Education	2011 年
Educational Stages and Interactive Learning：From Kindergarten to Workplace Training	贾积有	Information Science Reference，USA(an imprint of IGI Global)	2012 年
Cases on Formal and Informal E-Learning Environments：Opportunities and Practices	杨浩、王淑艳	IGI Global	2012 年
Reshaping Learning—Frontiers of Learning Technology in Global Context	黄荣怀	Springer	2013 年
Transforming K-12 Classrooms with Digital Technology	杨宗凯、杨浩等	IGI Global	2013 年
New Theory of Children's Thinking Development and its Application in Language Teaching	何克抗	Springer	2015 年
Corporate University：An Innovation of Organizational Learning in China	吴峰	New York：SCPG Publishing Company	2015 年
State-of-the-Art and Future Directions of Smart Learning	李艳燕	Springer	2015 年
New Ways to Teach and Learn in China and Finland—Crossing Boundaries with Technology	芬兰和中国学者	德国 Peter Lang 出版	2016 年

续表

书名	作者	出版社	时间
A Theory of Creative Thinking—Construction and Verification of the Dual Circulation Model	何克抗	Springer	2017 年
Knowledge Building and Regulation in Computer-Supported Collaborative Learning	郑兰琴	Springer	2017 年
Mobile and Ubiquitous Learning-An International Handbook	余胜泉	Springer	2018 年

　　除此之外，自 2013 年起，北京师范大学智慧学习研究院在 Springer 出版系列丛书三套，由黄荣怀教授与国际教育技术专家 Kinshuk 教授等人共同担任主编，系列一为 *Lecture Note in Educational Technology*，2014—2018 年共出版 21 本；系列二为 *New Frontiers of Educational Research*，2013—2018 年共出版 14 本；系列三为 *Smart Computing and Intelligence*，2017 年出版 1 本（见图 9-1）。

图 9-1　智慧学习研究院出版的英文专著

三、代表性国际论文

随着话语权的增加，我国学者在国际会议和国际期刊（尤其是SSCI 期刊）发表的论文数量逐步增多，此处只介绍早些年具有代表性的论文。

1984 年，联合国教科文组织的 *Prospects*（《教育展望》）第 14 卷第 1 期刊登署名王亦山的文章"China's Radio and Television Universities"（《中国的广播电视大学》），这是目前可查到的由中国电大作者用英语发表在国外刊物上最早的一篇文章。1991 年，韦润芳成为第一个在国外远距离教育专业学术期刊发表论文的电大学者，论文标题为"China's Network of Radio and Television Universities"（《中国的广播电视大学网络》），刊载在 *The American Journal of Distance Education*（《美国远距离教育杂志》）1991 年第 2 期。

2004 年 11 月陈丽在亚洲开放大学协会第 18 届年会上获论文银奖，论文题目是"Study of the Index System for Assessing Interactive Qualities of Web-based Courses"（《网络课程交互质量评价指标体系的研究》）。2007 年 7 月，李艳燕、黄荣怀等的论文"Assessing Collaborative Process in CSCL with an Intelligent Content Analysis Toolkit"获第七届 IEEE 先进学习技术国际会议最佳论文奖。2007 年 8 月，赵志群发表的论文"China's VTE Teachers and Their Professionalization"（《中国职业技术教育教师及其专业化》）被 Springer 集团总社出版的论文集 *International Perspectives on Teachers and Lecturers in Technical and Vocational Education* 收录。2007 年 10 月 30 日，在马来西亚召开的亚洲开放大学协会（AAOU）第 21 届年会上，北京师范大学冯晓英、陈丽、张伟远的论文"Use of Scaffold Strategies to Enhance Cross-regional Online Collaborative Learning：Experiences from China"（《应用支架教学策略促进跨地区校际协作学习：来自中国的经验》）获奖，被评为最佳论文。2008 年 7 月，北京

师范大学李艳燕、黄荣怀等的论文"Semantic Organization of Online Discussion Transcripts for Active Collaborative Learning"获第八届 IEEE 先进学习技术国际会最佳论文奖。

2005 年 10 月，余胜泉在 *Educational Technology Research and Development* 杂志（SSCI 收录）上发表了"An Exposition of the Crucial Issues in China's Educational Informatization"（《中国教育信息化关键问题论述》）论文，该文介绍了中国教育通过城域教育网的建设内容与建设模式，包括分布式资源网络、评估学生信息技术技能自动系统、教育信息化的技术标准制定、技术支持课堂互动、K12 在线使用游戏化教学、移动学习等，农村和欠发达地区现代远程教育取得的重要成就。

四、国内教育技术期刊国际化发展

国内教育技术领域学术期刊走国际化道路是我国教育技术专业国际化发展的重要部分，其国际化发展的方式以发表"国际前沿理论、专访国际专家"相关主题的论文为主要形式，发展趋势也由"国际学术思想的输入"转变为"输入与输出相结合"。

进入 21 世纪以来，最早发表的国外专访是 2000 年 4 月《中国远程教育》对 DigitalEd 公司副总裁吉尔·柏林（Jill Berlin）进行的专访，通过采访了解美国的网络教学现状。随后，教育技术领域学术期刊逐渐开辟了国际交流相关栏目，有意识地提供国外学术思想交流的平台。例如，《中国电化教育》的"国际学者对话"和"国际信息化动态"栏目，《电化教育研究》的"历史与国际比较"和"外国电教"栏目。2004 年，《开放教育研究》第一次开辟了"高阶访谈"栏目，主要针对世界远程教育的开展和实施进行交流，迄今已有詹姆斯·泰勒（James Taylor），特里·安德森（Terry Anderson），尤金·鲁宾（Eugene Rubin）等 60 余位国内外知名学者受访；"国际论坛"栏目，用于刊载国内外举办的远程教育国际会议的主题报告或专题学术论文；

"外国教育"是一个专门对外国开放与远程教育及相关教育问题进行综述和研究的栏目，其终极目的就是为解决中国远程教育问题而进行比较、分析与思考，以供国内学者参考。《中国远程教育》也开设了"国际论坛""国际咨讯""本刊专访"三个栏目，主要发表国内学者研究国际前沿的文章，国内学者与国际学者合作撰写的文章，提供国际上教育技术相关的信息以及专访国际学者，互通学术前沿。《远程教育杂志》开设了"国际视野"栏目，《现代远程教育研究》开设了"国际交流"栏目，《现代远距离教育》开设了"特约专稿"和"国际视野"栏目。这些栏目主要涉及教育技术领域的前沿热点、技术在教育教学中的作用和影响、远程教育的开展和培训、教学设计研究、开放教育资源的建设、国家信息化建设等内容。

为了加强我国教育技术学术期刊的国际化发展。2015 年 6 月 14 日，中澳两国远程教育学者和学术编辑就学术期刊国际化问题在《中国远程教育》杂志社举行小型座谈会。座谈交流的主要论题包括：中外远程教育学术成果交流与学术期刊的使命与责任，本土学术成果在国际学术领域推广中存在的问题，学术期刊国际化的路径，中外学术交流中的学术规范，中外学术成果交流平台与新媒体运营等。由此表明，我国教育技术学术期刊非常注重本身的国际化发展，由零散发表国际学术资讯，到规范设置国际交流栏目，再到英文论文的规范撰写与发表，为其最终走向国际舞台打下坚实基础。

五、创办教育技术国际期刊

随着我国教育技术专家学者国际影响力的增长，一些专家学者也受邀参与到教育技术领域高水平国际期刊的建设中。比如，西北师范大学南国农教授和北京师范大学何克抗教授曾担任 *Journal of Computer Assisted Learning*（JCAL，计算机辅助学习杂志）的编委；华东师范大学祝智庭教授在 2003 年至 2011 年曾担任 JCAL 的国际编委，2004 年至 2011 年曾担任 *International Journal for Learning*

Technology 的国际编委，2010 年至 2013 年曾担任《全球华人计算机教育应用学刊》(GCJCE)国际编委等；北京师范大学刘美凤教授担任 *British Journal of Educational Technology*(BJET)中国地区通讯主编；华东师范大学顾小清教授任 BJET 国际编委，*Journal of Education and Learning* 的副主编等。除此之外，为推动中国教育技术研究国际化，以及在国际视野下的中国教育技术学话语体系建设，近年来，我国学者创办了国际期刊，真正推动了我国教育技术研究加入国际舞台，如表 9-9 所示。

表 9-9　我国主办的教育技术国际期刊

期刊名称	ISSN	主编	关注内容
Smart Learning Environments	ISSN：2196-7091	北京师范大学智慧学习研究院院长黄荣怀教授，美国北得克萨斯大学信息学院院长 Kinshuk 教授，Elliot Soloway 教授	是现代技术在教育领域的应用的开创性期刊，也是 Springer Open 品牌下的同行评审的开放获取期刊。关注数字化教育环境中技术服务于教与学改革的文章，反映并审视教育中技术使用的最新趋势
Journal of Computers in Education	ISSN online：2197-9995，ISSN print：2197-9987	北京师范大学黄荣怀教授	中国在技术促进学习理论和应用方面的观点
International Journal of Smart Technology and Learning（IJSmartTL）	ISSN online：2056-4058，ISSN print：2056-404X	华东师范大学顾小清教授	智慧学习技术的设计、应用与评价，特别是智慧学习技术应该如何应用在教育领域促进智慧学习

续表

期刊名称	ISSN	主编	关注内容
International Journal of Technology in Teaching and Learning (IJTTL)	ISSN： 1551-2576	国际华人教育技术学会（SICET）	主要关注先进技术整合于全球范围内所有教育层面的理论研究和成功应用
Journal of Educational Technology Development and Exchange (JETDE)	ISSN online： 1941-8035， ISSN print： 1941-8027	国际华人教育技术学会（SICET）	为国际学者和教育技术领域的专家提供一个平台，并鼓励专业人士之间的学术合作，学科间的实践和研究交流

第四节　合作项目：协同国际力量，开拓研究新视野

自我国电化教育重新起步以来，为加强学科建设，教育部及各个高校与联合国教科文组织、国际教育技术专业组织以及各个高校建立项目合作关系。发展初期，主要集中在国家级战略层次的项目合作，借助国际化力量推动我国电化教育学科的建设；发展中期，随着我国教育技术学科发展逐渐成熟，国际合作项目研究内容趋向多元化；深度合作时期，各高校研究团队与多个国家教育技术领域的专业组织或学校机构建立了多维合作关系，我国教育技术专业承担的国际项目也由宏观战略逐步走向微观精细研究。

一、发展初期：战略层国家级项目合作，借助国际力量推动学科建设

（一）联合国开发计划署援助的教育方法现代化项目

1979 年 6 月 29 日，我国政府和联合国开发计划署签订援助协定，其中"教育方法现代化"项目的政府机构为中华人民共和国教育部，项目由联合国教科文组织于 1980 年 1 月开始执行。联合国投入

99.96 万美元，中国政府投入 2 246.184 万元人民币。项目建设活动包括房屋建造、设备购买与人员培训。该项目共运行 8 年，为北京师范大学教育技术学学科发展的物理空间奠定了坚实基础，还为北京师范大学现代教育技术研究所配备了高科技设备，如 PDP-11/44 计算机、挪威天宝 IS-9 型语言实验室设备（语言实验室设备）等。

（二）中美远程教育示范项目

1987 年 4 月，中国与美国签订合作协议，中美远程教育示范项目正式成立。项目由北京师范大学现代化教育技术研究所高福文、李薇薇主持，美国哈佛大学、纽约大学等高校，ATT 公司、Optel 公司及远程教育技术机构参加。项目引进了美国 Optel 公司的 Telewriter（远程书写系统），此系统在美国已经较普遍地用于远程教育领域，在多城市、多学术领域开展语音、图像、书写实时交流，促进远程教育实时交互的发展。1987 年至 1989 年，在中美之间开展了五次远程教育的示范表演，涉及经济学、医学和远程教育等多个学科。项目经费为 22.5 万美元，由美国贸易发展办公室（TDP）提供，项目 1 年半完成。

（三）中央电大与日本放送协会合作开设日语课项目

项目发起于 1988 年 11 月。日本首相竹下登访华期间在西安交大演讲时特别指出，这个项目是中日两国文化交流的重要内容。1990 年 9 月，中日合作制作的《日语基础》作为电大的公共外语和非学历教育节目向全国播出，至今仍在作为电大英语专业本科的第二外语课程使用。

（四）卡特基金会"中美全球教室"项目

1989 年 4 月，美国卡特基金会与中国残疾人联合会联合进行特殊教育教师培训，远程教学是其中一种方式，也是中美远程教育示范项目的成果之一。开幕式上，基金会主席、美国前总统卡特先生，

中国残联主席邓朴方，国家教委副主任柳斌出席并致词。会后以 PC
微型机远程教育系统成功地进行了远程教学，林汶教授在亚特兰大
授课，来自国内的特殊教育教师 30 人参加了培训。

（五）中日合作研究课题"对中国广播电视高等教育与普通高等教
育的比较研究"

1993—1995 年的这项课题，日方研究单位是文部省国立放送教
育开发中心，中方由中央电大负责组织，8 所省级电大（其中新疆两
所：新疆电大和兵团电大）和 7 所重点综合性大学参与研究。研究通
过从被选取的省级电大和对等数目的普通高校中抽取对等数目的在
校生和毕业生，使用相同问卷和面谈的方式进行调查及数据处理。
本次调查在以下方面进行了比较：①电大与普通高校学生基本情况
与家庭背景比较；②电大与普通高校学生学习背景及学习目的比较；
③电大与普通高校学生学习环境比较；④电大与普通高校学生对母
校总体性价比较；⑤电大与普通高校学生就职动向与学习深造愿望
的比较。

（六）"新信息技术在中国中小学教育中的应用现状及发展前景研
究"项目

1996—1997 年，联合国儿童基金会、中国国家教委电教办的"新
信息技术在中国中小学教育中的应用现状及发展前景研究"项目，由
乌美娜教授主持，后来成为教育技术发展的重要研究方向之一，为
教育信息化开了先河。

（七）中英合作项目"利用交互式计算机远程教育技术开发中国中
小学教师环境教育的能力"

1997 年 3 月，高福文教授、李薇薇教授承担的中英合作项目"利
用交互式计算机远程教育技术开发中国中小学教师环境教育的能力"
立项，项目历时 3 年，于 2001 年 5 月圆满完成并通过中英联合专家
组鉴定，在国内与英国产生极大影响。该项目是在英国文化委员会

(British Cultural Council)支持下，北京师范大学与英国四所大学合作开展的。英国外交大臣罗宾·库克(Robin Cook)和英国教育大臣布兰克特(Brunkelt)分别于1998年和2000年来华访问，参观中英项目，了解交互技术开展中英合作远程环境教育的情况。

除此之外，1999年6月至2000年10月，陈丽、李芒、姚云与比利时鲁汶工程大学合作，开展了"利用远程教育手段提高中小学教师信息技术教育的能力"研究。2000年4月，英国文化委员会以"远程教育专业课程设置与开发"为题进行了立项支持，由陈丽教授主持，并与英国开放大学等三所大学进行了合作。2000年7月，英特尔®未来教育项目在中国正式启动，得到了教育部和各地方政府的大力支持，已在全国广泛开展，并获得了显著的成果，累计培训中小学教师超过190万名。中国成为该项目培训教师人数最多的国家，也是培训效果最显著的国家。该项目在很大程度上提高了信息技术在课堂上的有效应用，对推动中国的教育信息化和教师专业化发展发挥了积极作用。[①]

二、发展中期：学科发展方向多元化，国际合作项目走向多元化发展

(一)微软"创新教师"项目

微软"创新教师"项目(Microsoft Innovative Teachers)是微软公司在全球推出的一个具有重要影响力的项目，其目的是建立一个全球性的创新教师网络，提升广大教师的信息技术应用水平。主要工作是帮助微软规划如何在中国建立起一个创新教师网络，从而为中国广大教师提供信息交流、资源共享、专业发展的机会与工具。

(二)中英电子教学项目 eChina-UK

2005年9月，该项目由英国高等教育基金委员会(HEFCE)资

---

① 南国农：《中国电化教育（教育技术）史》，341页，北京，人民教育出版社，2013。

助，北京师范大学黄荣怀教授主持，主要包括三个子项目：高校教师专业发展在线课程的设计与开发、协作学习评价工具的开发以及中英电子教学理念的比较。为了项目的顺利实施和研究开展，诺丁汉大学提供了可促进知识广泛共享、增加学习机会的平台 U-Now，北京师范大学也推出了 WebCL 平台。

（三）中国教育部—联合国儿童基金会爱生学校师资项目

中国教育部与联合国儿童基金会(China-UNICEF)合作的爱生学校教师支持体系项目，旨在调查西部 10 个省(区、市)20 个项目县的县级教师培训机构的远程服务能力，并基于调查数据，就如何基于当前条件建立一个指向教师教学和专业发展实际需要的学习和资源中心提出方案和建议，从而促进教师支持体系的建立。

（四）教育部—微软（中国）"携手助学"项目

该项目由微软（中国）捐资，计划在五年内，通过投资、赞助和捐赠产品及服务等形式，提供价值至少 1 千万美元的捐助，以帮助中小学提高信息化水平。

（五）中美市场经济与高等教育管理研究项目

美国新闻总署(USIA)委托美国西弗吉尼亚大学和弗吉尼亚理工大学及北京师范大学教育系立项："中美市场经济与高等教育管理研究"。其子课题"全面质量管理信息系统"（TQMIS）的设计与制作项目由衷克定教授任中方设计研究小组组长。

除上述项目外，在世界贷款"中国贫困省份教育发展项目"中，衷克定教授及其团队承担"基础教育人口预测和投资规划系统"(PEIPS)和"民办教师规划研究系统"制作；北京师范大学教育技术学院承担与 Nokia 企业合作的横向课题"Nokia 培训题库管理系统的研究与开发"项目；北京师范大学教育技术学院承担马来西亚 APEC 项目培训教材开发之中国部分教学材料开发："Capitalizing Informa-

tion Technology for Greater Access among Poor and Rural Communi-
ties"；2005 年 10 月至 2006 年 1 月，北京师范大学刘美凤教授承担
教育部—联合国儿童基金会"2001—2005 远程教育项目终期评估"国
际合作项目；北京师范大学还承担了教育部—IBM 的基础教育创新
教学项目——"教师职业发展培训模式研究"，以及与日本上越教育
大学教育临床学部综合学习研究室山崎贞登教授合作的研究综合性
学习项目等。

三、深度合作：校际深度合作，促进学科百花齐放

(一)教育部—英特尔信息技术专项科研基金项目

2009 年 12 月，教育部科技司开展的教育部—英特尔信息技术专
项科研基金项目立项，经过三四年的项目实施，产出了对国内、国
际教育信息化影响极其广泛、深入的研究成果。北京师范大学教育
技术学院黄荣怀教授牵头，教育部教育发展研究中心、华中师范大
学、华南师范大学、华东师范大学、北京大学等教育技术学科有关
单位的国内知名专家，以及新加坡、英国、美国、加拿大、意大利
等国教育信息化领域的著名学者组成国际化专家团队。2014 年 6 月
15 日，在北京师范大学举行了教育部—英特尔信息技术专项科研基
金项目"国际教育信息化发展研究"成果发布会。研究成果包括《国际
教育信息化发展报告（2013—2014）》和《国际教育信息化发展报告
（2014—2015）》；遴选和分析了 12 个国际教育信息化典型案例，撰
写了《国际教育信息化典型案例（2013—2014）》；按区域和专题邀请
国际知名专家撰写相应的发展动态，编写了《全球视野下的教育信息
化：新趋势报告（2013—2014）》(英文)。

(二)中芬联合学习创新研究院

2015 年是中华人民共和国与芬兰共和国建交 65 周年，中芬两国
在教育领域有着广泛、持久的合作。为促进两国教育合作全面发展，

在 2015 年 11 月 16 日教育部中芬教育部长会议上，北京师范大学与赫尔辛基大学签署"中芬联合学习创新研究院合作备忘录"，同时签署"北京师范大学与赫尔辛基大学校级合作协议"。自创办以来，中芬联合学习创新研究院召开了"未来学习创新人才""学习与智慧""全球教育面临的挑战"等会议和论坛，并开设了"中芬学习创新研究合作学校"。

（三）2030 未来学校项目

2030 未来学校项目是 2016 年由北京师范大学未来教育高精尖创新中心发起的研究项目，通过召集国内外学者研讨交流，研究未来教育的可能性与新形势，从技术与教育融合的角度分析未来教育发展的新模式，探讨教育改革的新方向，产出学术成果。2030 未来学校项目已召开三次研讨会，第一次研讨会于 2016 年 10 月 29 日举办，初步确定了《未来学校 2030 蓝皮书》大纲和研究课题。第二次研讨会于 2017 年 1 月 15 日举办，明确了 2030 未来学校项目的研究计划和目标。第三次研讨会于 2017 年 5 月 25 日举办，进一步审阅综述报告，推动研究成果产出，同时启动未来教育高精尖创新中心支持的两个新项目——2030 未来教育和人工智能教师，探讨双师服务。随着三次研讨会的成功召开，2030 未来学校项目一期已经全部结束，三次研讨会成果丰硕，并为 2030 未来学校项目的后期开展奠定了基础。

（四）LACE China 项目

LACE(Learning Analytics Community Exchange，学习分析团体交流)，是欧盟资助的为期三年的项目。在三年中，LACE 项目旨在吸引学习分析领域和相关领域的研究者和应用者们，整合经验和最先进的知识、网络，并由此开展了一系列的讨论和交流。北京师范大学教育大数据研究中心和未来教育高精尖创新中心于 2016 年 9 月 26 日至 28 日启动了中国学习分析团体交流 LACE China 项目。

LACE China 项目力图明确中方需求，并制订出符合中外双方共同研究兴趣的项目计划。为期三天的活动包括系列讲座、讨论会和参观访问。英国博尔顿大学教育和科学学院 Dai Griffiths 教授，挪威奥斯陆阿克斯胡斯应用科学大学学院 Tore Hoel 博士和 Weiqin Chen 博士，澳大利亚昆士兰科技大学 Kristy Kitto 博士，教育大数据研究中心张婧婧副教授，未来教育高精尖创新中心卢宇博士等出席了会议并参与了活动。

（五）斯坦福大学 ME 310"未来教室设计"项目

ME 310 Global 是全球知名的新产品创新设计培训课程，是斯坦福大学最有影响力的课程之一，至今已有 40 多年的历史，是全球创新设计领域中理论实践完美结合的典范。2017 年 8 月至 2018 年 6 月，斯坦福大学与北京师范大学联合开展的"未来教室设计"项目，旨在为未来学习者设计友好、舒适、智慧的学习环境，打造极致的学习体验。课程总时长为 9 个月，采取"本地学习＋远程指导＋交流互访"相结合的方式。美国时间 2018 年 6 月 7 日，来自中国、美国、芬兰、日本、德国等国家的高校和企业的设计爱好者们齐聚美国斯坦福大学，在斯坦福大学 D-School 安排的一系列 ME 310 Global 课程 EXPE 上展示了学习成果。由网龙网络有限公司赞助，北京师范大学与斯坦福大学组成的学习小组，带来了以"未来教室"为主题的设计作品"Teamo"，获得了 Larry Leifer 教授的认可和各国设计爱好者的欢迎。

（六）The Siegler Center for Innovative Learning

The Siegler Center for Innovative Learning（SCIL，创新学习中心）是隶属于北京师范大学且由国外学者命名并资助的创新学习中心，中心旨在将来自中国和美国的学者、实践者和教育领导者整合在一起，解决现代社会的教育需求。SCIL 从中西方视角来促进学生通过深度学习和创新问题来解决需求，使学生能够面对未来的挑战。

（七）教育信息化合作伙伴项目

2018 年 5 月 29 日，中国—中东欧国家高校联合会第五次会议在深圳大学举办。会议期间，诺维萨德大学校长 Dušan Nikolić、北京师范大学副校长周作宇及网龙网络有限公司首席执行官熊立共同签署了"教育信息化合作伙伴项目"合作备忘录，宣告项目正式启动。该项目由北京师范大学智慧学习研究院牵头，塞尔维亚诺维萨德大学、北京师范大学及网龙网络有限公司共同建立，将以塞尔维亚为起点，逐步延伸至其他中东欧国家。项目旨在通过建立"未来教育联合虚拟实验室"，围绕教师培训、教育资源、基于 ICT 的创新教学模型、ICT 基础设施建设以及政策分析和规划五大领域展开全方位的校企合作，未来将延伸至更多领域，促进中国及中东欧国家在研究、创新、技术等领域的发展共赢。

四、国际标准参与情况

我国研究者也积极参与国际标准的制定，包括自主制定国际标准、参与国际标准制定以及承办国际标准制定会议等活动。

ISO/IEC JTC1/SC36（信息技术应用于学习、教育和培训）是负责制定、开发和推广学习、教育和培训领域信息技术标准的国际标准化组织。以国家成员体作为参与单位，目前有 46 个成员，其中包括 25 个正式成员和 21 个观察身份成员，并与 31 个相关标准研究组织建立了合作关系。我国全国信息技术标准技术委员会教育技术分技术委员会（Chinese Educational Technology Standardization Committee，CETSC，简称"标委会"）成立于 2002 年 12 月，主要任务是研究、制定、推广和维护教育信息化相关的各项技术标准，代表中国政府作为 ISO/IEC JTC1/SC36 组织的团体成员，享有提出议案权、投票表决权等权利，同时也积极向该组织提供我国的研究成果。作为 ISO/IEC JTC1/SC36 在中国的对等组织，自 2002 年起，标委会每年派出中国代表团参加 ISO/IEC JTC1/SC36 全会及工作会议，代表团成员主要包括华东师范大学祝智庭、顾小清、吴永和，西安电子科技大学杨宗凯，清华大学郑莉、杜婧，中国电子技术标准化研究院余云涛，华中师范大学吴砥，上海交通大学申丽萍等人。他们多次出席 ISO/IEC JTC1/SC36 全会及工作会议，积极在该组织中任职，长期跟踪并实质性参与 SC36 工作，提出并主导制定四项国际标准，目前均已发布（见表 9-10）。我国代表目前有 3 位分别担任 WG4 和 WG6 工作组召集人，余云涛担任 WG6 工作组秘书，8 人担任国际标准项目编辑，参与多项国家标准的制定（见表 9-11）。[①]

2018 年 6 月 16—22 日，第 31 届 ISO/IEC JTC1/SC36 国际标准会议在韩国首尔和大邱召开，北京师范大学未来教育高精尖创新中心余胜泉教授、王琦博士、李青博士和汪丹博士，与中国国际信息标准委员会的其他代表和国际标准工作者参加了此次会议。期间王琦博士在 WG4 工作组汇报了中心在研的国际标准项目——Ubiquitous Learning Resource Organization and Description Framework (SC36/WG4 23216)，介绍了该项目自立项以来的进展情况，并与国际专家进行了讨论交流。WG4 工作组会议确认了 23216 标准工作的参与专家。工作组确定每月召开网络会议，推进在研标准项目。

除此之外，为了推动教育信息化领域的国际标准化工作，我国积极承办 ISO/IEC JTC1/SC36 全会及工作组会议，分别于 2003 年 9 月、2006 年 9 月、2011 年 9 月在北京、武汉、上海召开，2019 年 6 月北京师范大学将承办 ISO/IEC JTC1/SC36 第 32 届全体会议及工作组会议。

---

① 杜婧、余云涛、吴永和等：《教育信息化国际标准现状与新技术趋势》，载《信息技术与标准化》，2014(9)。

表 9-10　我国提出并主导制定的国际标准

序号	标准编号	标准名称(英文)	标准名称(中文)	状态
1	ISO/IEC TR 24725-1：2011	ITLET supportive technology and specification integration—Part 1：Framework	信息技术　学习、教育和培训：支持技术和规范整合，第 1 部分：框架	发布
2	ISO/IEC TR 24725-3：2010	Information technology for learning, education and training—Supportive technology and specific integration—Part 3：Platform and Media Taxonomy (PMT)	信息技术　学习、教育和培训：支持技术和规范整合，第 3 部分：平台与媒体分类	发布
3	ISO/IEC TR 18120：2016	Information technology—Learning, education, and training—Requirements for e-textbooks in education	信息技术　学习、教育和培训：教育中的电子课本需求	发布
4	ISO/IEC TR 18121：2015	Information technology—learning, education and training—Virtual experiment framework	信息技术　学习、教育和培训：虚拟实验框架	发布
5	SC36/WG4 23216	Ubiquitous Learning Resource Organization and Description Framework	泛在学习资源组织和描述框架	研制

表 9-11　我国专家参与制定的国际标准

序号	标准编号	标准名称	状态
1	ISO/IEC 2382-36：2013	信息技术　词汇第 36 部分：学习、教育和培训	发布
2	ISO/IEC 2382-36 Ed3	信息技术　词汇第 36 部分：学习、教育和培训(第 3 版)	DIS
3	ISO/IEC 20006-1：2014	信息技术　学习、教育和培训　信息模型第 1 部分：能力总体框架和信息模型	发布

续表

序号	标准编号	标准名称	状态
4	ISO/IEC 20006-2: 2015	信息技术　学习、教育和培训　信息模型第 2 部分：熟练程度的信息模型	发布
5	ISO/IEC 19479	信息技术　学习、教育和培训　学习者移动学习绩效信息	CD
6	ISO/IEC 40180	信息技术　学习、教育和培训　质量基础和参考框架	DIS
7	ISO/IEC 24751-1 Ed2	信息技术　学习、教育和培训　个性化适配和可访问性第 1 部分：框架和参考模型(第 2 版)	CD
8	ISO/IECTR 20748-1	信息技术　学习、教育和培训　学习分析互操作第 1 部分：参考模型	PDTR
9	ISO/IECTR 20748-2	信息技术　学习、教育和培训　学习分析互操作第 2 部分：系统需求	PDTR

注：CD(委员会草案，Committee Draft)；DIS(国际标准草案，Draft International Standard)；PDTR(技术报告草案建议，Proposal Draft Technical Report)。

2002 年至 2018 年，我国教育信息化国际标准化领域的工作取得显著成效，标委会在国际标准组织 ISO/IEC JTC1/SC36 的国际影响力持续攀升，目前已获得较强的话语权，有力地推动了我国研究成果转化为国际标准。同时，通过加强教育信息化领域的国际技术交流，吸取国际标准化工作的先进经验，借鉴教育信息化热点领域的标准化工作思路及研究成果，与国内教育信息化工作相结合，有效提升了我国的教育信息化建设和标准化水平。

第五节　人才培养：开放育人模式，锻造国际型人才

一、政策支持，鼓励师生出国学习进修

与学科发展开放的道路相同，人才培养也需要走开放的道路，走出学校、走出国门，在接受先进理论和实践探索的同时，也将我国教育技术的影响播撒出去。

(一)留学访学

师生出国学习进修有多层次政策支持。国家层面，教育部早在1947 年 3 月，选送萧树滋、白芷洁赴美攻读视听教育硕士学位；1948 年，南国农赴美攻读比较教育与视听教育硕士学位。[①] 从 1996 年起，国家留学基金委负责选拔资助出国留学人员，支持高级研究学者、访问学者、博士后、赴国外攻读博士学位研究生、联合培养博士生、赴国外攻读硕士学位研究生、联合培养硕士生、赴国外攻读学士学位本科生、本科插班生出国进行交流学习。省级层面，由各省教育厅下发文件资助高校教师出国出境学习交流。学校层面，高校有很多资助教师和学生出国出境进行访问学习交流的项目，其中也有专门资助教育技术师生出国出境学习进修的项目。比如，2015 年 5 月，北京师范大学教育技术学院申请的"教育技术国际能力提升项目"立项获批，该项目主要用于资助教育技术专业学生参加国际会议和进行短期出境访学。同年，派出 4 名本科生、5 名硕士生、5 名博士生进行短期的学术交流。华东师范大学、华中师范大学、江南大学也有相关海外研修项目的支持。近几年，教育技术学生出国出境进行短期访学的人次逐渐增多。

---

① 阿伦娜：《中国电化教育(教育技术)年表(一)》，载《电化教育研究》，2006(11)。

（二）访问考察

学科建设初期，教育部连续派出电化教育考察团出国出境考察电化教育发展情况。比如，1978 年 4 月至 5 月，教育部派出考察团到比利时、法国参观教具展览和考察电化教育；1978 年 9 月，中国高等教育代表团出访日本、加拿大，重点了解理工科教育和电化教育；1978 年 10 月 16 日，教育部派团参加教育媒体国际委员会在伦敦举行的年会并考察英国的电化教育；1979 年 3 月 25 日至 4 月 7 日，电化教育局组团到中国香港地区考察电化教育；1979 年 10 月 7 日至 11 月 27 日，教育部派团到美国、加拿大考察电化教育，为期 40 天。① 近些年来，我国教育技术团体（北京师范大学、华东师范大学、华南师范大学、陕西师范大学、东北师范大学等）出国出境进行访问考察的机会越来越多。2016 年 10 月 26 日至 29 日，北京师范大学智慧学习研究院联席院长黄荣怀教授、研究院国际交流合作中心主任张定文博士及联合国教科文组织国际农村教育研究与培训中心办公室主任赵玉池博士等一行五人赴斯里兰卡访问交流。2017 年 4 月 11 日至 13 日，北京师范大学智慧学习研究院联席院长黄荣怀教授、研究院国际交流与合作中心主任张定文及网龙网络有限公司总办战略发展处林凡经理赴美国访问国际斯坦福研究院（Stanford Research Institute International，SRI）。2017 年 11 月 8 日至 16 日，北京师范大学社科处范立双处长、未来教育高精尖创新中心执行主任余胜泉教授、刘宝存教授、王璐教授、滕珺副教授应美国哥伦比亚大学师范学院和印第安纳大学教育学院的邀请赴美访问。2018 年 5 月 15 日，北京师范大学智慧学习研究院联席院长黄荣怀教授、刘德建先生一行赴美国北得克萨斯大学（UNT）进行访问，并出席网龙网络有限公司在 UNT 投建的网龙数字研究中心成立发布会。

---

① 阿伦娜：《中国电化教育（教育技术）年表（二）》，载《电化教育研究》，2006(12)。

（三）国际比赛

北京师范大学教育技术专业学生连续三年参加国际奥林匹克机器人大赛（World Robot Olympiad，WRO）。WRO 是机器人世界杯系列活动的一项综合教育与科技的国际性活动，也是学术成分最高的赛事。2013 年在印度尼西亚雅加达举办的第 10 届国际奥林匹克机器人大赛上，北京师范大学教育技术学院代表队荣获全球第六名的佳绩。2014 年在俄罗斯索契举办的第 11 届国际奥林匹克机器人大赛上，北京师范大学教育技术学院代表队荣获大学常规组亚军。2015 年在卡塔尔多哈举办的第 12 届国际奥林匹克机器人大赛上，北京师范大学教育技术学院代表队荣获大学常规组第七名。

二、师资引进，开设多元国际交流活动

（一）邀请国际专家进行学术讲座

邀请国际专家进行学术讲座是我国高校师生与国际专家近距离接触的首要途径。1982 年，余也鲁教授和施拉姆教授来华南师范大学开展为期七天的"教育传播"学术报告。自此，随着电化教育专业的建设与发展，我国各大高校（北京师范大学、华东师范大学、华中师范大学、东北师范大学、陕西师范大学、江南大学等）每年都会邀请越来越多的来自欧洲、美国、澳大利亚、新加坡各地的国际专家进行学术讲座，以期为本校师生提供与国际专家进行面对面交流的机会。

2016 年，北京师范大学教育技术学院邀请美国圣约翰大学陈小珮博士分享"美国共同核心教学改革的发展"，邀请得克萨斯大学阿灵顿分校 George Siemens 教授围绕"学习分析、新技术与学习改进"做学术报告，邀请新加坡理工大学黄龙翔博士、西班牙拉里奥哈国际大学 Daniel Burgos 教授、芬兰赫尔辛基大学 Mari Tervaniemi 教授、英国剑桥大学 Zsolt Lavicza 博士、加拿大阿萨巴斯卡大学远程教育中心 Mohamed Ally 教授等为该院师生开展讲座 20 余次。2017
年，北京师范大学教育技术学院邀请美国堪萨斯大学赵勇教授，围
绕"教育范式转变：原因及方式"开展学术讲座；邀请英国开放大学
教育技术研究所 Wayne Holmes 博士围绕"讲话、反馈、抑制、情感
与学习"进行学术交流；同年，还邀请了墨尔本大学 David Clarke 教
授、美国匹兹堡大学 Alan Lesgold 教授、美国教育科学院院士 Mar-
cia C. Linn 教授等人为该院师生开展学术讲座 20 余次。近年来，随
着邀请国际专家进行学术交流的频次越来越高，北京师范大学未来
教育高精尖创新中心创办了系列专家讲坛，如"未来教育专家讲坛"，
邀请国内外知名学者围绕未来教育进行专题讲座。比如，2017 年 4
月 17 日，邀请爱丁堡大学 Jeremy Knox 博士进行学术讲座，主题围
绕"Teaching at Scale：Connecting Accredited University Provision
and Open MOOC Learning"（规模教学：链接获得认可的大学规定和
开放慕课学习）；2018 年 5 月 31 日，邀请纽约州立大学奥伯尼分校
张建伟教授进行学术讲座，主题围绕"协作知识建构过程的动态结构
生成与可视化"。此外，清华大学、北京大学、华东师范大学、华中
师范大学、东北师范大学、陕西师范大学、江南大学等高校每年也
会邀请众多教育技术国际专家开展学术讲座，为师生提供国际交流
的机会，促进专业国际化发展。

（二）邀请国际专家开设短专课程

为开阔我国教育技术学生的国际视野，北京师范大学、清华大
学、江南大学等高校通过在国内外的影响和协作关系，聘请了许多
领域知名专家开设短专课程。授课内容包括：教育技术研究方法、
教育技术行为分析、学与教的技术及其研究、信息技术与学科课程
的深度融合、国际高等教育发展与教育技术等领域内的重要研究议
题。2013 年 3 月，黄荣怀教授主持的国际课程《全球化视野下的学习
技术前沿》（*The Frontiers of Learning Technologies in Global Con-*

text)开课。课程邀请了 10 余位在学习技术领域知名的国际专家，通过网络视频会议的形式为来自北京师范大学、华东师范大学、华中师范大学、西北师范大学、江南大学等在内的 70 余位硕士生、博士生进行实时交互式远程授课，旨在提升学生的研究能力，对博士生开题、研究方法和研究设计等进行指导。此外，还邀请来自加拿大阿萨巴斯卡大学的 Kinshuk 教授、Maiga Chang 教授，土耳其哈斯特帕大学的 Arif Altun 教授，突尼斯共和国突尼斯大学的 Mohamed Jemni 教授，希腊比雷埃夫斯大学的 Demetrios G. Sampson 教授，印度孟买技术学院的 Kannan Moudgalya 教授等做了为期一个学期的课程讲授。2014 年 5 月 22 日至 25 日，北京师范大学教育技术学院邀请国际专家蔡力教授进行短期授课，蔡力教授时任美国加利福尼亚大学洛杉矶分校心理系定量心理学方向、教育和信息研究研究生院高级定量方法方向副教授，以及评价、标准和学生测试研究中心联合主任，授课主题围绕"项目反应理论研究进展"开展，内容包括项目反应理论(IRT)相关软件介绍及其应用、项目反应理论研究专题。2016 年 9 月 5 日至 9 日，北京师范大学教育技术学院邀请台湾科技大学教授黄国祯与北京师范大学教授余胜泉联合开设短期专家课程，授课主题围绕"移动学习"(Mobile Learning)开展。2017 年 5 月，国际著名远程教育专家 Terry Anderson 教授来江南大学教育信息化研究中心访问，面向教育技术专业师生，讲授《教育高级研究方法》课程，为期 1 个月。在此期间，Terry Anderson 教授还围绕"如何撰写论文 SSCI 论文"和"中国的研究在研究方面存在的主要问题：IRRODL 的视角"两个主题进行专题报告。

（三）聘请具有国际影响力的专家担任客座教授

聘请具有国际影响力的专家担任客座教授，是我国高校引进境外师资的重要方式。随着我国教育技术学科国内外影响力的日益攀升，对外交流的日益频繁，邀请领域著名学者成为我国各大高校教育技术学科特聘教授、客座教授等的机会也日益成熟。其中，北京师范大学在 2012 年 10 月 12 日至 18 日由北京师范大学和加拿大阿萨巴斯卡大学共同主办的国际智慧学习环境协会（International Association of Smart Learning Environments，IASLE）第二届会议上，聘请了教育技术领域国际排名前十位教授中的六位，包括台湾科技大学数字学习与教育研究所蔡今中教授、台湾科技大学黄国祯教授、北得克萨斯大学信息学院院长 Kinshuk 教授、台湾中山大学陈年兴教授、纽约州立大学奥尔巴尼亚分校教育学院张建伟副教授及香港大学张伟远教授。这些客座教授都是教育技术领域的权威专家，具有非常高的学术造诣。他们会定期造访北京师范大学进行学术讲座，短期课程，并与教师学生进行互动交流，以促进人才发展的国际化。除此之外，我国其他高校教育技术专业也聘请具有国际影响力的专家作为客座教授参与专业建设和人才培养工作。比如，华中师范大学长江学者谢魁教授任职于俄亥俄州立大学，是华中师范大学教育信息技术学院的兼职教授，经常应邀为华中师范大学教育技术师生开展学术讲座与交流活动，目前该院院长为纽约州立大学奥斯威格分校教育学院终身教授杨浩博士。

第十章
国家政策

　　改革开放以来，国务院、教育部及相关部门针对教育技术的发展问题，制定了一系列政策法规。一方面，政策法规紧跟教育技术的发展，从宏观角度把控教育技术的发展方向，进行整体的部署和安排；另一方面，政策法规对教育技术发展过程中出现的问题具有规范和约束的作用，能够进行及时的调整和修正。这两个方面相辅相成，共同促进教育技术的健康稳步发展。同时，由于其颁发机构的重大影响力，政策法规对推动教育技术的落实实施和推广应用具有重要的意义。因此，政策法规可以被看作是我国教育技术领域发展的缩影。按照年代顺序梳理教育技术领域的政策法规，对于回顾我国教育技术的发展历程、总结教育技术的经验教训以及把握教育技术的未来发展趋势有着重要的意义。

　　回顾我国教育技术领域的政策法规，可以看出以《全国电化教育"九五"计划》《教育信息化"十五"发展规划（纲要）》和《教育信息化十年发展规划（2011—2020年）》等文件的颁布为界，我国教育技术的发展可以分为初始起步阶段、全面推进阶段、加速发展阶段和蓬勃发展阶段。不同阶段涉及的领域、召开的会议、成立的组织、启动的项目等侧重点有所不同，但却相互包含、层层递进。

　　20世纪80年代初至90年代末，随着计算机技术的发展，我国开始大力推进计算机教育，通过在中小学开设计算机培训，以达到提升计算机操作能力的目的。同时，受到国外远程教育发展的影响，国内的远程教育以广播电视的形式开始了初步的发展。20 世纪 90 年代末到 21 世纪初，我国利用网络积极发展现代远程教育事业，同时信息技术教育代替计算机教育，开始重视学生信息素养的培养，教育信息化随着政府的重视而迅猛发展，数字校园、教师教育、教育政务等方面都得到了推进和发展。21 世纪初，《国家中长期教育改革和发展规划纲要(2010—2020 年)》提到"信息技术对教育发展具有革命性影响，必须予以高度重视"，教育信息化的战略地位得到全社会的高度认可，教育信息化基础设施建设力度不断增大，教师教育信息化建设、教育系统政务信息化建设及教育信息化服务建设开始步入正轨，获得快速发展，拓展了技术运用的广度和深度。近年来，随着新一轮科技革命和产业革命的到来，互联网、大数据、人工智能等现代技术飞速发展，深刻改变着人类的思维、生产、生活和学习方式，同时也对教育领域产生了深刻的影响，国家迅速响应，发布了《国务院关于积极推进"互联网＋"行动的指导意见》《国务院关于印发促进大数据发展行动纲要的通知》和《国务院关于印发新一代人工智能发展规划的通知》等纲领性文件，积极探索各种新技术促进教育发展的有效途径。

第一节　教育技术初始起步阶段

20 世纪 70 年代末 80 年代初，随着计算机技术的发展，一些发达国家在中小学开展计算机教育，并取得了较大的成功。受技术发展与其他国家成功经验的影响，计算机教育成为促进我国早期教育改革和发展的重要举措。在此情况下，国务院、教育部及相关部门颁布了一系列计算机教育的政策法规，开启了计算机教育的新局面，为教育信息化奠定了基础。

同时，1978 年的改革开放意味着我国社会主义现代化建设进入新时期，经济社会发展百废待兴，急需大量的高科技专门型人才，本就不发达的教育受到重大创伤，人才极度稀缺，我国高等教育面临着前所未有的压力。恰逢国际远程教育有了重大发展，尤其是 1969 年英国开放大学的创立①，给我国高等教育的转型和发展带来了新的曙光。在广泛吸收借鉴国外成功经验，以及结合中国当下国情的基础之上，我国的远程教育也进入起步阶段。受到技术发展的制约，此阶段的远程教育以广播电视的形式存在。

因此，我国早期的教育技术发展以计算机教育和广播电视两个方面为主，计算机教育和广播电视共同为教育信息化发展的奠定了基础。

一、电化教育

1978 年 4 月，"文化大革命"之后的首次"全国教育工作会议"在北京召开，邓小平提出："要制订加快发展电视、广播等现代化教育手段的措施，这是多快好省发展教育事业的重要途径，必须引起充分的重视。"同年 5 月，教育部下发了《关于电化教育工作的初步规划（讨论稿）》②，这是改革开放初期电化教育工作的初步规划，促进了早期电化教育工作的开展。此次会议也为中国电化教育事业的重新起步和发展奠定了基调。

由于受到技术发展的制约，起步阶段的教育信息化的技术手段在课堂上主要表现为幻灯片的形式。1979 年 5 月 15 日，教育部电教局印发《关于编审教学幻灯片中某些问题的通知》，提出要确保幻灯片质量，进口教材，解决重点、难点；能用实物、实验、模型、挂

---

① 南国农：《中国电化教育（教育技术）史》，102 页，北京，人民教育出版社，2013。

② 阿伦娜：《中国电化教育（教育技术）年表（二）》，载《电化教育研究》，2006(12)。

图、板书容易解决而且效果好的，就不要用幻灯片；幻灯片要做到少而精，讲求实效；要附文字说明和教法建议。

1983 年 1 月，教育部组织召开了第一次全国电化教育工作会议，会议讨论制定了我国电化教育的工作方针、任务和发展规划。这次会议为高校电化教育发展注入了活力，很多本科院校在电化教育中心的基础上成立了电化教育专业，一些专科学校的电化教育科室升格为电化教育中心。

总的来说，这一时期的电化教育发展的主要工作是完成了在硬件和资源上的原始积累。在硬件方面，硬件设备可以称之为极其简陋，主要是一些国产的幻灯机、投影仪、录像机、扩音设备等小件。从 1983 年开始，国家对电化教育的投入逐渐加大，各单位开始购买大件的电化教育设备，主要是采购电视摄录系统、编辑系统、闭路电视系统等大型套件。①

二、计算机教育

在全国的教育技术工作开始全面复苏的重要时刻，基础教育也积极进行了响应。在学段上，计算机教育经历了从中学试点到中学普及，再到推广到小学的路线；在课程性质上，计算机教育经历了从选修到必修的路线。

1982 年 9 月，教育部决定在北大附中、清华附中、北师大附中等学校进行计算机选修课的教学试点，这是首次在中学开展计算机教学试点的工作，促进了计算机选修课在全国中学的开设。1984 年 1 月，国家教委成立"全国中学计算机教育试验中心"。全国中学计算机教育试验中心作为半官方性质的专门机构，主要工作是开展中学计算机教育试验应用，这也表明了国家逐步在中学实行计算机教育的决定和决心。1986 年 9 月，国家教委中学教育司颁布《关于印发

---

① 南国农：《中国电化教育（教育技术）史》，60 页，北京，人民教育出版社，2013。

〈全国中学计算机教育工作会议纪要〉的通知》，提出在有条件的地区和学校逐步开展计算机教育，这对在全国范围内普及计算机辅助教育和计算机教育具有重要影响。翌年，国家教委成立"全国中学计算机教育研究中心"，由"全国中学计算机教育试验中心"改名而来，全国中学计算机教育研究中心指导全国中学计算机教育工作的开展，标志着中学计算机教育由试验阶段过渡为研究阶段。①

1984 年 2 月，邓小平在上海视察中国福利会儿童计算机活动中心时说："计算机的普及要从娃娃抓起。"这是国家领导人在公开场合重视计算机教育的重要表现，也是在已有计算机教育在中学试点的基础上倡导要从小进行信息技术教育。到 1991 年 10 月，国家教委成立"中小学计算机教育领导小组"，作为官方性质的组织，将计算机教育扩大到小学，引导中小学计算机教育工作的开展。1992 年 2 月，将"全国中学计算机教育研究中心"更名为"全国中小学计算机教育研究中心"，作为半官方性质的机构，开展中小学计算机教育研究，指导中小学的计算机教育工作。

自 1986 年第三次全国中小学计算机教育工作会议以来，我国中小学计算机教育有了较大的发展，在师资队伍建设、教材建设、机器配置和软件研制等方面都取得了可喜的成绩。随着经济、技术的不断发展和教育改革的深化，20 世纪 90 年代我国的中小学计算机教育进入了一个新的发展阶段。为了今后更好地发展中小学计算机教育，1992 年 7 月国家教委发布《关于加强中小学计算机教育的几点意见》，从经费支持、师资队伍、教材建设、硬件环境、教学软件开发和管理，以及计算机学科教学的考核等方面明确中小学计算机教育工作中应当注意的问题，使得中小学的计算机教育的开展更加规范。

1994 年 10 月，国家教委基础教育司下发《关于印发〈中小学计算

---

① 赵慧臣、马欢欢：《我国教育信息化政策法规年表构建与分析》，载《现代远程教育研究》，2012(5)。

机课程指导纲要(试行)〉与〈中小学教育工作者"计算机培训"指导纲要〉的通知》,要求将执行的情况、经验和问题及时报告全国中小学计算机教育研究中心,保障全国中小学计算机课程顺利开设及指导中小学教师操作计算机,这一文件的颁布为在中小学开设计算机课程作为必修课程打下了良好的基础。① 同年,教育部确定北京师范大学附属实验中学等 18 所第一批全国中小学计算机教育实验学校,正式开展中小学计算机教育试点工作。

中小学计算机教育虽然从无到有,由小到大,已经初具规模,但是在总体上还是落后的,对计算机教育的必要性和重要性的认识有待提高;经费投入不足;硬件环境较差;软件的研究开发及辅助教学、辅助管理没有形成系统和规模;发展的规模较小,速度较慢,普及程度很低。针对以上情况,1996 年 9 月,国家教委基础教育司发布《关于印发〈中小学计算机教育软件规划(1996—2000 年)〉的通知》,明确提出"九五"期间计算机教育软件研制开发的目标和实现目标的主要措施,指导"九五"期间中小学计算机教育软件研制开发工作。同年 12 月,国家教委制定并发布《中小学计算机教育五年发展纲要(1996—2000 年)》②,明确规定了对中小学计算机发展的目标和任务,指导我国"九五"期间中小学计算机教育工作的开展。这两个文件的颁布,对我国中小学计算机教育的持续稳定发展具有重要的意义。

三、广播电视

1978 年到 1997 年,在近 20 年的时间里,我国广播电视大学的发展大体上可分为四个阶段。

---

① 赵慧臣、马欢欢:《我国教育信息化政策法规年表构建与分析》,载《现代远程教育研究》,2012(5)。

② 同上。

（一）1979—1985 年为初创建阶段

邓小平高瞻远瞩，于 1978 年 2 月批准教育部和中央广播事业局的《关于筹备电视大学的请示报告》，同意创办面向全国的广播电视大学。同年 4 月，在国务院召开全国教育工作会议上，邓小平再次提出："要制订加快发展电视、广播等现代化手段的措施，这是多快好省发展教育事业的重要途径。"①这是国家领导人对电化教育应用的呼吁，引起全社会对电化教育的广泛重视。同年 5 月，教育部即下发了《关于电化教育工作的初步规划（讨论稿）》，其速度之快足可见国家对于电化教育的高度重视。

自文件颁布以来，各级教育单位迅速响应，并组织开展学习。1978 年 7 月，教育部发出《关于学校开办教育电视有关问题的通知》，文件明确了学校应用教育电视的途径和方法，促进了教育电视在学校中的应用。

1983 年 6 月，教育部发布《关于加强广播电视大学自学收看生工作的通知》，再次肯定了自学收看（自学视听）这一开放自主学习的形式。7 月，教育部和劳动人事部联合发布《关于广播电视大学毕业生若干问题的通知》，对毕业生学历、使用和工资待遇做出了具体规定。②

1985 年，经国家教委批准，中央电大机构调整，增设远距离教育研究室，这是我国第一个远程教育的专门研究机构。

（二）1985—1992 年为调整改革阶段

在这一时期内，国家对广播电视大学的运行做出了一些调整，包括：当年成人高等教育统一计划招生；暂停招收自学视听生；部

---

① 赵慧臣、马欢欢：《我国教育信息化政策法规年表构建与分析》，载《现代远程教育研究》，2012(5)。
② 南国农：《中国电化教育（教育技术）史》，104 页，北京，人民教育出版社，2013。

分地方电大开始招收普通专科生；中国教育电视台开始通过卫星播出电大课程，中央电视台则大幅减少电大课程播出。

1988 年 5 月，国家教委颁布《广播电视大学暂行规定》，对广播电视大学的性质、任务、职能、管理体制和设置标准等做了规定。当年广播电视大学分别召开教学计划教研会、教材建设工作会议和继续教育研讨会，形成了统设专业科类和全国统设课程的学分不少于总学分的 60％ 的共识和规定，通过了《中央广播电视大学印刷教材编写规范》和《中央广播电视大学视听教材制作规范》，确定大力发展非学历教育的战略举措，从而拉开了深化教学改革的序幕。①

(三)1992—1995 年为教学改革阶段

1993 年，中共中央、国务院印发《中国教育改革与发展纲要》，提出积极发展广播电视教育和学校电化教学，推广运用现代化教学手段。要抓好教育卫星电视接收和播放网点的建设，到 20 世纪末，基本建成全国电教网络，覆盖大多数乡镇和边远地区。广播电视教育成为国家教育改革与发展宏观政策关注的现代教学手段。

与此同时，国家教委决定对电大进行大学基础阶段教育试点；中央电视台将电大课程从第二套节目逐步转到第三套播出，中国教育电视台增加播出频道；电大结合 229 门课程的规划建设深化教学改革，电大开始开发计算机多媒体课件。②

为了充分发挥广播、电视和计算机等多种媒体及广播电视大学系统办学的优势，适应社会发展和经济建设的需求，广播电视大学在发展过程中积极地进行了多种媒体、多种学科、多种层次、多种形式的远程教育和开放教育的改革创新，对远程教育和开放教育的规律进行了全面、持续的有益探索，走出了一条面向社会、地方、

---

① 南国农：《中国电化教育（教育技术）史》，105 页，北京，人民教育出版社，2013。

② 同上书，107 页。

农村、基层发展远程教育的道路。

(四)1995—1997 年为深化改革试点阶段

1995 年，国家教委向各地人民政府转发《关于广播电视大学贯彻〈中国教育改革和发展纲要〉的意见》，提出广播电视大学的发展总目标、指导思想、主要任务和重点工作，要求广播电视大学努力建成具有中国特色的现代远程教育开放大学。该意见颁布之后，首批 10 所广播电视大学开始了注册视听生和专升本两项试点。

广播电视大学是我国高等教育的重要组成部分，改善了高等教育的结构和布局。广播电视大学已经成为中国高等教育、成人教育和继续教育的重要组成部分，在高等教育的世袭领地为远程教育争得了一席之地；广播电视大学的发展有力地改变和完善了中国高等教育的专业结构、层次结构、地理布局和城乡布局。

20 年来，中国广播电视大学以其鲜明的特色，为中国乃至国际远程教育的发展做出了贡献，特别是其独具特色的实践创新体系和系统模式更引起了国际远程教育界的关注，为中国远程教育赢得了普遍的声誉。这一创新实践体系包括从中央到地方，由中央电大、44 所省级电大、近 1 000 所地市级电大和近 2 000 所县级电大，以及 5 万多个基层教学班(点)组成的，实行统筹规划、分级管理、分工协作的全国广播电视大学系统。在网络基础设施硬件建设、网络教育软件建设、远程教育中应用计算机网络和多媒体等方面，广播电视大学并不比任何普通高等学校落后，广播电视大学在这一历程后期的实践中已经为远程教育的进一步发展在技术支撑上做好了必要的准备。[1]

---

[1]   南国农：《中国电化教育（教育技术）史》，108～109 页，北京，人民教育出版社，2013。

第二节　教育技术全面推进阶段

随着计算机的普及，信息处理能力成为人们必备的素养。为适应信息社会的学习、工作和生活，在学校开设信息技术课程、普及信息技术成为政策法规的重要内容。同时，在计算机网络逐步建立以及部分社会人员求知欲望强烈的背景下，部分高校开始利用网络开展远距离教学工作。教育部针对部分高校的远距离教学提出相关意见，并逐步确立了现代远程教育促进教育信息化发展的重要地位。随后，在大力发展计算机教育、信息技术和现代远程教育的基础上，教育信息化被正式提出，并进入全面推进的阶段。在此阶段颁布的政策法规对于转变教育思想和观念、深化教育改革、提高教育质量和效益、培养创新人才、实现教育跨越式发展具有深远意义。

一、整体部署

在过去近 20 年的发展中，我国电化教育事业取得了进一步的发展，广播电视教育、学校电化教育及卫星电视教育网络建设都取得了显著成绩。教育技术专业已形成较完整的专科、本科、研究生(硕士、博士)培养体系。电教教材数量增长较快，质量有所提高。电教队伍稳步发展，形成了专兼职相结合的近 20 万人的电教队伍。电化教育已经成为推动我国教育现代化发展的重要力量，为今后的进一步发展奠定了较好的基础。但是，电化教育发展中还存在一些问题：电教经费虽有增加，但总体投入仍然不足，对软硬件投入的比例也不够合理；在电教教材建设上，由于统筹规划不够，造成教材不配套，低水平重复制作的问题；电化教育的法规建设较为薄弱，不能适应教育改革和发展的需要。

(一)《全国电化教育"九五"计划》

1997 年 4 月 24 日，国家教委颁布了《全国电化教育"九五"计划》。《全国电化教育"九五"计划》肯定了发展电化教育事业的重要性和必要性，"电化教育已经成为推动我国教育现代化发展的重要力量""在促进教学改革，实现教学手段现代化，提高教育质量，培养学生良好的思想品德等方面都发挥了重要作用"，并基于此提出五项电化教育发展目标与任务：①积极推进广播电视教育的改革与发展，加快广播电视大学开放办学和教学现代化进程，将广播电视大学建成具有中国特色的现代远距离开放大学；②大力发展学校电化教育，提高电化教育水平，切实推进教学改革；③努力提高教育电视节目质量，加强卫星电视教育网络建设，办好教育电视台站；④重点建设配套的电教教材，逐步形成电教教材系列；⑤深入开展电化教育的科学研究工作。

为了更好地实现上述五条发展目标，《全国电化教育"九五"计划》提出十二条保障措施，重在强调加强领导、深化改革、统筹规划、加强各级电教馆及高校电教中心的工作、开展培训工作、抓好电化教育科学研究重点课题、加强电教法规建设、多渠道筹措电化教育经费、积极推进电教信息网络建设、办好电教报刊、加强电化教育的宣传力度、充分发挥电化教育学术团体协作组织的作用、扩大电化教育的国际交流活动。

为了深入贯彻《全国电化教育"九五"计划》，落实《全国电化教育"九五"计划》提出的各项发展目标，国家各级部门从教育信息化、数字校园、信息技术教育、教师教育信息化、现代远程教育、教育政务信息化、教育信息服务等多个方面颁布了一系列的政策法规。

（二）《关于深化教育改革，全面推进素质教育的决定》

1999 年 6 月，中共中央、国务院颁布《关于深化教育改革，全面推进素质教育的决定》，明确提出"大力提高教育技术手段的现代化水平和教育信息化程度。国家支持建设以中国教育科研网和卫星视频系统为基础的现代远程教育网络，加强经济实用型终端平台系统和校园网络或局域网络的建设，充分利用现有资源和各种音像手段，继续搞好多样化的电化教育和计算机辅助教学。在高中阶段的学校和有条件的初中、小学普及计算机操作和信息技术教育，使教育科研网络进入全部高等学校和骨干中等职业学校，逐步进入中小学。采取有效措施，大力开发优秀的教育教学软件。运用现代远程教育网络为社会成员提供终身学习的机会，为农村和边远地区提供适合当地需要的教育"。可以看出，以上各项要求延续了《全国电化教育"九五"计划》的思想和路线，肯定了教育技术在深化教育改革、推进素质教育方面的重要作用，有助于提高教育技术手段的现代化水平。

2001年5月29日，国务院发布《关于基础教育改革与发展的决定》，对基础教育的各个方面进行了部署和规划。该决定中明确提出，要"大力普及信息技术教育，以信息化带动教育现代化。各地要科学规划，全面推进，因地制宜，注重实效，以多种方式逐步实施中小学'校校通'工程。努力为学校配备多媒体教学设备、教育软件和接收我国卫星传送的教育节目的设备。有条件地区要统筹规划，实现学校与互联网的连接，开设信息技术课程，推进信息技术在教育教学中的应用。开发、建设共享的中小学教育资源库。加强学校信息网络管理，提供文明健康、积极向上的网络环境。积极支持农村学校开展信息技术教育，国家将重点支持中西部贫困地区开展信息技术教育。支持鼓励企业和社会各界对中小学教育信息化的投入"。

(三)《全国教育事业第十个五年计划》

2001年7月，教育部发布《全国教育事业第十个五年计划》，将"教育信息化工程"作为"十五"期间教育改革与发展的六项工程之一，提出"要把教育信息化工程列入国家重点建设工程，以信息化带动教育现代化"，并从基础设施建设和人才培养两个方面提出了具体的要求。在基础设施建设上，国家"重点支持并加快以中国教育科研网和卫星视频系统为基础的现代远程教育网络建设。建成一批网络学校。完善高等学校的计算机网络建设，加快数字图书馆等公共服务体系建设，进一步改善高等教育的信息环境。提高初、中等学校的计算机配备水平。2005 年，全部高等学校、高中阶段学校和部分初中、小学均能连接国际互联网。普及九年义务教育的地区，每所中小学都应设立计算机教室，全国农村绝大多数中小学能够收看教育电视节目"。在人才培养上，要"推动各级各类学校普及计算机及网络知识教育。加强各层次计算机软件人才的培养和培训""积极开发、共享教育信息资源，加强中小学信息技术课程与教材建设。加强对师范教育专业学生的信息技术教育，加强对中小学专任教师的计算机基础知识技能培训。建设一支适应教育信息化需要的师资队伍。推进各级各类学校充分利用现代信息技术，改进教学手段和方法，改进教育管理方式，提高教育教学及管理水平"。

以上文件不仅是中共中央、国务院、教育部等重要部门对教育信息化的重要性和必要性的强调，也对教育信息化的各个方面做出了明确的规定和要求，如硬件环境的配置、信息技术课程的开设、教育资源的建设、信息网络的管理、信息化人才的培养等，为教育信息化的发展指明了方向。

二、数字校园

随着互联网技术的快速发展，我国中小学校园网建设的发展也较快。从在建或已建校园网来看，一些问题和倾向不容忽视，主要有：对校园网缺乏全面的认识和理解；校园网建设缺少总体规划和指导，学校建网放任自流；重视硬件设备的投入，轻视软件建设和师资培训，致使校园网使用率不高；校园网缺乏良好的管理与维护，或缺少运行资金，不能正常运转；校园网产品质量参差不齐，可扩展性和升级性差，售后服务跟不上，造成一些学校建网后的维护费用和改造费用过高，学校重复投资现象严重，等等。这些都严重影响着校园网建设的健康发展，造成投入与效益比严重失调。

为了有针对性地改进以上问题，教育部办公厅于 2001 年 11 月 29 日发布了《关于中小学校园网建设的指导意见》，总结了过去几年校园网建设中出现的各种问题及其原因，并再次指出了校园网建设对于学校管理、教师教学和学生能力提高等方面的重要意义。同时，明确提出了校园网建设应该遵循"统一规划、分级负责、分步实施""培训在先、建网建库同行、重在应用"和"成熟优先"的原则，要满足先进性、开放性、灵活性、发展性、可靠性和安全性等要求。校园网建设不仅是硬件系统设施及配套设施的建设，同时还要关注教学软件建设、人员培训、校园网施工管理等多方面的因素。这是教育部首次以正式文件的形式对校园网建设提出的长远规划，对于促进中小学校园网工作的顺利开展具有重要的意义。

2002 年 7 月 9 日，教育部办公厅、国家计委办公厅又联合下发了《西部大学校园计算机网络建设工程项目管理暂行办法》，成立国家西部大学校园网项目领导小组和省级西部大学校园网项目工作小组等，规范了西部大学计算机网络建设工程的实施。

三、信息技术教育

为加强对中小学计算机学科教学的指导，提高中小学计算机学科教学质量，根据计算机技术和应用的发展以及我国中小学计算机师资、设备等条件的变化，国家教委组织专家对 1994 年颁发的《中小学计算机课程指导纲要（试行）》进行了修订，于 1997 年 10 月发布《中小学计算机课程指导纲要（修订稿）》。修订稿在原有的基础上，不仅在课程的内容和要求上做出了调整，而且指出将计算机课程分为若干模块，从小学、初中到高中都要开设计算机课程。从修订稿的颁布可以看出，国家计划在中小学全面开设计算机课，在基础教育阶段普及计算机教育。

1997 年 11 月，国家教委办公厅下发《中小学教学软件审查标准》

《教育软件使用文档编写指南》《中小学教学软件审查办法》等规范，对教学、教育软件建立审查体系，以此规范教学、教育软件的开发与运用。

此后四五年的时间内，国家层面颁布了一系列的政策文件，大力推动信息技术教育在中小学课堂的落地实施。1999 年 12 月，教育部召开中小学信息技术教育研讨会，讨论《关于加快中小学信息技术课程建设的指导意见（草案）》，次年正式发文，指导意见的颁布对于推动我国中小学信息技术教育发展具有重要意义。2000 年 1 月，教育部印发《全日制普通高级中学课程计划（试验修订稿）》，首次将信息技术列为必修课，并在全国 10 个试点省市普通高中开始实施，逐步普及中学信息技术教育。2000 年 10 月，教育部在北京召开"全国中小学信息技术教育工作会议"，时任教育部部长陈至立在会上对加速教育信息化的进程做了具体部署，积极推进新世纪教育信息化。[①]2000 年 11 月，教育部又发出《关于在中小学普及信息技术教育的通知》和《中小学信息技术课程指导纲要（试行）》，决定从 2001 年开始用 5～10 年的时间，在中小学普及信息技术教育，全面启动中小学信息技术教育的普及工作。

2001 年 6 月，国务院批准教育部制定的《基础教育课程改革纲要（试行）》，明确指出，从小学至高中设置综合实践活动并作为必修课程，其内容主要包括信息技术教育、研究性学习、社区服务与社会实践以及劳动与技术教育；强调学生通过实践，增强探究和创新意识，学习科学研究的方法，发展综合运用知识的能力；增进学校与社会的密切联系，培养学生的社会责任感；在课程的实施过程中，加强信息技术教育，培养学生利用信息技术的意识和能力；了解必要的通用技术和职业分工，形成初步技术能力；同时提出充分发挥

---

① 赵慧臣、马欢欢：《我国教育信息化政策法规年表构建与分析》，载《现代远程教育研究》，2012(5)。

信息技术的优势，为学生的学习和发展提供丰富多彩的教育环境和有力的学习工具。纲要的颁发进一步推进了信息技术的普遍应用。

四、教师教育信息化

自《全国电化教育"九五"计划》颁布以来，教师教育一直被作为提高教育现代化的一项重要举措。

2000年5月，教育部与跨国公司合作项目——"英特尔®未来教育"在上海启动，为国内教师培训带来了先进的教学理念、培训模式及管理方法，促进了教师教育信息化。①

2002年3月，教育部提出《关于推进教师教育信息化建设的意见》，明确指出要"把信息技术教育作为中小学教师继续教育的重要内容之一"，指导"十五"期间我国教师教育信息化建设工作。2002年4月，教育部下发《关于成立"全国教师教育信息化专家委员会"的通知》，由北京师范大学何克抗教授任主任委员，开展教师教育信息化建设研究，向师范教育司提供咨询意见和政策建议，推进教师教育信息化工作的开展。

五、现代远程教育

1998年6月5日，教育部致国务院《关于报请批转〈关于发展我国现代远程教育的意见〉的请示》，提出现代远程教育发展的指导方针、目标、任务及实施步骤、主要措施，强调了在我国发展现代远程教育的必要性和紧迫性，建议在我国开展现代远程教育的试点工作。时任国务院副总理李岚清批示："远程教育是利用现代教育技术，发展高素质教育的一种教育方式，是一件很大的事。我们应作为一项重大工程来研究实施，请你们组织一些同志进行周密的研究，提出方案。"

---

① 赵慧臣、马欢欢：《我国教育信息化政策法规年表构建与分析》，载《现代远程教育研究》，2012(5)。

1999 年 1 月，国务院批转教育部制定的《面向 21 世纪教育振兴行动计划》，将现代远程教育工程列为振兴中国教育的六大工程之一，明确提出实施现代远程教育工程，到 2010 年基本形成开放式的教育网络，构建终身教育体系和学习化社会，为国家知识创新体系及现代化建设提供充足的人才支持和知识贡献。《面向 21 世纪教育振兴行动计划》的颁布有利于加大基础设施建设，促进教育改革。此后，教育部还颁布实施了《关于发展我国现代远程教育的意见》，把"统筹规划，需求推动，扩大开放，提高质量"作为发展中国现代远程教育的指导方针，提出现代远程教育工程的主要任务包括硬件基础设施建设、软件资源建设、现代远程教育试点和现代远程教育管理，这标志着中国现代远程教育工程正式启动。

从 1999 年开始，教育部批准成立了一系列的高校试点，启动现代远程教育的试点工作。3 月，教育部印发《关于启动现代远程教育第一批普通高校试点工作的几点意见》，正式批准清华大学、北京邮电大学、浙江大学、湖南大学和中央广播电视大学为第一批试点院校，促进现代远程教育在高校的开展。4 月，教育部批准"中央广播电视大学人才培养模式改革和开放教育试点"研究项目，这既是我国现代远程教育试点的重要组成部分，又是中央广播电视大学改革人才培养模式、发展现代远程开放教育的重要实验，是从广播电视远程教育向远程开放教育跨越式发展的标志性事件。此后，教育部先后同意在北京大学、同济大学、中国人民大学、东南大学和西南工学院(后更名为西南科技大学)等学校以不同的形式开展现代远程教育教学实验和教学改革，这标志着现代远程教育正式启动和起步。同年 6 月，教育部在北京召开全国教育信息化工作座谈会，启动现代远程教育工程，时任教育部副部长韦钰做了题为《实施"科教兴国"战略，加快教育信息化建设》的报告，进一步落实《面向 21 世纪教育振兴行动计划》。①

    2000 年 7 月，教育部下发《关于印发〈教育网站和网校暂行管理办法〉的通知》，指出教育网站和网校可以利用卫星网络进行教育教学活动。这一文件的颁布有利于促进互联网教育信息服务的发展。

    2000 年 7 月，教育部批准 15 所高校为第二批现代远程教育试点院校，开展第二批现代远程教育试点工作，进一步完善高等院校开展现代远程教育。截至 2002 年年初，教育部陆续批准中央广播电视大学和 66 所普通高校开展试点工作。为了进一步规范和管理试点学校的工作，教育部又颁布了《关于支持若干所高等院校建设网络教育学院，开展现代远程教育试点工作的几点意见》，提出了试点工作的主要任务、试点学校的基本条件、试点工作的管理方式、开展试点工作应注意的几个问题，并决定启动新世纪网络课程建设工程，实现资源共享，支持网络教学工作，进一步推动高等院校现代远程教育工程的进展。

    2000 年 11 月，教育部发布《关于在中小学实施"校校通"工程的通知》，提出"用 5～10 年时间，使全国 90％左右的独立建制的中小学校能够上网，使中小学师生都能共享网上教育资源，提高中小学的教育教学质量，使全体教师能普遍接受旨在提高实施素质教育水平和能力的继续教育"。"校校通"工程的开展，不仅标志着现代远程教育工作从高校逐渐普及中小学校，而且为中小学普及信息技术教育、推动教育信息化建设奠定了良好的硬件基础。

    随着现代远程教育的快速发展，越来越多的高校和中小学校加入远程教育的发展当中，教育部为了规范相关工作，出台了一系列的政策文件。2001 年，教育部成立现代远程教育技术标准化委员会，作为半官方的组织，研究和制定现代远程教育技术标准。2001 年 4

---

    ① 南国农：《中国电化教育（教育技术）史》，111～112 页，北京，人民教育出版社，2013。

月，教育部发布《现代远程教育技术规范（教学资源相关部分）》（V1.0 版），规范现代远程教育教学资源，提升现代远程教育的实用性。2002 年 2 月，教育部发布《现代远程教育技术标准体系和 11 项试用标准》（V1.0 版），提出比较完整的中国现代远程教育技术标准体系结构，形成 11 项规范，作为首部现代远程教育系统开发标准发布施行。[①]

2001 年 7 月，教育部发布《全国教育事业第十个五年计划》，积极推进教育改革，提高人才培养质量，大力发展终身教育，积极构建终身教育体系，高度重视信息技术对教育产生的革命性影响，大力推进教育信息化，已经成为当今世界教育发展的主流。文件将"教育信息化工程"作为"十五"期间教育改革与发展的六项工程之一，提出要把教育信息化工程列入国家重点建设工程，以信息化带动教育现代化。

六、教育政务信息化

随着信息技术的快速发展，技术的运用已经渗透到社会的方方面面。为推动政府系统办公自动化建设，国务院办公厅先后下发了《关于进一步推进全国政府系统办公自动化建设和应用工作的通知》和《关于印发全国政府系统政务信息化建设 2001 年—2005 年规划纲要的通知》。通知要求，各地各级政府系统要加快办公自动化的建设，大力推进政府政务信息化工作。

为了贯彻落实国务院办公厅的文件精神，教育部办公厅于 2001 年 6 月发布了《关于开展教育系统办公自动化建设和应用试点工作的通知》，在京津地区开展教育系统办公自动化的试点，试点工作按照"统一规划，相互协调"的原则，以转变工作职能，提高办公效率为

---

① 赵慧臣、马欢欢：《我国教育信息化政策法规年表构建与分析》，载《现代远程教育研究》，2012(5)。

目标实现政务信息资源共享。

第三节　教育技术加速发展阶段

教育信息化的战略地位得到全社会的高度认可，在将教育信息化作为一项国家战略提出后，教育信息化基础设施建设力度不断加大，涵盖了数字化校园建设、教师教育信息化建设、教育政务信息化建设以及教育服务信息化建设等，使得整个教育大系统逐步迈向信息化的行列。在此阶段颁布的各类教育信息化政策有力地促进了"促进教育信息化，实现教育现代化"目标的实现。

一、整体部署

自《全国电化教育"九五"计划》颁布以来，随着国家信息化建设步伐的加快，教育信息化也进入了快速发展的时期，取得了一系列的成就：教育信息化的基础建设初见成效，信息技术教育与应用发展迅速，信息化人才培养的速度明显加快，教育资源建设和远程教育的工作取得进展，大学信息产业初具规模，西部现代远程教育扶贫示范项目取得成效。我国虽然在推进教育信息化的进程中已经取得了很大的成就，但是在新形势下还面临着一些困难和需要引起高度重视的问题，仍然存在一些薄弱环节：一线教育工作人员的信息化观念不强，教育信息化投入不足、发展不均衡，教育资源严重缺乏、难以有效整合，信息化人才培养的数量和质量远远不能满足社会需要，中小学教育信息化建设亟待加强，教育信息技术产业有待发展。

（一）《教育信息化"十五"发展规划（纲要）》

教育部于 2002 年 9 月发布了《教育信息化"十五"发展规划（纲要）》，再次肯定了教育信息化的重要地位和作用，认为教育信息化是国家信息化、国民经济和社会发展的客观要求，是实现教育现代化和跨越式发展的基础。纲要指出教育信息化应采取"统筹规划、需求导向，加强合作、注重实效、人才为本、项目示范，因地制宜、协调发展"的原则，在新的五年内开展六项重大的基础建设工程：中国教育和科研计算机网（CERNET）延伸和拓展工程、中国教育卫星宽带传输网建设工程、"校校通"工程和中小学现代远程教育建设工程、大学校园网建设工程、政务信息化工程和信息人才培养工程。纲要还提出了四项标准与信息系统的建设工作：现代远程教育技术标准化工作，大学数字校园、教学测评自动信息系统建设与应用和信息发展战略研究。为了达成以上发展目标和任务，纲要指出应该建立科学的教育信息化管理体制，加大对教育信息化的投入，开列运转维持费，实施人才战略，加强管理战略研究，制定有利于教育信息化发展的法律、法规。

这是教育信息化发展史上第一个以"教育信息化"命名的中期发展规划，是我国第一个系统全面指导教育信息化建设与发展的国家级层面的教育信息化战略规划，对教育信息化的发展具有重要的意义。

（二）《2003—2007 年教育振兴行动计划》

2004 年 3 月 3 日，国务院发布《2003—2007 年教育振兴行动计划》，明确提出实施"农村中小学现代远程教育计划"，要求在五年左右的时间内，"使农村初中基本具备计算机教室，农村小学基本具备数字电视教学收视系统，农村小学教学点具备教学光盘播放设备和光盘资源，并初步建立远程教育系统运行管理保障机制"。虽然农村地区远程教育的发展时机和发展水平落后于城市地区，但是"农村中小学现代远程教育计划"的提出大大加快了农村地区硬件设置的配置进程，为农村地区实施现代远程教育提供了硬件的支撑。同时，文件还指出要"初步形成农村教育信息化的环境，持续向农村中小学提供优质教育教学资源，不断加强教师培训"，可见不仅仅是硬件环境的提升，国家在农村地区发展现代远程教育也非常重视资源的跟进。

《2003—2007年教育振兴行动计划》还将教育信息化建设列为六大工程之一，实施"教育信息化建设工程"，形成多层次、多功能、交互式的国家教育资源服务体系，推动数字化校园的建设，加快教育信息化基础设施、教育信息资源建设和人才培养，全面提高现代信息技术在教育系统的应用水平，全面开展教育信息化工作。

(三)《2006—2020年国家信息化发展战略》

2006年3月19日，中共中央办公厅、国务院办公厅发布《2006—2020年国家信息化发展战略》，提出"到2020年……国家信息化发展的制度环境和政策体系基本完善，国民信息技术应用能力显著提高，为迈向信息社会奠定坚实基础"。具体目标是"人民群众受教育水平和信息技术应用技能显著提高，为建设学习型社会奠定基础"。在"信息化发展的战略重点"中提出，"提高国民信息技术应用能力。强化领导干部的信息化知识培训，普及政府公务人员的信息技术技能培训。配合现代远程教育工程，组织志愿者深入老少边穷地区从事信息化知识和技能服务。普及中小学信息技术教育。开展形式多样的信息化知识和技能普及活动，提高国民受教育水平和信息能力"。在"信息化发展的战略行动中"提出"国民信息技能教育培训计划""缩小数字鸿沟计划"等。这是我国首次提出的较为系统全面的国家信息化中长期发展战略规划，是未来十五年信息化建设趋势和走向的一个纲领性文件，在中国信息化发展史上具有划时代的意义，标志着中国信息化建设上了一个新台阶。北京大学汪玉凯教授总结我国国家信息化发展战略具有起点高、覆盖广、重点突出、措施周详、保障有力五大特点。①

---

① 汪玉凯：《解析国家信息化发展战略"五大特点"》，载《信息化建设》，2006(7)。

（四）《国家中长期教育改革和发展规划纲要(2010—2020 年)》

2010 年 7 月 29 日，《国家中长期教育改革和发展规划纲要(2010—2020 年)》正式发布，在"加快教育信息化进程"部分，明确提出未来 10 年"加快教育信息基础设施建设""加强优质教育资源开发与应用""构建国家将教育管理信息系统"。国家将教育信息化工程纳入了重大项目，提出"信息技术对教育发展具有革命性影响，必须予以高度重视"，把教育信息化置于极其重要的地位。

二、数字校园

2010 年 6 月，教育部、人力资源社会保障部、财政部共同发出《关于实施国家中等职业教育改革发展示范学校建设计划的意见》，提出建设数字化校园，并将提高示范学校办学的信息化水平作为重要目标，有利于推进中等职业教育改革创新，提高中等职业学校办学水平。2011 年 1 月，教育部办公厅、人力资源社会保障部办公厅、财政部办公厅联合颁布《关于公布"国家中等职业教育改革发展示范学校建设计划"第一批立项建设学校名单的通知》，确定 285 所中等职业学校作为"国家中等职业教育改革发展示范学校建设计划"第一批立项建设学校，指导试点学校按照文件中的建设要求进行校园网建设。

此后，教育部又针对职业教育的校园网建设颁布了一系列文件。2011 年 9 月，教育部发布《关于实施国家示范性职业学校数字化资源共建共享计划的通知》，要求示范性职业学校、相关行业组织等单位联合申报数字化资源共建共享计划课题项目，推进职业教育数字校园建设。2012 年 1 月，教育部职业教育与成人教育司发布"全国职业教育数字化资源共建共享联盟"专业协作组名单，推动职业教育领域的数字化资源共建共享，推进职业教育数字校园建设，加快教育信息化进程。2012 年 2 月，中国职业技术教育学会信息化工作委员会发布《国家示范性职业学校数字化资源共建共享计划资源开发技术规范》，要求国家示范性职业学校数字化资源共建共享相关规范，规范国家示范性职业学校数字化资源的共建共享。①

三、现代远程教育

2003年9月，国务院下发《关于进一步加强农村教育工作的决定》，明确提出"实施农村中小学现代远程教育工程，促进城乡优质教育资源共享，提高农村教育质量和效益"，深化农村教育改革，促进农村经济社会和城乡协调发展。为了贯彻落实国务院的文件精神，同年教育部、国家发展改革委、财政部联合发布《农村中小学现代远程教育工程试点工作方案》，提出农村中小学现代远程教育工程试点地区的选择及试点规模、经费预算以及基本配置标准等具体的事项和规定，大力促进农村中小学现代远程教育开展和落地实施。

2010年1月，教育部下发《关于印发〈教育部2010年工作要点〉的通知》，第12条提出"发展现代远程教育""加强终身学习网络和服务平台建设"，第16条提出"推进教育信息化和优质教育资源共享""为农村中小学配备多媒体远程教学设备，加强教师信息技术培训"，积极推进"教育公共服务平台建设应用"。这些工作的开展有利于全面提高教育品质，进一步促进教育公平。

2010年7月29日，《国家中长期教育改革和发展规划纲要（2010—2020年）》颁布实施，明确提出我国教育发展三个战略目标是"基本实现教育现代化，基本形成学习型社会，进入人力资源强国行列"，同时，明确提出"大力发展现代远程教育，建设以卫星、电视和互联网等为载体的远程开放继续教育及公共服务平台"和"办好开放大学"的要求。

2011年5月26日，教育部党组会议原则通过了中央电大提出的

---

① 赵慧臣、马欢欢：《我国教育信息化政策法规年表构建与分析》，载《现代远程教育研究》，2012(5)。

《国家开放大学建设方案》，提出"要通过国家开放大学建设，利用先进的信息技术手段、灵活开放的体制机制，按照'宽进严出'的学习制度，满足全民学习、终身学习的学习型社会建设需要"。2012 年 6 月 21 日，《教育部关于同意在中央广播电视大学基础上建立国家开放大学的批复》，"同意在中央电大的基础上组建国家开放大学"，明确"国家开放大学是教育部直属的，以现代信息技术为支撑，主要面向成人开展远程开放教育的新型高等学校"，要求"按照需求导向深入推进人才模式培养的创新，尤其在运用信息技术与开放学位教育的深度融合方面做出更大努力"。

2010 年《国家中长期教育改革和发展规划纲要(2010—2020 年)》的颁布实施和 2012 年全国继续教育工作会议的召开，以及国家和地方开放大学的建设，都标志着网络远程教育进入了一个以创新引领发展为特征的新阶段。至此，国家教育体制综合改革的探索开放大学建设模式的实施基本结束，标志着我国的远程开放教育经过 35 年的风雨兼程的持续努力和积极探索，正式步入了开放大学建设的历史新阶段。

四、课程资源建设

课程资源和硬件设备是现代远程教育发展的两个轮子，缺一不可。伴随着现代远程教育的加速发展，我国课程资源的建设也飞速地发展。此阶段课程资源建设的发展历程，主要可以分为精品课程的建设和精品开放课程的建设两个方面。

经过前一阶段对现代远程教育试点工作的规范管理，现代远程教育整体秩序基本规范，试点工作逐渐从规范办学向规范教学发展，教学工作获得了质的发展，教育管理部门及一线教育工作人员将关注点逐渐转移到课程建设上来。教育部启动新世纪网络课程建设工程，试点高校利用本校的优秀专业、课程和教师资源，调动各种信息技术手段，开展了校本基础和专业课程的教学内容数字化、教学交互和学习活动网络化的初步探索。各试点高校开发建设的基本教学资源数量大、种类多、实用性强、建设速度快，但是精品不多，还没有形成网络课程的整体概念和精品意识。同时，由于重点是解决各校自己网络教学的需要，因此，比较注重本校的品牌的立意，还没有形成共建和共享的意识。值得指出的是，从试点的局面看，资源建设重复现象严重。为了提高课程质量，促进课程资源的共享，2007 年，教育部在"高等学校本科教学质量与教学改革工程"中启动网络教育国家精品课程评选，使资源建设进入了网络教育精品课程建设和精品战略发展阶段。

2011 年 10 月，教育部发布《关于国家精品开放课程建设的实施意见》，明确国家精品开放课程的建设目的和运行机制，加强优质教育资源共享。文件指出："国家精品开放课程包括精品视频公开课与精品资源共享课，是以普及共享优质课程资源为目的、体现现代教育思想和教育教学规律、展示教师先进教学理念和方法、服务学习者自主学习、通过网络传播的开放课程。"文件还提出了具体的建设目标，在"十二五"期间，"建设 1 000 门精品视频公开课，其中 2011 年建设首批 100 门，2012—2015 年建设 900 门"和"建设 5 000门国家级精品资源共享课"。

五、教师教育信息化

为了推进教师教育改革创新，以信息化带动教师教育现代化，逐步构建开放灵活的教师终身学习体系，推进教师继续教育，全面提高教师教育质量，大幅提升教师队伍的整体素质，促进基础教育尤其是农村教育的发展，教育部针对教师教育采取了系列措施，颁布了一系列法规。

2003 年 9 月，教育部下发《关于实施全国教师教育网络联盟计划的指导意见》，以现代远程教育为突破口，构建覆盖全国城乡的教师教育网络体系，通过教师网络培训，带动教师教育现代化。同时，

"全国教师教育网络联盟"启动仪式在北京师范大学举行。

为了提高中小学教师教育技术能力和水平，促进教师专业能力的发展，教育部于 2004 年 12 月 15 日印发了《中小学教师教育技术能力标准(试行)》，从教学人员、管理人员和技术人员三个方面分别给出了具体的能力标准。这是我国颁布的第一个有关教师的教育行业专业能力标准，对于中小学教师的教育技术培训于考核具有重要的参考意义。

2009 年，教育部启动实施了"中小学教师国家级培训计划"，同时启动了"中西部农村义务教育学校教师远程培训项目"，主要依托农村中小学现代远程教育工程，采用卫星电视课程播放与网络在线辅导答疑相结合的方式，对中西部 23 个省(区、市)以及新疆生产建设兵团的 100 个项目县约 30 万名教师进行专题培训。这一项目利用现代远程教育技术手段实施培训计划，提高中西部农村教师的教学素质。①

六、教育管理信息化

2012 年 3 月，教育部发布《教育管理基础信息》《教育行政管理信息》《普通中小学校管理信息》《中职学校管理信息》等七个教育信息化相关标准，构建学校管理信息的规范和标准，促进教育管理信息的标准化。②

第四节　教育技术蓬勃发展阶段

2012 年之后发布的教育信息化政策法规比较多，这主要是由于 2011 年 8 月 26 日教育部成立了教育信息化领导小组，设立了教育信

---

① 赵慧臣、马欢欢：《我国教育信息化政策法规年表构建与分析》，载《现代远程教育研究》，2012(5)。

② 同上。

息化推进办公室，可见国家在战略层面非常重视教育信息化。

同时，此阶段各种新技术的发展突飞猛进，如大数据、人工智能、云计算等对各行各业都产生了深刻的影响和变革。在此情况下，国务院、教育部及相关部门颁布了一系列的政策法规，以更好地适应新技术的影响，推动教育信息化的发展。中共中央、国务院对网络安全和信息化工作的重视程度前所未有，"互联网＋"行动计划、促进大数据发展行动纲要、新一代人工智能发展规划等有关政策密集出台，信息化已成为国家战略，教育信息化正迎来重大历史发展机遇。

一、整体部署

20 世纪 90 年代以来，国家在教育技术领域实施了一系列的重大工程和整治措施，为我国教育信息化发展奠定了坚实的基础，在基础设施建设、校园网建设、数字教育资源、信息化教学应用、教育管理信息化等方面都取得了可喜的成绩。但是我们也必须清醒地认识到，加快推进教育信息化还面临诸多的困难和挑战。对教育信息化重要作用的认识还有待深化和提高；加快推进教育信息化发展的政策环境和体制机制尚未形成；基础设施有待普及和提高；数字教育资源共建共享的有效机制尚未形成，优质教育资源尤其匮乏；教育管理信息化体系有待整合和集成；教育信息化对于教育变革的促进作用有待进一步发挥；推进教育信息化仍然是一项紧迫而艰巨的任务。

(一)《教育信息化十年发展规划(2011—2020 年)》

《国家中长期教育改革和发展规划纲要(2010—2020 年)》明确指出："信息技术对教育发展具有革命性影响，必须予以高度重视。"为推进落实《国家中长期教育改革和发展规划纲要(2010—2020 年)》关于教育信息化的总体部署，教育部组织编制了《教育信息化十年发展规划(2011—2020 年)》，并于 2012 年 3 月 13 日下发至各级教育部门。文件指出，教育信息化工作要坚持"面向未来，育人为本""应用驱动，共建共享""统筹规划，分类推进""深度融合，引领创新"的原则，做到"基本建成人人可享有优质教育资源的信息化学习环境""基本形成学习型社会的信息化支撑服务体系""基本实现宽带网络的全面覆盖""教育管理信息化水平显著提高""信息技术与教育融合发展的水平显著提升"。该规划针对基础教育、职业教育、高等教育、继续教育、教育管理、信息化公共支撑环境、队伍建设、创新体制机制等方面提出了具体的要求，还从基础教育、职业教育、高等教育、继续教育、教育管理五个方面分别给出了信息化发展水平的框架。除此之外，该规划还实施了"中国数字教育 2020"行动计划，在优质资源共享、学校信息化、教育管理信息化、可持续发展能力与信息化基础能力五个方面，实施一批重点项目，取得实质性重要进展。

《教育信息化十年发展规划（2011—2020 年）》是我国首个教育信息化长期战略规划，也是一个非常成熟的教育信息化战略规划，标志着中国教育信息化战略规划研制水平上了一个新台阶。

自规划颁布以来，社会各界普遍认同"信息技术对教育发展具有革命性影响，必须予以高度重视"的观点。随着云计算、大数据、物联网、移动计算等新技术逐步广泛应用，经济社会各行业信息化步伐不断加快，社会整体信息化程度不断加深，信息技术对教育的革命性影响日趋明显，教育技术进入蓬勃发展的阶段。

(二)《国家教育事业发展第十二个五年规划》

2012 年 6 月 14 日，教育部发布的《国家教育事业发展第十二个五年规划》将"加快实施教育信息化战略"作为国家教育事业发展的保障之一，提出要超前部署教育信息网络，推动优质资源的开发、集成与共享，提高、发展教师的信息化技能，提高学生的信息化学习与生存能力，建设全国教育管理信息系统，并将教育信息化建设作为重点建设工程。

（三）《国务院关于深入推进义务教育均衡发展的意见》

2012 年 9 月，《国务院关于深入推进义务教育均衡发展的意见》在"推动优质教育资源共享"中提出，"大力推进教育信息化，加强学校宽带网络建设，到 2015 年在有条件的地方解决学校宽带接入问题，逐步为农村学校每个班级配备多媒体教学设备"。

（四）《教育信息化"十三五"规划》

2016 年 6 月 7 日，教育部发布《教育信息化"十三五"规划》，提出要"完成'三通两平台'建设，全面提升教育信息化基础支撑能力""实现公共服务平台协同发展，大幅提升信息化服务教育教学与管理的能力""不断扩大优质教育资源覆盖面，优先提升教育信息化促进教育公平、提高教育质量的能力""加快探索数字教育资源服务供给模式，有效提升数字教育资源服务水平与能力""创新'网络学习空间人人通'建设与应用模式，从服务课堂学习拓展为支撑网络化的泛在学习""深化信息技术与教育教学的融合发展，从服务教育教学拓展为服务育人全过程""深入推进管理信息化，从服务教育管理拓展为全面提升教育治理能力""紧密结合国家战略需求，从服务教育自身拓展为服务国家经济社会发展"。

2017 年 1 月 10 日，国务院发布《国家教育事业发展"十三五"规划》，提到"新一轮科技革命和产业革命蓄势待发，互联网、云计算、智能机器人、三维(3D)打印等现代技术深刻改变着人类的思维、生产、生活和学习方式"，并将其视为我国教育事业发展的机遇和挑战。为了更好地应对这种机遇和挑战，规划提出要"积极发展'互联网＋教育'"，并从制度环境、基础条件、信息技术与教育教学深度融合、优质资源共建共享，"继续推进'三通两平台'建设与应用，推进数字教育资源普遍开放共享。面向教育发展落后地区和特殊人群，提供公益性数字教育资源服务。加快教育大数据建设与开放共享。发展现代远程教育和在线教育，实施'互联网＋教育培训'行动，支持'互联网＋教育'教学新模式，发展'互联网＋教育'服务新业态"。信息技术不再仅仅是服务于教育的一项辅助工具，而是融入教育的方方面面，成为教育的一项基本属性。

围绕国务院和教育部的要求，不同教育单位和重要负责人都做出了积极的响应。科学技术司、中央电化教育馆等单位陆续发文，针对具体工作进行规划和部署，此后逐级实施和落实。2017 年 4 月25 日，教育部在浙江杭州召开了 2017 年全国教育信息化工作会议，杜占元副部长出席会议并讲话，推动《2017 年教育信息化工作要点》的落实，加快推进教育信息化发展。除此之外，为了工作的进一步落实，教育部针对教育信息化的不同方面又下发了一系列文件：2017 年 12 月 22 日，教育部下发《关于数字教育资源公共服务体系建设与应用的指导意见》，重点针对"各级教育资源公共服务平台重硬件建设轻资源服务，数字教育资源共享程度低、服务机制不健全、对教育教学支持不到位"等问题提出改进措施和解决办法；2018 年 2月 12 日，教育部办公厅印发《2018 年教育信息化和网络安全工作要点》；2018 年 4 月 17 日，教育部发布《关于发布〈网络学习空间建设与应用指南〉的通知》。

二、数字校园

随着信息技术的飞速发展，数字校园的建设成了各级各类学校推动教育信息化发展的重要举措之一。

（一）《数字校园示范校建设指南（试行）》

2013 年，为了规范和促进数字校园示范校建设，同时也为国家教育行政部门编制数字校园建设基本标准做奠基性工作，根据《国家中长期教育改革和发展规划纲要（2010—2020 年）》《教育信息化十年发展规划（2011—2020 年）》和刘延东在全国教育信息化工作电视电话会议上的讲话精神，教育部中央电化教育馆制定了《数字校园示范校建设指南（试行）》。

（二）《数字校园示范校建设参考指标》

为推进数字校园示范校建设，依据《数字校园示范校建设指南（试行）》，教育部中央电化教育馆制定了《数字校园示范校建设参考指标》，从师生能力、应用服务、数字资源、基础设施四个方面对数字校园建设内容的具体指标进行规定，供各示范校在建设数字校园的过程中参考。

（三）《职业院校数字校园建设规范》

2015 年，为贯彻落实全国职业教育工作会议精神，规范和推动职业院校数字校园建设，促进信息技术与职业教育的深度融合，按照《教育信息化十年发展规划（2011—2020 年）》关于"加强教育信息化标准规范制定和应用推广"的要求，规范职业院校数字校园的实施，推动职业教育信息化良性发展，教育部职业教育与成人教育司发布了《职业院校数字校园建设规范》。规范从引言、总体要求、师生发展、数字资源、应用服务、基础设施和附录七个方面对职业院校数字校园的建设进行了规定和说明。

（四）《中小学数字校园建设规范（试行）》

为了积极推进"互联网＋"行动，提升中小学校信息化建设与应用水平，推动信息技术与教育教学的深度融合，切实加快全国教育信息化进程，服务教育强国建设，2018 年，教育部发布了《中小学数字校园建设规范（试行）》（以下简称《规范》）。《规范》明确了数字校园建设的总体要求是坚持"深化应用，融合创新"的基本思想，采用云服务模式统一规划、分步实施，以促进区域教育的均衡发展和学校教育的质量提升。

《规范》要求数字校园建设应达成如下目标：一是实现校园环境数字化。利用云计算、大数据、物联网、移动通信、人工智能等信息技术，实现从基础设施（网络、终端、教室等）、资源（教材、图书、讲义等)到应用(学习、教学、管理、生活等)的数字化。二是实现信息系统互联互通。拓展现实校园的时空维度，实现应用系统互联互通；建设网络应用环境，实现校园宽带网络全接入、全覆盖；促进优质数字教育资源的建设、应用和共享，让每个班级都享受到优质数字教育资源；打造网络学习空间，促进师师、师生、生生、家校之间的互动。三是实现用户信息素养提升。提升学生的信息化学习能力；提升教师的信息化教学能力；提升管理人员的信息化管理能力；提升技术人员的信息化服务能力。四是实现学习方式和教育教学模式创新。促进信息技术与教育教学实践的深度融合，实现信息化教学的常态化与创新发展；支持学校服务与管理流程的优化与再造，提升校园管理效能与决策水平。

《规范》提出，数字校园建设应采用"云—网—端"架构模式。"云"服务指基于云计算技术提供的互联网服务，包括 IaaS(基础设施服务)、PaaS(平台服务)、SaaS(软件服务)，由教育行政部门通过组织建设、租用、购买服务等方式建设和维护；"网"指固定宽带、移动宽带、有线电视网络等方式；"端"指学校信息化基础设施，主要包括计算机和各种新媒体技术设备(含智能手机、平板电脑等)。

应该说，《规范》的发布对于推进中小学数字校园的建设，加快国家教育信息化建设进程具有很大的推动作用，为智能化、智慧型校园的建成奠定了基础。

三、教师教育信息化

教师是履行教育教学工作职责的专业人员，构建教师专业标准体系，建设一支高素质专业化教师队伍是实现教育信息化的必然要求。2012 年 8 月 20 日，国务院印发《关于加强教师队伍建设的意见》，明确提出要"推动信息技术与教师教育深度融合，建设教师网络研修社区和终身学习支持服务体系，促进教师自主学习，推动教学方式变革"。2012 年 9 月 20 日，教育部、中央编办、国家发展改革委、财政部和人力资源社会保障部联合下发的《关于加强特殊教育教师队伍建设的意见》也提到"推进信息技术与特殊教育教师培训深度融合，为特殊教育教师专门建立网络研修社区，开展特殊教育教师教育技术能力专项培训，促进特殊教育教师专业发展常态化"。信息技术已经成为教师培训和教师继续教育的重要手段。

2012 年 9 月 13 日，教育部印发了《幼儿园教师专业标准（试行）》《小学教师专业标准（试行）》和《中学教师专业标准（试行）》等一系列专业标准，要求各学段教师必须"具有适应教育内容、教学手段和方法现代化的信息技术知识"，并"将现代教育技术手段整合应用到教学中"。可见，掌握信息技术知识，运用教育技术手段进行教学，不再仅仅是信息技术教师必须具备的素质，而且是所有教师都应该具备的素质。

2014 年 5 月 27 日，为全面提升中小学教师信息技术应用能力，促进信息技术与教育教学深度融合，教育部办公厅印发了《中小学教师信息技术应用能力标准（试行）》，从技术素养、计划与准备、组织与管理、诊断与评估四个维度对教师应用信息技术优化课堂教学和应用信息技术转变学习方法给出了具体而明确的要求，并且专门指出教师应该利用信息技术促进自身的学习和发展。

2018 年 3 月 22 日，教育部等五部门印发《教师教育振兴行动计划（2018—2022 年）》，提出"'互联网＋教师教育'创新行动""充分利用云计算、大数据、虚拟现实、人工智能等新技术，推进教师教育信息化教学服务平台建设和应用，推动以自主、合作、探究为主要特征的教学方式变革。启动实施教师教育在线开放课程建设计划，遴选认定 200 门教师教育国家精品在线开放课程，推动在线开放课程广泛应用共享"。这是教师教育对教育服务平台和教育教学资源的充分利用，可见教育信息化的体系正逐步完善，渗透到教育领域的方方面面。

四、课程资源建设

2010 年之后，现代远程教育的模式基本成熟，正式进入开放大学的阶段。此阶段的工作重点在于课程资源的开发与共享。国家针对精品资源的开发与共享颁布了一系列文件。

2011 年 10 月 12 日，教育部颁布《关于国家精品开放课程建设的实施意见》，对国家精品开放课程的内容、建设和运行机制、组织管理等方面做出了明确的规范要求。此后，教育部高等教育司发布了一系列国家精品课程建设和评比的通知：2012 年 4 月 23 日，教育部高等教育司下发《关于启动 2012 年精品视频公开课建设工作的通知》，将精品视频公开课定位为"以大学生为服务主体，同时面向社会大众免费开放的科学、文化素质教育网络视频课程与学术讲座"。2013 年 2 月 6 日颁布的《关于开展 2013 年精品视频公开课建设工作的通知》对精品视频公开课进行了细致的分类：科学文化素质教育类、专业导论类和就业指导类，从内容建设上给予了一定的关注和重视。到 2014 年，教育部高等教育司已经"组织建设 400 门左右科学文化素质教育类、专业导论类精品视频公开课"。

2014 年 3 月 12 日，教育部部署当年的教育信息化工作，印发了《2014 年教育信息化工作要点》。为了全面推进基础教育数字教育资源的开发和应用，决定开展"一师一优课、一课一名师"活动，由中央电化教育馆负责实施，"推动信息化手段在课堂教学中的广泛应用，在应用中逐步汇聚形成系统的优质个性化数字教育资源。"

为进一步保证批准立项的国家级精品资源共享课项目的课程建设、共享应用和持续建设质量，教育部于 2013 年 12 月 16 日制定了《国家级精品资源共享课项目管理办法》，明确了课程项目的质量保障和职责分工，并增加了"专家审查、团队自查以及课程联络员审读"等环节，课程上线之后还需有专门的课程团队进行维护和更新，以确保课程质量，发挥更大的作用。

2015 年 4 月 13 日，教育部印发《关于加强高等学校在线开放课程建设应用与管理的意见》，肯定了在世界范围内迅速兴起的大规模在线开放课程（慕课）这一形式，为了加快推进适合我国国情的在线开放课程和平台建设，提出要"建设一批以大规模在线开放课程为代表、课程应用与教学服务相融通的优质在线开放课程""认定一批国家精品在线开放课程""建设在线开放课程公共服务平台""促进在线开放课程广泛应用""规范在线开放课程的对外推广与引进""加强在线开放课程建设应用的师资和技术人员培训""推进在线开放课程学分认定和学分管理制度创新"。

经过数年来教育部和全国各大高校的共同努力，到 2016 年，教育部共分四批批准了 2 911 门"国家级精品资源共享课"（包括教师教育、本科教育、高职教育、网络教育课程）立项建设，建设课程陆续在爱课程网免费向社会开放。国家精品资源共享课在数量逐年累积的基础之上，种类也越来越丰富，面向的服务对象也越来越广泛，已经成为全社会终身学习的重要资源之一。

五、"互联网＋教育"

2015 年 7 月 4 日，国务院印发《国务院关于积极推进"互联网＋"行动的指导意见》，加快推动互联网与各领域深入融合和创新发展。在教育领域，国务院提出要在"互联网＋"的支持下，探索信心教育服务的供给方式，"鼓励互联网企业与社会教育机构根据市场需求开发数字教育资源，提供网络化教育服务。鼓励学校利用数字教育资源及教育服务平台，逐步探索网络化教育新模式，扩大优质教育资源覆盖面，促进教育公平。鼓励学校通过与互联网企业合作等方式，对接线上线下教育资源，探索基础教育、职业教育等教育公共服务提供新方式。推动开展学历教育在线课程资源共享，推广大规模在线开放课程等网络学习模式，探索建立网络学习学分认定与学分转换等制度，加快推动高等教育服务模式变革"。

为了响应国务院的号召，教育部出台了一系列的文件促进"互联网＋教育"的落地实施。

2017 年提出国家开放大学完成 100 间云教室建设，实现对中西部基层县级电大的全覆盖。启动基于 VR 的实验实训平台建设，完成"互联网＋"智慧教育示范基地建设，为"互联网＋教育"的实施打下良好的设施基础。

2018 年提出要大力提升"互联网＋政务服务"水平和教育治理能力，并启动建设"互联网＋政务服务"平台，尽快实现"一网通办"，进一步拓展了"互联网＋教育"的深度和广度。

六、大数据

2015 年 2 月 15 日，教育部部署当年的教育信息化工作，印发了《2015 年教育信息化工作要点》，在推进"国家教育科学决策服务系统"的建设中，首次提出要"推进大数据应用，发挥监测、评价、预测及预警功能，为科学决策、宏观管理提供依据"。

2015 年 8 月 31 日，国务院印发《国务院关于印发促进大数据发展行动纲要的通知》，将"公共服务大数据工程"列为十大工程之一，"教育文化大数据"即是其中的重要组成部分。《促进大数据发展行动纲要》提出，要"完善教育管理公共服务平台，推动教育基础数据的伴随式收集和全国互通共享。建立各阶段适龄入学人口基础数据库、学生基础数据库和终身电子学籍档案，实现学生学籍档案在不同教育阶段的纵向贯通。推动形成覆盖全国、协同服务、全网互通的教育资源云服务体系。探索发挥大数据对变革教育方式、促进教育公平、提升教育质量的支撑作用"。

2015 年 9 月 1 日，教育部办公厅印发《关于"十三五"期间全面深入推进教育信息化工作的指导意见（征求意见稿）》，提出"要从用户需求出发，积极利用云计算、大数据等新技术，创新管理平台、资源平台的建设、应用模式"。同时指出，大数据作为拓展教育信息化应用广度和深度的手段之一，要"依托网络学习空间逐步实现对学生日常学习情况的大数据采集和分析，优化教学模式，以'人人通'的广泛、深度应用进一步体现'校校通''班班通'的综合效能"。在高等教育领域，要"充分利用大数据、云计算等新技术，以信息化促进高校提升科研能力和成果转化能力，推动跨校协同创新"。

2017 年 1 月 25 日，教育部印发《2017 年教育信息化工作要点》，提出要"建设就业大数据平台"，并"通过大数据的方式研究教育行业网络安全形势，探索建立教育行业态势感知工作机制"，进一步拓展大数据应用的广度和深度。

2018 年 2 月 11 日，教育部印发《2018 年教育信息化和网络安全工作要点》，提出"探索建立基于大数据的教育系统网络安全预警机制，提高信息收集、分析、研判能力"。

七、人工智能

进入 21 世纪以来，技术的发展日新月异，云计算、人工智能、三维(3D)打印等技术深刻地改变着人类的生活和学习方式，也对教育产生了强烈的冲击。为了更好地适应社会的发展和人类的进步，教育领域必须主动地接纳这些新技术的进入，并抓住技术发展的重大机遇，加快建设创新型国家和世界科技强国。国务院、教育部等部门高瞻远瞩，颁布了一系列法规和文件，促进新技术在我国的发展。

2017 年 7 月 8 日，国务院印发《国务院关于印发新一代人工智能发展规划的通知》，在充分认识人工智能带来的机遇和挑战的基础上，形成了系统性的发展规划，提出了分三步走的战略目标："到2030 年人工智能理论、技术与应用总体达到世界领先水平，成为世界主要人工智能创新中心。"国务院提出要发展"智能教育"，具体表现为"利用智能技术加快推动人才培养模式、教学方法改革，构建包含智能学习、交互式学习的新型教育体系""开展智能校园建设""开发立体综合教学场、基于大数据智能的在线学习教育平台""开发智能教育助理"，从而"建立以学习者为中心的教育环境，提供精准推送的教育服务，实现日常教育和终身教育定制化"。

2018 年 2 月 11 日，教育部部署当年的教育信息化和网络安全工作并印发了《2018 年教育信息化和网络安全工作要点》，提出要"启动人工智能＋教师队伍建设行动，探索信息技术、人工智能支持教师决策、教师教育、教育教学、精准扶贫的新路径"。这是人工智能在教育领域的一项重要的具体应用。

为落实国务院在人工智能领域的规划，教育部于 2018 年 4 月 2日印发了《高等学校人工智能创新行动计划》，分阶段"为我国跻身创新型国家前列提供科技支撑和人才保障"，具体任务包括"优化高校人工智能领域科技创新体系""完善人工智能领域人才培养体系""推动高校人工智能领域科技成果转化与示范应用"。

八、教育信息化 2.0

值得关注的是，2018 年 4 月 13 日教育部印发《教育信息化 2.0行动计划》，正式提出"教育信息化 2.0"的概念。文件指出"教育信息化 2.0 行动计划是推进'互联网＋教育'的具体实施计划""将教育信息化作为教育系统性变革的内生变量"，关注人工智能、大数据、物联网、区块链等新兴技术的发展及其在教育中的应用，并提出了"三全两高一大"的发展目标，即"教学应用覆盖全体教师、学习应用覆盖全体适龄学生、数字校园建设覆盖全体学校，信息化应用水平和师生信息素养普遍提高，建成'互联网＋教育'大平台"。

教育信息化 1.0 时代到教育信息化 2.0 时代的转变，是从量变到质变的转变，是从专用资源向大资源的转变，从提升学生信息技术应用能力向提升信息技术素养的转变，从应用融合发展向创新融合发展的转变。我们有足够的理由相信，教育信息化 2.0 时代预示着一个新的时代的到来，教育技术的发展也将迈入新的时代。

后　记

　　2018年是中国改革开放40周年，40年来我国教育技术领域取得了长足的进展。教育技术学科不断成熟完善，学科知识体系正在形成，学术论文引用等在教育学科中大放异彩；教育技术学术思想推陈出新，从多媒体教学到信息技术与课程整合、智慧教育，越来越多的理论创新正在涌现；教育技术政策不断与时俱进，从电化教育教材配备到教育信息化2.0行动；教育技术产业从模拟技术跨越到智能技术；教育技术国际交流从走出去到引进来，从研究跟踪到国际参与。整体来看，教育技术正从辅助教学发展为深度融合，迈向了教育业务的核心，为中国教育事业做出突出贡献。

　　教育技术学既是一门学科，也是一个实践领域。本书采用了综合的视角，既包括学科发展的视角，也包括实践领域发展的视角，内容包括以下十个方面：学科建设、学术思想、教育装备、资源建设、平台开发、实验研究、实践探索、产业发展、国际交流、国家政策。

　　第一章"学科建设"，梳理了在学科初创、学科探索、学科调整、学科发展四个发展阶段中理论建设和人才培养的发展。

　　第二章"学术思想"，围绕不同时代不同技术形态下出现的颇具时代特色的教育技术理论，梳理了电化教育、教育信息化、智慧教育中的代表性学术思想。

第三章"教育装备"，回顾了改革开放 40 年来中国教育装备的演进与发展，总结国家教育装备建设取得的重大成就，展望新时代教育装备的发展趋势。

第四章"资源建设"，围绕信息技术的发展梳理教育资源的发展变迁和资源建设取得的成就，展望"互联网＋"时代教育资源建设的发展趋势。

第五章"平台开发"，列举分析国内具有代表性的学习平台和管理系统，较为全面地展示了平台建设的发展变迁和发展趋势。

第六章"实验研究"，从实践角度回顾了 40 年来实验研究在促进教育与技术的深度融合方面所提供的创新性解决方案。

第七章"实践探索"，总结了教育技术在实践中的五种创新应用模式：教学模式创新、课程模式创新、教师专业发展模式创新、教育管理模式创新和办学模式创新。

第八章"产业发展"，梳理了改革开放 40 年来，在国家政策推动和新技术引领下，教育技术产业的蓬勃发展。

第九章"国际交流"，梳理了学科自创建至今多种形式的国际交流，在学科国际化发展和国际性人才培养方面取得的显著成就。

第十章"国家政策"，梳理了我国教育技术在不同发展阶段所涉及的政策、会议、组织、项目等。

在教育技术近 40 年的发展历史中，不同时期涌现了一些新的名词，虽然有些名词不一定能够得到认同，但每个名词都代表了看待新生事物的一种视角，这实际上是教育技术这一新兴学科充满活力的体现，是有时代合理性的。在本书的梳理过程中，我们不对这些名词进行过多的辨析，尊重学科发展的历史，沿用特定历史时期的名词术语，虽然看起来是杂糅的，但更能反映学科的发展脉络。

我们在编写本书的过程中，引用了大量的著作、文章及文献，均对出处做了详细标记，在此对所有文献的作者及提供者表示衷心感谢！如果有所遗漏，请发邮件到 yusq@bnu.edu.cn，我们将在下一版本中及时更新。

　　本书是团队集体协作完成的。第一章由首都师范大学孙众副教授和研究生蓬征、高孟琦、尚麟芷编写，第二章由北京师范大学余胜泉教授和博士生王慧敏编写，第三章由教育部教育装备研究与发展中心刘强研究员和首都师范大学艾伦教授编写，第四章由石家庄铁道大学吴鹏飞博士编写，第五章由首都师范大学万海鹏博士和国家开放大学魏顺平研究员编写，第六章由首都师范大学刘军副教授及研究生荆亚荣编写，第七章由中国教育科学研究院曹培杰博士和北京教育科学研究院李敏老师编写，第八章由知好乐教育研究院袁华莉博士编写，第九章由江南大学王志军副教授及研究生耿楠编写，第十章由北京师范大学未来教育高精尖创新中心李梦老师编写，全书由本人统稿，由全国计算机教育研究中心陈美玲老师审稿。北京师范大学出版社的相关编辑为本书的顺利出版付出了辛勤的努力。在此向参与本书工作的各位老师表示衷心感谢！

　　本人受邀组织团队整理教育技术 40 年发展历史，荣幸之至，同时也深感学识有限，惶恐万分。由于本人能力限制，书中难免有偏差和疏漏之处，敬请读者不吝赐教。

余胜泉
2018 年 9 月于北京师范大学

图书在版编目(CIP)数据

中国教育改革开放 40 年:教育技术卷/余胜泉等著.—北京:北京师范大学出版社,2019.2
(中国教育改革开放 40 年/朱旭东主编)
ISBN 978-7-303-24409-6

Ⅰ.①中… Ⅱ.①余… Ⅲ.①教育改革－成就－中国 ②教育技术－成就－中国 Ⅳ.①G521

中国版本图书馆 CIP 数据核字(2018)第 272654 号

营 销 中 心 电 话　010-58805072　58807651
北师大出版社高等教育与学术著作分社　http://xueda.bnup.com

ZHONGGUO JIAOYU GAIGE KAIFANG 40 NIAN:JIAOYU JISHU JUAN
出版发行:北京师范大学出版社 www.bnup.com
　　　　　北京市海淀区新街口外大街 19 号
　　　　　邮政编码:100875
印　　刷:北京盛通印刷股份有限公司
经　　销:全国新华书店
开　　本:710 mm×1000 mm　1/16
印　　张:32.5
字　　数:410 千字
版　　次:2019 年 2 月第 1 版
印　　次:2019 年 2 月第 1 次印刷
定　　价:148.00 元

策划编辑:陈红艳　　　　　　　责任编辑:戴　轶
美术编辑:王齐云　　　　　　　装帧设计:王齐云
责任校对:段立超　　　　　　　责任印制:马　洁